三訂版

医療法人の
相続・事業承継
と税務対策

税理士法人青木会計 代表社員／税理士・行政書士

青木 惠一 著

税務研究会出版局

改訂にあたって（三訂版）

　厚生労働省が行っている医療施設動態調査によると、平成29年6月30日現在、病院は全国に8,426施設あり、うち医療法人が開設する施設数は5,766施設で、病院総数の68.4％を占めます。これは開設者別では第1位の割合です。病床数でも、全病院の病床数1,658,730のうち、865,438床（52.1％）が医療法人立の病院の病床数です。医科診療所は101,840施設あり、医療法人が開設するのは41,862施設で全体の41.1％（第2位、第1位は42,221施設の個人立）となっています。歯科診療所も医療法人立は13,776（全体の19.9％）施設です。また、医療法第39条で医療法人の本来業務とされる介護老人保健施設は、平成28年10月1日現在、全国に4,241施設あり、うち医療法人開設施設割合は75.1％で第1位となっています（厚生労働省　介護サービス施設・事業所調査より）。

　現在、わが国は少子高齢社会が進み人口が減少していくなか、2025年には団塊の世代と呼ばれる第一次ベビーブーマーが75才以上を迎えて「社会保障の2025年問題」が顕在化していきます。わが国の医療・介護需要は最大化の時期に突入するため、これへの現実的な対応が必要ですが、都会と地方の地域間格差もあるため、平成26年に公布された「医療介護総合確保推進法」では、各地域の医療計画に「地域医療構想」を定めることを法定し、2025年を目途に、重度な要介護状態となっても住み慣れた地域で自分らしい暮らしを人生の最後まで続けることができるよう、医療・介護・予防・住まい・生活支援が包括的に確保される体制（地域包括ケアシステム）の構築を目指すとし、これを実行に移しています。地域包括ケアシステム構築に際しては、医療法人は、医療と介護の両面で大切な役割を担うことになります。

　ところで、厚生労働省の調査によると、平成26年12月31日現在、病院の

開設者又は法人の代表者の平均年齢は63.9歳となっています。70歳以上の者は1,522人（28.5％）おり、85歳を超える者も200人余りを数える状況です。また、診療所の開設者又は法人の代表者も平均年齢は60.7歳で70歳以上は13,827人（19.2％）となります。地域包括ケアシステム構築のためには、これら高齢化する医療機関の経営者の相続・事業承継を円滑に進めることが必須となります。特に医療法人の場合には、第5次医療法改正で経過措置医療法人に位置づけられた「持分の定めのある社団医療法人」の「持分」問題を解決しなければ事業承継ができない場合も想定されます。これに対する切り札として、平成29年、医療法と税法が改正され、認定医療法人に画期的な改正がされました。具体的には、平成29年10月1日から3年間、厚生労働大臣から計画認定を受けた認定医療法人は、「持分なし」への移行の際の「みなし贈与課税」が非課税とされるというものです。拙著では、この画期的な改正内容を詳解するとともに、役員退職給与の取扱いや持分評価への対応法、M＆Aや分割・合併といった組織再編など医療法人の相続・事業承継に関連する内容を盛り込んで改訂いたしました。

　拙著が、医療法人の経営者や役員、税理士、公認会計士、医業経営コンサルタントなどのお役に立てれば幸いです。

　なお、執筆に際しては、税理士法人青木会計・資産税部シニアマネージャー（税理士）星野友紀さんに多大なる協力を得ました。この場を借りて厚くお礼申し上げます。

平成29年9月

税理士法人青木会計

代表社員・税理士・行政書士　青木　恵一

は　し　が　き（初版）

　医療法人の理事長やその後継者、また、医療法人を顧問先とする税理士・公認会計士から、医療法人の相続・事業承継対策に関するご相談を受ける機会が増えました。

　主なご相談の内容は、医療法人の役員に対し役員退職給与を支給する場合の留意点は何か、医療法人の場合にも小規模宅地等の評価減特例において特定同族会社事業用宅地等に該当する場合はあるのか、出資（持分）の評価方法の特徴はどういった点か、出資（持分）の贈与や譲渡はできるのか、また、できるとした場合の課税関係はどうなるか、社員の退社に伴って持分の払戻しをする際の注意点は何か、相続税対策として持分放棄をしたいがその場合の贈与税が課税されない要件はどのようなものか、基金拠出型法人の設立や出資額限度法人への移行は相続税対策になるか、医療法人のM＆Aや解散・合併の留意点は何かなど多岐にわたるものです。これは、医療法人の役員（特に理事長）の高齢化により、近い将来、相続・事業承継に直面する医療法人が多いためと考えられます。

　持分の定めのある社団医療法人（経過措置型医療法人）のうち、病院や介護老人保健施設を複数開設している大規模な医療法人では、出資（持分）の評価額が数十億円に至るものや、役員退職給与の金額が数億円になるというものがあります。また、いわゆる一人医師医療法人と呼ばれる小規模な医療法人は、医師優遇税制（措法26）の改正の影響で、平成元年をピーク（平成元年1年間で5,063法人が設立された。）に平成の初期に数多く設立されました。平成初期は第一次一人医師医療法人ブームといっても過言ではないと思います。この平成初期の第一次ブームにより設立された医療法人の理事長（院長）や常務理事（院長婦人）がこれから10年の間に退職を迎えることになります。その際には役員退職給与の支給や持分の払

戻し、新規設立ができない経過措置型医療法人の承継、M＆Aや解散といった問題が生じることになります。

　この書籍では、このように避けては通れない持分の定めのある社団医療法人（経過措置型医療法人）の相続・事業承継問題について、私がお受けしたご相談をもとに、特に税務対策に主眼を置いて解説することに致します。この書籍が医療法人の経営者の先生方や医療法人を顧問先とする税理士・公認会計士・経営コンサルタントの方々の一助になれば幸いです。

　最後になりましたが、この書籍をまとめるに当たり、税務研究会出版局の桑原妙枝子氏にたいへんなお力添えをいただきました。この場をお借りして厚くお礼申し上げます。また、書籍の執筆において、私のパートナーである税理士法人青木会計の次のメンバーが協力をしてくださいました。この場をお借りしてお礼申し上げます。

税理士法人青木会計（資産税担当）

　社員税理士　青木由美子氏、税理士　飯田美緒氏

税理士法人青木会計（医療法人担当）

　社員税理士　新矢健治氏、税理士　杉澤義史氏

　税理士　網中真理子氏

平成22年2月

税理士　青木　惠一

v

目　　次

Ⅰ　医療法人と役員退職給与

Q 1　法人税法上の役員と医療法上の役員……………………………… 2

Q 2　法人税法上の役員退職給与の取扱い……………………………… 8

Q 3　「不相当に高額な金額」判定の留意点と問題点

　　＜その 1 ＞その法人の業務に従事した期間（勤続期間）…………12

　　＜その 2 ＞事業規模類似法人の役員に対する支給状況……………17

Q 4　役員退職給与の適正額の算定

　　＜その 1 ＞功績倍率法………………………………………………25

　　＜その 2 ＞平均功績倍率法と最高功績倍率法……………………30

　　＜その 3 ＞ 1 年当たり平均額法……………………………………34

Q 5　功労加算金の是非……………………………………………………36

Q 6　不相当に高額な退職給与と剰余金の配当禁止規定………………40

Q 7　役員退職給与の分割支給……………………………………………41

Q 8　分掌変更と役員退職給与の支給……………………………………44

Q 9　退職給与の現物支給…………………………………………………49

Q10　役員退職給与規程の有無と支給の是非……………………………51

Q11　生命保険と役員退職給与……………………………………………52

Q12　役員の死亡退職と弔慰金……………………………………………54

Ⅱ　持分あり医療法人の出資持分の評価

Q 1　医療法人制度と医療法人の「出資持分」評価の有無………………58

Q 2　財産評価基本通達による出資持分評価の概要……………………64

Q 3　医療法人の出資持分評価の特徴（会社との差異）…………………70

Q 4　医療法人の出資持分評価の方法の判定……………………………74

Q 5　評価明細書記載の順序………………………………………………77

Q 6　医療法人の出資持分の評価

　　＜第1表の1＞評価上の株主の判定······················79

　　＜第1表の2＞会社規模の判定··························82

　　＜第2表＞特定の評価会社の判定······················91

Q 7　＜第4表＞類似業種比準価額方式による評価············96

Q 8　＜第5表＞純資産価額方式による評価··················99

Q 9　開業後3年未満の会社又は比準要素数ゼロの会社·········107

Q10　土地保有特定会社·····································110

Q11　比準要素数1の会社に相当する出資持分の評価·········113

　　参考　比準要素数ゼロの会社と比準要素数1の会社の判定

　　　　（第2表・第4表）································115

Q12　医療法人の出資持分評価の具体例（評価明細書の記入）·········118

Q13　「出資持分」か、「持分払戻請求権」か（相続財産の種類と

　　課税関係）···130

Q14　出資持分の物納·····································132

Ⅲ　出資持分の放棄とみなし贈与課税
（持分「あり」から「なし」への移行）

Q 1　持分なしへの移行とその手続··························134

Q 2　「あり」から「なし」への移行に伴う課税問題·········137

Q 3　「なし」への移行とみなし贈与課税（相続税法第66条第4項）

　　＜その1＞「なし」への移行とみなし贈与課税の概要·········141

　　＜その2＞医療法人の贈与税計算と申告納税··············144

　　＜その3＞「負担が不当に減少」したことの判定（相続税法施

　　　　行令第33条第3項）·····························147

　　＜その4＞法令解釈通達（平成20年7月8日付）による判定······151

Q 4　出資持分を基金として拠出し経過措置医療法人が基金拠出

目　次　*vii*

　　　型医療法人へ移行する場合……………………………………… 171

Q 5　株式会社が出資持分を放棄した場合の課税関係…………… 177

Q 6　持分の定めのない医療法人への移行に係る質疑応答集

　　　（Q & A）について ………………………………………… 182

　参考　フローチャート「相続税又は贈与税の負担が不当に減

　　　　少した結果となると認められるか否かの判定」……………… 198

Ⅳ　平成29年10月1日以後の認定医療法人制度と税制措置

Q 1　認定医療法人制度の目的と概要…………………………………… 200

Q 2　持分なし医療法人への円滑な移行促進策（移行計画の認定

　　　と認定医療法人制度）……………………………………………… 211

Q 3　「運営に関する要件」の詳細と留意点

　　　＜その１＞認定要件に加えられた「運営に関する要件」………… 237

　　　＜その２＞法人関係者に対し、特別の利益を与えないこと……… 241

　　　＜その３＞役員に対する報酬等が不当に高額にならないよう

　　　　　　　　な支給基準を定めていること…………………………… 244

　　　＜その４＞株式会社等に対し、特別の利益を与えないこと……… 246

　　　＜その５＞遊休財産額は事業に係る費用の額を超えないこと…… 249

　　　＜その６＞法令に違反する事実、帳簿書類の隠蔽等の事実そ

　　　　　　　　の他公益に反する事実がないこと…………………… 254

　　　＜その７＞社会保険診療等（介護、助産、予防接種含む）に

　　　　　　　　係る収入金額が全収入金額の80％を超えること……… 256

　　　＜その８＞自費患者に対し請求する金額が、社会保険診療報

　　　　　　　　酬と同一の基準によること……………………………… 261

　　　＜その９＞医業収入が医業費用の150％以内であること ………… 262

　　　参考　別添様式４　医療法施行規則附則第57条の２第１項

　　　　　　各号に掲げる要件に該当する旨を説明する書類………… 263

Q4 みなし贈与課税が非課税とされる改正後の認定医療法人制度

　＜その1＞「持分なし」への移行時のみなし贈与課税の非課

　　　　　税措置……………………………………………………… 289

　＜その2＞期限内申告書と添付書類……………………………… 293

　＜その3＞6年以内の認定取消しの場合のみなし贈与課税と

　　　　　義務的修正申告…………………………………………… 295

Q5 認定医療法人に対する相続税・贈与税の税制支援措置

　＜その1＞制度創設の目的と概要………………………………… 299

　＜その2＞医療法人の出資持分に対する相続税の納税猶予・

　　　　　免除制度…………………………………………………… 303

　＜その3＞医療法人の持分についての相続税の税額控除………… 317

　＜その4＞医療法人の持分に係る経済的利益についての贈与

　　　　　税の納税猶予及び免除制度……………………………… 320

　＜その5＞医療法人の持分に係る経済的利益についての贈与

　　　　　税の税額控除……………………………………………… 330

　＜その6＞個人の死亡に伴い贈与又は遺贈があったものとみ

　　　　　なされる場合の特例……………………………………… 334

V　出資持分の譲渡と贈与

Q1 出資持分の性格と税法上の位置づけ…………………………… 340

Q2 出資持分を譲渡した場合の課税関係…………………………… 343

Q3 医療法人の出資持分と自己株の取得…………………………… 345

Q4 出資持分を贈与した場合の課税関係…………………………… 349

Q5 暦年課税制度とその活用策……………………………………… 350

Q6 相続時精算課税を活用した贈与………………………………… 355

Ⅵ　社員資格喪失と持分の払戻し

Q1　医療法人の社員と社員資格喪失事由………………………………… 362

Q2　社員の退社手続・権利の濫用・請求権の時効…………………… 366

Q3　持分払戻しに対する課税

　　＜その１＞時価で払戻しした場合…………………………………… 369

　　＜その２＞払込出資額（設立当初の出資額）で払戻しした場合… 384

Q4　持分払戻しの際の医療法人の税務………………………………… 387

Ⅶ　出資額限度法人と相続・事業承継

Q1　出資額限度法人とは………………………………………………… 390

Q2　出資額限度法人の課税上の取扱い（全体像）…………………… 392

Q3　相続税対策としての出資額限度法人への移行の是非…………… 396

　参考判例　「医療法人の出資持分評価と額面増資に対する贈与税

　　課税」（平成20年（行ヒ）第241号　平成22年７月16日最高裁）… 399

Q4　出資額限度法人の課税上の留意点

　　＜その１＞社員が出資払込額の払戻しを受けて退社した場合…… 412

　　＜その２＞社員が死亡により退社した場合………………………… 418

　参考資料　出資額限度法人（医療法人）に関する質疑応答

　　事例について（情報）………………………………………………… 420

Ⅷ　特定医療法人・社会医療法人と相続・事業承継

Q1　特定医療法人への移行と相続・事業承継対策…………………… 426

Q2　社会医療法人への移行と相続・事業承継対策…………………… 446

Ⅸ　新規医療法人の設立と相続・事業承継対策

Q1　持分の定めのない社団又は財団の設立…………………………… 476

Q 2 基金拠出型医療法人の設立……………………………………… 488

X 医療法人のM＆A、合併、分割、解散

Q 1 医療法人のM＆Aと税務…………………………………………… 494

Q 2 医療法人の合併……………………………………………………… 500

Q 3 医療法人の合併の税務……………………………………………… 510

Q 4 医療法人の分割……………………………………………………… 518

Q 5 医療法人の分割の税務……………………………………………… 529

Q 6 医療法人の解散……………………………………………………… 532

Q 7 解散時の残余財産の帰属先………………………………………… 538

Q 8 医療法人の解散の税務……………………………………………… 541

XI 医療法人と小規模宅地等の評価減特例

Q 1 特定同族会社事業用宅地等に該当する場合……………………… 548

Q 2 無償返還届出書を提出する場合…………………………………… 554

Q 3 持分なし医療法人と小規模宅地等の評価減特例………………… 558

凡　　例

相法……相続税法

相令……相続税法施行令

相規……相続税法施行規則

法法……法人税法

法令……法人税法施行令

法基通…法人税基本通達

所法……所得税法

措法……租税特別措置法

通則法…国税通則法

評基通…財産評価基本通達

地法……地方税法

改正医療法……平成27年 9 月28日法律第74号

平成18年改正医療法……良質な医療を提供する体制の確立を図るため
　　　　　　　　　　　の医療法等の一部を改正する法律（平成18年
　　　　　　　　　　　6 月21日法律第84号）

この書籍の内容は平成29年10月 1 日現在の法令・通達によっています。

I

医療法人と役員退職給与

Q1 法人税法上の役員と医療法上の役員

法人税法上の役員の定義と医療法上の役員の定義に相違はあります
か。また、医療法人の役員には法人税法上の役員に関する損金不算入
規定は適用されますか。

A

1 法律により異なる役員の定義

一言で役員といっても法律によりその定義は異なります。

会社法では、役員は、取締役、会計参与及び監査役をいいます（会社法
329①）。また、会社法施行規則において、これらの者のほか、執行役、理
事、監事その他これらに準ずる者を含めて役員と定義しています（会社法
施行規則2③三）。

これに対して法人税法では会社法より広い範囲で役員について規定して
います。法人税法上、役員とは、「法人の取締役、執行役、会計参与、監
査役、理事、監事及び清算人並びにこれら以外の者で法人の経営に従事し
ている者のうち政令で定めるものをいう（法法2十五）。」と定義していま
す。法人税法上、役員に該当するか否かは、その職務の実質的内容によっ
て判定するのではなく、役員として選任された者かどうかによって形式的
に判定がされます。

また、政令では次の2つを役員に該当するとしています（法令7）。

(1) 法人の使用人（職制上使用人としての地位のみを有する者に限る。
(2)において同じ。）以外の者でその法人の経営に従事しているもの

(2) 同族会社の使用人のうち、一定の要件を満たす特定株主等で、その
会社の経営に従事しているもの

このうち(1)の「使用人以外の者でその法人の経営に従事しているもの」

については、法人税基本通達において、「相談役、顧問その他これらに類する者でその法人内における地位、その行う職務等からみて他の役員と同様に実質的に法人の経営に従事していると認められるものが含まれることに留意する（法基通9−2−1）。」と示しています。従って、営業所長や支配人、主任など法人の機構上の定めから使用人としての職制上の地位だけを有する者は役員に含まれないと解釈できます。

このように法人税法では役員の定義を明確にしたうえで、法人税法第34条第2項において、法人の各事業年度の所得の金額の計算上、「不相当に高額」な役員給与や役員退職給与の金額について損金不算入とする取扱いを定めています。

2　医療法人の役員

⑴　医療法人の役員と法人税法上の取扱い

医療法では、「医療法人には、役員として、理事3人以上及び監事1人以上を置かなければならない（医療法46の5①）」と定めています。したがって、医療法上、医療法人の役員は、「理事」と「監事」が該当します。

この医療法人の理事と監事は、法人税法上の役員の定義（法法2二十五）に該当するため、法人税法上も役員とされ、不相当に高額な役員給与や役員退職給与の金額はその法人の各事業年度の所得の金額の計算上、損金不算入とされることになります（法法34②）。

医療法人の役員に関する規定については、平成19年4月1日施行の改正医療法（第5次医療法改正）前は、厚生労働省の示すモデル定款等によって運用上の指導とされる項目が多数存在しました。しかし、第5次医療法改正により、医療法人の内部管理体制の明確化を通じた効率的な医業経営を推進する観点から、役員の任期や監事の職務などが医療法に明記され、役員に関する取扱いについて整備がされました。さらに平成27年9月28日

に公布された改正医療法（第7次医療法改正）では、平成28年9月1日以後、理事会の設置、社員総会の決議による役員の選任等に関する所要の規定が整備され、また、医療法人に対する理事の忠実義務や任務懈怠時の損害賠償責任等も規定されガバナンスの強化が図られました。

(2)　医療法上の役員定数

　医療法人は、「役員として、理事3人以上及び監事1人以上を置かなければならない（医療法46の5①）。」と規定されていますので、これが医療法人の役員定数です。ただし、例外として「理事について、都道府県知事の認可を受けた場合は、1人又は2人の理事を置けば足りる（医療法46の5①ただし書）。」とされています。この例外が認可されるのは、医師又は歯科医師が常時1人又は2人勤務する診療所を1ヶ所のみ開設する医療法人の場合とされており、その場合でも、可能な限り理事は2人置くことが望ましいとされています（運営管理指導要綱より）。

(注)　役員に関して、運営管理指導要綱では、役員名簿の記載及び整理が適正に行われていること、また、役員に変更があった場合は、その都度、都道府県知事に届出がなされていることとしている。

　また、社会医療法人は、「理事の定数は6人以上とし、監事の定数は2人以上とすること（医療法施行規則30の35の3①一イ）」とされており、通常の場合の2倍の定数とされています。この取扱いは特定医療法人も同様となっています。

(3)　役員資格と欠格事由

　法人は医療法人の役員となることができない（医療法46の5⑤）と規定されています。したがって、株式会社など営利法人は理事に就任することはできません。また、他の医療法人が別の医療法人の理事になることもできません。

　医療法では、次の欠格事由に該当するものも役員に就任することはできないとされています（医療法46の4②）。

> ① 成年被後見人又は被保佐人
> ② 医療法、医師法等、医療法施行令5条の5の7（注）に定める医事に関する法令の規定により罰金以上の刑に処せられ、その執行を終わり、又は執行を受けることがなくなった日から起算して2年を経過しない者
> ③ ②に該当する者を除くほか、刑法等において禁錮以上の刑に処せられ、その執行を終わり、又は執行を受けることがなくなるまでの者

　なお、医療法人の役員としての適格性について「医療法人と関係のある特定の営利法人の役員が理事長に就任したり、役員として参画していることは、非営利性という観点から適当でない（運営管理指導要綱）」とされています。また、「未成年者が役員に就任することは、適当ではありません」（東京都・医療法人運営の手引き）ともされています。

(4)　役員の選任

　社団医療法人の理事及び監事は、社員総会の決議によって選任されます（医療法46の5②）。また、財団医療法人の理事及び監事は評議員会において選任されます（医療法46の5③）。

(5)　役員の任期

　役員の任期は、2年を超えることはできないとされています。ただし、再任をすることは可能です（医療法46の5⑨）。また、補欠の役員の任期は、前任者の残任期間とされます（運営管理指導要綱より）。

(6)　役員の補充

　医療法人の役員の補充に関して、「理事又は監事のうち、その定数の5分の1を超える者が欠けたときは、1月以内に補充しなければならない（医療法46の5の3③）。」とされています。ただし役員の職務を考えた場合、役員に1名でも欠員が生じた場合には、速やかに補充することが望ましいとされています（運営管理指導要綱より）。

(7)　理　事

　医療法人の理事は、理事会の構成員として、医療法人の業務執行の意思決定に参画します（医療法46の7①②）。したがって、実際に法人経営に参画できない者が名目的に選任されていることは適当でないとされています（運営管理指導要綱より）。また、忠実に職務を行う義務、法人に著しい損害を及ぼす恐れがある事実を発見したときの監事への報告義務が課せられ、義務違反等の場合には損害賠償責任を負う場合があります（医療法46の6の3、46の6の4、47①）。

(8)　理事長

　医療法人では、その理事のうち1人について、理事長とし、定款又は寄附行為の定めるところにより、医師又は歯科医師である理事のうちから選出することとされています（医療法46の6①）。ただし、例外として、都道府県知事の認可を受けた場合は、医師又は歯科医師でない理事のうちから理事長を選出することができることになっています（医療法46の6①ただし書）。

　理事長は、「医療法人を代表し、医療法人の業務に関する一切の裁判上又は裁判外の行為をする権限を有する（医療法46の6の2①）。」とされています。

(9)　監　事

　監事の職務については、第5次医療法改正前は民法第59条の規定を準用していました。しかし、第5次医療法改正により、監事の職務が医療法に明確に規定され、医療法人の内部管理体制の強化が図られました。

　監事はその職務の性格上、理事からの独立性が必要とされます。したがって、医療法では「監事は、当該医療法人の理事又は職員を兼ねてはならない（医療法46の5⑧）。」と兼職禁止条項が規定されています。評議員との兼職も不可です（医療法46の4③）。また、監事は「他の役員と親族等の特殊の関係がある者ではないこと（運営管理指導要綱）」と実務上の指針

も示されています。

＜監事の職務＞

監事は次の職務を行います（医療法46の8）。

① 医療法人の業務を監査すること。

② 医療法人の財産の状況を監査すること。

③ 医療法人の業務又は財産の状況について、毎会計年度、監査報告書を作成し、当該会計年度終了後3月以内に社員総会又は理事に提出すること。

④ ①又は②の規定による監査の結果、医療法人の業務又は財産に関し不正の行為又は法令若しくは定款若しくは寄附行為に違反する重大な事実があることを発見したときは、これを都道府県知事又は社員総会若しくは評議員会に報告すること。

⑤ 社団たる医療法人の監事にあっては、④の報告をするために必要があるときは、社員総会を招集すること。

⑥ 財団たる医療法人の監事にあっては、④の報告をするために必要があるときは、理事長に対して評議員会の招集を請求すること。

⑦ 医療法人の業務又は財産の状況について、理事に対して意見を述べること。

8　Ⅰ　医療法人と役員退職給与

Q2　法人税法上の役員退職給与の取扱い

　医療法人の役員に役員退職給与を支給した場合、法人税法上の取扱いで留意することはありますか。

A

1　過大な役員給与の損金不算入規定

　会社法の施行などを契機に、平成18年度税制改正で、法人税法上の役員給与に関する規定が大幅に改正されました。

　改正前の旧法人税法第36条（過大な役員退職給与の損金不算入）規定は廃止され、「過大役員退職給与損金不算入」規定は、改正後の法人税法第34条（役員給与の損金不算入）の規定に包括されました。そして、過大な金額の判定基準は、法人税法施行令第70条（過大な役員給与の額）第2号にその規定が設けられました。

―＜法人税法第34条（役員給与の損金不算入）＞―

第1項　（省略）

第2項　内国法人がその役員に対して支給する給与（前項又は次項の規定の適用があるものを除く。）の額のうち不相当に高額な部分の金額として政令で定める金額は、その内国法人の各事業年度の所得の金額の計算上、損金の額に算入しない。

（以下省略）

―＜法人税法施行令第70条（過大な役員給与の額）＞―

第1号　（省略）

第2号　内国法人が各事業年度においてその退職した役員に対して支給した退職給与の額が、当該役員のその内国法人の業務に従事した期間、その退職の事情、その内国法人と同種の事業を営む法人でその事

業規模が類似するものの役員に対する退職給与の支給の状況等に照ら
し、その退職した役員に対する退職給与として相当であると認められる
金額を超える場合におけるその超える部分の金額

第3号　（省略）

　改正後の法人税法は、「役員給与の額のうち不相当に高額な部分の金額
として政令で定める金額はその法人の各事業年度の所得の金額の計算上、
損金の額に算入しない（法法34②）。」と規定しています。

　改正前の損金不算入規定は、損金経理をしなかった金額と損金経理をし
た金額のうち不相当に高額な部分の金額の2つを損金不算入としていまし
たので、改正によって「損金経理」要件が撤廃されたことになります。こ
れは実務上非常に大きな改正でした。

　次に、「不相当に高額な部分の金額」は「政令で定める金額」と規定し
ています。

　政令では、「①当該役員のその内国法人の業務に従事した期間、②その
退職の事情、③その内国法人と同種の事業を営む法人でその事業規模が類
似するものの役員に対する退職給与の支給の状況、④その他」に照らし、
その退職した役員に対する退職給与として相当であると認められる金額を
超える場合におけるその超える部分の金額が、不相当に高額な部分の金額
と定めています（図表参照）。

　この政令の判定基準は、平成18年度税制改正前の取扱い（旧法令72）と
同様です。したがって、過大役員退職給与とされる「不相当に高額な部分
の金額」の実務上の判定は、改正前後で同じと考えてよいと思います。

　過大役員退職給与の判定をめぐっては、課税当局と納税者の間で数多く
の裁判等があります。我々が確認できるものはほとんど改正前のもので
す。しかし、損金経理要件以外の判例等は現在でも実務上の指針になると
考えられます。

2 医療法人への適用

医療法では、医療法人の理事と監事が役員と定義されています。この理事と監事は法人税法上の役員に該当するため、医療法人が理事又は監事の退職に際して役員退職給与を支給した場合、「不相当に高額な部分の金額」があれば、その金額は損金不算入とされます。その場合の判定基準は上記1の法令による基準となります。

＜図表法人税法上の役員退職給与の取扱い＞

役員給与の額（隠ぺい又は仮装経理により支給されたものを除く。）のうち、「不相当に高額な部分の金額」は、法人税計算上、過大役員給与として損金不算入とされます（法法34②）。

「不相当に高額な部分の金額」の判定は実質基準により行います（法令70二）。

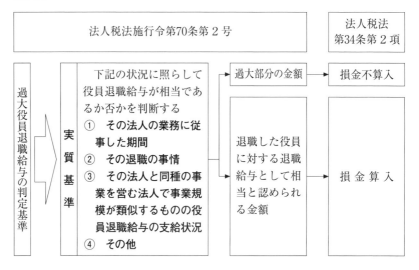

（注）　実質基準（法令70二）の趣旨

　実質基準（法令70二）において、役員退職給与の適正額の算定要素に①業務に従事した期間、②退職の事情、③同業類似法人の役員に対する退職給与の支給状況等を列挙し

ている趣旨は、①・②は、「退職役員の個別事情として顕著であり、かつ、役員退職給
与の適正額の算定に当たって考慮することが合理的であると認められる」ためこれらを
考慮すべき個別事情として例示し、「その他の必ずしも個別事情として顕著とはいい難
い種々の事情については、原則として同業類似法人の役員に対する退職給与の支給の状
況として把握する」もので、これを考慮することによって、個別事情以外の種々の事情
は役員退職給与の適正額に反映される（東京高裁　平成25年7月18日判決　平成25年
（行コ）第169号、原審　平成23年（行ウ）第421号　平成25年3月22日判決）との考えに
よるとされています。

Q3 「不相当に高額な金額」判定の留意点と問題点

＜その１＞その法人の業務に従事した期間（勤続期間）

法人税法上、医療法人の支払った役員退職給与の金額が不相当に高額な金額であるか否かを判定する際、判定要素の一つに「その法人の業務に従事した期間（勤続期間）」があります。これについて、何か留意すべきことはありますか。

A

1　役員退職給与の法人税法上の取扱い

法人税法では、「役員退職給与の額のうち不相当に高額な部分の金額はその法人の各事業年度の所得の金額の計算上損金の額に算入しない（法法34②）。」とされています（法人税法上の規定の詳細は8ページ参照）。

この法人税法の取扱いは、医療法人にも適用されます。したがって、医療法人が、理事長などその役員に対し役員退職給与を支払う場合、それが不相当に高額な金額にならないよう留意しなければなりません。特に医療法人の場合には、不相当に高額な金額に該当した場合には、法人税法上の損金不算入規定だけでなく、医療法上の「剰余金配当禁止規定（医療法54）」違反となる可能性もあります。

医療法人の支給した役員退職給与の金額が不相当に高額な金額であるかどうかは、法人税法上、その役員の

① その法人の業務に従事した期間（勤続期間）

② その退職の事情

③ その医療法人と事業規模が類似する医療法人の役員に対する支給状況

④ その他

を総合勘案して判定するとされています（法令70二）。

2 「その法人の業務に従事した期間（勤続期間）」の留意点

⑴ 個人立医療機関の法人成り

　医療法人の数は、昭和60年12月の医療法改正（第１次医療法改正）により、いわゆる「一人医師医療法人」制度（昭和61年10月１日施行）が認められてから飛躍的に増加しました。厚生労働省の調査によると、平成29年３月31日現在で、全国の医療法人総数（53,000法人）のうち83％に相当する44,020法人が一人医師医療法人という状況となっています。

　過去においてこの一人医師医療法人が一番数多く設立認可された年分は平成元年です。全国でなんと１年間に5,063法人もの一人医師医療法人が設立認可されました。平成元年から４年までの間に11,648法人が設立認可され、大変な一人医師医療法人設立ブームであったといえます。これは、医師優遇税制といわれた「社会保険診療報酬の所得計算の特例（措法26）」措置が改正され、個人の医師又は歯科医師の年間における社会保険診療報酬等の金額が5,000万円を超えたら、この特例措置が適用されなくなるという税制改正の影響があったと考えられます。

　それ以後も全国で活発に一人医師医療法人の設立は行われましたが、特に第５次医療法改正により、平成19年４月１日以降、持分の定めのある社団医療法人（経過措置医療法人）の新規設立ができなくなる改正がされたため、その改正前に多数の個人立医療機関が法人成りして「持分あり」の医療法人となりました。その大半は一人医師医療法人の設立でした。

　このような過程で医療法人の多数を占めることとなった一人医師医療法人はほとんどが小規模な個人立医療機関（個人の医師又は歯科医師が開設・管理している診療所）が組織変更し医療法人となったものです。

　また、一人医師医療法人以外の大規模医療法人においても、その大半は

個人立医療機関を医療法人へと組織変更したものであると思われます。

このように、医療法人は、個人立医療機関が法人成りして設立されたものが大多数を占める状況といえます。

(2) 個人事業時代から勤務していた「使用人」が退職した場合の取扱い

法人成りによって医療法人となった法人において、個人事業時代から勤務していた使用人が退職し、その退職給与を、個人事業時代から通算して医療法人が支給した場合には、原則として、個人事業時代の在職年数に対応する退職給与は個人事業主の事業所得の金額の計算上、最終年分の必要経費に算入（所法63）し、医療法人成りした後の期間に対応する退職給与は、その医療法人の各事業年度の所得の金額の計算上、損金の額に算入することになります。

本来的には、個人事業時代の在職期間に係る退職給与は、個人事業の廃業時点で支払をするか、あるいは、その時点で支払わない場合には、未払退職給与という債務を設立する医療法人に引き継ぐべきでしょう。

しかし、実際には、個人事業時代は退職給与規程が整備されていなかったとか、勤続年数により段階的に退職給与の金額が変わるため、使用人が退職するまで正確な退職給与が計算できなかったという理由で法人成りに際し、個人事業時代の退職給与を計上しない場合があります。

そこで、法人税の計算に際して、課税当局より、「個人事業を引き継いで設立された法人が個人事業当時から引き続き在職する使用人の退職により退職給与を支給した場合において、その退職が設立後相当期間経過後に行われたものであるときは、その支給した退職給与の額を損金の額に算入する（法基通9－2－39）。」という取扱いが示されています。この場合の「設立後相当期間経過後」の相当期間とは、課税上弊害のない限り、一般的には個人事業主の所得税の最終年分の減額更正が可能な期間（旧通則法70②一）との関連で5年程度と考えられていました。

(3) 個人事業時代の使用人が、医療法人の役員となり退職した場合

ところで、個人事業時代は使用人であったが、医療法人成りした後には役員に就任した者が退職し、個人事業時代（使用人としての地位）と法人時代（当初より役員就任又は当初は使用人でその後に役員就任）を通算して退職給与の支給をした場合にはどのように取り扱われるのでしょうか。

上記の通達（法基通9－2－39）は使用人の場合のみ示されています。しかし、この取扱いについて、地裁判決で、「医療法人成りした後に役員に就任した者について、個人事業時代の勤務期間に関して、退職給与として認められる部分の金額がある場合には、別異に解する理由はない」旨判示している判例（福島地裁　平成4年10月19日判決・税資193号78頁）があります。つまり、個人事業時代は使用人であった者が医療法人では役員となり、その後退職した際に通算して支払った退職給与が、設立後相当期間経過後であれば医療法人の損金に算入ができるというものです。法人税基本通達9－2－39は、所得税の最終年分の減額更正可能期間に関連して設けられたものであり、その点からするとこの判示は妥当なものだと思います。

ただし、この取扱いでいう「使用人」には、個人事業に係る事業主（個人開業医の院長）は含まれません。

⑷　青色事業専従者が理事となり退職した場合

上記(3)の裁判（福島地裁　平成4年10月19日判決・税資193号78頁）は、その争点が、個人事業（個人が開設・管理している病院）時代に青色事業専従者であった親族が、医療法人成りした後にその法人の常務理事（役員）となり、その後退職した事案で争われています。

具体的には、個人事業時代の勤務年数が約26年間で、医療法人になった後の常務理事の在職年数が2年4ヶ月です。役員退職給与は、死亡退職給与として支給されており、勤続年数は通算した28年4ヶ月、退職時の報酬

月額130万円、最終役員係数2.6（その医療法人の役員退職慰労金規程による）で、役員退職慰労金として9,599万円（別途、弔慰金780万円）が支給されており、これが納税者と課税当局の間で争いになったものです。

判決では、「青色事業専従者（所法57①）には、個人事業の廃業時点で退職給与が支払われていたとしても、事業主と生計を一にする親族に該当するため、その対価は個人事業主の事業所得の金額の計算上、必要経費に算入されていなかった（所法56）」ことをあげ、「仮に医療法人設立後相当期間経過後であっても、当然に、個人事業時代の期間の通算部分は損金算入は認められない」として、その医療法人がその債務を引き継いだか否かにかかわらず、損金算入を認めないことと判示しました。

個人開業の医療機関が医療法人成りした場合、それまで青色事業専従者であった者が医療法人の役員に就任する例は数多くあります。そして、青色事業専従者が理事となりその後退職した場合には、その者の青色事業専従者であった期間の退職給与債務を引き継いだか否かにかかわらず、青色事業専従者であった期間の退職給与の損金算入は認められない点に留意する必要があると考えます。

Q3 「不相当に高額な金額」判定の留意点と問題点

＜その２＞事業規模類似法人の役員に対する支給状況

> 　法人税法上、医療法人の支払った役員退職給与の金額が不相当に高額な金額であるか否かを判定する際、判定要素の一つに「事業規模類似法人の役員に対する支給状況」を勘案するという取扱いがあります。これについて、何か留意すべきことはありますか。

A

1　役員退職給与の法人税法上の取扱い

　法人税法では、法人の役員の役員退職給与の金額が不相当に高額な金額であるかどうかはその役員の

> ①　その法人の業務に従事した期間（勤続期間）
> ②　その退職の事情
> ③　その内国法人と同種の事業を営む法人でその事業規模が類似するものの役員に対する退職給与の支給の状況
> ④　その他

に照らし総合的に判定すると規定しています（法令70二）。

2　事業規模類似の法人役員に対する支給状況等を勘案することの問題点

　納税者である法人の視点で、法人税法の判定基準（法令70二）をみたとき、実務上特に難しいのが上記1③の「その内国法人と同種の事業を営む法人でその事業規模が類似するものの役員に対する退職給与の支給の状況

等に照らし……（法令70二）」判定するという基準です。

　何が難しいかというと、まず、「同種の事業」を営む法人（類似法人）をどのように抽出するかという点です。次に、「事業規模が類似するもの」の判定はどのように行うのかという点、それから、同種の事業を営む法人で事業規模が類似する法人の「役員退職給与の支給状況」を納税者である法人がどうやって把握するのかという点の３つに要約されます。

(1)　「その内国法人と同種の事業を営む法人（類似法人）」の選定

　株式会社の過大役員退職給与の金額が争われる税務訴訟において、課税当局が「その内国法人と同種の事業を営む法人（類似法人）」を抽出する場合には、「合理的と考えられる基準」で抽出しています。その代表的なものが総務省の日本標準産業分類による類似法人の抽出です。一例として、「日本標準産業分類の分類項目表による大分類－ 卸売・小売業、飲食店 のうち、中分類－ 繊維・機械器具・建築材料等卸売業 のうち、小分類－ 建築材料卸売業 のうち、細分類－ 木材・竹材卸売業 に含まれる事業を営むものは、原告の事業種目も同分類である事実に照らし、合理的であるということができる（高松地裁　平成５年６月29日・税資195号709頁）。」と課税当局が総務省の日本標準産業分類の細分類によって類似法人を抽出したことについて、裁判上、合理性があると判示しているものがあります。

　また福島地裁（平成８年３月18日）の判例では日本標準産業分類の中分類により類似法人を抽出した例もあります。

　これに対し医療法人の場合には「同種の事業を営む法人」は医療法人となりますから、法人の性格上、その類似性について見解の相違は生じないと考えられます。ただし、医療法人に関連しては、日本標準産業分類において、大分類に「医療、福祉」があり、中分類として「医療業」があります。そして小分類や細分類は次のようになっています。

○中分類83　医療業における小分類と細分類

小分類 番　号	細分類 番　号	
831		病　　　　　院
	8311	一　般　病　院 　20人以上の患者を入院させるための施設を有して医師又は歯科医師が医業を行う事業所をいう。 　ただし、精神病床のみを有するものは細分類8312に分類される。 ○病院（精神病床のみでないもの）；特定機能病院；地域医療支援病院；療養病床を有する病院 ×精神科病院［8312］
	8312	精　神　科　病　院 　20人以上の精神病患者を入院させるための施設のみを有して医師が医業を行う事業所をいう。 ○精神科病院 ×一般病院（精神病床もあるもの）［8311］
832		一　般　診　療　所
	8321	有　床　診　療　所 　19人以下の患者を入院させるための施設を有して医師が医業を行う事業所をいう。 ○医院（有床のもの）；診療所（有床のもの）；療養病床を有する診療所
	8322	無　床　診　療　所 　患者を入院させるための施設を有しないで、又は往診のみによって医師が医業を行う事業所をいう。 ○医院（無床のもの）；診療所（無床のもの）
833		歯　科　診　療　所
	8331	歯　科　診　療　所 　患者を入院させるための施設を有しないで、若しくは往診のみによって、又は19人以下の患者を入院させるための施設を有して歯科医師が歯科医業を行う事業所をいう。 ○歯科医院；歯科診療所

株式会社を参考にすると、類似法人の抽出に際して日本標準産業分類の細分類や中分類を合理性があると認める判例があります。これを医療法人に当てはめると、中分類の場合は医療業となります。これでは範囲が広すぎてかえって合理性に欠ける結果になるでしょう。小分類では、病院・一般診療所・歯科診療所の３分類となります。細分類の場合には、一般病院・精神科病院・有床診療所・無床診療所・歯科診療所の５分類となります。

医療法人においては、今後いわゆる一人医師医療法人の役員退職が増加すると考えられます。この一人医師医療法人はそのほとんどが一般診療所と歯科診療所に該当します。仮に課税当局と医療法人の間で過大役員退職給与の金額が争われた場合、課税当局は類似法人の抽出をどの分類で行うのかということは次の(2)の「事業規模が類似するもの」との関連で、非常に重要な問題になると考えます。

さらに、類似法人を抽出する地域やその範囲の選定も重要となります。通常は、国における類似法人の選定は、課税実務が国税局単位で行われているため、同じ国税局管内の類似法人が選定されますが、対象となる法人が所在する国税局管内だけで抽出するのか、それとも範囲をもっと広げるのか。これについて、原告会社の所在地が長野県で抽出対象地域を関東信越国税局管内とした判例（原告会社は管内だけでは同業類似法人数が少ないので抽出範囲を全国とすべきと主張した。）では、「同業類似法人を抽出するに当たっては、一般に、当該法人の所在地と近接した経済事情の類似すると認められる地域に存する法人を対象とすることが最も適当である」とし、「原告の所在地は、長野県であるところ、関東信越国税局管内の各県は、いずれも関東又は甲信越地域に属しており、一般に、これらが一つの地域単位として経済事情その他において一定の共通性を有するものと認められていることに照らせば、被告が本件同業類似法人の抽出対象地域を関東信越国税局管内としたことにも合理性が認められる」と判示している

ものがあります（東京高裁　平成25年7月18日判決　平成25年（行コ）第169号、原審　平成23年（行ウ）第421号　平成25年3月22日判決）。この判例のように類似法人の抽出範囲の拡大については消極的なものが多いようですが、中には、広島国税局管内で課税当局と納税者に争いが生じた際、その国税局管内に類似法人の基準に合致する法人が1社であったため、同局の経済効果が波及すると認められる大阪、名古屋、福岡、熊本の各国税局管内において調査し、類似法人の基準に合致する法人を4社抽出した判例もあります（広島高裁　平成4年3月31日判決・税資188号1128頁、岡山地裁　平成元年8月9日判決・税資173号432頁）。ちなみに、前段の裁判（東京高裁　平成25年7月18日判決）では、課税当局は、関東信越国税局管内に所在する類似法人の基準に合致する法人を3社抽出しており、裁判所もこれを容認しています。なお、類似法人の抽出件数は、過去の判例からすると3社が最低ラインとなっているように思えます。

⑵　「事業規模が類似するもの」の判断

　医療法人の場合、上記1③は「その医療法人と事業規模が類似する医療法人の役員に対する支給状況等に照らし……」と読み替えができます。

　ここでいう「事業規模が類似するもの」という文言は、実務上、非常に判断の難しいものといえます。類似法人の選定において、対象となる法人の売上金額の2倍から2分の1に分布する法人を選定する「倍半基準」が課税の実務で採用されることが多い（上記⑴の判例（東京高裁　平成25年7月18日判決）も倍半基準を合理的と判示している。）と言われますが、医療法人への適用には少し違和感を感じます。

　医療法人以外の場合ですが、課税当局と納税者で争いとなった事案で、課税当局が平均功績倍率法（**Q4＜その2＞**参照）を適用し更正処分をする際、類似法人の選定に当たり、ある国税局管内の①業種が食料品製造業に属していること、②同族会社であること、③退職事由が業務上の死亡で

ないこと、④当該事業年度において所得金額が黒字であること、⑤退職役員が代表取締役又は会長であること、⑥退職役員の勤続年数が10年以上であること、⑦売上金額が5億円以上200億円以下であることの各基準に該当する4法人を選定し更正処分を行った例があります。ただし、⑦売上金額が5億円以上200億円以下という抽出基準は、その後の裁判において「広きに失することになるから、事業規模において類似する法人とはいえない。」と判示されています。また、この裁判では、課税当局が上記4法人とは別に類似法人として抽出した7法人について、原告である会社との事業規模の類似性を検討していますが、その際の判定基準は、「申告所得金額」、「総資産価額」、「売上金額」、「純資産価額」、「資本金額」を用いています（札幌地裁　平成11年12月10日判決・税資245号703頁）。

　持分の定めのある社団医療法人（経過措置医療法人）に、この裁判における「事業規模類似」の判定基準をそのまま当てはめると「申告所得金額」、「総資産価額」、「医業収益」、「純資産価額」、「出資金額」となります。経過措置医療法人以外の医療法人には「出資金額」はありませんので、「申告所得金額」、「総資産価額」、「医業収益」、「純資産価額」の4つが判定基準となります。

⑶　医療法人における「事業規模が類似するもの」の検討

　医療法人の場合、開設している施設の状況でその事業規模は大きく変わります。

　医療法人の設置する施設を医療法第39条の本来業務の観点からみると、単独で①「病院」を開設する医療法人、②常勤医師、歯科医師がいる「診療所」を開設する医療法人、③「介護老人保健施設」を開設する医療法人に区分されます。この場合、「病院」を開設する医療法人といっても、病床数20床の病院を開設する法人から200床以上の病床数を持つ病院を開設する法人まであります。また、「診療所」を開設する医療法人も、単にビ

ルの一室を賃借して数人のスタッフで開設する小規模なものから、外来の他に在宅医療に積極的に取り組み、グループホームなど医療法第42条の附帯業務を行う比較的規模の大きい法人まで様々です。さらには、病院や介護老人保健施設、サービス付き高齢者向け賃貸住宅などを複合して開設する大規模医療法人もあります。

　仮に、医療法人において「申告所得金額」、「総資産価額」、「医業収益」、「純資産価額」「出資金額」を事業規模類似の判定基準とした場合、これら多岐にわたる事業展開を詳細に加味した類似法人選定は難しいといえます。また、診療報酬改定（2年に1度）や介護報酬改定（3年に1度）により医業収益などはかなり変化します。2025年に向けて地域包括ケアシステムが構築されていく過程で病院や診療所、介護老人保健施設のあり方が大幅に見直され、その結果、医業収益はもとより、総資産価額や純資産価額が大きく変わる可能性があります。今後、課税当局が社会保障制度改革の進展などを考慮し、調査対象とされた医療法人の実状に合った類似法人の抽出がされることを願う次第です。

⑷　支給状況等に照らす際の納税者の限界

　役員退職給与の金額は、「その医療法人と事業規模が類似する法人の役員に対する支給状況等に照らし」て不相当に高額か否かを判定するとされていますが、医療法人側でどのようにして、その医療法人と事業規模が類似する他の医療法人の役員退職給与の支給状況を把握するかという点は問題となります。実際に把握することはできません。

　税務調査を行う課税当局は、その国税局管内の各税務署にサンプル調査の依頼をすることで様々な情報を集めることができます。

　しかし、医療法人側が、課税当局と同様の情報を入手することは非常に困難を極めることになります。また、課税当局は、収集した情報を守秘義務を盾に税務訴訟等の証拠として示す以外に納税者に明示することはあり

ません。

　したがって、残念なことに、役員退職給与の金額が不相当に高額か否かをめぐって納税者と課税当局で争われた事例は多数存在します。その結果、たくさんの判例や裁決例があり、納税者としては、その判例や裁決例を参考に不相当に高額か否かを判断するしか方法はありません。この点に関しては、平成13年4月1日から、行政機関の保有する情報の公開に関する法律（いわゆる情報公開法）が施行され、国税不服審判所の裁決事例について、開示請求を行えば一定の手続に従って裁決例が開示されることになったため、納税者側からすると、従来よりは、情報の入手ができる環境が整ったといえますが、しかし依然として不十分であることは否めません。

Q4 役員退職給与の適正額の算定＜その１＞ *25*

Q4 役員退職給与の適正額の算定

＜その１＞功績倍率法

> 従来より、実務上、役員退職給与の適正額の算定には、「功績倍率法」という計算方法が用いられることが多いと聞きました。この功績倍率法ではどのように役員退職給与の適正額を算定するのですか。

A

1 実務上の適正額の算定基準

　実務において、役員退職給与の適正額の判定には、従来から「功績倍率法」という方法がよく用いられます。功績倍率法には、「平均功績倍率法（Q4＜その２＞参照)」と、「最高功績倍率法（Q4＜その２＞参照)」があります。

　また、功績倍率法以外の方法として「１年当たり平均額法（Q4＜その３＞参照)」という方法もあります。これらの方法は、法人税法に定められているものではありませんが、役員退職給与の金額が不相当に高額か否かの判定をめぐって争われる税務訴訟等の判決や裁決の際によく使われる方法です。

　医療法人でもこれらの算定方法により、役員退職給与の適正額を算定することは税務対策につながることになります。

2 功績倍率法

⑴　功績倍率法の計算式

　功績倍率法は最もポピュラーな役員退職給与の金額の計算方法といえます。具体的には、役員退職給与を支給している他の医療法人の中で、その

医療法人と事業規模や退職した役員の地位等が類似する法人を選定し、その「功績倍率」にその役員の適正な最終報酬月額及び勤続年数を乗じて計算する方法をいいます。算式で示すと次のようになります。

＜功績倍率法の計算式＞

退職時の適正な役員報酬月額×勤続年数×功績倍率＝適正な役員退職給与

この場合の「功績倍率」とは、退職給与が、その役員の最終報酬月額に勤続年数を乗じた金額の何倍に当たるかというその倍率をいいます。

この功績倍率法は、国税庁が、昭和57年に入り、同族会社の過大役員退職給与の税務調査をする際に作成したものであるといわれています。昭和61年に東京国税局の重点調査対象項目とした書面によれば、この方法の根拠は次のようであったといわれています。

(1)　是正対象とする役員退職金の目安
　　同族会社が支給した役員退職金のうち、
　① 　支給額が1億円以上のもの
　② 　①のほか支給額が5,000万円以上で、かつ、当該退職金につき次の算式により計算した倍率が5倍（代表者以外の役員については3倍）以上のもの
$$\frac{退職金の額}{退職時の適正報酬月額×勤続年数}=\begin{array}{l}1年当たりの\\退職金額の対（功績倍率）\\報酬倍率\end{array}$$
　（参考）　役員退職金の功績倍率　出典：政経研究所「役員の退職慰労金」
　（注）　退職金の額には弔慰金等の額は含まれないのであるが、弔慰金等の額のうち相続税法関係通達3－20（弔慰金の取扱い）により退職手当等に該当するものと取り扱われる部分の額は含めることに留意する。
(2)　過大であるかどうかの判定方法
　　役員退職金が過大であるかどうかは、退職時の適正報酬額に勤続年数及び比準法人から把握した功績倍率を乗じて算出した金額を基準として判定する。

（算定方法）

　　退職時の適正報酬月額×勤続年数×功績倍率＝適正額

（注）　1　功績倍率は、役員退職規程を有する法人の当該規程又は実際の
　　　　　役員退職金の支給事例等を参考にして算定する。

　　　　2　業務上死亡退職等の特殊事情を考慮する必要がある場合につい
　　　　　ては、別途これらの事情を勘案して調整する。

　　　○　実際の役員退職金の支給事例については、局において退職給与
　　　　に係る源泉所得税の納付事績から、業種別、署別に区分してアウ
　　　　トプットしているので、活用されたい。

(3)　否認する場合の処置

　　　役員退職金のうち、適正額を超える金額（過大役員退職金）を損金不算
　　入額として否認する。

（「税法上の不確定概念（第2版）」（中央経済社）116〜117頁（朝倉洋子氏執筆分））

　　法律上の定めではない功績倍率法によって法人代表の適正な役員退職給
与の金額を計算する場合、「功績倍率は3倍までなら税務調査においても
過大役員退職給与とならない」といわれる場合があります。そのもとに
なったのは、この書面以後において行われた税務調査の事例や税務訴訟の
判例等における事実認定と考えられます。しかし、現状では、この3倍説
にはきちんとした法的根拠があるわけではありません。税務調査の際、3
倍なら過大役員退職給与とされないと安易に考えて、支給金額を決定する
のはとても危険な税務上の判断だと思います。この点には要注意です。

(2)　「退職時の適正な役員報酬月額」の留意点

　　功績倍率法における適正な役員退職給与の計算式は「退職時の適正な役
員報酬月額×勤続年数×功績倍率」というものです。

　　この算式では、役員報酬月額について退職時の適正な報酬月額がその計
算の基礎とされています。従って、退職役員の退職時の報酬月額が、直近

の税務調査で是認されているような場合には、報酬月額の適正性について、課税当局と納税者の間で争いは生じないと考えられます。

しかし、退職直前に、急激に役員報酬の月額を増額して、この算式により役員退職給与を算出したような場合には、その増額した理由や根拠に合理的な理由が求められると思います。税務調査において、増額した金額に合理的理由が認められない場合には、退職時の適正な役員報酬月額について見直しをし、そのうえで適正な役員退職給与の金額を算定することになると思います。

この功績倍率法において、「退職時の適正な報酬月額」が計算の基礎とされる理由は「退職役員の功績は、その退職時の報酬に反映されている（札幌地裁　平成11年12月10日判決・税資245号703頁）」という考えや「最終月額報酬は、通常、当該退職役員の在職期間中における報酬の最高額を示すものであるとともに、退職の直前に大幅に引き下げられたなどの特段の事情がある場合を除き、当該退職役員の在職期間中における法人に対する功績の程度を最もよく反映しているものといえる（東京高裁　平成25年7月18日判決　平成25年（行コ）第169号、原審　平成23年（行ウ）第421号　平成25年3月22日判決）」ことからきています。従って、退職時の報酬月額は、退職する役員の功績をきちんと反映した金額に設定することが重要なポイントとなります。他の判例でも「役員の最終報酬月額は、退職間際に当該役員の報酬が大幅に引き下げられるなどの特段の事情がない限り、役員在職中における法人に対する功績程度を最もよく反映しているものである（名古屋地裁　平成2年5月25日判決・税資176号1042頁）」と判示しているものもあります。

ところで、この名古屋地裁や東京高裁（原審の東京地裁を含む。）の判示では、退職時の適正な報酬月額について、「退職の直前に当該役員の報酬が大幅に引き下げられるなどの特段の事情がない限り……功績程度を最もよく反映している」としています。そうすると、何らかの事情によっ

て、退職役員の退職時の報酬月額が在職中における法人に対する功績程度に比べて低額である場合や、退職間際の業績悪化などにより報酬月額を大幅に引き下げた場合など、明らかにその役員の功績が退職時の報酬月額に反映されていないと認められる場合には、退職前に、その役員の在職中における法人に対する功績程度を反映した「合理的」で、かつ、「適正な報酬月額」に増額改定することが望ましいと考えられます。

判例でも「死亡退職した役員Aの役員報酬月額5万円は、Aが設立した会社の取引先やAの事業経験を原告会社に引き継がせたことからすると、Aの功績を適正に反映したものとしては低額に過ぎ、平均功績倍率法の適用上、Aの適正報酬月額は、原告代表者B（Aの長男）の報酬月額の平均額の2分の1の額とするのが相当である（高松地裁　平成5年6月29日判決税資195号709頁）。」として、最終月額報酬を増額して平均功績倍率法により、適正な役員退職給与の金額を算定したものもあります。

なお、退職間際にその役員の月額報酬が大幅に引き下げられ、明らかにその役員の功績が退職時の報酬月額に反映されていないと認められる場合には、「1年当たり平均額法（**Q4＜その3＞参照**)」によって適正な役員退職給与の金額を算定することも検討すべきと考えます。

30 Ⅰ　医療法人と役員退職給与

Q4　役員退職給与の適正額の算定
＜その２＞平均功績倍率法と最高功績倍率法

> 　平均功績倍率法と最高功績倍率法について説明し、合わせて留意点についても教えてください。

A

　功績倍率法には、「平均功績倍率法」と「最高功績倍率法」の２つの方法があります。

　平均功績倍率法は、他の医療法人で、事業規模や退職した役員の地位等が類似する法人を選定し、その功績倍率を平均して、役員退職給与の金額を計算するものです。これに対し、最高功績倍率法は、功績倍率のうち、最高値の倍率を使って役員退職給与の金額を計算するものです。

　平均功績倍率法は、裁判例において最も数多く採用されています（注）。また、最高功績倍率法は、平均功績倍率法の難点解消のために採用されることがあります。

（注）　平均功績倍率法の裁判例

　東京地裁昭和46年６月29日判決（行裁例集22巻６号885頁）、東京高裁昭和49年１月31日判決（税資74号293頁）、名古屋地裁平成２年５月25日判決（税資176号1042頁）、札幌地裁平成11年12月10日判決（税資245号703頁）、東京高裁平成25年７月18日判決（平成25年（行コ）第169号）など

　判例の中には、平均功績倍率法について、「類似法人のデータから得た、適正に算出された平均功績倍率を用いる限り、その判断方法は客観的かつ合理的であり、法人税法の規定の趣旨に最も合致する」として、「平均値を上回る功績倍率を適用している役員退職給与の金額は本来否認されるべきである」と判示しているものもあります（札幌地裁　平成11年12月10日判決・税資245号703頁）。

しかし、平均値を上回る功績倍率がすべて過大であって税務上否認されてしまうと、平均値が限りなく低下し、適正額が計算できなくなるという矛盾が生じてしまいます。

また、この札幌地裁の裁判において、原告が「平均功績倍率という基準に基づくと、法人のうち約半数の法人の役員退職金が常に否認されることになり実態に全く合致しない。逆に、抽出された法人の役員退職金額が適正額として認められたものだとすると、比較対象すべてが相当とされている以上、それらの平均値を超える部分が不相当とする根拠はないことになる。すべてが適正とされている以上、平均値が基準になるということは論理的にあり得ないし、仮にそうすれば、不相当と認定を受けた法人だけが差別的な認定を受けているということになる。」と主張したのに対し、地裁（高裁も原審判決引用）では「原告は、平均功績倍率法に基づくと、比較法人のうち約半数の法人の退職給与が否認されることになり、逆に比較法人の役員退職給与が適正額として認められたものだとすると、これらの平均値を超える部分を不相当とする理由はないから、平均功績倍率法は論理的に成り立ち得ないものである旨主張する。しかしながら、平均功績倍率法は、比較法人の退職給与のうちに、本来否認すべきであったのに実際には否認しなかったものがあり得ることを前提とするものであるところ（仮に、比較法人の退職給与がすべて適正な額の範囲内であることを前提とするならば、最高功績倍率法を用いるしかない。）、過去に本来否認すべきであったのに実際には否認しなかった事例が存在するからといって、否認すべきものを発見したときにこれを否認することを妨げる理由は存在しないから、原告の右主張は採用することができない。」と原告の主張を退ける判断を示しています（札幌地裁で棄却・原告控訴の後、札幌高裁　平成12年（行コ）第1号（棄却・控訴人上告、税務訴訟資料第248号850頁）、最高裁判所（第二小法廷）平成12年（行ツ）第357号（上告棄却、平成15年11月7日決定・確定）。

功績倍率法による計算の際、平均値を使う合理性は「抽出された比較法人の功績倍率の平均値を算出することによって、比較法人間に通常存在する諸要素の差異やその個々の特殊性が捨象され、より平準化された数値が得られるのであるから、平均値を用いることは、法令の規定の趣旨に沿うものであり、合理的である……（名古屋地裁　平成2年5月25日判決・税資176号1059頁）」というものです。東京地裁・高裁でも同様の判示がされています（東京高裁　平成25年7月18日判決　平成25年（行コ）第169号、原審平成25年3月22日判決　平成23年（行ウ）第421号）。

これに対し、役員退職給与の過大額の認定に当たり、「……比較法人抽出基準は合理性があるものの、結果として抽出された対象法人は4法人5事例にとどまり、これによって判明した功績倍率は1.30から3.18までの約2.45倍もの幅がある。功績倍率の平均値である2.30に基づいて算出された相当額については、類似法人の平均的な退職金額であるということはできるとしても、それはあくまでも比較的少数の対象を基礎とした単なる平均値であるのにすぎないので、これを超えれば直ちにその超過額がすべて過大な退職給与に当たることになるわけでない（仙台高裁　平成10年4月7日判決）。」として、抽出された対象法人が少数の4法人5事例にとどまり、功績倍率にも開差があることから、功績倍率を基に算出された類似法人の平均的な退職給与額を超えれば直ちにその超過額が過大な退職給与にあたるとは認められないと判示した判例もあります。

また、この判例は、「比較法人は相応の合理性を有する基準によって抽出されたものであり、そのうちの功績倍率の最高値3.18を示している法人については、平均値との開差も1.38倍程度であるから特異な値とは解されずこの最高値の法人の功績倍率こそが有力な参考基準となるものと判断する（仙台高裁　平成10年4月7日判決）。」として、功績倍率の最高値（3.18）が平均値との開差も少ないことなどから有力な参考基準となる旨も判示しました。

このように、裁判によっては、功績倍率の最高値を適用する判例もあります。

（注）　最高功績倍率法の裁判例

（実際に最高功績倍率法を適用した（又は適用したと思われる）判例は東京地裁昭和51年5月26日判決（税資88号862頁）、東京高裁昭和52年9月26日判決（税資95号597頁）、最高裁 昭和60年9月17日第三小法廷判決（税資146号603頁）、岐阜地裁 平成2年12月26日判決（税資181号1104頁）、仙台高裁 平成10年4月7日判決（税資231号470頁）など）

しかし、「最高の功績倍率値をもって比準する方式によると、比較法人の中にたまたま不相当に過大な退職給与を支給しているものがあったときには明らかに不合理な結論となる……（名古屋地裁　平成2年5月25日判決）」とする判示や、「仮に、功績倍率の最高値である最高功績倍率を用いることとした場合には、その抽出された同業類似法人の中に不相当に過大な退職給与を支給した法人があった場合に明らかに不合理な結論を招くこととなる。

そうすると、最高功績倍率を用いるべき場合とは、平均功績倍率を用いることにより、同業類似法人間に通常存在する諸要素の差異やその個々の特殊性が捨象され、より平準化された数値を得ることができるとはいえない場合、すなわち、同業類似法人の抽出基準が必ずしも十分ではない場合や、その抽出件数が僅少であり、かつ、当該法人と最高功績倍率を示す同業類似法人とが極めて類似していると認められる場合などに限られるというべきである（東京地裁・高裁でも同様の判示がされています（東京高裁 平成25年7月18日判決 平成25年（行コ）第169号、原審平成25年3月22日判決 平成23年（行ウ）第421号）。」とする判例もあり、「平均」に比べ「最高」の方が適用条件が厳しい取扱いとされています。

Q4 役員退職給与の適正額の算定

＜その３＞１年当たり平均額法

実務上、役員退職給与の適正額の判定に用いられる「１年当たり平均額法」について説明してください。

A

1 １年当たり平均額法

１年当たり平均額法とは、類似法人における退職した役員の退職給与の額をその勤続年数で除して得た金額（１年当たりの退職給与の額）の平均額に、その退職役員の勤続年数を乗じて算出する方法とされています。算式で示すと次のようになります。

＜１年当たり平均額法の計算式＞

> 類似法人の退職役員の退職
> 給与の１年当たりの平均額 ×勤続年数＝適正な役員退職給与の額

この方法は、たとえば、長年、医療法人の理事長であった役員が、退職前の数年間は非常勤理事となったことなどの理由で、退職時の報酬月額が著しく低く、その役員の在職期間を通算しての功績を適正に反映していないような場合に合理的といわれています。

判例でも「１年当たり平均額法は、退任役員の勤続年数は加味されるものの、報酬の後払い的性格の役員退職給与の額に最も関連の深い要素である退任役員の退任時の役員報酬額が加味されないという欠点を有しており、功績倍率法に比較して間接的な算定方法である。しかし、退任役員の最終報酬月額が退任間際に大幅に引き下げられるなど何らかの事情で適正額でない場合には、平均功績倍率法による適正な退職給与の算定に合理性を欠く場合があり、このような場合には、１年当たり平均額法によること

に合理性があるということができる（札幌地裁　平成11年12月10日判決・税資245号703頁）。」と判示しています。

　しかし、実務上、医療法人がこの1年当たり平均額法により役員退職給与の金額を計算する場合、類似法人における退職した役員の退職給与の額やその勤続年数をどのように調査するのかという点において、納税者側の限界があることは、否めない事実であると思います。

Q5 功労加算金の是非

医療法人の創業者である理事長が死亡退職しました。社員総会の決議により、役員退職給与として功績倍率法による算式で計算した役員退職給与に、功労加算金として30％割り増しして支給する予定です。功労加算金は、創業者としての苦労や借入金の連帯保証をするなど医療法人に多大な貢献をしたことが理由となっています。税務上、何か問題はあるでしょうか。

A

法人税法では、医療法人の役員退職給与の金額が不相当に高額な金額であるかどうかを算定する場合、その役員の

① その法人の業務に従事した期間（勤続期間）

② その退職の事情

③ その医療法人と事業規模が類似する医療法人の役員に対する支給状況

④ その他

を総合勘案して判定すると規定しています（法令70二）。

これら①〜④が算定要素であることについて、判例では、「役員退職給与の適正額の算定要素として、業務に従事した期間、退職の事情及び同業類似法人の役員に対する退職給与の支給の状況等を列挙している趣旨は、当該退職役員又は当該法人に存する個別事情のうち、役員退職給与の適正額の算定に当たって考慮することが合理的であるものについては考慮すべきであるが、かかる個別事情には種々のものがあり、かつ、その考慮すべき程度も様々であるところ、これらの個別事情のうち、業務に従事した期間及び退職の事情については、退職役員個人の個別事情として顕著であり、かつ、役員退職給与の適正額の算定に当たって考慮することが合理的

であると認められることから、これらを考慮すべき個別事情として例示する一方、その他の必ずしも個別事情として顕著とはいい難い種々の事情については、原則として同業類似法人の役員に対する退職給与の支給の状況として把握するものとし、これを考慮することによって、役員退職給与の適正額に反映されるべきものとしたことにあると解される。」と示しています（東京高裁　平成25年7月18日判決　平成25年（行コ）第169号、原審　平成23年（行ウ）第421号　平成25年3月22日判決）。そして役員退職給与の額に「「不相当に高額な部分の金額」を含むか否かを判断するためには、当該退職役員がその法人の業務に従事した期間及びその退職の事情を考慮するとともに、その法人と同種の事業を営む法人でその事業規模が類似するもの、すなわち、同業類似法人の役員に対する退職給与の支給の状況等と比較して検討するのが相当（同判例）」であるとしています。

　ところで、実務上は、役員退職給与の算定は功績倍率法により行われることが多いと思われます。その算式は次のとおりです。

＜功績倍率法の算式＞

退職時の適正な役員報酬月額×勤続年数×功績倍率

　そして、多数の判例において「最終月額報酬、勤続年数及び平均功績倍率を用いて役員退職給与の適正額を算定する平均功績倍率法は、その同業類似法人の抽出が合理的に行われる限り、法36条（旧法人税法第36条　過大な役員退職給与の損金不算入）及び施行令72条の趣旨に最も合致する合理的な方法（東京高裁　平成25年7月18日判決）」とされています。この判示は、平成18年度の法人税法改正以後も同様と解釈されます。

　ところで、功績倍率法で計算した金額に功労加算金として30％割り増しして役員退職給与を支給するとなると計算式は次のようになります。

<30％割り増しの功労加算金を加算した場合の算式>

退職時の適正な役員報酬月額×勤続年数×功績倍率×1.3

　この功労加算金の取扱いについての判断が示された判例がありますので紹介します。

　判例では、原告の元代表取締役が「各種事務処理及び人事業務を担うとともに、原告を債務者とする一切の債務につき個人で包括的に連帯保証するなどして、社会通念上ごく一般的に行われる程度を超える貢献を原告に対して果たしてきた」ことが30％の功労加算の対象とされると主張したものです。これに対し、裁判では、その退職役員やその法人の個別事情については、「業務に従事した期間」及び「退職の事情」以外の種々の事情については、「原則として、同業類似法人の役員に対する退職給与の支給の状況として把握されるべきものであり、同業類似法人の抽出が合理的に行われる限り、役員退職給与の適正額を算定するに当たり、これを別途考慮して功労加算する必要はないというべきであって、同業類似法人の抽出が合理的に行われてもなお、同業類似法人の役員に対する退職給与の支給の状況として把握されたとはいい難いほどの極めて特殊な事情があると認められる場合に限り、これを別途考慮すれば足りるというべきである。」と示しています（東京高裁　平成25年7月18日判決）。これ以外の判例で、功労加算割合30％を乗じた裁判でも「功績倍率は、最終報酬月額と在職期間以外の退職給与金額算定に影響を及ぼす一切の事情を総合評価した係数であると考えられる」ので「比較法人の退職給与支給事例の抽出が合理的に行われる限り、法令の規定の趣旨に合致する。」と示しているものがあります（名古屋高裁　平成4年6月18日判決　平成2年（行コ）第12号　税務訴訟資料189号727頁、原審　名古屋地裁　平成2年5月25日判決　昭和62年（行ウ）第40号税務訴訟資料第176号1042頁）。

　これら過去の判例をもとに検討すると、功績倍率は、最終報酬月額と在

職期間以外の「一切の事情が総合評価された係数」と考えられ、別途、功労加算するには、「同業類似法人の役員に対する退職給与の支給の状況として把握されたとはいい難いほどの極めて特殊な事情があると認められる」場合という理解になります。

　この「極めて特殊な事情」の具体例は判例等で明らかにされていませんが、税務調査や裁判等でこの認定がされるのは至難であると思います。そうすると、退職役員の功労をすべて加味して功績倍率を決定し役員退職金の算定をすることが実務上のポイントになると考えられます。

40 Ⅰ　医療法人と役員退職給与

Q6　不相当に高額な退職給与と剰余金の配当禁止規定

　医療法人が役員に支給した退職給与の金額が不相当に高額とされた
場合、医療法上、何か問題はありますか。

A

1　剰余金の配当禁止規定と罰則

　医療法人は、昭和25年の制度創設以来、医療法第54条で剰余金の配当が
禁止されています。

＜医療法第54条　（剰余金配当の禁止）＞
　医療法人は、剰余金の配当をしてはならない。

　この規定は医療法人の非営利性を表す規定とされており、違反した場合
には、医療法で、医療法人の理事、監事又は清算人に対し、20万円以下の
過料に処する旨の罰則が設けられています（医療法93七）。

2　不相当に高額な退職給与と剰余金の配当禁止規定

　医療法では、剰余金の配当という概念を広く捉えています。

　たとえば、医療法人が役員に対し支給した退職給与の金額が、税務調査
において不相当に高額と認定された場合には、法人税計算上、その不相当
に高額な部分の金額は損金不算入とされます。そして、医療法において
は、その不相当に高額な部分の金額が剰余金の配当に当たると捉えられる
可能性があります。従って、医療法人が支給する役員退職給与の金額は、
より厳密にその適正性を検討する必要があると思います。

Q7　役員退職給与の分割支給

　医療法人が役員退職給与を分割支給した場合の法人税法上の取扱い
はどのようになりますか。

A

1　役員に対する退職給与の損金算入時期

　法人税の取扱いでは、「退職した役員に対する退職給与の額の損金算入
の時期は、株主総会の決議等によりその額が具体的に確定した日の属する
事業年度とする。ただし、法人がその退職給与の額を支払った日の属する
事業年度においてその支払った額につき損金経理をした場合には、これを
認める（法基通9－2－28）。」とされています。

　医療法人にこの取扱いを適用すると次のようになります。

┌─＜医療法人の役員退職給与の損金算入時期＞─────────
│　　以下の⑴、⑵のいずれも可
│　⑴　社員総会の決議等によりその額が具体的に確定した日の属する事業
│　　　年度
│　⑵　その支払った退職給与の額を損金経理した事業年度
└────────────────────────────────

　⑴の「社員総会の決議等」とは、①医療法人の社員総会その他これに準
ずるものの決議か、又は、②その委任を受けた理事会の決議を指すものと
考えられます。

　この法人税基本通達9－2－28では、前段で原則的な取扱いが示されて
おり、役員退職給与の損金算入時期は株主総会の決議等でその額が具体的
に確定した日とされています。

　しかし、法人において、役員が期中に病気や死亡等により退職したため
取締役会等の決議により役員退職給与を支払い、これを費用に計上してい

る場合があります。このような場合で株主総会の決議が翌期になると原則的な取扱いでは支払った退職給与が当期の損金の額に算入できないことになります。期中の役員退職給与の支払時には所得税の源泉徴収がされることや、死亡退職金はみなし相続財産として相続税の課税対象とされるにもかかわらず、株主総会の決議等を経ていないということのみをもって支払った期に損金算入を認めないというのは、会社法上はともかくとして、税務上は必ずしも実態に即していないと考えられます。そこで、法人が退職給与として支払った額を損金経理した場合には、これを認めることとしています。

また、役員への退職給与は、株主総会の決議等でその額が具体的に確定した場合でも資金繰りの都合ですぐには支払えない場合があります。このような場合に、法人がその退職給与を実際に支払った日の属する事業年度で損金経理することとした場合には、その実情に合わせて税務上もこれを認めることとしています。これにより、退職給与に対する所得税等の課税時期と支払った法人側の損金算入時期が一致することになります。

2 分割支給の具体的な取扱い

― ＜例示＞ ―
　資金繰りの都合により、社員総会において、理事長の役員退職給与1億円のうち、6,000万円を当期中に支払い、残りの4,000万円については、資金の手当てが出来次第支払うという決議をした。この場合の損金算入時期はいつになるか。

＜取扱い＞

以下の(1)、(2)のいずれも可となります。

(1) 社員総会決議をした当期に1億円を損金算入することができる。この場合、4,000万円を未払金として計上する。

(2) 社員総会決議をした当期に実際に支払った6,000万円を損金算入し、残りの4,000万円については、実際に支払う事業年度に損金経理し、損金算入することができる。

いずれを選択するかは、医療法人の判断によります。

44　Ⅰ　医療法人と役員退職給与

Q 8　分掌変更と役員退職給与の支給

　医療法人の理事長が後継者である息子に理事長職を譲り非常勤理事になりました。このような場合で役員退職給与を支払うと税務上の取扱いはどのようになりますか。

A

1　役員の分掌変更等の場合の退職給与

　役員の分掌変更等に伴い退職給与を支給した場合には、それが一定の事実に該当し、かつ、支給した退職給与が適正額である場合には、その役員退職給与の額は損金の額に算入されます。

　役員退職給与は、原則として役員の退職という具体的事実に起因して支給される給与をいいます。したがって、現実にその医療法人から退職したという事実がない場合に役員に対して支給する退職給与は、税務上、役員給与（臨時的な給与）として取り扱われます。

　しかし、法人税法では、退職の事実がなくても、「法人が役員の分掌変更又は改選による再任等に際しその役員に対し退職給与として支給した給与については、その支給が、例えば次に掲げるような事実があったことによるものであるなど、その分掌変更等によりその役員としての地位又は職務の内容が激変し、実質的に退職したと同様の事情にあると認められることによるものである場合には、これを退職給与として取り扱うことができる（法基通9－2－32）。」としています。医療法人において、この場合の具体的な事実とは次の(1)～(3)を指します。

(1)　常勤役員が非常勤役員になった場合。ただし、常時勤務していないものであっても代表権を有する者や代表権は有しないが実質的にその法人の経営上主要な地位を占めていると認められる者については、実質的に

退職したと同様の事情にあるとは認められません。

(2) 理事が監事になった場合。ただし、監事でありながら実質的にその法人の経営上主要な地位を占めていると認められる者については、実質的に退職したと同様の事情にあるとは認められません。

(3) 分掌変更等の後におけるその役員の給与が激減した場合。この場合の給与が激減したとは、「おおむね50％以上の減少」を指します。ただし、このような場合でも、その分掌変更等の後においてもその法人の経営上主要な地位を占めていると認められる者については、実質的に退職したと同様の事情にあるとは認められません。

2 分掌変更等の役員退職給与が未払の場合

上記1の取扱いは、役員の分掌変更等に際して、その退職給与を例外的に損金として認める取扱いのため、「退職給与として支給した給与には、原則として、法人が未払金等に計上した場合の当該未払金等の額は含まれない（法基通9－2－32（注）書。）」とされています。したがって、役員の分掌変更等に際して、その役員退職給与の金額を損金算入するためには、実際に役員退職給与を支払うことが必要となります。

3 判例紹介

(1) 長崎地裁 平成21年3月10日判決

取締役退任と監査役就任の分掌変更について、長崎地裁で次のような判決が示されています。

＜概要＞

原告会社が、代表者の妻（丙）が非常勤取締役を退任（非常勤監査役に就任）したとして支払った役員退職給与を損金の額に算入して法人税の確

定申告をしたところ、税務署長が、本件役員退職給与については、退職の
事実は認められないとして更正処分等を行ったことから、原告会社がその
取消しを求めたものです。

> 取締役の退任と監査役の就任の前後において、丙の報酬額に変化はな
> く、報酬額の変化は当該地位や職務の内容が激変した場合の一つの徴表
> ということができるとしても、それぞれの報酬額は月20万円であって、
> その金額からして、監査役の報酬を更に低額にすることは困難である
> し、非常勤取締役としての原告に対する貢献と、非常勤監査役としての
> 原告に対する貢献とが同額の報酬をもって評価されることはあり得るの
> であるから、丙の報酬額に変化がないことをもって、直ちに、原告にお
> ける丙の地位又は職務の内容が激変していないということはできない。

　この判例では、非常勤取締役としての報酬と非常勤監査役としての報酬
が同額で評価されることはあり得るとしています。取締役と監査役は任う
業務は違いますが、報酬が同額評価ということは、実務上、あり得ること
だと思います。

> 　丙に対する本件退職金は1,800万円であり、丙の取締役在任期間は約
> 23年に及び、そのうち15年にわたって常勤として務め、その報酬額も相
> 当高額であったこと、原告代表者の母が原告の取締役を退任し、監査役
> に就任した際も退職慰労金として1,875万円が支払われ、これについて
> 税法上退職給与として認められていることに照らせば、本件退職金の額
> が不相当に高額であるともいえない。

　過去の実績と照らし合わせても、退職給与の額が不相当に高額であると
いえないとしています。これは、実務上、当然といえる事実認定だと思い
ます。

> 　被告は、取締役が監査役になっただけでは、役員の退職に該当しない
> との理解を前提に、そのような場合の使用人兼務役員に対する退職金は

> 退職給与に該当しない旨主張するが、退職給与は、役務の対価として企業会計上は損金に算入されるべきものであるところ、取締役が監査役に就任し、その任務が激変した場合であれば、その就任期間の役務に対して相当な退職金を支給した場合として、役務の対価としての性格を有することから、損金算入することに弊害があるとはいえない。

取締役が監査役に就任した場合の相当な退職金を損金算入することに弊害はないとしています。ただし、「取締役が監査役に就任し、その任務が激変した場合であれば」という条件をつけたうえで、損金算入することに弊害はないとしている点に注意が必要です。

> 以上によれば、使用人兼務役員とされない役員が取締役から監査役になった場合、その任務が激変しているときには退職給与と認めるべきであり、これに反する被告の主張は採用できない。したがって、丙に対する本件退職金の支給金額を原告の所得の金額の計算上損金の額に算入することができ、また、原告は丙に対する本件退職金について、これが役員賞与に当たらない以上、源泉徴収義務を負うこともない。

結論として、この案件では退職金の支給金額は損金の額に算入することができるとしています。

⑵　事実認定により否認された事例

分掌変更に伴う役員退職給与の取扱いで、通達の形式に沿っていても事実認定により否認された事例があります（京都地裁平成18年2月10日判決、大阪高裁平成18年10月25日判決、最高裁平成19年3月13日（棄却・不受理）（確定））。したがって、分掌変更による役員退職給与の取扱いは、実務上は、形式と実態が一致することが重要となります。

48　I　医療法人と役員退職給与

（否認事例の概要）

> 　前代表者甲は、分掌変更後も、原告会社の取締役であり、報酬も減少したものの月額45万円を受け取っている上、取引先との対応などの業務にも従事しており、前取締役乙も、監査役として法的な責任を負う立場にあって、原告会社との委任関係は続いていたことなどから、甲及び乙が原告会社を退職したということはできず、また、法人税基本通達9－2－32(1)又は(3)に該当する事実が存在するとしても、甲及び乙が原告会社を退職したのと同様な事情があると認めることはできないところ、同通達も、形式的に(1)から(3)までのいずれかに当たる事実がありさえすれば、当然に退職給与と認めるべきという趣旨と解することはできないから、甲及び乙に退職給与として支払った金員については、法人税法上、損金に算入とすることはできない。

　そして、法人税法上は損金に算入することはできないとされた役員退職給与は以下の通り、給与所得（賞与）として課税処分されました。

> 　前代表者甲及び前取締役乙の分掌変更に伴い退職給与として支給した金員は、同人らが代表取締役及び取締役であることに対する対価として支給されたものであるから、その収入に係る所得は、所得税法上の退職所得とみることはできないのであって、給与所得（賞与）と認めるのが相当である。

Q9 退職給与の現物支給

　理事長が退職する際、役員退職給与として社宅で使っていた土地・建物を現物支給する予定です。何か留意点はありますか。

A

1 社宅の評価

　役員が退職する際、役員退職給与として、それまでその役員が使用していた役員社宅の土地、建物を現物で支給する場合があります。

　このような場合における土地、建物の評価額は、法人税法上、その役員が社宅として使用していた土地、建物の「時価」により算定することになります。

　土地、建物の時価は、その判定を行う者によりある程度の差が生じることになりますが、法人において合理的な基準に基づいて算定された金額であれば、課税上の問題は生じないと考えられます。

　税務上、合理的な基準に基づいて算定した土地、建物の時価とは、土地の場合であれば、不動産鑑定士の鑑定評価額や近隣の売買実例を基に算定した売買実例価額、又は公示地価を基に算定した公示地価比準価額などが考えられます。

　また、建物の場合であれば、土地と同様に不動産鑑定士の鑑定評価額を採用することや、資産の評価損の損金不算入等を計算する時の考え方を参考に、「建物の再取得価額を基礎として、その取得の時から退職給与として支給した時まで定率法により償却を行ったものとして計算される未償却残額に相当する金額」などを用いて算定することが考えられます。

　これ以外の評価額でも、時価としての客観的合理性が保たれる金額で評価されていれば課税上の問題は生じないと思います。

50 Ⅰ 医療法人と役員退職給与

2 損金経理要件の廃止

平成18年度税制改正では、「過大役員退職給与損金不算入規定（旧法法
36）」が廃止され、その取扱いが法人税法第34条（役員給与の損金不算入）
の規定に包括され、不相当に高額となるか否かの判定は法人税法施行令
（法令70二）に規定されるとともに、役員退職給与における損金経理要件
が廃止されました。

これは、会社法施行などを契機に、役員退職給与が役員給与に含まれる
ことになり、会社法第361条（取締役の報酬等）の規定において利益処分
による支給ができないとされたことや、同法により株主総会決議に基づき
債務が確定するので、会社から役員に支払われる役員退職給与については
恣意性が働きにくくなったことによるものです。

この役員退職給与における損金経理要件の廃止は実務に影響を及ぼすこ
とになります。

法人税法改正前に、土地を役員に対する退職給与として現物支給し、そ
の土地の簿価相当額を損金経理していた法人に対し、簿価相当額と時価相
当額の差額について、損金経理要件を満たしていないとして損金算入が否
認された判例（最（二小）判平10.6.12）があります。損金経理要件が廃止
された現在であれば、この差額について、役員退職給与として適性であれ
ば損金算入が認められる可能性が生じることになります。

（注） 私見ですが、役員退職給与を決議する社員総会などで、「○○に対する役
員退職給与総額は5,000万円とする。その支払いは金銭で2,000万円、役員
社宅（土地、建物）で3,000万円とする。」などとした場合には、役員退職
給与総額が5,000万円とされています。この場合で、役員社宅の時価評価額
が4,000万円と認定された場合には、1,000万円相当は不相当に高額として
損金不算入になると考えられます。決議としては「○○に対する役員退職
給与は、金銭2,000万円と役員社宅（土地、建物）で支給するものとする。」
などとして、評価額に幅を持たせておくことが望ましいと考えます。

Q10 役員退職給与規程の有無と支給の是非

　医療法人で役員退職給与規程がない場合には、退職役員へ退職給与の支給をしても法人税法上、損金に算入することは認められないでしょうか。

A

　法人税法では、役員退職給与について、「内国法人がその役員に対して支給する給与の額のうち不相当に高額な部分の金額として政令で定める金額は、その内国法人の各事業年度の所得の金額の計算上、損金の額に算入しない（法法34②）。」と規定しています。

　そして、政令では、「①当該役員のその内国法人の業務に従事した期間、②その退職の事情、③その内国法人と同種の事業を営む法人でその事業規模が類似するものの役員に対する退職給与の支給の状況、④その他に照らし、その退職した役員に対する退職給与として相当であると認められる金額を超える場合におけるその超える部分の金額が不相当に高額な部分の金額となる（法令70二）。」と定めています。

　このように役員退職給与に関する法人税法の規定を見る限り、法人の「役員退職給与規程」の有無は損金算入の要件とされていません。

　役員退職給与に関する法令（法法34②、法令70二）は医療法人の法人税計算においても適用されます。したがって、役員退職給与規程を設けていない医療法人が、退職した役員に対し退職給与の支給をした場合、不相当に高額な部分の金額がなければ、その退職給与の額は損金に算入されることになります。

52　Ⅰ　医療法人と役員退職給与

Q11　生命保険と役員退職給与

　　理事長の死亡に伴い医療法人が保険金受取人となっている法人契約
の生命保険金を受け取りました。これは理事長の役員退職給与の支給
に備えるための生命保険契約でしたので、受取保険金の全額をそのま
ま理事長の遺族に死亡役員退職給与として支払う予定です。税務上、
何か問題はありますか。

A

1　法人契約の生命保険の取扱い

　医療法人がリスクマネジメントの一環として役員対象の生命保険契約を
締結するケースは少なくありません。この場合、「法人が、自己を契約者
とし、役員又は使用人（これらの者の親族を含む。）を被保険者とする定
期保険（一定期間内における被保険者の死亡を保険事故とする生命保険を
いい、傷害特約等の特約が付されているものを含む。）に加入してその保
険料を支払った場合には、その支払った保険料の額（傷害特約等の特約に
係る保険料の額を除く。）については、死亡保険金の受取人がその法人で
ある場合その支払った保険料の額は、期間の経過に応じて損金の額に算入
する（法基通9－3－5）。」とされています。

　また、保険事故が発生した場合には、死亡保険金を法人が受け取ること
になります。この受取保険金の額は、その法人の益金の額に算入されるこ
とになります。

2　保険金で役員退職給与の支給をした場合

　法人税計算において、役員退職給与の支給に備えるため、役員を被保険

者、医療法人を保険金受取人とする生命保険契約を締結し、その後、役員の死亡に伴い、受け取った保険金をすべて役員退職給与として支払った場合には、どのようになるでしょうか。

確かに役員退職給与の支給原資を生命保険契約に求めていますので、受取保険金の全額を役員退職給与として支払いたいという気持ちは理解できます。しかし、法人税法では、役員退職給与の支給原資を何で調達すべきかまでは規定していません。

そして、このような場合でも、役員退職給与が適正額の範囲か、それとも不相当に高額か否かの判定は①当該役員のその内国法人の業務に従事した期間、②その退職の事情、③その内国法人と同種の事業を営む法人でその事業規模が類似するものの役員に対する退職給与の支給の状況、④その他に照らして行われます（法令70二）。

この判定基準で判定し、死亡役員退職給与の額に不相当に高額な部分の金額があれば、その部分の金額は損金不算入とされます。

＜事例＞

理事長の死亡に伴い医療法人が生命保険金1億円を受け取った。これを原資に遺族に1億円の死亡役員退職金を支払った。

| 会計処理 |

（現預金）　　　1億円　／　（受取保険金）1億円

（役員退職金）1億円　／　（現預金）　　　1億円

※不相当に高額な部分は、税務上、損金不算入となる。

54 I 医療法人と役員退職給与

Q12 役員の死亡退職と弔慰金

理事長の死亡退職に伴い役員退職給与のほかに、弔慰金の支払いを
考えています。税務上の取扱いはどのようになりますか。

A

1 法人税法の取扱い

法人税法では、法人が死亡退職した役員の遺族に弔慰金を支払った場合
の取扱いについて特別の規定を置いていません。

税務上は、その弔慰金の金額が香典、見舞金等として社会通念上相当と
認められる場合には、支払いを受けた遺族に対し課税されることはなく、
また、法人では福利厚生費等として損金算入されることになります。

しかし、香典、見舞金等の域を超える高額な弔慰金については死亡退職
した役員に対する死亡退職金として処理されることになります。

この場合で注意を要するのは、法人が弔慰金として支給した金額が、死
亡退職金の一部と認定されれば、その部分の金額を含めて死亡退職金の不
相当に高額な部分の金額（損金不算入とされる部分の金額）が計算される
ということです。

事例で示すと、次のようになります。

○法人が支給した役員退職給与の金額…2,000万円

○法人が支給した弔慰金…500万円

○税務調査の結果、適正額は役員退職給与の金額が2,100万円、弔慰金
が200万円であると認定された。

○不相当に高額な部分の金額（損金不算入部分）は次の金額となる。

|2,000万円＋(500万円－200万円)|－2,100万円＝200万円
（損金不算入部分）

2 弔慰金の適正額

弔慰金の支払いについて法人税は特別の規定を置いていません。したがって、法人税の規定に弔慰金の適正額を求めることはできません。

相続税の計算では、死亡した者の死亡原因に応じ、次に掲げる金額までは弔慰金として取り扱われ、相続財産として課税されないことになっています。そして、これを超える金額は退職手当等として相続財産とみなされることになっています。

①	業務上の死亡	弔慰金等のうち、被相続人の死亡当時における賞与以外の普通給与の3年分に相当する金額
②	非業務上の死亡	弔慰金等のうち、被相続人の死亡当時における賞与以外の普通給与の半年分に相当する金額

上記①の取扱いは、労働基準法第79条「労働者の業務上の死亡については、遺族に対して平均賃金の1,000日分の補償を行わなければならない。」という定めがベースになっています。

過去の法人税をめぐる弔慰金の適正額の判定においては、これらの考え方が採用されているものがいくつかあり、適正額を算定する際の参考になります。

なお、死亡原因が業務上か否かという点については、その判断が非常にむずかしい場合があり注意が必要です。

II

持分あり医療法人の出資持分の評価

Q1　医療法人制度と医療法人の「出資持分」評価の有無

相続税や贈与税を計算する場合の医療法人の「出資持分」評価の必要性を医療法人制度と関連付けて教えてください。

A

1　医療法人の類型と財産権の有無

医療法人が設立できる根拠法は医療法です。具体的には医療法第39条が該当条文で、そこでは次のように規定されています。

医療法第39条（医療法人）
（第1項）　病院、医師若しくは歯科医師が常時勤務する診療所又は介護
　　　　　老人保健施設を開設しようとする社団又は財団は、この法律の
　　　　　規定により、これを法人とすることができる。
（第2項）　前項の規定による法人は、医療法人と称する。

医療法では医療法人の基本的な形態を「社団」又は「財団」と定めています。このうち社団については、定款に基づき、「持分の定めのあるもの（持分の定めのある社団医療法人（経過措置医療法人））」と「持分の定めのないもの（持分の定めのない社団医療法人）」に区分されます。「持分」とは、「定款の定めるところにより、出資額に応じて払戻し又は残余財産の分配を受ける権利（改正医療法附則10の3③二カッコ書き）」を指します。従って、「持分の定めがある」とは、社団医療法人に出資した社員が社員権としてその出資シェア（割合）に応じて医療法人に対する財産権を有することを意味します。この場合の医療法人に対する財産権は、医療法人の社員が「退社」した際の「持分払戻請求権」と医療法人が「解散」した際の「残余財産分配請求権」の2つとなります。これら2つの権利は定款で

は次のように定められています。

＜定款上の退社時の持分払戻請求権と解散時の残余財産分配請求権の定め＞

※持分の定めのある社団医療法人のモデル定款（昭和61年健政発第410号厚生省
　健康政策局長通知）より

---

① 　社員の退社時における持分払戻請求権（旧第９条）
　　「社員資格を喪失した者は、その出資額に応じて払戻しを請求する
　　ことができる。」

② 　医療法人の解散時における残余財産分配請求権（旧第34条）
　　「本社団が解散した場合の残余財産は、払込済出資額に応じて分配
　　するものとする。」

　厚生労働省が公表している資料から平成29年３月31日現在の医療法人の
状況をみると、医療法人総数は全国で53,000法人となり、その内訳は、財
団医療法人が375法人、社団医療法人が52,625法人で、社団医療法人が医
療法人全体の99％を占めています。社団医療法人のうち、持分の定めのあ
る社団医療法人は40,186法人（全体の75％）で、持分の定めのない社団医
療法人は12,439法人（同23.4％）となっています。

　現状において、医療法人の大多数は持分の定めのある社団医療法人とい
うことになります。しかし、平成18年の第５次医療法改正により、平成19
年４月１日以後、持分の定めのある社団医療法人は新規設立ができなく
なったため、その数は少しずつ減少しています。これに対し、第５次医療
法改正により新たに設けられた基金型の医療法人（形態は持分の定めのな
い社団医療法人）は大幅にその数を増やしており、平成29年３月31日現
在、全国で10,083法人にもなります。財産権のない基金拠出型医療法人で
すが、その数の増加は、医療機関の経営者が、持分概念がないことが却っ
て事業承継を容易にすることや、医療法第42条の「附帯業務」の拡大によ
り法人化が経営上のメリットになることなどを積極評価して現行の医療法
人制度を活用した結果ではないかと推測できます。基金拠出型医療法人の

ほとんどは新規設立か、個人開業医の法人成りと思われます。持分放棄（持分ありから持分なしへの定款変更）による基金拠出型医療法人への自主的移行は、移行時の相続税法第66条第4項による贈与税課税の問題があるため、ほとんど行われなかったものと推測されます。

＜平成29年3月31日現在の医療法人の類型別法人数＞

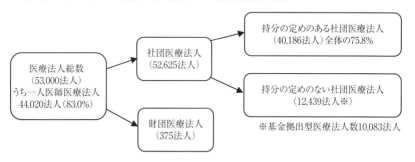

2 医療法人制度の現状

　小泉政権において、医療費抑制策の一環として株式会社の医業経営参入論が唱えられました。これにより、医療法人制度の見直しが検討され、平成19年4月1日施行の第5次医療法改正により、同日以後、医療法人制度は例えて言うと「地上2階、地下1階」の制度とされました。

＜医療法による地上2階・地下1階の医療法人制度のイメージ図＞

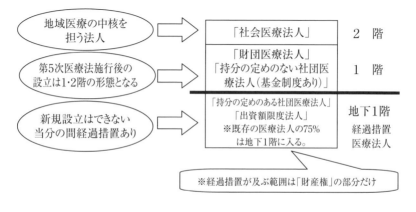

※　地下1階は「経過措置」として「当分の間」存続が認められる経過措置医療法人です（平成18年改正医療法附則10②）。財産権の問題があるため1階への強制移行はありません。

　このたとえによる1階・2階とは、医療法改正後における医療法に基づいた医療法人を指し、地下1階とは平成18年改正医療法の「附則第10条第2項」規定により経過措置のもと「当分の間」存続が認められることとなった医療法人をいいます。

　具体的には、2階部分に救急医療等確保事業という地域医療の中核を担う「社会医療法人」が位置づけられ、1階部分には「財団医療法人」と「持分の定めのない社団医療法人」が位置づけられました。

　持分の定めのない社団医療法人は、新たに基金制度を採ることができるようになりました。この基金制度を採用している医療法人は「基金拠出型医療法人」と呼ばれます。第5次医療法改正後の平成19年4月1日以降に新たに医療法人の設立認可申請を行う場合、都道府県において設立が認められるのはこれら1階・2階部分に位置する医療法人だけとなります。

　これに対し、地下1階部分は、「持分の定めのある社団医療法人」と「出資額限度法人（平成16年医政発第0813001号厚生労働省医政局長通知に規定する出資額限度法人を含む。）」が該当するものとされ、附則規定により当分の間存続が認められることから「経過措置医療法人（平成18年改正医療法附則10の2）」と呼ばれることになりました。

　第5次医療法改正後の医療法人制度においては、社員に対する財産権のない医療法人が「地上（新規設立が可能）」に位置し、社員に対する財産権を有する医療法人が「地下（経過措置）」に位置することになりました。

(注)　医療法とは別に税法において「特定医療法人（措法67の2）」制度が定められています。特定医療法人も医療法の概念では、持分の定めのない社団医療法人か、又は、財団医療法人という形態になります。

3 医療法人制度と医療法人の「出資持分」評価の有無

　財団医療法人と持分の定めのない社団医療法人については、いずれも「出資持分」の概念がないため、出資持分の評価をするということはありません。第5次医療法改正により持分の定めのない社団医療法人には選択で「基金」制度が認められることとなり、基金拠出型医療法人の設立ができることになりました。この基金は、劣後債（破産手続開始の決定を受けた場合、破産法第99条第2項の約定劣後破産債権となる。）としての性格を有するものであり、出資持分ではありません。

　これに対し、第5次医療法改正により、平成19年4月1日以後「経過措置医療法人（地下）」とされた持分の定めのある社団医療法人と出資額限度法人には出資持分の概念があり、その出資持分には財産的価値があるため、相続税又は贈与税を計算する場合には財産としての評価をし、相続税又は贈与税の課税価格計算に含まれることになります。

＜医療法人の類型と出資持分評価の必要性の有無＞

	類型	定款上の持分の定め	出資持分の認識の有無など	出資持分の財産評価の必要性
医療法人（医療法39）	財団	―	財団形態の法人であり、出資持分という概念はない。	必要ない
	社団	あり（経過措置医療法人）	出資した社員には、会社等と同様に出資に対する持分権がある。出資持分は相続・遺贈・贈与・譲渡などの対象となると解される。	必要（課税価格算入）
		なし	社員は出資に対する持分を有しない。基金制度を採用した場合の「基金」は劣後債としての性格を有しており、出資とは異なる。	必要ない

　なお、経過措置医療法人の出資持分については、相続税・贈与税の計算の際、財産評価基本通達に定める「医療法人の出資の評価（評基通194－2）」の定めにより、取引相場のない株式の評価方法に準じて評価がされることになります。

Q2 財産評価基本通達による出資持分評価の概要

相続税や贈与税を計算する際、持分の定めのある社団医療法人（経過措置医療法人）の出資持分はどのように算定されるのですか。その概要を教えてください。

A

1 相続税法の規定と財産評価基本通達

持分の定めのある社団医療法人（経過措置医療法人）の出資持分は、相続したり、贈与の対象とすることができます。この場合、出資持分には、財産的価値があるため相続税や贈与税の課税対象とされます。相続税や贈与税の課税は原則として相続や贈与の時の「時価」により行われます。時価に関する相続税法（昭和25年法律第73号）の規定は次のように定められています。

┌─**＜相続税法第22条＞**─
第3章　財産の評価
　　（評価の原則）
第22条　この章で特別の定めのあるものを除くほか、相続、遺贈又は贈与により取得した財産の価額は、当該財産の取得の時における時価により、当該財産の価額から控除すべき債務の金額は、その時の現況による。

ところで、相続税や贈与税は申告納税制度がとられており、その課税価格計算は納税者自らが行うことになります。その場合、医療法人の出資持分など各種財産の時価を納税者が計算する際、具体的な評価基準がないと納税者と課税当局で争いが生じたり、また、納税者間での課税の公平が保たれなくなる可能性が生じます。そこで、国税庁では、相続税や贈与税の

課税価格計算をする際の時価評価の基準として課税当局の内部的な取扱いを統一するため「財産評価基本通達（昭和39年４月25日制定）」を定め、これに各種財産の評価の仕方に共通する原則や具体的な財産の評価単位、評価方法を定めています。そして、これを広く公表し、納税者の申告納税に役立つよう取り計らっています。

　財産評価基本通達は、昭和39年の制定以来、「相続税財産評価に関する基本通達」と呼ばれていましたが、地価税の導入等に伴い評価通達の全面的な見直しをし、平成３年12月18日以降、名称も「財産評価基本通達」とされました。

2　財産評価基本通達における評価の原則と例外規定

　国税庁が定める財産評価基本通達では、財産の時価や評価について、次のように示されています。

＜財産評価基本通達の規定＞

第１章　　総　則
1　（評価の原則）
(1)　〜省略〜
(2)　時価の意義
　財産の価額は、時価によるものとし、時価とは、課税時期（相続、遺贈若しくは贈与により財産を取得した日若しくは相続税法の規定により相続、遺贈若しくは贈与により取得したものとみなされた財産のその取得の日又は地価税法第２条《定義》第４号に規定する課税時期をいう。以下同じ。）において、それぞれの財産の現況に応じ、不特定多数の当事者間で自由な取引が行われる場合に通常成立すると認められる価額をいい、その価額は、この通達の定めによって評価した価額による。
(3)　財産の評価

財産の評価に当たっては、その財産の価額に影響を及ぼすべきすべての事情を考慮する。

なお、この財産評価基本通達「第1章総則6」では、この通達の定めにより難い場合の評価について規定があり、次のように定められています。

第1章　総　則
1〜5　省略
6　（この通達の定めにより難い場合の評価）
　この通達の定めによって評価することが著しく不適当と認められる財産の価額は、国税庁長官の指示を受けて評価する。

3　医療法人の出資持分の評価の概要

　医療法人の出資持分については、財産評価基本通達194−2に「医療法人の出資の評価」の規定が設けられています（67ページ＜参考＞を参照）。
　同通達では、医療法人の出資持分は、原則として、財産評価基本通達に定める「取引相場のない株式」の原則的評価方法に準じて計算した金額によって評価するとされています。従って、評価の対象である医療法人をその法人の「従業員数」、「総資産価額」、「年取引金額」を基に「大会社」・「中会社」・「小会社」に区分（規模区分）し、その規模区分に応じて「類似業種比準価額方式」、「純資産価額方式」又は両方式の「併用方式」により評価することになります（評基通194−2）。
　また、医療法人であっても、評価する法人が、財産評価基本通達に定める「比準要素数1の会社」、「株式保有特定会社」、「土地保有特定会社」、「開業後3年未満の会社等」又「開業前又は休業中の会社」などに該当する場合には、その該当する評価会社の株式の評価方法に準じて評価することとされています（評基通194−2）。

かつて、相続や贈与の際の医療法人の出資持分の評価は、企業組合や漁業生産組合等と同様に純資産価額方式のみで評価されていました。それが、昭和58年に小会社の株式評価に純資産価額方式のほか、類似業種比準価額方式の併用が認められたのを契機に、医療法人の出資持分評価も同様の取扱いがされるべきとの意見が医療関係団体から出されました。そして、昭和59年の財産評価基本通達の改正（昭和59年7月18日付直評7通達）により、財産評価基本通達194－2（医療法人の出資の評価）が新設され、医療法人の出資持分評価は取引相場のない株式の評価方法に準じて計算した金額によって評価することとされました。

＜参　考＞

※筆者が通達の文章を整理している。

――＜財産評価基本通達　194－2＞――――――

（医療法人の出資の評価）

　医療法人に対する出資の価額は

　○178≪取引相場のない株式の評価上の区分≫の本文、

　○179≪取引相場のない株式の評価の原則≫から181≪類似業種≫本文まで、

　○182≪類似業種の株価≫から183－2≪類似業種の1株当たりの配当金額等の計算≫まで、

　○184≪類似業種比準価額の修正≫の(2)、

　○185≪純資産価額≫の本文、

　○186≪純資産価額計算上の負債≫から186－3≪評価会社が有する株式等の純資産価額の計算≫まで、

　○187≪株式の割当てを受ける権利等の発生している株式の価額の修正≫の(2)、

　○189≪特定の評価会社の株式≫、

　○189－2≪比準要素数1の会社の株式の評価≫から189－4≪土地保有特

定会社の株式又は開業後3年未満の会社等の株式の評価≫（185≪純資産価額≫のただし書の定め及び188－2≪同族株主以外の株主等が取得した株式の評価≫の定めを適用する部分を除く。）まで

○及び189－5≪開業前又は休業中の会社の株式の評価≫から192≪株式無償交付期待権の評価≫まで

の定めに準じて計算した価額によって評価する。

○この場合において、181≪類似業種≫の「評価会社の事業が該当する業種目」は同項の定めにより別に定める業種目のうちの「その他の産業」とし、

○189≪特定の評価会社の株式≫の(1)の「比準要素数1の会社の株式」に相当する医療法人に対する出資は、183≪評価会社の1株当たりの配当金額等の計算≫の(2)又は(3)に定める「1株当たりの利益金額」又は「1株当たりの純資産価額（帳簿価額によって計算した金額）」のそれぞれ金額のうち、いずれかが0であり、かつ、直前々期末を基準にして同項の定めに準じそれぞれの金額を計算した場合に、それぞれの金額のうち、いずれか1以上が0である評価対象の医療法人の出資をいい、

○180≪類似業種比準価額≫及び189－3≪株式等*保有特定会社の株式の評価≫の(1)のイに定める算式は、それぞれ次の算式による。

(1) 180≪類似業種比準価額≫に定める算式

$$A \times \left(\dfrac{\dfrac{Ⓒ}{C} + \dfrac{Ⓓ}{D}}{2} \right) \times 0.7$$

ただし、上記算式中の「0.7」は、178≪取引相場のない株式の評価上の区分≫に定める中会社に相当する医療法人に対する出資を評価する場合には「0.6」、同項に定める小会社に相当する医療法人に対する出資を評価する場合には「0.5」とする。

(2) 189－3≪株式等*保有特定会社の株式の評価≫の(1)のイに定める算式

$$A \times \left(\dfrac{\dfrac{Ⓒ - ⓒ}{C} + \dfrac{Ⓓ - ⓓ}{D}}{2} \right) \times 0.7$$

ただし、上記算式中の「0.7」は、178≪取引相場のない株式の評価上の区分≫に定める中会社に相当する医療法人に対する出資を評価する場合には「0.6」、同項に定める小会社に相当する医療法人に対する出資を評価する場合には「0.5」とする。

＊平成29年9月20日課評2-46による（平成30年1月1日以後）

Q3 医療法人の出資持分評価の特徴（会社との差異）

医療法人の出資持分評価の特徴を一般的な取引相場のない株式の評価方法との差異の観点で説明してください。

A

1 持分の定めのある社団医療法人の財産権と経営権（支配権）

相続税や贈与税の課税価格計算に際して出資持分の評価をする医療法人は「持分の定めのある社団医療法人（経過措置医療法人）」となります（60ページの図参照）。

この持分の定めのある社団医療法人の財産権と経営権（支配権）の特徴は次のようになります。

┌─＜持分の定めのある社団医療法人の財産権の特徴＞─

(1) 持分の定めのある社団医療法人においては、その医療法人に出資した社員が社員権としてその出資持分のシェア（割合）に応じて出資持分（＝医療法人に対する財産権）を有する。この場合の財産権は、社員の退社時の持分払戻請求権と医療法人の解散時の残余財産分配請求権の2つを指す。

(2) 医療法上、持分の定めのある社団医療法人の社員に対して、医療法人への出資は義務付けられていない。従って、持分の定めのある社団医療法人の社員には、出資持分を持つ社員と持たない社員がいる。

(3) 医療法人は、医療法において「医療法人は、剰余金の配当をしてはならない（医療法54）。」と規定されているため、剰余金の配当はできない。

> **＜持分の定めのある社団医療法人の経営権（支配権）の特徴＞**
>
> (1) 医療法では、「社員は、各１個の議決権を有する（医療法46の３の３①）。」と規定されており、社員総会では、各社員の議決権は平等となる。この点において、持分の定めのある社団医療法人の財産権と経営権（支配権）は分離している。従って、特定の者が医療法人の経営権（支配権）を単独で所有し支配することはできない。各社員は議決権の観点ではイコールパートナーとなる。
>
> (2) 株式会社など営利法人が持分の定めのある社団医療法人へ出資することは可能と解釈されている。その場合、株式会社など営利法人は議決権を有することはできない（平成3.1.17指第１号東京弁護士会会長宛厚生省健康政策局指導課長回答）。議決権がないものは社員とはなれない。
>
> (3) 社員には法人（営利を目的とする法人を除く。）もなることができますが、法人社員が持分を持つことは、法人運営の安定性の観点から適当でないとされています（運営管理指導要綱より）。

　持分の定めのある社団医療法人（経過措置医療法人）では、社員の財産権（社員退社時の持分払戻請求権と医療法人解散時の残余財産分配請求権）についてはその出資シェア（割合）に応じて、多い者と少ない者が区分されます。ただし、配当禁止規定により剰余金の配当はされません。

　経営権（支配権＝議決権）においては、社員は社員総会において、各１個の議決権を有するとされますので、出資シェア（割合）の多い社員が単独で経営権（支配権＝議決権）を握ることは不可能です。各社員は議決権の観点ではイコールパートナーということになります。

　結論として、持分の定めのある社団医療法人は、株式会社などと違い、財産権と経営権（支配権）が分離しているといえます。

2　医療法人の出資持分評価の特徴（「株式」評価との差異）

　持分の定めのある社団医療法人の財産権と経営権（支配権）については上記１のような特徴があります。これにより、相続税や贈与税の課税価格計算の際、出資持分評価について次のような特色が生じます。

(1)　配当還元方式の適用はない

　医療法人は、医療法第54条で剰余金の配当が禁止されているため、持分の定めのある社団医療法人の出資持分評価においては、取引相場のない株式の評価における特例的評価方式である「配当還元方式」は適用されない。すべて原則的評価方式で評価する。従って、同族株主等の判定は不要となる。

(2)　議決権割合の判定は必要ない

　医療法第46条の３の３により各社員の議決権は平等である。また、議決権と出資持分は分離していることから、各社員の所有する議決権割合の判定をする必要はない。

(3)　配当期待権は発生しない

　剰余金の配当が禁止されている医療法人の出資持分評価において「配当期待権」が発生することはない。また、配当期待権が発生している株式（出資）の価額修正（権利落の価額への修正）もない。

（注）　ただし、株式の割当てを受ける権利（新株引受権）が発生している場合の出資金価額の修正（権利落の価額の修正）は一般の取引相場のない株式と同様の取扱いとなる。

⑷ 比準要素は２つ

　剰余金の配当が禁止されている医療法人において、財産評価基本通達180（類似業種比準価額）の定めを準用する場合、比準要素は「１株当たりの利益金額」と「１株当たりの純資産価額」の２つとなる（１株当たりの配当金額を除外して計算する。）。

⑸ 比準要素数０の会社の判定

　医療法人は医療法第54条で剰余金の配当が禁止されていることから、比準要素数０の会社の判定に際しては、直前期末における比準要素（利益金額及び純資産価額）の両方が０であれば、特定の評価会社に該当する。

⑹ 業種の判定は「その他の産業」

　類似業種比準価額方式における類似業種の業種目については、株式の取引所に上場している医療法人などないため、「その他の産業」で計算する。なお、「その他の産業」は大分類のみであり、財産評価基本通達181のただし書にある「中分類もしくは大分類の選択」は適用がない（この１業種目のみで計算する。）。

(注)　平成21年６月８日付通達で業種目に「医療、福祉」が設けられたが、医療法人はこれには該当せず、「その他の産業」により計算する。

⑺ 純資産価額方式の20％評価減の適用はない

　純資産価額方式において、株式の取得者とその同族関係者の有する株式の議決権の合計数が評価会社の議決権総数の50％以下である場合、財産評価基本通達185のただし書きにより「純資産価額 ×80％」相当額で評価（20％評価減）するが、医療法人は、医療法第46条の３の３において各社員の議決権が平等と規定されており、この20％評価減の適用はない。

Q4 医療法人の出資持分評価の方法の判定

持分の定めのある社団医療法人（経過措置医療法人）の出資持分の評価方法の判定はどのようになりますか。

A

持分の定めのある社団医療法人（経過措置医療法人）は、経営支配権である「議決権」と財産権である「出資持分」が分離しているため、各社員の議決権割合の判定は不要となります。

また、医療法で剰余金の配当が禁止（医療法54）されているため、少数株主などに該当する者であっても「配当還元方式」は適用されません。したがって、同族株主等の判定も不要です。

具体的な、持分の定めのある社団医療法人（経過措置医療法人）の出資持分の評価方法の判定は次のようになります。

Q4 医療法人の出資持分評価の方法の判定 75

<持分の定めのある社団医療法人の出資持分の評価方法の判定>

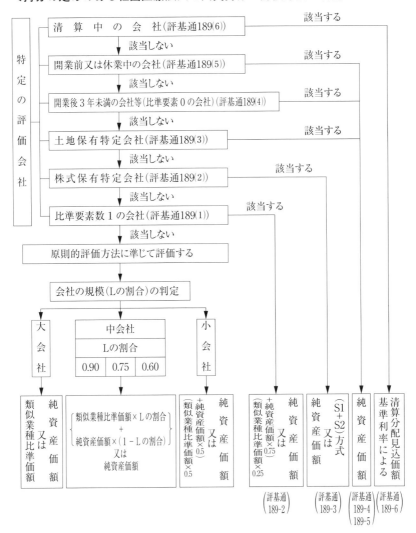

図表の中の「清算中の会社（評基通189－6）」、「開業前又は休業中の会社（評基通189－5）」、「開業後3年未満の会社等（比準要素数0の会社）（評基通189－4）」、「土地保有特定会社（評基通189－4）」、「株式保有特定会社（評基通189－3）」、「比準要素数1の会社（評基通189－2）」は総称して「特定の評価会社」と呼びます。

持分の定めのある社団医療法人の出資持分の評価方法の判定をする際は、まず、その医療法人がこれら特定の評価会社に該当しないかどうかを判定することになります（特定の評価会社の具体的な判定については**Q6 ＜第2表＞**を参照）。

判定の結果、特定の評価会社に該当しない場合には、取引相場のない株式の評価方法（原則的評価方法）に準じて評価することになります。

Q5 評価明細書記載の順序

医療法人の出資持分の評価をする際の評価明細書の記載順序はどのようになりますか。

A

実務上、相続や遺贈又は贈与により取引相場のない株式を取得した場合には、「取引相場のない株式出資の評価明細書」の第1表の1〜第8表を使ってその評価額を計算することになります。

持分の定めのある社団医療法人の出資持分の評価をする際も、同様にこの評価明細書を使って評価をします。

その際の記載のおおまかな順序は次のようになります。

◇**評価明細書の記載順序**

(1) 「第1表の1」及び「第1表の2」で納税義務者である株主の判定及び評価会社の規模(Lの割合)の判定を行う。

(2) 第2表で特定の評価会社の判定を行う。

(3) それぞれの評価方式に応じて第3表以下を作成する。

① 評価会社が一般の評価会社の場合

・類似業種比準価額方式…………(4表→3表)

・純資産価額方式…………………(5表→3表)

・類似と純資産の併用方式………(4表・5表→3表)

・配当還元方式……………………(3表) 注:医療法人の場合は適用なし。

② 評価会社が特定の評価会社の場合

・比準要素数1の会社……………(4表・5表→6表)

・株式保有特定会社………………(5表・7表及び8表→6表)

- 土地保有特定会社……………………（5表→6表）
- 開業後3年未満の会社等………（5表→6表）
- 開業前又は休業中の会社………（5表→6表）
- 清算中の会社……………………（適宜の様式）

Q6 医療法人の出資持分の評価

<第１表の１> 評価上の株主の判定

相続税又は贈与税の課税価格計算に際し、持分の定めのある社団医療法人（経過措置医療法人）の出資持分の評価をする場合の「評価上の株主の判定（第１表の１）」に関する留意点を教えてください。

A

1 一般的な取扱い

一般的に取引相場のない株式の評価を行う場合、そのステップ１は「評価上の株主（区分）の判定」となります。

株主区分は、①評価会社に同族株主はいるか、②株式の取得者は同族株主等か、③株式の取得者の議決権割合はいくらか、により判定することになります。

この判定で、経営権を支配している株主（同族株主等）グループに属する場合には、原則的評価方式で評価し、経営権を支配していない株主グループに属する場合には、特例的評価方式（配当還元方式）で評価することになります。

また、同族株主等が取得した株式であっても、議決権割合が５％未満となる株主が取得した株式のうち一定の条件に該当するものは、会社に対する支配力が小さいため、特例的評価方式である配当還元方式により、評価することになります。

2 医療法人の場合の株主区分の判定

持分の定めのある社団医療法人（経過措置医療法人）の出資持分の評価をする場合においては、医療法人の株主区分の判定は必要ありません。医療法人は、医療法第54条で剰余金の配当が禁止されているため、配当還元方式の適用はありません。すべて原則的評価方式で評価することになります。したがって、同族株主等の判定は不要となります。また、議決権割合についても、医療法第46条の3の3の規定により各社員の議決権は1個と平等であり、議決権と出資持分は分離していることから、各社員の所有する議決権割合の判定をする必要はありません。

3 医療法人の出資持分評価の際の「第1表の1」の記載の留意点

医療法人の出資持分評価をする際の「評価上の株主の判定及び会社規模の判定の明細書（第1表の1）」の記載については、次のような留意点があります。

(1) 「事業内容」

取扱品目及び製造、卸売、小売等の区分欄は「その他の産業（医療業）」、業種目番号欄は「その他の産業」と記載する。

(2) 「1．株主及び評価方式の判定」

議決権欄は各社員「1個」となる。

（注：株式数については定款に1口当たりの金額の定めがされていない場合には、便宜上、筆者の事務所では、出資金額を1口当たり50円換算して記載している。）

判定基準欄は記載不要。判定欄も記載不要。

(2) 「2．少数株式所有者の評価方式の判定」

2．少数株式所有者の評価方式の判定欄は記載不要となる。

Q6 医療法人の出資持分の評価＜第1表の1＞

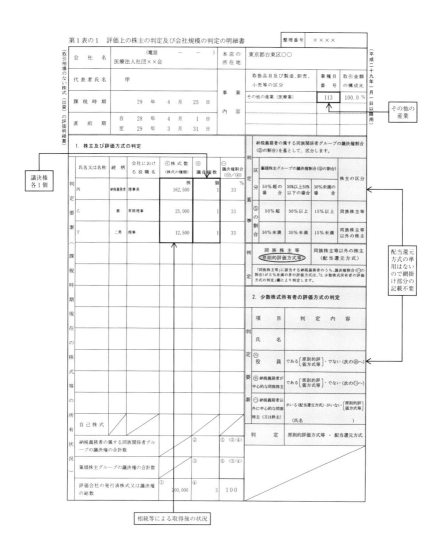

82　Ⅱ　持分あり医療法人の出資持分の評価

Q6　医療法人の出資持分の評価
＜第１表の２＞　会社規模の判定

相続税又は贈与税の課税価格計算に際し、持分の定めのある社団医療法人（経過措置医療法人）の出資持分の評価をする場合の「会社規模の判定（第１表の２）」に関する留意点を教えてください。

A

1　医療法人の規模区分

医療法人の出資持分を財産評価基本通達に定める「取引相場のない株式」の原則的評価方法に準じて計算した金額により評価する場合、評価の対象である医療法人を「従業員数」、「総資産価額」、「年取引金額」の３要素を基に「大会社」・「中会社」・「小会社」に区分（規模区分）し、その規模区分に応じて「類似業種比準価額方式」、「純資産価額方式」又は両方式の「併用方式」により評価することになります（評基通194-2）。

＜医療法人を大会社・中会社・小会社に区分する判定３要素＞

①	従業員数	課税時期の直前期末以前１年間における従業員数
②	総資産価額	課税時期の直前期末における総資産価額(帳簿価額による)
③	年取引金額	課税時期の直前期末以前１年間における取引金額

（注１）「課税時期」とは、相続、遺贈又は贈与によりその医療法人の出資持分を取得した日をいいます。

（注２）「直前期末」とは、課税時期の直前に終了した事業年度の末日をいいます。

2　規模区分の判定基準

具体的な医療法人の規模区分の判定は次のようになります。

⑴　「従業員数」に応じた区分

課税時期の直前期末以前1年間における従業員数が70人以上の医療法人は、「大会社」となります。この場合には、総資産価額や年取引金額の要素による判定は必要ありません。

課税時期の直前期末以前 1年間における従業員数	70人以上	大会社となる
	70人未満	総資産価額、年取引金額で判定する

「従業員」とは、勤務時間の長短や常勤、非常勤にかかわらず、医療法人で使用される個人で賃金が払われる者を指します。具体的には次の算式でその人数を求めることになります。なお、従業員には、社長、理事長及び法人税法施行令第71条（使用人兼務役員とされない役員）第1項第1号、2号及び第4号に掲げる役員は含まれません（医療法人の場合には、理事長、副理事長、使用人兼務役員とされない理事、監事などは含まれない。）。

┌─◇**課税時期の直前期末以前1年間における従業員数**─

直前期末以前1年間の継続勤務従業員数(a) $+ \dfrac{\text{継続勤務従業員以外の従業員の直前期末以前1年間における労働時間の合計時間数(b)}}{1,800時間(c)}$

(a)　「直前期末以前1年間の継続勤務従業員数」

直前期末以前1年間において、その期間継続して評価会社に勤務していた従業員のうち、就業規則等で定められている1週間当たりの労働時間が30時間以上である従業員の人数

(b)　「継続勤務従業員以外の従業員の直前期末以前1年間における労働時間の合計時間数」

パートタイマーなど、就業規則等で定められている、1週間当たりの労働時間が30時間未満である者、中途入退社した従業員、日々雇い入れる者などの直前期末以前1年間における労働時間の合計時間数。

(c)　「1,800時間」

従業員1人として換算するための1人当たりの年間平均労働時間数。

(d)　上記の算式で計算した評価会社の従業員数が、例えば5.1人となった場合には「5人超」として判定する。また、4.9人になった場合は「5人以下」として判定する。

(2)　従業員数が70人未満の場合

課税時期の直前期末以前1年間における従業員数が70人未満の場合には、「総資産価額（課税時期の直前期末における総資産価額（帳簿価額による））」と「年取引金額（課税時期の直前期末以前1年間における取引金額）」により医療法人の規模区分を判定することになります。

判定に際しては、業種を総務省が公表している日本標準産業分類に基づき、「卸売業」、「小売・サービス業」、「卸売業、小売・サービス業以外」の3区分で分けて判断基準が設けられています。医療法人については「小売・サービス業」の区分で判定をすることとされています。

実務上、その判定は評価明細書「第1表の2　評価上の株主の判定及び会社規模の判定の明細書（続）」の「3．会社の規模（Lの割合）の判定」の「判定基準」欄で行うことになります。

医療法人が該当する「小売・サービス業」の規模判定を図表にすると次のようになります。

<図表　従業員が70人未満の場合の医療法人の規模の判定>

（医療法人は「小売・サービス業」で判定する。）

取引金額／総資産価額及び従業員数	6,000万円未満	6,000万円以上〜2億5,000万円未満	2億5,000万円以上〜5億円未満	5億円以上〜20億円未満	20億円以上〜
4,000万円未満又は5人以下	小会社	中会社「小」（L＝0.60）	中会社「中」（L＝0.75）	中会社「大」（L＝0.90）	大会社
4,000万円以上5人以下を除く					
2億5,000万円以上20人以下を除く					
5億円以上35人以下を除く					
15億円以上35人以下を除く					

◇留意点

(1)　判定に際しては、まず、「従業員数」と「総資産価額」はいずれか<u>下位</u>の区分で判定する。

(2)　次に「取引金額」と上記(1)の判定結果は、いずれか<u>上位</u>の区分で判定する。

<例示1>

医療法人社団○○会　　従業員10人、総資産価額1億円、取引金額8,000万円

（判定1）まず、従業員10人、総資産価額1億円のいずれか下位で判定する。

→　中会社「小」、L＝0.60

（判定2）次に、取引金額8,000万円と上記判定のいずれか上位で判定する。

→　中会社「小」、L＝0.60

```
<例示2>
  医療法人社団△△会    従業員25人、総資産価額6億円、取引金額
                                7億円
  （判定1）まず、従業員25人、総資産価額6億円のいずれか下位で判
          定する。
          →  中会社「中」、L＝0.75
  （判定2）次に、取引金額7億円と上記判定のいずれか上位で判定す
          る。
          →  中会社「大」、L＝0.90
```

(3) 「総資産価額」は、帳簿価額により計算した金額となる。なお、減価
償却累計額を間接法で表示している場合は、各資産の帳簿価額の合計額
から減価償却累計額を控除する（法人税の申告書で「減価償却超過額」
があっても加算はしない。）。貸倒引当金は控除しない。前払費用、繰延
資産、税効果会計による繰延税金資産など確定決算上の資産として計上
されているものは帳簿価額の合計額に含める。

(4) 「取引金額」とは、直前期の事業上の収入金額（売上高）をいう。こ
の場合、事業上の収入金額とは、その評価会社が目的とする事業による
収入金額（医療法人の場合には医業収益）をいう。

◇ **医療法人の規模区分の判定フローチャート**

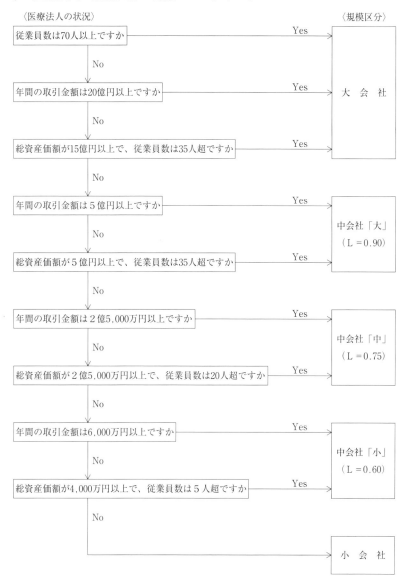

88　Ⅱ　持分あり医療法人の出資持分の評価

第1表の2　評価上の株主の判定及び会社規模の判定の明細書（続）　　会社名 医療法人社団××会

（取引相場のない株式（出資）の評価明細書）

（平成二十九年一月一日以降用）

3.　会社の規模（Lの割合）の判定

項　目	金　額	項　目	人　　　　　数
直前期末の総資産価額 （帳簿価額）	千円 256,100	直前期末以前1年間 における従業員数	18　人 〔従業員数の内訳〕 〔継続勤務 従業員数〕〔継続勤務従業員以外の従業 員の労働時間の合計時間数〕 （　　　　　　時間） （　18人）＋──────── 　　　　　　1,800時間
直前期末以前1年間 の取引金額	千円 180,000		

判定基準					
ⓛ　直前期末以前1年間における従業員数に応ずる区分			70人以上の会社は、大会社（㋺及び㋩は不要）		
			70人未満の会社は、㋺及び㋩により判定		

㋺　直前期末の総資産価額（帳簿価額）及び直前期末以前1年間における従業員数に応ずる区分				㋩　直前期末以前1年間の取引金額に応ずる区分			会社規模とLの割合（中会社）の区分	
総　資　産　価　額（帳　簿　価　額）			従業員数	取　　引　　金　　額				
卸　売　業	小売・サービス業	卸売業、小売・サービス業以外		卸　売　業	小売・サービス業	卸売業、小売・サービス業以外		
20億円以上	15億円以上	15億円以上	35　人　超	30億円以上	20億円以上	15億円以上	大　会　社	
4億円以上 20億円未満	5億円以上 15億円未満	5億円以上 15億円未満	35　人　超	7億円以上 30億円未満	5億円以上 20億円未満	4億円以上 15億円未満	0.90	中 会 社
2億円以上 4億円未満	2億5,000万円以上 5億円未満	2億5,000万円以上 5億円未満	20　人　超 35人以下	3億5,000万円以上 7億円未満	2億5,000万円以上 5億円未満	2億円以上 4億円未満	0.75	
7,000万円以上 2億円未満	4,000万円以上 2億5,000万円未満	5,000万円以上 2億5,000万円未満	5　人　超 20人以下	2億円以上 3億5,000万円未満	6,000万円以上 2億5,000万円未満	8,000万円以上 2億円未満	0.60	
7,000万円未満	4,000万円未満	5,000万円未満	5人以下	2億円未満	6,000万円未満	8,000万円未満	小　会　社	

・「会社規模とLの割合（中会社）の区分」欄は、㋺の区分（「総資産価額（帳簿価額）」と「従業員数」とのいずれか下位の区分）と㋩欄（取引金額）の区分とのいずれか上位の区分により判定します。

判定	大　会　社	中　　会　　社			小　会　社	
		L　の　割　合				
		0.90	0.75	0.60		

4.　増（減）資の状況その他評価上の参考事項

規模の判定等は「小売・サービス業」の基準で行う

3 規模区分別の医療法人の出資持分の評価

特定の評価会社に該当しない医療法人の出資持分の評価は、一般の取引相場のない株式の評価方法に準じて行います。具体的には、その医療法人の規模区分に応じて次のようになります。

図表＜特定の評価会社に該当しない医療法人の出資持分の評価方式＞

規模区分	医療法人の出資持分の評価
大　会　社	① 類似業種比準価額 ② 純資産価額（相続税評価額による。以下同じ） ③ ①と②いずれか低い金額
中　会　社	① 類似業種比準価額×L＋純資産価額×（1－L）注 ② 純資産価額 ③ ①と②いずれか低い金額
小　会　社	① 純資産価額 ② 類似業種比準価額×0.50＋純資産価額×（1－0.50） ③ ①と②いずれか低い金額

（注）　中会社の「L」の割合

次の(1)「直前期末における総資産価額（帳簿価額により計算）及び従業員数に応ずる割合」と(2)「直前期末以前1年間における取引金額」のいずれか大きい割合による。

(1) 直前期末における総資産価額（帳簿価額により計算）及び従業員数に
   応ずる割合

	中会社「大」	中会社「中」	中会社「小」
総資産価額（帳簿価額によって計算した金額）及び従業員数	５億円以上（従業員数が35人以下の法人を除く）	２億5,000万円以上（従業員数が20人以下の法人を除く）	4,000万円以上（従業員数が５人以下の法人を除く）
Ｌの割合	0.90	0.75	0.60

(2) 直前期末以前１年間における取引金額

	中会社「大」	中会社「中」	中会社「小」
直前期末以前１年間における取引金額に応ずる割合	５億円以上20億円未満	２億5,000万円以上５億円未満	6,000万円以上２億5,000万円未満
Ｌの割合	0.90	0.75	0.60

Q6 医療法人の出資持分の評価

＜第２表＞ 特定の評価会社の判定

相続税又は贈与税の課税価格算定に際し、持分の定めのある社団医療法人（経過措置医療法人）の出資持分の評価をする場合の「特定の評価会社の判定（第２表)」に関する留意点を教えてください。

A

1 特定の評価会社の評価

取引相場のない株式等について、行き過ぎた節税対策がとられる傾向にあったことと、評価会社の資産保有の実態や営業の状況等を的確に評価に反映させるために、財産評価基本通達が改正され、「特定の評価会社」における評価の取扱いが変わりました。株式保有特定会社、土地保有特定会社、開業後３年未満の会社、比準２要素以上０の会社などについて、平成２年９月１日以後の相続、遺贈、贈与などから、これらに該当する会社の株式等については、原則として「純資産価額方式」により評価することとされました。したがって、評価する医療法人が特定の評価会社に該当する場合には、規模区分などに関係なく、その出資の評価は、原則として、「純資産価額方式」により計算した金額になります。

＜図表＞　特定の評価会社における評価方式と一般の評価会社の評価方式

評価方式 会社規模	原　則　的　評　価　方　式	
	特定の評価会社	一般の評価会社
大会社	原則として 純資産価額方式	①　類似業種比準価額 ②　純資産価額（相続税評価額による。以下同じ） ③　①と②いずれか低い金額
中会社		①　類似業種比準価額×L＋純資産価額×（1－L） ②　純資産価額 ③　①と②いずれか低い金額
小会社		①　純資産価額 ②　類似業種比準価額×0.50＋純資産価額×（1－0.50） ③　①と②いずれか低い金額

　特定の評価会社とは次に掲げるものをいいます。

　⑴　比準要素数1の会社（評基通189－2）

　⑵　株式保有特定会社（評基通189－3）

　⑶　土地保有特定会社（評基通189－4）

　⑷　開業後3年未満の会社等（比準要素数0の会社）（評基通189－4）

　⑸　開業前又は休業中の会社（評基通189－5）

　⑹　清算中の会社（評基通189－6）

　実務上、特定の評価会社に該当するか否かの判定は評価明細書の「第2表　特定の評価会社の判定の明細書」で行うことになります。その場合、特定の評価会社の判定の順序は次の図表とおりとなります。

＜特定の評価会社の判定の順序と評価方式＞

◇「第２表　特定の評価会社の判定の明細書」

① 清算中の会社 （評基通189－６）

　　　　　・基準年利率による清算分配見込金額

② 開業前又は休業中の会社 （評基通189－５）

　　　　　・純資産価額方式（相続税評価額。以下同じ。）

③ 開業後３年未満の会社又は比準要素数ゼロの会社 （評基通189－４）

　　　　　・純資産価額方式

④ 土地保有特定会社 （評基通189－４）

　　　　　・純資産価額方式

⑤ 株式等＊保有特定会社 （評基通189－３）

　　　　　・純資産価額方式、Ｓ１＋Ｓ２方式と選択可

　　　　　（注）　Ｓ１の金額計算において、評価対象の医療法人が比
　　　　　　　　　準要素数１の会社である法人に該当する場合は、Ｓ１
　　　　　　　　　の金額は、Ｌを0.25とする併用方式（又は純資産価額
　　　　　　　　　方式）により計算する。

⑥ 比準要素数１の会社 （評基通189－２）

　　　　　・純資産価額方式

　　　　　・類似業種比準価額×0.25＋純資産価額×（１－0.25）と
　　　　　　選択可

（以上に該当しなければ）

⑦ 一般の評価会社 （原則的評価方式）

＊平成29年９月20日課評2－46による（平成30年１月１日以後）

2 評価会社が2以上の特定の評価会社に該当する場合

　特定の評価会社に該当するか否かの判定は評価明細書「第2表　特定の評価会社の判定の明細書」で行うことになります。医療法人が特定の評価会社に該当する場合には、評価明細書第2表の「7. 特定の評価会社の判定結果」欄の該当する番号を◯で囲みます。

　その場合、評価する医療法人が、2以上の特定の評価会社に該当する場合には、後の番号の特定の評価会社に該当することになります（上記図表の順序のとおり）。

Q6 医療法人の出資持分の評価＜第2表＞

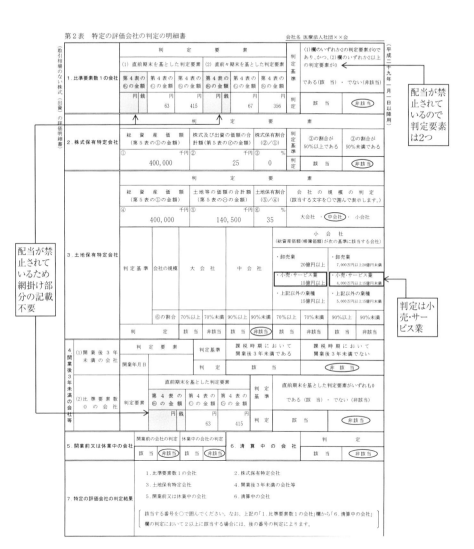

Q7 ＜第4表＞類似業種比準価額方式による評価

医療法人の出資持分を類似業種比準価額方式により評価する場合にはどのような算式となりますか。また留意点はありますか。

A

1 類似業種比準価額方式による評価

医療法人の出資持分を類似業種比準価額方式により評価する場合には次のような算式で計算することになります（評基通194－2、180）。

＜算式＞ 類似業種比準価額方式による評価

$$
A \times \frac{\frac{\text{Ⓒ}}{C} + \frac{\text{Ⓓ}}{D}}{2} \times 斟酌率
$$

A：類似業種の株価「その他の産業」を適用する。平成21年6月8日付通達で「医療、福祉」の業種目が設けられたが、これには該当しない。）

類似業種の株価は、課税時期の属する月以前3ヶ月間の各月の類似業種株価のうち最も低いものとする。ただし、選択により、類似業種の前年平均株価又は課税時期の属する月以前2年間の平均株価によることができる（評基通182）。

C：課税時期の属する年の類似業種の1株当たりの年利益金額

D：課税時期の属する年の類似業種の1株当たりの純資産価額（帳簿価額）

Ⓒ：評価する医療法人の1株当たりの利益金額

Ⓓ：評価する医療法人の1株当たりの純資産価額（帳簿価額）

2 留意点

　医療法人の出資持分を類似業種比準価額方式により評価する場合の留意点は次のとおりとなります。

(1)　医療法人は、剰余金の配当禁止規定（医療法54）があり配当できません。したがって、類似業種比準価額方式における比準要素は「利益金額」と「純資産価額」の２つとなります。

(2)　類似業種の株価は「その他の産業」で求めます。この業種目は大分類に該当するため、１業種目のみで計算することになります。

　なお、平成21年６月８日付通達で業種目「医療、福祉」という項目が設けられましたが、この項目から医療法人は除かれています。したがって、これは医療法人には適用しません。

(3)　平成29年分以後の評価については分母の２は、Ⓒ又はⒹがゼロの場合でも２として計算します。

(4)　類似業種比準価額方式では、医療法人の出資口数は「１口当たり50円」として換算し求めることになります（評基通183）。

(5)　斟酌率は、医療法人の法人規模が大会社に該当する場合は「0.7」、中会社に該当する場合には「0.6」、小会社に該当する場合には「0.5」となります。

(6)　類似業種比準価額方式における標本会社（上場会社）は、毎年選定し直すので、年が変わると比準要素に連続性がなくなります。したがって、その年の前半で、前年の類似業種比準価額を基に出資の評価をして贈与プランなどを策定するのは大変危険といえます。

98　Ⅱ　持分あり医療法人の出資持分の評価

第4表　類似業種比準価額等の計算明細書　　　　　　　　　　会社名 医療法人社団××会

1. 1株当たりの資本金等の額等の計算

	直前期末の資本金等の額 ①	直前期末の発行済株式数 ②	直前期末の自己株式数 ③	1株当たりの資本金等の額（①÷（②－③）） ④	1株当たりの資本金等の額を50円とした場合の発行済株式数（①÷50円）
	10,000 千円	200,000 株	株	50 円	200,000 株

2. 1株（50円）当たりの年配当金額

直前期末以前2（3）年間の年平均配当金額

事業年度	⑥年配当金額	⑦左のうち非経常的な配当金額	⑧差引経常的な年配当金額（⑥－⑦）	年平均配当金額
直前期	千円	千円	千円	⑨（⑧＋⑩）÷2
直前々期	千円	千円	⑩ 千円	⑪（⑩＋⑫）÷2
直前々期の前期	千円	千円	⑫ 千円	

比準要素数1の会社・比準要素数0の会社の判定要素の金額
1株（50円）当たりの年配当金額（⑱の金額）

3. 1株（50円）当たりの年利益金額

直前期末以前2（3）年間の利益金額

事業年度	⑬法人税の課税所得金額	⑭非経常的な利益金額	⑮受取配当等の益金不算入額	⑯左の所得税額	⑰差引利益金額（⑬－⑭＋⑮－⑯）	
直前期	12,700 千円	千円	千円	千円	⑱ 12,700 千円	
直前々期	14,000 千円	千円	千円	千円	⑲ 14,000 千円	
直前々期の前期	13,000 千円	千円	千円	千円	⑳ 13,000 千円	

比準要素数1の会社・比準要素数0の会社の判定要素の金額
⑳又は（⑱＋⑲）÷2 ＝ 63
⑳又は（⑲＋⑳）÷2 ＝ 67
1株（50円）当たりの年利益金額 63

1株当たりの純資産価額

直前期末（直前々期末）の純資産価額

事業年度	㉑資本金等の額	㉒利益積立金額	㉓純資産価額（㉑＋㉒）
直前期	10,000 千円	73,000 千円	83,000 千円
直前々期	10,000 千円	61,300 千円	71,300 千円

比準要素数1の会社・比準要素数0の会社の判定要素の金額 415
1株（50円）当たりの純資産価額（㉓の金額） 415

3. 類似業種比準価額の計算

類似業種と業種目番号	その他の産業 (No. 113)	区分	1株（50円）当たりの年配当金額	1株（50円）当たりの年利益金額	1株（50円）当たりの純資産価額	1株（50円）当たりの比準価額
類似業種の株価	課税時期の属する月 4月 ㉔ 319	評価会社	Ⓑ 円 銭	Ⓒ 63	Ⓓ 415	㉘×㉙×0.7
	課税時期の属する月の前月 3月 ㉕ 331	類似業種	B 円 0 銭	C 29	D 233	
	課税時期の属する月の前々月 2月 ㉖ 322	要素別比準割合	Ⓑ/B	Ⓒ/C 2.17	Ⓓ/D 1.78	※中会社は0.6 小会社は0.5 とします。
	前年平均株価 ㉗ 276					
	課税時期の属する月以前2年間の平均株価 ㉘ 288	比準割合	(Ⓑ/B ＋ Ⓒ/C ＋ Ⓓ/D)÷2 ＝ 1.97			326 円 20 銭
A ㉔,㉕,㉖,㉗及び㉘のうち最も低いもの 276						

類似業種と業種目番号	(No.)	区分	1株（50円）当たりの年配当金額	1株（50円）当たりの年利益金額	1株（50円）当たりの純資産価額	1株（50円）当たりの比準価額
類似業種の株価	課税時期の属する月 4月 ㉔	評価会社	Ⓑ 円 銭	Ⓒ 63	Ⓓ 415	㉘×㉙×0.7
	課税時期の属する月の前月 3月 ㉕	類似業種	B 円 銭	C	D	
	課税時期の属する月の前々月 2月 ㉖	要素別比準割合	Ⓑ/B	Ⓒ/C	Ⓓ/D	※中会社は0.6 小会社は0.5 とします。
	前年平均株価 ㉗					
	課税時期の属する月以前2年間の平均株価 ㉘	比準割合	(Ⓑ/B ＋ Ⓒ/C ＋ Ⓓ/D)÷2 ＝			円 銭
A ㉔,㉕,㉖,㉗及び㉘のうち最も低いもの						

1株当たりの比準価額	比準価額（㉙と㉚とのいずれか低い方） 326 円 20 銭	④の金額 50 円		326

比準価額の修正

直前期末の翌日から課税時期までの間に配当金交付の効力が発生した場合	比準価額（㉛） 円 － 1株当たりの配当金額 円 銭	修正比準価額 ㉜ 円
直前期末の翌日から課税時期までの間に株式の割当ての効力が発生した場合	比準価額（㉜があるときは㉛） (円＋ 割当株式1株当たりの払込金額 円 銭 × 1株当たりの割当株式数 株)÷(1株＋ 1株当たりの割当株式数又は交付株式数 株)	㉝ 円

（取引相場のない株式（出資）の評価明細書）

平成二十九年一月一日以降用

注記（欄外）:

- 配当が禁止されているため網掛け部分の記載不要
- 「その他の産業」が該当する
- 評基通194-2により分母は「2」として計算する
- 「その他の産業」は業種目の大分類のみであるので網掛け部分の記載不要

Q8 ＜第5表＞純資産価額方式による評価

　医療法人の出資持分を純資産価額方式により評価する場合にはどのような算式となりますか。また留意点はありますか。

A

1　純資産価額方式による評価

　医療法人の出資持分を純資産価額方式により評価する場合には次のような算式で計算することになります（評基通194－2、185本文）。

＜算式＞純資産価額方式による評価

$$\frac{\left(\underset{〔X〕}{総資産価額}-\underset{〔Y〕}{負債の金額}\right)-\left(〔X〕-〔Y〕-\left(\underset{価額}{総資産}-\underset{金額}{負債の}\right)\right)\times37\%}{課税時期における出資口数}$$

相続税評価額により計算した金額　　帳簿価額によって計算した金額

（注）　株式会社の場合には、株式の取得者とその同族関係者の有する株式の議決権の合計数が評価会社の議決権総数の50％以下である場合、「純資産価額×80％」相当額で評価（20％の評価減）するが、医療法人には20％の評価減の適用はない。→（各社員の議決権が平等のため）

2　純資産価額方式による評価の際の留意点

　純資産価額方式による評価をする際の評価時点は、原則として、相続等のあった「課税時期」現在となります。課税時期において仮決算をして評価するのが原則です。しかし、課税上弊害がない限りは「直前期末」の決算により評価することが認められています。

　また、純資産価額方式により医療法人の出資持分の評価をする場合に

は、課税時期における総資産価額や負債の金額について、「貸借対照表上の価額」と「相続税評価額により計算した金額」、「帳簿価額によって計算した金額」に差異が生じる場合があります。

実務上、「相続税評価額により計算した金額」を算定するときの留意点は次のとおりです。

＜資産の部＞

(1) 定期性の預金

　既経過利子の額から所得税等の源泉徴収税額を控除した金額を加算する（評基通203）。

(2) 医業未収金

　回収が不可能又は著しく困難なものは控除した金額を計上する（評基通205）。

(3) 貸付金

　既経過利息の額は加算（評基通204）する。回収が不可能又は著しく困難なものは控除し計上する（評基通205）。

(4) 建物及び自己所有建物に係る建物附属設備

　建物の固定資産税評価額×1.0で評価する。自己所有の建物に係る建物附属設備は建物に含まれるため別途、評価する必要はない。

　課税時期前3年以内に取得した建物等（建物及び附属設備又は構築物）は課税時期の「通常の取引価額（→課税時期の帳簿価額で可）」（評基通185）で評価する。

(5) 減価償却資産

　医療用器械備品等の減価償却資産について、減価償却費の計上をしていない事業年度があり、貸借対照表上の価額（簿価）が多い場合には、残価率を使った再調達価額により計算する。

(6) 土　地

財産評価基本通達（路線価方式又は倍率方式）により評価する。

課税時期前3年以内に取得した土地等（土地及び土地の上に存する権利）は課税時期の「通常の取引価額（→課税時期の帳簿価額で可）」（評基通185）で評価する。

(7) 借地権

無償取得の借地権は帳簿価額ゼロだが、路線価を基に借地権割合を加味し評価する（※支払地代がある場合に借地権の計上漏れがないよう注意する。）。

「無償返還届出書」の提出がある場合には、土地評価額の20％が計上される。

(8) 株式、出資持分

取得価額ではなく株式、出資持分の相続税評価額で評価する（評基通168〜196）。

医療法人がいわゆるＭＳ法人の株式を所有している場合、そのＭＳ法人の株式を純資産価額方式により評価する際は、評価差額の法人税等（37％）の控除はできない。

(9) ゴルフ会員権

一般的に多いのは、「取引相場×70％」である。

(10) 営業権

評価しないこととして差し支えない。

(11) 電話加入権

国税庁で発表する価額で評価する（平成29年の東京国税局管内の評価額は1,500円となる。）。

(12) 保険積立金

生命保険会社に解約返戻金相当額を確認し、評価する。「支払保険料全額損金算入」タイプでも解約返戻金があれば評価する。

⒀ 繰延資産

財産性がないため、計上しない。

＜負債の部＞

⑴ 役員の死亡退職手当金

被相続人である役員の死亡に際して、相続人に支払うことが確定した死亡退職手当金がある場合は、「未払退職手当金」を計上する（評基通186）。過大とされた死亡退職手当金も計上することはできる。

ただし、役員につき生命保険に加入している場合には、死亡により受け取るべき生命保険金額を「未収保険金」として計上し、これに係る保険積立金の計上はゼロとする。

また、（生命保険金請求権の額－損金の額に算入される保険積立金の額－損金の額に算入される退職手当金等の額－損金の額に算入される弔慰金の額－生保支出関連費用）×37％が保険差益に対する法人税額等として負債に計上できる。

なお、弔慰金は負債に計上できない（受取人が非課税のため→相続税法第３条第１項第２号に規定する退職手当金に該当する部分は負債に計上する）。

⑵ 未払固定資産税

課税時期以前に賦課期日のあった固定資産税のうち、未納分を計上する（評基通186）。

⑶ 貸倒引当金

計上しない。

Q8 ＜第5表＞純資産価額方式による評価 **103**

事例

医療法人の貸借対照表から「第5表 1株当たりの純資産価額」へ

貸借対照表

医療法人社団××会 平成29年3月31日現在

資産の部		負債の部	
科目	金額	科目	金額
	千円		千円
流動資産		流動負債	
現金	155	買掛金	800
預貯金	30,000	未払金	500
医業未収金	15,000	未払費用	800
棚卸資産	1,420	預り金	800
前払費用	700	未払法人税等	1,000
貸倒引当金	△ 100	未払消費税等	200
固定資産		固定負債	
建物（3年超保有）	26,000	長期借入金	90,000
建物（3年内取得）	80,000		
建物附属設備(3年超保有)	5,000	負債合計	94,100
建物附属設備(3年内取得)	15,000		
構築物	500		
医療用器械備品	12,730		
その他機械備品	5,000		
車両運搬具	2,000		
土地	41,500	純資産の部	
電話加入権	240		
ソフトウェア	230	出資金	10,000
出資金	25	利益剰余金	
保険積立金	20,000	繰越利益剰余金	151,900
繰延資産		（うち当期純利益）	（ 11,000）
医師会入会金	600		
		純資産合計	161,900
資産合計	256,000	負債・純資産合計	256,000

資産の部

科　　目	貸借対照表の金額	備　　　考	相続税評価額
流動資産	千円		千円
現金	155		155
預貯金	30,000	既経過利息の金額　60千円 定期性預金については既経過利息の金額を加算する。	30,060
医業未収金	15,000	企業健診200千円について相手先倒産により回収不能 回収が不能又は著しく困難なものは計上しない。	14,800
棚卸資産	1,420		1,420
前払費用	700	建物にかかる一時払いの火災保険料（保険期間30年） 解約返戻金相当額　690千円 前払費用については、財産性の有無により判断する。	690
貸倒引当金	△ 100	負債として取り扱わない。	－
固定資産			
建物（3年超保有）	26,000	医院として使用　固定資産税評価額15,000千円 ×1.0	15,000
建物（3年内取得）	80,000	相続開始前3年以内に取得した土地等・建物等については、「通常の取引価額」により評価する。 増築→取得。　　　リフォーム→取得には該当せず。	80,000
建物附属設備（3年超保有）	5,000	自己保有建物の附属設備については、固定資産税評価額に含まれているため別途の計上は不要となる。	0
建物附属設備（3年内取得）	15,000	3年以内に取得した建物等に該当する。 「通常の取引価額」により評価する。	15,000
構築物	500	（再建築価額－減価償却累計額）×70％で評価する。	350
医療用器械備品	12,730	前期決算において、医療用器械の購入代金7,000千円を誤って「医薬品費」に計上　　　税務調査により指摘をうけ修正申告した。　　　そのため別表5(1)に「医療用器械　4,500千円」の計上あり。 　評価明細書　第5表の「帳簿価額」＝税務上の帳簿価額12,730千円＋4,500千円＝17,230千円	17,230
その他機械備品	5,000	過去に減価償却を行っていない期間あり。 新品の小売価額×定率法残価率で計算する。 残価率により計算した価額　2,536千円	2,536
車両運搬具	2,000		2,000
土地（3年超保有）	41,500	医院建物の敷地として使用している。	75,000
借地権	－	自然発生借地権あり。	65,500
電話加入権	240	3回線保有　　　国税庁発表の評価額により評価 参考：平成29年東京国税局管内　1本1,500円	4
ソフトウェア	230		230
出資金	25	医師信用組合・医師協同組合の出資金 払込済出資金額により評価する。	25
保険積立金	20,000	全て甲を被保険者とするものである。 死亡保険金80,000千円←「保険金請求権」として計上	80,000
営業権	－	医療法人においては営業権評価は必要なし。	
繰延資産			
医師会入会金	600	財産性なし　「相続税評価額」「帳簿価額」のいずれにも記載しない。	－

Q8 ＜第5表＞純資産価額方式による評価　105

負債の部

科　　目	貸借対照表の金額	備　　考	相続税評価額
	千円		千円
流動負債			
買掛金	800		800
未払金	500		500
未払費用	800		800
預り金	800		800
未払法人税等	1,000		1,000
未払消費税	200		200
未払固定資産税	－	直前期末以前に賦課期日が到来している固定資産税・都市計画税について未払額を負債に計上する。	2,200
固定負債			
長期借入金	90,000		90,000
役員死亡退職金	－	被相続人の死亡退職金を負債に計上する。 （過大か否かを問わず　全額を負債に計上できる） 弔慰金については相続税非課税のため負債への計上不可	50,000
保険差益分法人税等	－	甲の死亡保険金について課税される法人税等を負債に計上する。 　（死亡保険金－保険積立金－死亡退職金）×37％ 　（80,000千円－20,000千円－50,000千円）×37％＝3,700千円	3,700

106　Ⅱ　持分あり医療法人の出資持分の評価

第5表　1株当たりの純資産価額（相続税評価額）の計算明細書　　会社名 医療法人社団××会

〈取引相場のない株式（出資）の評価明細書〉　　（平成二十九年一月一日以降用）

1．資産及び負債の金額（課税時期現在）

資　産　の　部				負　債　の　部			
科　　目	相続税評価額	帳簿価額	備考	科　　目	相続税評価額	帳簿価額	備考
	千円	千円			千円	千円	
現金	155	155		買掛金	800	800	
預貯金	30,060	30,000		未払金	500	500	
医業未収金	14,800	15,000		未払費用	800	800	
棚卸資産	1,420	1,420		預り金	800	800	
前払費用	690	700		未払法人税等	1,000	1,000	
建物	15,000	26,000		未払消費税	200	200	
3年内取得建物	80,000	80,000		未払固定資産税	2,200	2,200	
建物附属設備	0	5,000		長期借入金	90,000	90,000	
3年内取得附属設備	15,000	15,000		死亡退職金	50,000	50,000	
構築物	350	500		保険差益分法人税	3,700	3,700	
医療用器械備品	17,230	17,230					
その他機械備品	2,536	5,000					
車両運搬具	2,000	2,000					
土地	75,000	41,500					
借地権	65,500	0					
電話加入権	4	240					
ソフトウェア	230	230					
出資金	25	25					
生命保険金請求権	80,000	80,000					
合　　計	① 400,000	② 320,000		合　　計	③ 150,000	④ 150,000	
株式及び出資の価額の合計額	㋑ 25	㋺ 25					
土地等の価額の合計額	㋩ 140,500						
現物出資等受入れ資産の価額の合計額	㊁	㋭					

2．評価差額に対する法人税額等相当額の計算

相続税評価額による純資産価額（①-③）	⑤ 250,000	千円
帳簿価額による純資産価額（(②+(㋭-㊁)-④)、マイナスの場合は0）	⑥ 170,000	千円
評価差額に相当する金額（⑤-⑥、マイナスの場合は0）	⑦ 80,000	千円
評価差額に対する法人税額等相当額（⑦×37%）	⑧ 29,600	千円

3．1株当たりの純資産価額の計算

課税時期現在の純資産価額（相続税評価額）（⑤-⑧）	⑨ 220,400	千円
課税時期現在の発行済株式数（(第1表の1の①)-自己株式数）	⑩ 200,000	株
課税時期現在の1株当たりの純資産価額（相続税評価額）（⑨÷⑩）	⑪ 1,102	円
同族株主等の議決権割合(第1表の1の⑤の割合)が50%以下の場合（⑪×80%）	⑫	円

純資産価額の80%評価の準用はないので記載不要

Q9　開業後3年未満の会社又は比準要素数ゼロの会社

持分の定めのある社団医療法人（経過措置医療法人）が「開業後3年未満の会社又は比準要素数ゼロの会社」に該当する場合とは、どのような場合ですか。また、医療法人がこれらに該当した場合、出資持分の評価はどのようになりますか。

A

1　「開業後3年未満の会社又は比準要素数ゼロの会社」に該当した場合の評価方式

　持分の定めのある社団医療法人（経過措置医療法人）の出資持分を評価する場合において、その医療法人が「開業後3年未満の会社又は比準要素数ゼロの会社」に該当する場合には、その法人は特定の評価会社に該当するものとされ、その出資（持分）の評価額は「純資産価額方式」によって計算することになります（評基通189－4）。この場合の純資産価額とは、相続税評価額による純資産価額をいいます。

　純資産価額方式では、一般的な株式の評価額を計算する際、株式の取得者とその同族関係者の有する株式の議決権の合計数が評価会社の議決権総数の50％以下である場合、「純資産価額×80％」相当額で評価額を計算します（評基通185ただし書）。この取扱いは、評価会社が開業後3年未満の会社等に該当する場合も同様の取扱いとなります（評基通189－4）。

　しかし、医療法人の場合には、各社員の議決権が平等（各1個）と規定（医療法46の3の3）されているため、もともとこの「純資産価額×80％」相当額での評価（つまり20％評価減）の適用はありません。したがって、評価する医療法人が開業後3年未満の会社等に該当する場合にも、その評価は20％評価減を適用しない「純資産価額方式」によって計算することに

なります（評基通194-2）。

また、評価する会社が開業後3年未満の会社等に該当する場合でも、一般的な会社の株式等の評価にあっては、同族株主等以外の株主等（少数株主）については、配当還元方式によって評価することも認められています（評基通189-4なお書により、少数株主については、純資産価額が配当還元価額を超える場合には、配当還元価額により評価するとされています。）。

しかし、医療法人の場合には、剰余金の配当禁止規定（医療法54）があるため、配当還元方式による評価をすることはありません（評基通194-2）。

＜開業後3年未満又は比準要素数ゼロに該当する医療法人の出資評価＞

① 「純資産価額（相続税評価額による）方式」によって評価額を計算する。

② 「純資産価額×80％」相当額での評価はしない。

③ 少数株主であっても配当還元方式の適用はない。

2　開業後3年未満の会社等に該当する医療法人

開業後3年未満の会社等に該当する医療法人とは、課税時期において次の(1)又は(2)に該当する評価会社（「開業前又は休業中の会社」に該当するもの、又は「清算中の会社」に該当するものは除かれます。）に該当する医療法人をいいます（評基通189(4)）。

なお、この場合の「課税時期」とは、相続、遺贈又は贈与によりその医療法人の出資持分を取得した日をいいます。

(1) 開業後3年未満である医療法人
(2) 比準要素数がゼロの会社に該当する医療法人

3 比準要素数がゼロの会社に該当する医療法人の定義と留意点

(1) 比準要素数がゼロの会社に該当する医療法人

「比準要素数がゼロの会社に該当する医療法人」とは、課税時期の直前期末を基とした「1株当たりの利益金額Ⓒ」と「1株当たりの純資産価額（帳簿価額によって計算した金額）Ⓓ」がいずれもゼロである医療法人をいいます。

財産評価基本通達における「比準要素数がゼロの会社」とは、課税時期の直前期末の1株当たりの「配当金額Ⓑ」、「利益金額Ⓒ」、「純資産価額Ⓓ」のそれぞれの金額がいずれもゼロの会社と定義しています。しかし、剰余金の配当が禁止（医療法54）されている医療法人は比準要素としての「配当金額Ⓑ」は必ずゼロとなります。したがって、残りの比準要素である「利益金額Ⓒ」と「純資産価額（帳簿価額によって計算した金額）Ⓓ」がいずれもゼロとなった場合、その医療法人は「比準要素数ゼロの会社」に該当することになります（評基通189(4)）。

(2) 判定の留意点（評基通194-2）

比準要素数がゼロの会社に該当する医療法人か否かの判定をする際、1株当たりの「利益金額Ⓒ」については、直前期末以前2年間の実績を反映して判定することとされています（評基通189(4)注書）。

※ 比準要素数1の会社（評基通189-2）の判定（直前々期の前期を含めた3年間）とは違う点に留意が必要です。

Q10 土地保有特定会社

評価する医療法人が土地保有特定会社に該当する場合とはどのような場合ですか。また、医療法人が土地保有特定会社に該当した場合の出資持分の評価はどうなりますか。

A

1.「土地保有特定会社」に該当した場合の評価方式

持分の定めのある社団医療法人（経過措置医療法人）の出資持分を評価する場合において、その医療法人が「土地保有特定会社」に該当する場合には、その法人は特定の評価会社に該当するものとされ、その出資持分の評価額は「純資産価額方式」によって計算することになります（評基通189－4）。この場合の純資産価額とは、相続税評価額による純資産価額をいいます。

純資産価額方式では一般的な株式の評価額を計算する際、株式の取得者とその同族関係者の有する株式の議決権の合計数が評価会社の議決権総数の50％以下である場合、「純資産価額×80％」相当額で評価額を計算します（評基通185ただし書）。この取扱いは、評価会社が開業後3年未満の会社等に該当する場合も同様の取扱いとなります（評基通189－4）。

しかし、医療法人の場合には、各社員の議決権が平等（各1個）と規定（医療法46の3の3）されているため、もともとこの「純資産価額×80％」相当額での評価（つまり20％評価減）の適用はありません。したがって、評価する医療法人が土地保有特定会社に該当する場合にも、その評価は20％評価減を適用しない「純資産価額方式」によって計算することになります（評基通194－2）。

また、評価会社が土地保有特定会社に該当する場合でも、一般的な会社

の株式等の評価にあっては、同族株主等以外の株主等（少数株主）については、配当還元方式によって評価することも認められています（評基通189－4なお書により、少数株主については、純資産価額が配当還元価額を超える場合には、配当還元価額により評価するとされています。）。

　しかし、医療法人の場合には、剰余金の配当禁止規定（医療法54）があるため、配当還元方式による評価をすることはありません（評基通194－2）。

＜土地保有特定会社に該当する医療法人の出資持分評価＞

① 「純資産価額（相続税評価額による）方式」によって評価額を計算する。

② 「純資産価額×80％」相当額での評価はしない。

③ 少数株主であっても配当還元方式の適用はない。

2　土地保有特定会社

　評価する医療法人が土地保有特定会社に該当するか否かは、課税時期における評価会社（「開業後3年未満に該当する会社等」や「開業前又は休業中の会社」に該当するもの、又は「清算中の会社」に該当するものは除かれます。）の総資産に占める土地等の割合により判定することになります（評基通189(3)、189－4）。なお、この場合の「課税時期」とは、相続、遺贈又は贈与によりその医療法人の出資持分を取得した日をいいます。

＜評価する医療法人が土地保有特定会社に該当する場合＞

①大会社	$\dfrac{\text{土地等の価額の合計額}}{\text{総資産価額}} \geqq 70\%$
②中会社	$\dfrac{\text{土地等の価額の合計額}}{\text{総資産価額}} \geqq 90\%$
③小会社	イ）総資産価額が15億円以上の法人 $\dfrac{\text{土地等の価額の合計額}}{\text{総資産価額}} \geqq 70\%$ ロ）総資産価額が4,000万円以上で15億円未満の法人 $\dfrac{\text{土地等の価額の合計額}}{\text{総資産価額}} \geqq 90\%$

Q11 比準要素数1の会社に相当する出資持分の評価

医療法人の出資が「比準要素数1の会社」に該当するのはどのような場合ですか。また、該当した場合の相続税評価額はどのように算定するのですか。

A

1 比準要素数1の会社

比準要素数1の会社とは、直前期末を基とした場合の3つの比準要素のうち、いずれか2つがゼロであり、かつ、直前々期末を基とした場合の3つの比準要素についてもいずれか2つ以上がゼロである会社をいいます。

医療法人の場合、剰余金の配当が禁止（医療法54）されていますので、「1株当たりの配当金額Ⓑ」は必ずゼロとなります。したがって、医療法人が次に該当する場合には比準要素数1の会社に該当することになります。

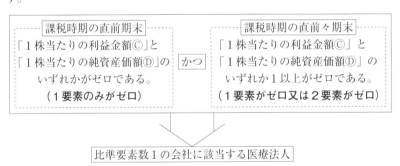

（注：比準要素数1の会社に相当する医療法人の判定をする際、利益金額については、直前期末以前3年間の実績を反映して判定することになります。比準要素数0の会社の判定（直前期末以前2年間）とは異なることに留意する必要があります。）

◇比準要素数1の会社に相当する医療法人の判定

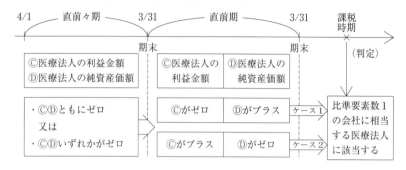

2 比準要素数1の会社に該当する医療法人の出資持分評価

　評価する医療法人の出資持分が「比準要素数1の会社」に相当する医療法人に対する出資持分に該当する場合には、その医療法人の出資持分評価は「純資産価額方式」で計算した金額か「類似業種比準価額方式と純資産価額方式との併用方式」で計算した金額のいずれか少ない金額で評価することになります。具体的な評価は次のとおりとなります（評基通189－2）。

＜比準要素数1の会社に該当する医療法人に対する出資持分評価＞

(1)　純資産価額(注)
　　(注)医療法人の場合は80％評価は適用できません。
(2)　併用方式
　　類似業種比準価額×0.25＋純資産価額(注)×（1－0.25）
(3)　(1)と(2)いずれか少ない金額

Q11　比準要素数1の会社に相当する出資持分の評価　　**115**

参考

比準要素数ゼロの会社と比準要素数1の会社の判定（第2表・第4表）

第4表　類似業種比準価額等の計算明細書　　会社名

（取引相場のない株式（出資）の評価明細書）

（平成二十九年一月一日以降用）

| 1.1株当たりの資本金等の額等の計算 | 直前期末の資本金等の額 ① 千円 | 直前期末の発行済株式数 ② 株 | 直前期末の自己株式数 ③ 株 | 1株当たりの資本金等の額（①÷（②－③）） ④ 円 | 1株当たりの資本金等の額を50円とした場合の発行済株式数（①÷50円） ⑤ 株 |

2. 比準要素等の金額の計算

1株50円当たりの年配当金額	直前期末以前2（3）年間の年平均配当金額				比準要素数1の会社・比準要素数0の会社の判定要素の金額
	事業年度 ⑥年配当金額	⑦左のうち非経常的な配当金額	⑧差引経常的な年配当金額（⑥－⑦）	年平均配当金額	⑧/⑤ Ⓑ 円 銭 0
	直前期 千円	千円	千円	⑨（㋑＋㋺）÷2 ㋑ 千円	⑧/⑤ Ⓑ 円 銭 0
	直前々期 千円	千円	千円	⑩（㋺＋㋩）÷2 ㋺ 千円	1株（50円）当たりの年配当金額 Ⓑ（⑨の金額） 円 銭
	直前々期の前期 千円	千円	千円		

1株50円当たりの年利益金額	直前期末以前2（3）年間の利益金額					比準要素数1の会社・比準要素数0の会社の判定要素の金額
	事業年度 ⑪法人税の課税所得金額	⑫非経常的な利益金額	⑬受取配当等の益金不算入額	⑭左の所得税額	⑮損金算入した繰越欠損金の控除額	⑯差引利益金額（⑪－⑫＋⑬－⑭＋⑮） Ⓒ ㋥又は（㋥＋㋬）÷2 円
	直前期 千円	千円	千円	千円	千円	Ⓒ ㋬又は（㋬＋㋭）÷2 円
	直前々期 千円	千円	千円	千円	千円	1株（50円）当たりの年利益金額〔㋥又は（㋥＋㋬）÷2　の金額〕 Ⓒ 円
	直前々期の前期 千円	千円	千円	千円	千円	

1株純資産50円当たりの純資産価額	直前期末（直前々期末）の純資産価額			比準要素数1の会社・比準要素数0の会社の判定要素の金額
	事業年度 ⑰資本金等の額	⑱利益積立金額	純資産価額（⑰＋⑱）	⑲/⑤ Ⓓ 円
	直前期 千円	千円	㋬ 千円	⑲/⑤ Ⓓ 円
	直前々期 千円	千円	㋭ 千円	1株（50円）当たりの純資産価額 Ⓓ（⑲の金額） 円

第2表　特定の評価会社の判定の明細書　　会社名

（取引相場のない株式（　　　　平成二十九年一月）

1. 比準要素数1の会社	判　定　要　素					判定基準	（1）欄のいずれか2の判定要素が0であり、かつ、（2）欄のいずれか2以上の判定要素が0である（該当）・でない（非該当）
	（1）直前期末を基とした判定要素			（2）直前々期末を基とした判定要素			
	第4表のⒷの金額	第4表のⒸの金額	第4表のⒹの金額	第4表のⒷの金額	第4表のⒸの金額	第4表のⒹの金額	
	円 銭 0	円	円	円 銭 0	円	円	判定 　該　当　　　非該当

4. 開業後3年未満の会社等	（1）開業後3年未満の会社	判定要素		判定基準 課税時期において開業後3年未満である	課税時期において開業後3年未満でない
		開業年月日 年 月 日		判定 　該　当	非　該　当

	（2）比準要素数0の会社	判定要素	直前期末を基とした判定要素			判定基準	直前期末を基とした判定要素がいずれも0である（該当）・でない（非該当）
			第4表のⒷの金額	第4表のⒸの金額	第4表のⒹの金額		
			円 銭 0	円	円	判定	該　当　　　非該当

（※医療法人には剰余金の配当禁止規定があるため、必ず配当金額はゼロとなる。）

1. 評価する医療法人の「第4表」の「ⓒ」「ⓓ」のうち1つがゼロ（1要素がゼロ）であり、かつ、「ⓒ」「ⓓ」のいずれか1以上がゼロ（1要素がゼロ又は2要素がゼロ）である場合には「比準要素数1の会社」に該当する。

   したがって、たとえば、純資産価額がプラスであれば、年利益金額が3年に一度だけプラスになれば「比準要素数1の会社」には該当しない。

2. 評価する医療法人の「第4表」の「ⓒ」「ⓓ」のいずれもゼロである場合には「比準要素数ゼロの会社」に該当する。

3. 「比準要素数ゼロの会社」に該当した場合には、これが優先するため、「比準要素数1の会社」の判定は必要ない。

＜事例1＞　医療法人社団　××会

		利益金額	純資産価額
直　　　前　　　期		0千円	0千円
直　　前　　々　　期		0千円	2,000千円
直　前　々　期　の　前　期		800千円	3,000千円
判定要素	直前期末を基準	ⓒ（注）1	ⓓ（注）3
		0円	0円
		0円	
	直前々期末を基準	ⓒ（注）2	ⓓ（注）4
		0円	20円
		4円	

※　出資持分は1口50円換算で10万口とする。配当金額はゼロとなる。

（注）1　直前期末以前1年間における評価法人の法人税の課税所得金額を、直前期末における口数で除した金額［上段］又は直前期末以前2年間における評価法人の法人税の課税所得金額の合計額の2分の1に相当する金額を、直前期末における口数で除した金額［下段］。

2　直前々期末以前1年間における評価法人の法人税の課税所得金額を、直前期末における口数で除した金額［上段］又は直前々期末以前2年間における評価法人の法人税の課税所得金額の合計額の2分の1に相当する金額を、直前期末における口数で除した金額［下段］。

3　直前期末における評価法人の資本金等の額及び利益積立金額に相当する金額の合計額を、直前期末における口数で除した金額。

4　直前々期末における評価法人の資本金等の額及び利益積立金額に相当する金額の合計額を、直前期末における口数で除した金額。

　まず、評価する医療法人が「比準要素数ゼロの会社」に該当するか否か、直前期末を基とした判定要素で判定する。該当しなければ、「比準要素数1の会社」に該当するか否かを直前期末及び直前々期末を基とした判定要素で判定する。

　判定の結果、ⓒⓓのいずれもゼロであるので「比準要素数ゼロの会社」に該当する。

＜事例2＞　医療法人社団　○○会

		利益金額	純資産価額
直　　　前　　　期		0千円	0千円
直　前　々　期		2,000千円	0千円
直前々期の前期		0千円	1,000千円
判定要素	直前期末を基準	ⓒ₁	ⓓ₁
		0円	0円
		10円	
	直前々期末を基準	ⓒ₂	ⓓ₂
		20円	0円
		10円	

※　出資持分は1口50円換算で10万口とする。配当金額はゼロとなる。

　直前期末を基として判定するとⓒがゼロではないので、「比準要素数ゼロの会社」には該当しない。直前期末を基としたⓓがゼロであり、かつ、直前々期末を基としたⓓがゼロとなるため、「比準要素数1の会社」に該当する。

118 Ⅱ　持分あり医療法人の出資持分の評価

Q12　医療法人の出資持分評価の具体例（評価明細書の記入）

医療法人の出資持分評価の評価明細書の記入の仕方を教えてください。

A

◇医療法人の出資持分評価の具体例

1．医療法人社団××会（決算日　3月31日）

課税時期　平成29年4月25日（理事長甲の相続開始日）

長男丙が理事長に就任するとともに甲の出資150,000口を相続した。

2．医療法人の状況

(1)　出資金　　　　　　　　　　　　　　　　　10,000千円

（定款による一口50円当たりの出資口数）　　　（200,000口）

出資持分の状況

氏　　　名	甲との続柄	役職	出資口数
甲	本人	理事長	150,000口
乙	妻	常務理事	25,000口
丙	長男	理事	12,500口
丁	二男	理事	12,500口

(2)　直前期の年間取引金額（医業収益）　　　　180,000千円

(3)　直前期末の総資産価額（簿価）　　　　　　256,100千円

(4)　従業員数　　　　　　　　　　　　　　　　　　　18人

(5)　直前期の年間利益　　　　　　　　　　　　 12,700千円

(6)　直前期の利益積立金額（法別表五（一））　　73,000千円

(7) 課税時期における純資産価額（表５）

	総資産価額	負債金額	純資産価額
相続税評価額	400,000千円	150,000千円	250,000千円
帳 簿 価 額	320,000千円	150,000千円	170,000千円

詳細は121〜129ページを参照

3．医療法人の規模の判定（「小売・サービス業」に該当する。）

取引金額　　　　60,000千円≦180,000千円＜250,000千円

総資産価額　　　250,000千円≦256,100千円＜500,000千円

従業員　　　　　5人＜18人≦20人

※　判定の結果、「中会社の小」に該当する。

(1)　類似業種比準価額×0.60＋純資産価額 ×（1−0.60）

又は

(2)　純資産価額×0.60＋純資産価額×（1−0.60）　＝「純資産価額」

(1)又は(2)のうちいずれか低い金額が1口当たりの評価額になる。

4．類似業種比準価額方式の計算

(1)　類似業種の株価等（国税庁より発表）

業　種　目	番号	B 年配当 金額	C 年利益 金額	D 純資産 価額	A　株　価 【上段：各月の株価、下段：課税時期の属する月以前2年間の平均株価】			
					平成28年 平均	29年 2月	29年 3月	29年 4月
その他の産業	113	4.1	29	233	276	322 285	331 287	319 288

(2)　出資持分1口当たりの年利益金額

12,700千円÷200,000口＝63円

(3) 出資持分１口当たりの純資産価額

$$(10,000千円 + 73,000千円) \div 200,000口 = 415円$$

(4) 類似業種比準価額

　株価は課税月、その前月、その前々月の平均株価、前年１年間の平均株価又は課税時期の属する月以前２年間の平均株価のうちもっとも低い価額を選択できる。

$$276 \times \left(\dfrac{\dfrac{63}{29} + \dfrac{415}{233}}{2} \right) \times 0.6 \times \dfrac{50}{50} = 326円$$

５．純資産価額方式の計算

$$\dfrac{400,000千円 - 150,000千円 - 29,600千円（注）}{200,000口} = 1,102円$$

（注）　評価差額に対する法人税等相当額

〔(400,000千円 - 150,000千円) - (320,000千円 - 150,000千円)〕× 37%
＝ 29,600千円

６．併用方式による相続税評価額

(1) $\underset{(類似業種比準価額)}{326円} \times 0.60 + \underset{(純資産価額)}{1,102円} \times (1 - 0.60) = 636円$

(2) $\underset{(純資産価額)}{1,102円} \times 0.60 + \underset{(純資産価額)}{1,102円} \times (1 - 0.60) = 1,102円$

７．いずれか低い金額

(1) 類似業種比準価額方式との併用方式による評価額は636円となる。

(2) 純資産価額による１口当たりの評価額は1,102円となる。

(3) いずれか低い方の金額は１口当たり636円となる。

８．甲の出資持分の評価額

　（１口）636円 × 150,000口 = 95,400千円

貸借対照表

医療法人社団××会 　　　　　　　　　　　　　平成29年3月31日現在

資産の部		負債の部	
科目	金額	科目	金額
	千円		千円
流動資産		流動負債	
現金	155	買掛金	800
預貯金	30,000	未払金	500
医業未収金	15,000	未払費用	800
棚卸資産	1,420	預り金	800
前払費用	700	未払法人税等	1,000
貸倒引当金	△ 100	未払消費税等	200
固定資産		固定負債	
建物（3年超保有）	26,000	長期借入金	90,000
建物（3年内取得）	80,000		
建物附属設備（3年超保有）	5,000	負債合計	94,100
建物附属設備（3年内取得）	15,000		
構築物	500		
医療用器械備品	12,730		
その他機械備品	5,000		
車両運搬具	2,000		
土地	41,500	純資産の部	
電話加入権	240		
ソフトウェア	230	出資金	10,000
出資金	25	利益剰余金	
保険積立金	20,000	繰越利益剰余金	151,900
繰延資産		（うち当期純利益）	（ 11,000）
医師会入会金	600		
		純資産合計	161,900
資産合計	256,000	負債・純資産合計	256,000

資産の部

科　　目	貸借対照表の金額	備　　　考	相続税評価額
	千円		千円
流動資産			
現金	155		155
預貯金	30,000	既経過利息の金額　60千円 　　定期性預金については既経過利息の金額を加算する。	30,060
医業未収金	15,000	企業健診200千円について相手先倒産により回収不能 　　回収が不能又は著しく困難なものは計上しない。	14,800
棚卸資産	1,420		1,420
前払費用	700	建物にかかる一時払いの火災保険料（保険期間30年） 解約返戻金相当額　690千円 　　前払費用については、財産性の有無により判断する。	690
貸倒引当金	△ 100	負債として取り扱わない。	－
固定資産			
建物（3年超保有）	26,000	医院として使用　固定資産税評価額15,000千円×1.0	15,000
建物（3年内取得）	80,000	相続開始前3年以内に取得した土地等・建物等については、「通常の取引価額」により評価する。 増築→取得。　　　リフォーム→取得には該当せず。	80,000
建物附属設備（3年超保有）	5,000	自己保有建物の附属設備については、固定資産税評価額に含まれているため別途の計上は不要となる。	0
建物附属設備（3年内取得）	15,000	3年以内に取得した建物等に該当する。 「通常の取引価額」により評価する。	15,000
構築物	500	（再建築価額－減価償却累計額）×70％で評価する。	350
医療用器械備品	12,730	前期決算において、医療用器械の購入代金7,000千円を誤って「医薬品費」に計上　　　税務調査により指摘をうけ修正申告した。　　　そのため別表5(1)に「医療用器械　4,500千円」の計上あり。 評価明細書　第5表の「帳簿価額」＝税務上の帳簿価額12,730千円＋4,500千円＝17,230千円	17,230
その他機械備品	5,000	過去に減価償却を行っていない期間あり。 　　新品の小売価額×定率法残価率で計算する。 　　残価率により計算した価額　2,536千円	2,536
車両運搬具	2,000		2,000
土地（3年超保有）	41,500	医院建物の敷地として使用している。	75,000
借地権	－	自然発生借地権あり。	65,500
電話加入権	240	3回線保有　　国税庁発表の評価額により評価 参考：平成29年東京国税局管内　1本1,500円	4
ソフトウェア	230		230
出資金	25	医師信用組合・医師協同組合の出資金 払込済出資金額により評価する。	25
保険積立金	20,000	全て甲を被保険者とするものである。 死亡保険金80,000千円←「保険金請求権」として計上	80,000
営業権	－	医療法人においては営業権評価は必要なし。	
繰延資産			
医師会入会金	600	財産性なし　「相続税評価額」「帳簿価額」のいずれにも記載しない。	－

負債の部

科　　　目	貸借対照表の金額	備　　　　考	相続税評価額
	千円		千円
流動負債			
買掛金	800		800
未払金	500		500
未払費用	800		800
預り金	800		800
未払法人税等	1,000		1,000
未払消費税	200		200
未払固定資産税	－	直前期末以前に賦課期日が到来している固定資産税・都市計画税について未払額を負債に計上する。	2,200
固定負債			
長期借入金	90,000		90,000
役員死亡退職金	－	被相続人の死亡退職金を負債に計上する。 （過大か否かを問わず　全額を負債に計上できる） 弔慰金については相続税非課税のため負債への計上不可	50,000
保険差益分法人税等	－	甲の死亡保険金について課税される法人税等を負債に計上する。 　（死亡保険金－保険積立金－死亡退職金）×37％ 　（80,000千円－20,000千円－50,000千円）×37％＝3,700千円	3,700

124　Ⅱ　持分あり医療法人の出資持分の評価

第1表の1　評価上の株主の判定及び会社規模の判定の明細書　　整理番号　××××

（取引相場のない株式（出資）の評価明細書）

（平成二十九年一月一日以降用）

会 社 名	（電話　　－　　－　　） 医療法人社団××会	本店の所在地　東京都台東区○○
代表者氏名	甲	事業内容
課税時期	29 年　4 月　25 日	
直前期	自　28 年　4 月　1 日 至　29 年　3 月　31 日	

取扱品目及び製造、卸売、小売等の区分	業種目番号	取引金額の構成比
その他の産業（医療業）	113	100.0 ％

1. 株主及び評価方式の判定

	氏名又は名称	続柄	会社における役職名	⑦株式数 （株式の種類）	⓪議決権数	ⓒ議決権割合 （⓪／④）
				株	個	％
判定要素（課税時期現在の株式等の所有状況）	丙	納税義務者	理事長	162,500	1	33
	乙	母	常務理事	25,000	1	33
	丁	弟	理事	12,500	1	33
	自己株式					
	納税義務者の属する同族関係者グループの議決権の合計数			②	⑤ （②/④）	
	筆頭株主グループの議決権の合計数			③	⑥ （③/④）	
	評価会社の発行済株式又は議決権の総数	① 200,000	④ 3	1 0 0		

納税義務者の属する同族関係者グループの議決権割合（⑤の割合）を基として、区分します。

判定基準	筆頭株主グループの議決権割合（⑥の割合）			株主の区分
	50％超の場合	30％以上50％以下の場合	30％未満の場合	
⑤の割合	50％超	30％以上	15％以上	同族株主等
	50％未満	30％未満	15％未満	同族株主等以外の株主

判定	同族株主等 （原則的評価方式等）	同族株主等以外の株主 （配当還元方式）

「同族株主等」に該当する納税義務者のうち、議決権割合（ⓒの割合）が5％未満の者の評価方式は、「2. 少数株式所有者の評価方式の判定」欄により判定します。

2. 少数株式所有者の評価方式の判定

判定要素	項　目	判　定　内　容
	氏　名	
	㊀ 役　員	である{原則的評価方式等}・でない（次の㊁へ）
	㊁ 納税義務者が中心的な同族株主	である{原則的評価方式等}・でない（次の㊂へ）
	㊂ 納税義務者以外に中心的な同族株主（又は株主）	がいる（配当還元方式）・がいない{原則的評価方式等} （氏名　　　　　　　　）
判　定		原則的評価方式等　・　配当還元方式

Q12 医療法人の出資持分評価の具体例（評価明細書の記入） **125**

第1表の2　評価上の株主の判定及び会社規模の判定の明細書（続）　　会社名 医療法人社団××会

3. 会社の規模（Lの割合）の判定

項　目	金　　額	項　目	人　　　　数	
直前期末の総資産価額 （帳簿価額）	千円 256,100	直前期末以前1年間 における従業員数	18　人	
直前期末以前1年間 の取引金額	千円 180,000		〔従業員数の内訳〕 〔継続勤務 従業員数〕＋〔継続勤務従業員以外の従業 員の労働時間の合計時間数〕 （18人）＋ (　　　 時間)／1,800時間	

⑤　直前期末以前1年間における従業員数に応ずる区分	70人以上の会社は、大会社（㋑及び㋺は不要）
	70人未満の会社は、㋑及び㋺により判定

㋑　直前期末の総資産価額（帳簿価額）及び直前期末以前1年間における従業員数に応ずる区分

㋺　直前期末以前1年間の取引金額に応ずる区分

総資産価額（帳簿価額）		従業員数	取　引　金　額			会社規模とLの割合（中会社）の区分	
卸売業	小売・サービス業	卸売業、小売・サービス業以外		卸売業	小売・サービス業	卸売業、小売・サービス業以外	
20億円以上	15億円以上	15億円以上	35人超	30億円以上	20億円以上	15億円以上	大　会　社
4億円以上 20億円未満	5億円以上 15億円未満	5億円以上 15億円未満	35人超	7億円以上 30億円未満	5億円以上 20億円未満	4億円以上 15億円未満	0.90 　中 会 社
2億円以上 4億円未満	2億5,000万円以上 5億円未満	2億5,000万円以上 5億円未満	20人超 35人以下	3億5,000万円以上 7億円未満	2億5,000万円以上 5億円未満	2億円以上 4億円未満	0.75
7,000万円以上 2億円未満	4,000万円以上 2億5,000万円未満	5,000万円以上 2億5,000万円未満	5人超 20人以下	2億円以上 3億5,000万円未満	6,000万円以上 2億5,000万円未満	8,000万円以上 2億円未満	0.60
7,000万円未満	4,000万円未満	5,000万円未満	5人以下	2億円未満	6,000万円未満	8,000万円未満	小　会　社

・「会社規模とLの割合（中会社）の区分」欄は、㋑の区分（「総資産価額（帳簿価額）」と「従業員数」とのいずれか下位の区分）と㋺欄（取引金額）の区分とのいずれか上位の区分により判定します。

判定	大　会　社	中　　会　　社			小　会　社	
		Ｌ　の　割　合				
		0.90	0.75	0.60		

4. 増（減）資の状況その他評価上の参考事項

126　Ⅱ　持分あり医療法人の出資持分の評価

第2表　特定の評価会社の判定の明細書

会社名 医療法人社団××会

（平成二十九年一月一日以降用）

（取引相場のない株式（出資）の評価明細書）

1. 比準要素数1の会社	判定要素						判定基準	(1)欄のいずれか2の判定要素が0であり、かつ、(2)欄のいずれか2以上の判定要素が0
	(1) 直前期末を基とした判定要素			(2) 直前々期末を基とした判定要素				である（該当）・でない（非該当）
	第4表の㋑の金額	第4表の㋺の金額	第4表の㋩の金額	第4表の㋑の金額	第4表の㋺の金額	第4表の㋩の金額	判定	該当　　（非該当）
	円　銭	円	円	円　銭	円	円		
		63	415		67	356		

2. 株式保有特定会社	判定要素			判定基準	③の割合が50%以上である	③の割合が50%未満である
	総資産価額（第5表の①の金額）	株式及び出資の価額の合計額（第5表の㋑の金額）	株式保有割合（②／①）			
	① 千円	② 千円	③ ％	判定	該当　　（非該当）	
	400,000	25	0			

3. 土地保有特定会社	判定要素			会社の規模の判定（該当する文字を○で囲んで表示します。）			
	総資産価額（第5表の①の金額）	土地等の価額の合計額（第5表の㋺の金額）	土地保有割合（⑤／④）	大会社 ・（中会社）・ 小会社			
	④ 千円	⑤ 千円	⑥ ％				
	400,000	140,500	35				
	判定基準	会社の規模	大会社	中会社	小会社（総資産価額（帳簿価額）が次の基準に該当する会社）		
					・卸売業　20億円以上	・卸売業　7,000万円以上20億円未満	
					・小売・サービス業　15億円以上	・小売・サービス業　4,000万円以上15億円未満	
					・上記以外の業種　15億円以上	・上記以外の業種　5,000万円以上15億円未満	
		⑥の割合	70%以上　70%未満	90%以上　90%未満	70%以上　70%未満	90%以上　90%未満	
	判定		該当　非該当	該当　（非該当）	該当　非該当	該当　非該当	

4. 開業後3年未満の会社等	(1) 開業後3年未満の会社	判定要素			判定基準	課税時期において開業後3年未満である	課税時期において開業後3年未満でない
		開業年月日			判定	該当	（非該当）
	(2) 比準要素数0の会社	判定要素	直前期末を基とした判定要素			判定基準	直前期末を基とした判定要素がいずれも0
			第4表の㋑の金額	第4表の㋺の金額	第4表の㋩の金額		である（該当）・でない（非該当）
			円　銭	円	円	判定	該当　　（非該当）
				63	415		

5. 開業前又は休業中の会社	開業前の会社の判定	休業中の会社の判定	6. 清算中の会社	判定
	該当　（非該当）	該当　（非該当）		該当　　（非該当）

7. 特定の評価会社の判定結果	1. 比準要素数1の会社	2. 株式保有特定会社
	3. 土地保有特定会社	4. 開業後3年未満の会社等
	5. 開業前又は休業中の会社	6. 清算中の会社
	該当する番号を○で囲んでください。なお、上記の「1. 比準要素数1の会社」欄から「6. 清算中の会社」欄の判定において2以上に該当する場合には、後の番号の判定によります。	

Q12　医療法人の出資持分評価の具体例（評価明細書の記入）

第3表　一般の評価会社の株式及び株式に関する権利の価額の計算明細書　会社名 医療法人社団××会

（取引相場のない株式（出資）の評価明細書）

（平成二十九年一月一日以降用）

1. 原則的評価方式による価額

1株当たりの価額の計算の基となる金額	類似業種比準価額（第4表の㉖、㉗又は㉘の金額）	1株当たりの純資産価額（第5表の⑪の金額）	1株当たりの純資産価額の80%相当額（第5表の⑫の記載がある場合のその金額）
	① 326 円	② 1,102 円	③ 円

1株当たりの価額の計算	区分	1株当たりの価額の算定方法	1株当たりの価額
	大会社の株式の価額	①の金額と②の金額とのいずれか低い方の金額（②の記載がないときは①の金額）	④ 円
	中会社の株式の価額	①と②とのいずれか低い方の金額　②の金額（③の金額があるときは③の金額） Lの割合　　　　Lの割合 (326 円× 0.60)+(1,102 円×(1− 0.60))	⑤ 636 円
	小会社の株式の価額	②の金額（③の金額があるときは③の金額）と次の算式によって計算した金額とのいずれか低い方の金額 ①の金額　　　　②の金額（③の金額があるときは③の金額） (円×0.50)+(円×0.50)= 円	⑥ 円

株式の価額の修正		株式の価額（④、⑤又は⑥）	1株当たりの配当金額	修正後の株式の価額
	課税時期において配当期待権の発生している場合	円 − 円 銭		⑦ 円
	課税時期において株式の割当てを受ける権利、株主となる権利又は株式無償交付期待権の発生している場合	株式の価額（④、⑤若しくは⑥（⑦があるときは⑦）） 割当株式1株当たりの払込金額 1株当たりの割当株式数	1株当たりの割当株式数又は交付株式数	修正後の株式の価額
		円+ 円× 株)÷(1株+ 株)		⑧ 円

2. 配当還元方式による価額

1株当たりの資本金等の額、発行済株式数等	直前期末の資本金等の額	直前期末の発行済株式数	直前期末の自己株式数	1株当たりの資本金等の額を50円とした場合の発行済株式数（⑨÷50円）	1株当たりの資本金等の額（⑨÷（⑩−⑪））
	⑨ 千円	⑩ 株	⑪ 株	⑫ 株	⑬ 円

直前期末以前2年間の配当金額	事業年度	⑭年配当金額	左のうち非経常的な配当金額	差引経常的な年配当金額（⑭−⑮）	年平均配当金額
	直前期	⑭ 千円	⑮ 千円	⑯ 千円	⑰(⑯+⑯)÷2 千円
	直前々期	千円	千円	千円	

1株(50円)当たりの年配当金額	年平均配当金額(⑰)	⑫の株式数	⑱	この金額が2円50銭未満の場合は2円50銭とします。
	千円 ÷ 株 = 円 銭			

配当還元価額	⑱の金額 ⑬の金額	⑲	⑳	⑳の金額が、原則的評価方式により計算した価額を超える場合には、原則的評価方式により計算した価額とします。
	円 銭 × 円 = 円 ÷ 10% 50円		円	

3. 株式に関する権利の価額（1.及び2.に共通）

配当期待権	1株当たりの予想配当金額 源泉徴収されるべき所得税相当額	㉑ 円 銭
	(円 銭)−(円 銭)	

株式の割当てを受ける権利（割当株式1株当たりの価額）	⑧（配当還元方式の場合は⑳）の金額 割当株式1株当たりの払込金額	㉒ 円

株主となる権利（割当株式1株当たりの価額）	⑧（配当還元方式の場合は⑳）の金額（課税時期後にその株主となる権利につき払い込むべき金額があるときは、その金額を控除した金額）	㉓ 円

株式無償交付期待権（交付される株式1株当たりの価額）	⑧（配当還元方式の場合は⑳）の金額	㉔ 円

4. 株式及び株式に関する権利の価額（1.及び2.に共通）

株式の評価額　636

128 Ⅱ 持分あり医療法人の出資持分の評価

第4表　類似業種比準価額等の計算明細書　　　　　　　会社名 医療法人社団××会

（取引相場のない株式（出資）の評価明細書）

（平成二十九年一月一日以降用）

| 1. 1株当たりの資本金等の額等の計算 | 直前期末の資本金等の額 ① 10,000 千円 | 直前期末の発行済株式数 ② 200,000 株 | 直前期末の自己株式数 ③ 株 | 1株当たりの資本金等の額（①÷（②−③）） ④ 50 円 | 1株当たりの資本金等の額を50円とした場合の発行済株式数（①÷50円） 200,000 株 |

2. 比準要素等の金額の計算

1株（50円）当たりの年配当金額	直前期末以前2（3）年間の年平均配当金額				比準要素数1の会社・比準要素数0の会社の判定要素の金額
	事業年度	⑥ 年配当金額	⑦ 左のうち非経常的な配当金額	⑧ 差引経常的な年配当金額（⑥−⑦）	年平均配当金額	⑨ 円 銭 ⑤
	直前期	千円	千円	㋑ 千円	⑨（㋑+㋺）÷2 千円	⑩ 円 銭 ⑤
	直前々期	千円	千円	㋺ 千円	⑩（㋺+㋩）÷2 千円	1株（50円）当たりの年配当金額（⑯の金額）
	直前々期の前期	千円	千円	㋩ 千円		Ⓑ 円 銭

1株（50円）当たりの年利益金額	直前期末以前2（3）年間の利益金額						比準要素数1の会社・比準要素数0の会社の判定要素の金額
	事業年度	⑪ 法人税の課税所得金額	⑫ 非経常的な利益金額	⑬ 受取配当等の益金不算入額	⑭ 左の所得税額	⑮ 損金算入した繰越欠損金の控除額	⑯ 差引利益金額 ⑪−⑫+⑬−⑭+⑮）	⑰ 又は（⑱+⑲）÷2 63 ⑤
	直前期	12,700 千円	千円	千円	千円	千円	㋥ 12,700 千円	⑱ 又は（㋥+㋭）÷2 67 ⑤
	直前々期	14,000 千円	千円	千円	千円	千円	㋭ 14,000 千円	1株（50円）当たりの年利益金額 {㋥ 又は（㋥+㋭）÷2 の金額}
	直前々期の前期	13,000 千円	千円	千円	千円	千円	㋬ 13,000 千円	Ⓒ 63

1株（50円）当たりの純資産価額	直前期末（直前々期末）の純資産価額			比準要素数1の会社・比準要素数0の会社の判定要素の金額
	事業年度	⑰ 資本金等の額	⑱ 利益積立金額	⑲ 純資産価額（⑰+⑱）	⑰ 415 ⑤
	直前期	10,000 千円	73,000 千円	⑰ 83,000 千円	⑱ 356 ⑤
	直前々期	10,000 千円	61,300 千円	㋬ 71,300 千円	1株（50円）当たりの純資産価額（⑰の金額） Ⓓ 415

3. 類似業種比準価額の計算

1株（50円）当たりの比準価額の計算	類似業種と業種目番号 その他の産業（No. 113 ）		区分	1株（50円）当たりの年配当金額	1株（50円）当たりの年利益金額	1株（50円）当たりの純資産価額	1株（50円）当たりの比準価額
	類似業種の株価	課税時期の属する月 4 月 ㋑ 319 円	比準割合の計算	評価会社	Ⓑ 円 銭	Ⓒ 63 円	Ⓓ 415 円	㉑×㉑×0.7
		課税時期の属する月の前月 3 月 ㋺ 331 円		類似業種	B 円 銭	C 29 円	D 233 円	※
		課税時期の属する月の前々月 2 月 ㋩ 322 円		要素別比準割合	Ⓑ／B	Ⓒ／C 2.17	Ⓓ／D 1.78	※ 中会社は0.6 小会社は0.5 とします。
		前年平均株価 276 円		比準割合	㉑ Ⓑ／B + Ⓒ／C + Ⓓ／D ÷ 3 = 1.97		㉑	㉒ 円 銭 326 20
		課税時期の属する月以前2年間の平均株価 288 円						
		A ㋑、㋺、㋩、㋥及び㋭のうち最も低いもの 276 円						

	類似業種と業種目番号 （No. ）		区分	1株（50円）当たりの年配当金額	1株（50円）当たりの年利益金額	1株（50円）当たりの純資産価額	1株（50円）当たりの比準価額
	類似業種の株価	課税時期の属する月 4 月 ㋔ 円	比準割合の計算	評価会社	Ⓑ 円 銭	Ⓒ 63 円	Ⓓ 415 円	㉓×㉓×0.7
		課税時期の属する月の前月 3 月 ㋕ 円		類似業種	B 円 銭	C 円	D 円	※
		課税時期の属する月の前々月 2 月 ㋖ 円		要素別比準割合	Ⓑ／B	Ⓒ／C	Ⓓ／D	※ 中会社は0.6 小会社は0.5 とします。
		前年平均株価 円		比準割合	㉓ Ⓑ／B + Ⓒ／C + Ⓓ／D ÷ 3 =		㉔	㉕ 円 銭
		課税時期の属する月以前2年間の平均株価 円						
		A ㋔、㋕、㋖、㋗及び㋘のうち最も低いもの 円						

1株当たりの比準価額	比準価額（㉒と㉕とのいずれか低い方） 326 円 20 銭 × ④の金額 50 円 ÷ 50円	㉖ 326

比準価額の修正

直前期末の翌日から課税時期までの間に配当金交付の効力が発生した場合	比準価額（㉖） 円 − 1株当たりの配当金額 銭	修正比準価額 ㉗
直前期末の翌日から課税時期までの間に株式の割当て等の効力が発生した場合	比準価額（㉖があるときは㉗） （ 円 + 割当株式1株当たりの払込金額 銭 × 1株当たりの割当株式数 ）÷（1株 + 1株当たりの割当株式数又は交付株式数 株）	修正比準価額 ㉘

Q12　医療法人の出資持分評価の具体例（評価明細書の記入）　**129**

第5表　1株当たりの純資産価額（相続税評価額）の計算明細書　　　会社名 医療法人社団××会

（取引相場のない株式（出資）の評価明細書）

（平成二十九年一月一日以降用）

1．資産及び負債の金額（課税時期現在）

資　産　の　部				負　債　の　部			
科　　目	相続税評価額	帳簿価額	備考	科　　目	相続税評価額	帳簿価額	備考
	千円	千円			千円	千円	
現金	155	155		買掛金	800	800	
預貯金	30,060	30,000		未払金	500	500	
医業未収金	14,800	15,000		未払費用	800	800	
棚卸資産	1,420	1,420		預り金	800	800	
前払費用	690	700		未払法人税等	1,000	1,000	
建物	15,000	26,000		未払消費税	200	200	
3年内取得建物	80,000	80,000		未払固定資産税	2,200	2,200	
建物附属設備	0	5,000		長期借入金	90,000	90,000	
3年内取得附属設備	15,000	15,000		死亡退職金	50,000	50,000	
構築物	350	500		保険差益分法人税	3,700	3,700	
医療用器械備品	17,230	17,230					
その他機械備品	2,536	5,000					
車両運搬具	2,000	2,000					
土地	75,000	41,500					
借地権	65,500	0					
電話加入権	4	240					
ソフトウェア	230	230					
出資金	25	25					
生命保険金請求権	80,000	80,000					
合　　計	① 400,000	② 320,000		合　　計	③ 150,000	④ 150,000	
株式及び出資の価額の合計額	㋑ 25	㋺ 25					
土地等の価額の合計額	㋩ 140,500						
現物出資等受入れ資産の価額の合計額	㋥	㋭					

2．評価差額に対する法人税額等相当額の計算			**3．1株当たりの純資産価額の計算**		
相続税評価額による純資産価額（①－③）	⑤	250,000 千円	課税時期現在の純資産価額（相続税評価額）（⑤－⑧）	⑨	220,400 千円
帳簿価額による純資産価額（②＋（㋩－㋥－㋭）－④）、マイナスの場合は0）	⑥	170,000 千円	課税時期現在の発行済株式数（第1表の1の①－自己株式数）	⑩	200,000 株
評価差額に相当する金額（⑤－⑥、マイナスの場合は0）	⑦	80,000 千円	課税時期現在の1株当たりの純資産価額（相続税評価額）（⑨÷⑩）	⑪	1,102 円
評価差額に対する法人税額等相当額（⑦×37%）	⑧	29,600 千円	同族株主等の議決権割合（第1表の1の⑤の割合）が50%以下の場合（⑪×80%）	⑫	円

Q13 「出資持分」か、「持分払戻請求権」か（相続財産の種類と課税関係）

　医療法人の出資持分を持つ社員に相続が発生した場合、相続財産の種類は「出資持分」ですか、それとも「持分払戻請求権」ですか。また、相続発生後の課税関係はどのようになりますか。

A

1　持分払戻請求権が相続財産となる場合

　経過措置医療法人のほとんどは、認可権者である都道府県知事（実務上は都道府県の医療法人係の担当官）の指導により、厚生労働省の示すモデル定款（昭和61年健政発第410号厚生省健康政策局長通知）をベースに自らの法人の定款を定めていると思います。これによると、「社員は、次に掲げる理由によりその資格を失う。」とされ、その理由に「除名、死亡、退社」の3つを挙げています（旧モデル定款及び現在のモデル定款第7条）。したがって、定款により、医療法人の出資持分を持つ社員に相続が発生した場合には、その社員は、死亡を原因として即、退社することになります。定款では、「社員資格を喪失した者は、その出資額に応じて払戻しを請求することができる（旧モデル定款第9条）。」とされています。この権利（持分払戻請求権）は、死亡した社員の相続人が承継（相続又は遺贈による取得）します。この場合、相続税の申告では、相続財産は「持分払戻請求権」となります。

　その後、持分払戻請求権に基づいて、相続人が医療法人から被相続人に係る出資持分の払戻しを受けた場合には、払戻金額のうち、出資金の額を超える部分の金額は、死亡退社した社員（被相続人）に対するみなし配当所得（所法25①五）として課税されることになります。この配当所得は、被相続人の準確定申告（所法124、125）により申告することになります。

この場合、「配当控除（所法92）」の適用があり、また、準確定申告で支払う税金の額については相続税の課税価格計算において「債務控除（相法13、14）」の適用を受けることができます。

　ただし、この場合において、出資持分の払戻しが、被相続人の死亡後相当の期間を経過しており、相続人が被相続人の社員たる地位を事実上承継していると認められる場合には、その相続人に対するみなし配当所得として取り扱うことになります（平成22年2月改訂「所得税質疑応答集」西野克一編　大蔵財務協会　101ページ〜102ページより）。

2　被相続人の出資持分を相続人の名義に変更した場合

　相続人が、被相続人の死亡に伴い取得した持分払戻請求権について、この権利を行使しない（金銭等による払戻しを受けない）で、出資持分の名義を相続人名義とし、医療法人の社員となっている場合には、実質的に出資持分の相続があったと解釈して、「出資持分」が相続財産となります。この場合の財産評価は、財産評価基本通達194−2（医療法人の出資の評価）により評価することになります。また、この場合には、みなし配当所得に対する課税は強いて行わないこととされています（平成22年2月改訂「所得税質疑応答集」西野克一編　大蔵財務協会　102ページより）。

Q14　出資持分の物納

　持分の定めのある社団医療法人の出資持分を物納することはできますか。

A

　物納に充てることができる相続財産は相続税法に規定されている財産に限定されています。持分の定めのある社団医療法人の出資持分は物納に充てることができる財産に含まれていませんので出資持分を物納することはできません。

　相続税法において、物納に充てることができる財産は相続税法第41条第2項に規定されています。また物納財産の優先順位も決まっています。具体的な優先順位と財産の種類は次のとおりです。

第一順位	①不動産、船舶、国債証券、地方債証券、上場株式等
	②不動産及び上場株式のうち物納劣後財産に該当するもの
第二順位	③非上場株式等
	④非上場株式のうち物納劣後財産に該当するもの
第三順位	⑤動産

　物納財産については、相続税法第41条第2項第3号に「株式」が規定されています。しかし、相続税法上の株式は、厳密な意味での株式会社の株式をいい、その他の法人、たとえば医療法人の「出資持分」とは明確に区分されています（相法10①八）。したがって、医療法人の出資持分は物納することができません。

III

出資持分の放棄とみなし贈与課税
（持分「あり」から「なし」への移行）

Q1 持分なしへの移行とその手続

持分「あり」から「なし」への移行とはどういうことですか。その手続はどのようにするのですか。また、移行に際して出資社員の持分放棄が必要となるのでしょうか。

A

1 「持分なし」への移行と出資持分の放棄

持分の定めのある社団医療法人（経過措置医療法人）の社員が、医療法人の出資持分を有している場合には、その社員は医療法人に係る財産権を持っていることを表しています。この場合の財産権とは①退社時の持分払戻請求権と②解散時の残余財産分配請求権の2つを指します。

この権利には財産的価値がありますから、その社員に相続が発生した際には相続税が課税されます。また、社員を退社した場合には時価による払戻しを受けることもできます。経営上、優良な医療法人の場合には、理事長が大部分の出資持分を所有していてその評価額が数十億円となる場合もあり、相続・事業承継の大きな障害となります。これに対処するため、自主的に定款変更をして「持分の定めのない社団医療法人」に移行する場合があります。その際には、社員全員が「持分放棄（財産権を放棄すること）」することが必要となります。

（例）

相続税評価額が高い持分あり社団医療法人が相続・事業承継を円滑に進めるため自主的に持分なし社団医療法人に移行する場合がある。この場合、出資社員は全員持分放棄をする。

1　階	持分なしの社団医療法人
地下1階	持分ありの社団医療法人 （含み益がタップリある）

莫大な相続税課税や払戻請求が円滑な相続・事業承継の妨げとなる

2　持分放棄の手続

　持分「あり」から「なし」への移行手続は、医療法施行規則により「定款変更」をすればできます（医療法施行規則30の39①）。持分あり法人を解散し、持分なし法人を新規設立するなどといった手続は不要です。具体的には、都道府県知事に対し、定款の変更認可申請手続をとり、定款上の社員退社時の払戻請求に関する規定を削除し、解散時の残余財産を国等に帰属するように変更すれば移行手続は完了です。

　なお、持分の定めのない社団医療法人に移行した後は、再度、持分の定めのある社団医療法人に後戻りすることはできません（医療法施行規則30の39②）。移行に際しては後戻り禁止という点に注意が必要です。

　＜参考＞持分ありから持分なしへの移行（医療法施行規則30の39）

　(1)　社団である医療法人で持分の定めのあるものは、定款を変更して、社団である医療法人で持分の定めのないものに移行することができる。

　(2)　社団である医療法人で持分の定めのないものは、社団である医療法人で持分の定めのあるものへ移行できないものとする。

＜持分ありから持分なしへ移行する際の定款変更＞

◇持分ありの定款

第○条　社員資格を喪失した者は、その出資額に応じて払戻しを請求することができる。

第○条　本社団が解散した場合の残余財産は、払込済出資額に応じて分配するものとする。

都道府県知事　　　　　　　　　　　　　変更認可申請

◇持分なしの定款（医療法44⑤、医療法施行規則31の２）

※出資額の払戻し規定は削除する。

第○条　本社団が解散した場合の残余財産は、合併及び破産手続開始の決定による解散の場合を除き、次の者から選定して帰属させるものとする。

(1)　国

(2)　地方公共団体

(3)　医療法第31条に定める公的医療機関の開設者

(4)　都道府県医師会又は郡市区医師会（一般社団法人又は一般財団法人に限る。）

(5)　財団たる医療法人又は社団たる医療法人であって持分の定めのないもの

Q2 「あり」から「なし」への移行に伴う課税問題

出資持分の相続税評価額が高い持分の定めのある社団医療法人（経過措置医療法人）の社員全員が相続・事業承継を円滑に進めるため自主的に持分放棄をして持分の定めのない社団医療法人に移行する場合、何か課税上の問題はありますか。

A

1 持分放棄する社員の課税関係

持分を放棄した社員全員は、財産権（①退社時の持分払戻請求権と②解散時の残余財産分配請求権）を放棄するだけであり課税上の問題は生じません。

なお、社員全員の持分放棄については、みなし譲渡課税（所法59）の対象になるのでないかと危惧する向きもあります。しかし、実務上、みなし譲渡課税の適用はされないと考えられます。

この点については、厚生労働省医政局が国税庁に「出資持分の定めのある社団医療法人が特別医療法人に移行する場合の課税関係について」を照会した際の国税庁課税部長回答（平成17年4月27日回答）が参考になります。

この照会内容は、「持分の定めのある社団医療法人が特別医療法人に移行する際に、個人出資者が出資持分を放棄したらみなし譲渡課税が生じるか」というものですが、特別医療法人に移行する場合でも、単に持分の定めのない社団医療法人に移行する場合でも、持分放棄をした場合の課税に対する考え方は同様ですから、この回答は判断の目安になると思います。回答では「出資持分の放棄については、株式の消却と同様、譲渡性が認められないため、譲渡所得課税は生じないものと解される。」と示していま

す。以下、参考までにこの回答の該当部分を抜粋します。

―＜参考＞――――――――――――――――――――――――

**出資持分の定めのある社団医療法人が特別医療法人に移行する場合の課
税関係について（抜粋）**

（平成17年4月27日回答）

　個人出資者の持分なし医療法人への移行に伴う出資持分の放棄につい
ては、それが、医療法人への贈与による出資持分の移転を伴うものであ
れば、出資持分の時価によるみなし譲渡課税（所得税法（昭和40年法律
第33号）第59条）の問題が生じるが、次のことから株式の消却と同様、
譲渡性が認められないため、譲渡所得課税は生じないものと解される。

①　自己株式の取得が認められている株式会社の場合と異なり、医療法
　人においては、自己の出資持分を取得（保有）することはできないと
　解されていること

②　出資の減少や株式の消却により金銭等の交付があったときには、み
　なし配当部分を除いて譲渡収入金額とみなすこととされている（租税
　特別措置法（昭和32年法律第26号）第37条の10第4項）が、出資が譲
　渡により移転したとみなすものではなく、無償の場合にも、出資が贈
　与により移転したものとみなされるものではないこと

③　このように解することは、平成16年6月16日付で文書回答を受けた
　「持分の定めのある医療法人が出資額限度法人に移行した場合等の課
　税関係について」に示されている、出資者が出資額の払戻しにより退
　社した場合にみなし譲渡課税の対象とならないとする取扱いとも整合
　性がとれること

――――――――――――――――――――――――――――――

（注）　特別医療法人とは第3次医療法改正により平成10年から設立が認めら
　　れた法人です（旧医療法42②）。一定の公的な要件をクリアしている医療
　　法人であるため収益業務が営めることとされました。特別医療法人は持
　　分を持たないことが要件の一つであったため、医療法人の形態としては
　　「財団」か又は「持分の定めのない社団」形式となります。特別医療法人
　　制度は、平成19年4月1日施行の第5次医療法改正により廃止（旧医療

法42②）されました。

2 医療法人の課税関係

⑴ 医療法人に対する法人税課税

　持分ありから持分の定めのない社団医療法人へ移行した場合に、その医療法人に経済的利益が生じて「受贈益課税」など法人税が課税されるのではないかと考えられます。

　しかし、この点については、平成20年度税制改正の際、法人税の整備がされ次のような明文規定が設けられました。

　社団である医療法人で持分の定めのあるものが持分の定めのない医療法人となる場合において、持分の全部又は一部の払戻しをしなかったときは、その払戻しをしなかったことにより生ずる利益の額は、その医療法人の各事業年度の所得の金額の計算上、益金の額に算入しない（法令136の4②）。

　したがって、持分の定めのある社団医療法人が、持分の定めのない社団医療法人に移行する際、医療法人に法人税の課税がされることはありません。

⑵ 医療法人に対する贈与税課税

　贈与税は相続税の補完税としての役割を担った税金です。したがって、原則として、その対象者は個人（自然人）となります。しかし、例外として法人が贈与税の納税義務者となる場合があります。医療法人の場合、持分の定めのない社団医療法人へ移行するため、社員全員が出資持分の放棄をした場合に、この取扱いの適用対象になる場合があります。

　具体的には「その医療法人の出資者が、その出資持分を放棄したことにより、出資者の親族等の相続税又は贈与税の負担が不当に減少した結果と

なると認められた場合には、相続税法第66条第4項の規定の適用を受け、医療法人を個人とみなして、医療法人に対し贈与税を課税する。」とした取扱いです。

この取扱いでは、「負担が不当に減少」した結果と認められるか否かが贈与税課税のポイントとなります。この判定については「Ｑ３ 「なし」への移行と贈与税課税（相続税法第66条第4項)」に詳述しています。

Q3 「なし」への移行とみなし贈与課税（相続税法第66条第４項）

＜その１＞ 「なし」への移行とみなし贈与課税の概要

> 持分の定めのある社団医療法人（経過措置医療法人）の社員全員が自主的に持分放棄をして持分の定めのない社団医療法人へ移行する場合に医療法人を個人とみなして贈与税が課税される場合があると聞きました。どのような場合に課税がされるのですか。

A

1 相続税法第66条第４項の趣旨

　贈与税は相続税を補完するための税金です。したがって、原則、法人に対し贈与税が課税されることはありません。

　しかし、個人が持分の定めのない法人に対して財産の贈与をしたことにより、贈与をした者やその親族その他特別の関係がある者が、その法人の施設や余裕金を私的に利用するなどその法人から特別の利益を受けている場合があります。この場合には、実質的にその贈与をした者が贈与した財産を所有しているか、又は、特別の利益を受ける者にその特別の利益を贈与したのと同じことだといえます。

　本来であれば、法人に贈与した財産は、贈与をした者に相続が開始した場合には、遺産となって相続税が課されるはずです。また、特別の利益を受ける者に対しては、利益を受けた時点で贈与税が課されるはずです。ところが、持分の定めのない法人に対し財産の贈与等をしたことによってこれらの課税を免れる結果となるため、これに対処する方法として、例外的に、持分の定めのない法人に対して財産の贈与があった場合で、贈与者等の親族その他これらの者と特別に関係がある者の相続税又は贈与税の負担が不当に減少する結果となると認められるときは、法人を個人とみなし

て、法人に対し贈与税を課税することとしたのが相続税法第66条第4項の規定です。

2 相続税法第66条第4項の規定

相続税法第66条第4項の規定は次のとおりです。

> 持分の定めのない法人に対し財産の贈与又は遺贈があつた場合において、当該贈与又は遺贈により贈与又は遺贈をした者の親族その他これらの者と特別の関係がある者の相続税又は贈与税の負担が不当に減少する結果となると認められるときは、これを個人とみなして、これに贈与税又は相続税を課する。

この規定の「贈与又は遺贈をした者の親族その他これらの者と特別の関係がある者」とは具体的に次の者をいいます（相法64①）。

(1) 持分放棄をした社員の親族

(2) 持分放棄をした社員と婚姻の届出をしていないが事実上婚姻関係と同様の事情にある者及びその者の親族でその者と生計を一にしているもの（相令31①一）

(3) 持分放棄をした社員たる個人の使用人及び使用人以外の者でその個人から受ける金銭その他の財産によって生計を維持しているもの並びにこれらの者の親族でこれらの者と生計を一にしているもの（相令31①二）

3 持分の定めのない法人の定義と医療法人への適用の有無

相続税法第66条第4項は「持分の定めのない法人」に対する贈与税課税の規定です。ここでいう持分の定めのない法人とは、①定款や規則（これ

らに準ずるものを含みます。）、法令の定めにより、その法人の社員や構成員（その法人に出資している者に限ります。）がその法人の出資持分に係る残余財産の分配請求権や払戻請求権を行使することができない法人、又は、②定款等に、社員等がその法人の出資持分に係る残余財産の分配請求権や払戻請求権を行使することができる旨の定めはあるが、そのような社員等が存在しない法人を指すとされています（昭39.6.9付直審（資）24・直資77通達13）。具体的には、一般社団法人や一般財団法人、社会福祉法人などが該当します。そして、この範疇には、持分の定めのない社団医療法人や財団医療法人も含まれることになります。

　また、「持分の定めのない法人に対し財産の贈与があった場合」の「財産」には、「医療法人の社員が持分放棄をした場合」の「持分放棄」が該当することになります。

　したがって、持分の定めのある社団医療法人が、持分の定めのない社団医療法人に移行する際、その医療法人の社員全員が持分放棄をすると、社員から持分の定めのない社団医療法人へ財産の贈与があったと認識され、それにより持分放棄した者の親族その他これらの者と特別の関係がある者の相続税又は贈与税の負担が不当に減少した結果となると認められたときは、その医療法人に贈与税が課税されることになります（相法66④）。

　この規定により贈与税の課税がされるか否かのポイントは、「負担が不当に減少」した結果と認められるかという点です。これに関しては「相続税又は贈与税の負担が不当に減少する結果となると認められるか否かの判定その他適用に関し必要な事項は、政令で定める（相法66⑥）」とされています。政令の定めはＱ３＜その３＞で詳しく解説することにします。

Q3 「なし」への移行とみなし贈与課税（相続税法第66条第4項）

＜その２＞医療法人の贈与税計算と申告納税

> 社員の持分放棄により医療法人に贈与税が課税される場合、贈与税の計算や申告納税などはどのようにするのですか。

A

持分の定めのない社団医療法人への移行に際し、贈与税等の負担が不当に減少すると認められ、医療法人を個人とみなして、これに贈与税の課税がされる場合には、次のように取り扱われます。

1 納税義務の発生時期と贈与財産の種類・評価法

持分「あり」から「なし」に移行するための定款変更により医療法人が個人とみなされて贈与税が課税される場合の納税義務の発生時期や贈与財産の種類・評価法は次のように考えられます。

(1) 納税義務の発生時期（贈与日）

持分「あり」から「なし」に移行するための「定款変更の認可日」が納税義務の発生時期（贈与日）とされます。

(2) 贈与財産の種類

贈与財産の種類は出資ではありません。医療法人が出資者から「持分放棄に伴う出資者の権利の消滅に係る経済的利益」の贈与を受けたとされます。

(3) 贈与財産の評価法

贈与税計算のもとになる財産評価基本通達には、個人とみなされた医療法人が個人出資者から贈与された「持分放棄に伴う出資者の権利の消滅に係る経済的利益の価額に相当する金額」の評価方法は規定されていません。

このような場合には、財産評価基本通達総則5項（評価方法の定めのない財産の評価）により「この通達に評価方法の定めのない財産の価額は、この通達に定める評価方法に準じて評価する。」ことになります。「持分放棄に伴う出資者の権利の消滅に係る経済的利益」という贈与財産の種類や内容から勘案すると財産評価基本通達194－2（医療法人の出資の評価）に準じて評価して差し支えないと考えられます。したがって、「持分なし」へ移行した医療法人が「大会社」に該当すれば、原則評価法である「類似業種比準価額（評基通180）」による評価も認められることになります。

なお、財産評価基本通達総則6項（この通達の定めにより難い場合の評価）では「この通達の定めによって評価することが著しく不適当と認められる財産の価額は、国税庁長官の指示を受けて評価する。」と示されており、評価をする際の課税上の弊害の有無には留意する必要があります。

2　贈与税の計算方法

⑴　医療法人の贈与税計算

贈与税の計算は、医療法人が贈与によって受ける「持分放棄に伴う出資者の権利の消滅に係る経済的利益」の価額相当額から基礎控除110万円を控除し、これに贈与税の累進税率を適用して行います。

＜医療法人の贈与税計算＞

$$\left(\begin{array}{c}\text{「持分放棄に伴う出資者の権}\\\text{利の消滅に係る経済的利益」}\end{array}-\begin{array}{c}\text{基礎控除額}\\\text{（110万円）}\end{array}\right)\times\begin{array}{c}\text{贈与税の}\\\text{累進税率}\end{array}=\text{贈与税額}$$

⑵　持分放棄をする社員が複数いる場合の贈与税計算

持分放棄をする社員が複数いる場合には、医療法人の贈与税計算は、「贈与により取得した財産について、その贈与をした者の異なるごとに、その贈与をした者の各一人のみから財産を取得したものとみなして算出し

た場合の贈与税額の合計額をもって納付すべき贈与税額とする（相法66
①)。」とされます。これを例示すると次のようになります。

＜例示＞

　持分の定めのない社団医療法人へ移行するため、Ａ・Ｂ・Ｃの社員全
員が持分放棄をした。

　社員Ａの放棄額1億円、社員Ｂの放棄額5,000万円、社員Ｃの放棄額
3,000万円。

　　　社員Ａ　（　　　1億円－110万円）×55％－400万円＝5,039.5万円

　　　社員Ｂ　（　5,000万円－110万円）×55％－400万円＝2,289.5万円

　　　社員Ｃ　（　3,000万円－110万円）×50％－250万円＝　1,195万円

　　　医療法人が納付する贈与税の金額は合計で8,524万円となります。

　　　※　贈与税の税率は平成27年1月1日以後適用される税率を用い
　　　　　ています。

(注)　実務上は、各贈与者の贈与税計算は贈与税申告書「第一表の付表二」
　　　の様式に沿って行い、これを合計した金額を「第一表」に記載して申告
　　　します。納付書も各贈与者の贈与税の合計額をもとに一括して作成し納
　　　付することになります。

3　申告納税など

　医療法人の贈与税計算は相続時精算課税制度は適用できません。した
がって、暦年課税制度が適用されることになります。

　申告納税の期間は、医療法人の決算に関係なく、財産の贈与を受けた年
（定款変更の認可日の年）の翌年2月1日から3月15日の期間とされます
（相法28①)。

　また、納税義務者となる医療法人が支払う贈与税額は法人税の計算では
損金不算入とされます（法法38②)。

Q3 「なし」への移行とみなし贈与課税（相続税法第66条第4項）

＜その3＞ 「負担が不当に減少」したことの判定（相続税法施行令第33条第3項）

医療法人に対し贈与税の課税がされるか否かのポイントは「負担が不当に減少」した結果と認められるかという点です。この「不当減少要件」の判定はどのようにされるのですか。

A

1 医療法人への贈与税課税

持分の定めのある社団医療法人が、持分の定めのない社団医療法人に移行する際、その医療法人の個人社員が持分放棄をすると、個人社員から持分の定めのない社団医療法人へ財産の贈与があったと認識され、それにより持分放棄した者の親族その他これらの者と特別の関係がある者の相続税又は贈与税の負担が不当に減少した結果となると認められたときは、その医療法人に贈与税が課税されることになります（相法66④）。

この規定で医療法人に対し贈与税課税がされるか否かのポイントは、「負担が不当に減少」した結果と認められるかという点です。これに関しては「相続税又は贈与税の負担が不当に減少する結果となると認められるか否かの判定その他適用に関し必要な事項は、政令で定める（相法66⑥）」と規定されています。

2 「負担が不当に減少」することの判定 （相令33③）

持分の定めのない社団医療法人への移行に際し贈与税が課税されるか否かの判定は「負担が不当に減少」するかで決まってきます。

この「不当減少要件」の判定について相続税法施行令第33条第3項では「持分の定めのない法人が、次に掲げる要件（相令33③一〜四）を満たすときは相続税又は贈与税の負担が不当に減少する結果となると認められないものとする（つまり贈与税課税はされない。）。」として次のように規定しています（※医療法人に関係のある箇所を中心に記載することにします。）。

(1) その運営組織が適正であるとともに、医療法人の定款や規則で、その役員等のうち親族関係を有する者やこれらと次に掲げる特殊の関係がある者（以下「親族等」という。）の数が、それぞれの役員等の数に占める割合は、いずれも3分の1以下とする旨の定めがあること（相令33③一）。

(注) 「特殊の関係がある者」とは次に掲げる者をいいます。

> ① その親族関係を有する役員等と婚姻の届出をしていないが事実上婚姻関係と同様の事情にある者
>
> ② その親族関係を有する役員等の使用人及び使用人以外の者でその役員等から受ける金銭その他の財産によつて生計を維持しているもの
>
> ③ ①又は②に掲げる者の親族でこれらの者と生計を一にしているもの
>
> ④ その親族関係を有する役員等及び①から③までに掲げる者のほか、次に掲げる法人の法人税法第2条第15号（定義）に規定する役員（(a)において「会社役員」という。）又は使用人である者
>
> (a) その親族関係を有する役員等が会社役員となっている他の法人
>
> (b) その親族関係を有する役員等及び①から③までに掲げる者並びにこれらの者と法人税法第2条第10号に規定する政令で定める特殊の関係のある法人を判定の基礎にした場合に同号に規定する同族会社に該当する他の法人

1号に規定されている要件のうち「同族要件（役員等のうち親族等の占める割合が3分の1以下）」については、その判定の際、役員等の中に医

療法人の「社員」は含まれないと解釈されています（平成26年１月23日、厚生労働省医政局指導課事務連絡Ｑ４回答）。その理由として、同事務連絡の回答では次のように解説しています（事務連絡の全文はＱ６参照）。

＜平成26年１月23日、厚生労働省医政局指導課事務連絡より＞

> 役員等は、「理事、監事、評議員その他これらの者に準ずるもの」と規定されている（相令32）。
> 医療法人の場合にあっては、業務執行機関を指し、基本的意思決定機関の構成員たる「社員」は役員等に含まれない。

(2)　その医療法人に財産の贈与や遺贈をした者、その法人の設立者、社員や役員等又はこれらの者の親族等に対し、施設の利用、余裕金の運用、解散した場合における財産の帰属、金銭の貸付け、資産の譲渡、給与の支給、役員等の選任その他財産の運用及び事業の運営に関して特別の利益を与えないこと（相令33③二）。

(3)　その医療法人の定款や規則で、その法人が解散した場合にその残余財産が国、地方公共団体、公益社団法人、公益財団法人その他の公益を目的とする事業を行う法人（持分の定めのないものに限る。）に帰属する旨の定めがあること（相令33③三）。

(4)　その医療法人につき法令に違反する事実や、帳簿書類に取引の全部又は一部を隠ぺいしたり、仮装したりして記録や記載をしている事実がないこと、その他公益に反する事実がないこと（相令33③四）。

　以上相続税法施行令第33条第３項第１号〜第４号の「不当減少要件」を簡潔に整理すると次のようになります。

- (1)　医療法人の運営組織が適正であること
- (2)　同族親族等関係者が役員等の総数の3分の1以下であること
- (3)　医療法人関係者に対する特別利益供与が禁止されていること
- (4)　残余財産の帰属先が国、地方公共団体、公益法人等に限定されていること
- (5)　法令違反等の事実がないこと

　これらの要件のうち、(1)の「医療法人の運営組織が適正であること」と(3)の「医療法人関係者に対する特別利益供与が禁止されていること」の要件は、相続税法施行令では具体的な内容に言及していません。これでは課税の可否の判定に差し支えることになります。そこで、これらの判定をより具体的にするために課税当局より法令解釈通達（平成20年7月8日付「持分の定めのない法人に対する贈与税の取扱い」）が発遣されました（法令解釈通達の解説についてはＱ3＜その4＞参照）。

Q3 「なし」への移行とみなし贈与課税（相続税法第66条第4項）

＜その4＞　法令解釈通達（平成20年7月8日付）による判定

> 　「不当減少要件」のうち、「医療法人の運営組織が適正であること」
> と「医療法人関係者に対する特別利益供与が禁止されていること」と
> は具体的にどのように解釈すればよいのでしょうか。

A

1　法令による不当減少要件

　相続税法施行令第33条第3項では「不当減少要件」を定めています。こ
れを簡潔に整理すると次のようになります。

> (1)　医療法人の運営組織が適正であること
> (2)　同族親族等関係者が役員等の総数の3分の1以下であること
> (3)　医療法人関係者に対する特別利益供与が禁止されていること
> (4)　残余財産の帰属先が国、地方公共団体、公益法人等に限定されてい
> 　　ること
> (5)　医療法人に法令違反等の事実がないこと

　これらの要件のうち、(1)の「医療法人の運営組織が適正であること」と
(3)の「医療法人関係者に対する特別利益供与が禁止されていること」の要
件は、法令では具体的な内容に言及していません。そこで、これらの判定
をより具体的にするため課税当局より法令解釈通達（平成20年7月8日付
「持分の定めのない法人に対する贈与税の取扱い」）が発遣されました。

2 法令解釈通達（平成20年7月8日付）の整備

　国税庁では平成20年9月3日にホームページで「贈与税の非課税財産（公益を目的とする事業の用に供する財産に関する部分）及び公益法人に対して財産の贈与等があった場合の取扱いについて」という法令解釈通達の改正（平成20年7月8日付　課資2－8・課審6－7）を公表し、相続税法第66条第4項の課税について、実務に則した具体的な判定の取扱いを示しました。また、その後、「資産課税課情報第14号　平成20年7月25日　国税庁資産課税課」でこの法令解釈通達の一部改正のあらまし（情報）も公表し実務上の指針を示しています。

3 負担が不当に減少する結果となる場合（法令解釈通達14）

　法令解釈通達14では、負担が不当に減少する結果となる場合について、原則は政令（相令33③）で定める項目で判定することを示しています。ただし、善意の第三者からの寄附に配慮し、例外としての取扱いも示しています。

(1)　原　　則

　この通達では、「相続税法第66条第4項に規定する「相続税又は贈与税の負担が不当に減少する結果となると認められるとき」かどうかの判定は、原則として、贈与等を受けた法人が相続税法施行令第33条第3項各号に掲げる要件を満たしているかどうかにより行うものとする。」としています。従って、医療法人に対する贈与税の課税要件（相続税、贈与税の負担の不当減少）の判定については、原則として政令（相令33③）で定める項目で判定することになります。具体的には上記1の5項目です。

(2)　例　　外

　法令解釈通達では、例外として、「当該法人の社員、役員等（相続税法

施行令第32条に規定する役員等をいう。以下同じ。）及び当該法人の職員
のうちに、その財産を贈与した者若しくは当該法人の設立に当たり財産を
提供した者又はこれらの者と親族その他相続税法施行令第33条第３項第１
号に規定する特殊の関係がある者が含まれていない事実があり、かつ、こ
れらの者が、当該法人の財産の運用及び事業の運営に関して私的に支配し
ている事実がなく、将来も私的に支配する可能性がないと認められる場合
には、同号の要件を満たさないときであっても、同項第２号から第４号ま
での要件を満たしているときは、相続税法第66条第４項に規定する「相続
税又は贈与税の負担が不当に減少する結果となると認められるとき」に該
当しないものとして取り扱う。」としています。

　この例外を簡潔にまとめると次のようになります。

> ┌─**＜贈与税課税の判定の例外＞**─────────────────
> 　次の①及び②を満たした場合には、「不当減少要件（相令33③）」
> （上記１の５項目の要件）をすべて満たしていなくても、⑶医療法人
> 関係者に対する特別利益供与が禁止されていること、⑷残余財産の帰
> 属先が国、地方公共団体、公益法人等に限定されていること、⑸医療
> 法人に法令違反等の事実がないこと、の３項目の要件を満たしていれ
> ば、相続税・贈与税の負担の不当減少に該当しないものとする。
> ①　法人の社員・役員等・職員に、財産を贈与した者（贈与者の親族
> 　や特殊関係者である者を含む。）が含まれていないこと。
> ②　財産の贈与者（贈与者の親族や特殊関係者である者を含む。）が
> 　法人の財産の運用、事業の運営に関し私的に支配している事実がな
> 　く、将来も私的に支配する可能性がないと認められること。

　この例外措置は、相続税や贈与税の負担の減少が考えられない善意の第
三者から医療法人に対し財産の贈与等（寄附）があった場合の取扱いを示
したものです。

　この点について課税当局より、「財産の贈与等（寄附）の中には、財産

の贈与等を受ける法人の運営と全く関係のない者、いわゆる善意の第三者からなされるものもあり、このような場合には、その法人からその贈与等をした者等に特別の利益を与えることはおよそ考えられない。そこで、例外的な取扱いとして、法令解釈通達14のただし書において、贈与等を受けた法人の社員、役員等（相続税法施行令第32条に規定する役員等をいう。以下同じ。）及びその法人の職員のうちに、その財産を贈与した者若しくはその法人の設立に当たり財産を提供した者又はこれらの者と親族その他相続税法施行令第33条第3項第1号に規定する特殊の関係がある者が含まれていない事実があり、かつ、これらの者が、その法人の財産の運用及び事業の運営に関して私的に支配している事実がなく、将来も私的に支配する可能性がないと認められる場合には、同号の要件を満たさないときであっても、同項第2号から第4号までの要件を満たしているときは、相続税法第66条第4項に規定する「相続税又は贈与税の負担が不当に減少する結果となると認められるとき」に該当しないものとして取り扱うこととした（資産課税課情報　第14号　平成20年7月25日　国税庁資産課税課）。」と解説されています。

4 「その運営組織が適正であること」の判定（法令解釈通達15）

　政令（相令33③）の「不当減少要件」の一番目が「その運営組織が適正であること」というものです。政令の表現では具体的な内容はよくわかりません。

　これについて通達では、その運営組織が適正であることとは、次の3つをクリアしている場合としています（法令解釈通達15）。

　　＜その運営組織が適正であること＞

　⑴　一定の事項が定款等に定められていること

(2)　事業運営及び役員等の選任等が定款等に基づき適正に行われていること

(3)　その事業が社会的存在として認識される程度の規模を有していること

⑴　一定の事項が定款等に定められていること

「一定の事項が定款等に定められていること」とは、医療法人の定款や規則（これらに準ずるものを含む。）に、次に掲げる事項が定められていることを指します（法令解釈通達15⑴ハ）。

＜定款等に定めることが必要な事項＞

A　理事の定数は６人以上、監事の定数は２人以上であること。

B　理事及び監事の選任は、例えば、社員総会における社員の選挙により選出されるなどその地位にあることが適当と認められる者が公正に選任されること。

C　理事会の議事の決定は、次のEに該当する場合を除き、原則として、理事会において理事総数（理事現在数）の過半数の議決を必要とすること。

D　社員総会の議事の決定は、法令に別段の定めがある場合を除き、社員総数の過半数が出席し、その出席社員の過半数の議決を必要とすること。

E　次に掲げる事項（次のFにより評議員会などに委任されている事項を除く。）の決定は、社員総会の議決を必要とすること。

　この場合において、次の(E)及び(F)以外の事項については、あらかじめ理事会における理事総数（理事現在数）の３分の２以上の議決を必要とすること。

(A)　収支予算（事業計画を含む。）

(B)　収支決算（事業報告を含む。）

(C)　基本財産の処分

(D)　借入金（その会計年度内の収入をもって償還する短期借入金を除く。）その他新たな義務の負担及び権利の放棄

⒠　定款の変更

⒡　解散及び合併

⒢　当該法人の主たる目的とする事業以外の事業に関する重要な事項

F　社員総会のほかに事業の管理運営に関する事項を審議するため評議員会などの制度が設けられ、上記⒠及び⒡以外の事項の決定がこれらの機関に委任されている場合におけるこれらの機関の構成員の定数及び選任並びに議事の決定については次によること。

⒜　構成員の定数は、理事の定数の２倍を超えていること。

⒝　構成員の選任については、上記Bに準じて定められていること。

⒞　議事の決定については、原則として、構成員総数の過半数の議決を必要とすること。

G　上記CからFまでの議事の表決を行う場合には、あらかじめ通知された事項について書面をもって意思を表示した者は、出席者とみなすことができるが、他の者を代理人として表決を委任することはできないこと。

H　役員等には、その地位にあることのみに基づき給与等を支給しないこと。

I　監事には、理事（その親族その他特殊の関係がある者を含む。）及び評議員（その親族その他特殊の関係がある者を含む。）並びにその法人の職員が含まれてはならないこと。また、監事は、相互に親族その他特殊の関係を有しないこと。

　たいへん項目が多いのですが、これらの事項が定款や規則に定められていることが必要になります。たとえば、医療法では、「理事３人以上、監事１人以上を置かなければならない（医療法46の２①）。」と定められていますが、医療法人に対し贈与税の課税がされないようにするためには、医療法で定める定数を上回る「理事の定数は６人以上、監事の定数は２人以上」と定款等に定め実際に選任する必要があります。この場合の理事や監事の選任は社員総会で社員が選挙により選出するなどしなければなりません。また、同族親族等関係者は役員総数の３分の１以下にする（相令33③一）ことは必須であり、役員には、その地位にあることのみに基づき給与

等の支給をしてはいけません。役員の職責に応じた役員給与規程などを整備し、業務に応じた給与等の支給をすることが必要と考えられます。税務調査により過大役員給与（法法34②、法令70一）として、課税当局より否認されることのないよう十分注意する必要があります。

⑵　事業運営及び役員等の選任等が定款等に基づき適正に行われていること

「事業運営及び役員等の選任等が定款等に基づき適正に行われていること」とは、「贈与等を受けた法人の事業の運営及び役員等の選任等が、法令及び定款又は規則に基づき適正に行われていること」とされています（法令解釈通達15⑵）。

この場合において、「他の一の法人（当該他の一の法人と法人税法施行令（昭和40年政令第97号）第4条第2号《同族関係者の範囲》に定める特殊の関係がある法人を含む。）又は団体の役員及び職員の数が当該法人のそれぞれの役員等のうちに占める割合が3分の1を超えている場合には、当該法人の役員等の選任は、適正に行われていないものとして取り扱う」とされています（法令解釈通達15⑵ただし書き）。

これを医療法人に当てはめた場合、まず、贈与（持分放棄）を受けた医療法人の事業の運営や役員等の選任等が、法令や定款、規則に基づき適正に行われていることが求められます。また、医療法人の役員等について、理事長の親族要件（同族関係者は3分の1以下）はクリアしていても、特定の株式会社の役職員や特定の団体の役職員が3分の1を超えている場合には、その医療法人の役員等の選任は適正に行われていないものとして取り扱われることになります。

⑶　その事業が社会的存在として認識される程度の規模を有していること

法人が行う「事業が社会的存在として認識される程度の規模を有していること」とは、通達では、医療法人の場合、次の要件を満たした場合に

「社会的存在として認識される程度の規模」に該当するとされています（法令解釈通達15(3)ヌ）。

　医療法第1条の2第2項に規定する医療提供施設を設置運営する事業を営む法人で、その事業が次の(イ)及び(ロ)の要件又は(ハ)の要件を満たすもの

　＜社会医療法人に準拠した内容＞
(イ)　医療法施行規則（昭和23年厚生省令第50号）第30条の35の3第1項第1号ニ及び第2号《社会医療法人の認定要件》に定める要件（この場合において、同号イの判定に当たっては、介護保険法（平成9年法律第123号）の規定に基づく保険給付に係る収入金額を社会保険診療に係る収入に含めて差し支えないものとして取り扱う。）
(ロ)　その開設する医療提供施設のうち1以上のものが、その所在地の都道府県が定める医療法第30条の4第1項に規定する医療計画において同条第2項第2号に規定する医療連携体制に係る医療提供施設として記載及び公示されていること。
　＜特定医療法人に準拠した内容＞
(ハ)　その法人が租税特別措置法施行令第39条の25第1項第1号《法人税率の特例の適用を受ける医療法人の要件等》に規定する厚生労働大臣が財務大臣と協議して定める基準を満たすもの

　法令解釈通達で贈与（持分放棄）を受けた医療法人が行う事業が社会的存在として認識される程度の規模を有しているとするパターンは2パターンあります。一つが社会医療法人に準拠した基準で、もう一つが特定医療法人に準拠した基準です。後者の特定医療法人に準拠した基準は、この改正通達（平成20年7月8日付　課資2－8・課審6－7）のもととなる通達（昭和39年6月9日付直審（資）24、直資77）に同様の基準が示されていました。したがって、改正後の通達で新たに社会的存在として認識される程度の規模に加わったのは前者の社会医療法人に準拠した基準となります。こ

れらを簡潔に整理すると次のようになります。

◇医療法人が「社会的存在として認識される程度の規模」と取り扱われる
　場合

パターン1　＜社会医療法人に準拠した基準＞

　パターン1でその医療法人が「社会的存在として認識される程度の規模」に該当するためには次の5項目をクリアしなければなりません。このパターン1は社会医療法人に準拠した基準となっていますが、社会医療法人の要件をすべて満たす必要はありません。5項目の要件が満たされていれば入院施設を持たない無床の診療所を運営する一人医師医療法人でも社会的存在として認識される程度の規模に該当することもあります。

> (1)　理事、監事等への適正な報酬等の支給基準を定めること
> (2)　社会保険診療等に係る収入金額が全収入の80％超であること
> (3)　自費患者に対する請求方法が社会保険診療等と同一であること
> (4)　医業収入が医業費用の150％以内であること
> (5)　病院又は診療所の名称が5疾病5事業に係る医療連携体制を担うものとして医療計画に記載され公示されていること

　各項目について解説を加えます。

(1)　理事、監事等への適正な報酬等の支給基準を定めること

　これは、理事、監事、評議員に対する報酬等（報酬、賞与その他の職務遂行の対価として受ける財産上の利益や退職手当をいいます。）について、民間事業者の役員の報酬等や従業員の給与、その医療法人の経理の状況その他の事情を考慮して、不当に高額なものとならないような支給の基準を定めているものであることとされています。

＜参考＞　医療法施行規則30の35の３①一ニ

　その理事、監事及び評議員に対する報酬等（報酬、賞与その他の職務遂行の対価として受ける財産上の利益及び退職手当をいう。以下同じ。）について、民間事業者の役員の報酬等及び従業員の給与、当該医療法人の経理の状況その他の事情を考慮して、不当に高額なものとならないような支給の基準を定めているものであること。

⑵　**社会保険診療等に係る収入金額が全収入の80％超であること**

　具体的には次の算式をクリアすることです。

$$\frac{社会保険診療＋労災保険診療＋健康診査＋助産に係る収入金額}{全収入金額（事業収益の合計額）}>80\%$$

(注)　介護保険法（平成９年法律第123号）の規定に基づく保険給付に係る収入金額を社会保険診療に係る収入に含めて差し支えないものとして取り扱われます。

＜参考＞　医療法施行規則30の35の３①二イ

　社会保険診療（租税特別措置法（昭和32年法律第26号）第26条第２項に規定する社会保険診療をいう。以下同じ。）に係る収入金額（労働者災害補償保険法（昭和22年法律第50号）に係る患者の診療報酬（当該診療報酬が社会保険診療報酬と同一の基準によつている場合又は当該診療報酬が少額（全収入金額のおおむね100分の10以下の場合をいう。）の場合に限る。）を含む。）、健康増進法（平成14年法律第103号）第６条各号に掲げる健康増進事業実施者が行う同法第４条に規定する健康増進事業（健康診査に係るものに限る。以下同じ。）に係る収入金額（当該収入金額が社会保険診療報酬と同一の基準により計算されている場合に限る。）及び助産（社会保険診療及び健康増進事業に係るものを除く。）に係る収入金額（一の分娩に係る助産に係る収入金額が50万円を超えるときは、50万円を限度とする。）の合計額が、全収入金額の100分の80を超えること。

(3)　自費患者に対する請求方法が社会保険診療等と同一であること

　自費患者（社会保険診療に係る患者又は労働者災害補償保険法に係る患者以外の患者をいいます。）に対し請求する金額が、社会保険診療報酬と同一の基準により計算されていることとされています。

> ┄┄<参考>　医療法施行規則30の35の３①ニロ┄┄
>
> 　自費患者（社会保険診療に係る患者又は労働者災害補償保険法に係る患者以外の患者をいう。以下同じ。）に対し請求する金額が、社会保険診療報酬と同一の基準により計算されること。

(4)　医業収入が医業費用の150％以内であること

　医療診療（社会保険診療、労働者災害補償保険法に係る診療及び自費患者に係る診療をいいます。）により収入する金額が、医師、看護師等の給与、医療の提供に要する費用（投薬費を含む。）等患者のために直接必要な経費の額（損益計算書の本来業務事業損益に係る事業費用の額をいいます。）に100分の150を乗じて得た額の範囲内であることとされています。医療法人の決算届の損益計算書の様式で示すと次のとおりとなります。

損益計算書	
Ⅰ　事業損益	×××
A　本来業務事業損益	×××
1　事　業　収　益	×××
2　事　業　費　用	××× ➡ $事業収益 \leqq 事業費用 \times \dfrac{150}{100}$
(1)事　　業　　費	×××
(2)本　　部　　費	×××
本来業務事業利益	×××

> ┌─<参考>　医療法施行規則30の35の35①ニハ─
>
> 　医療診療（社会保険診療、労働者災害補償保険法に係る診療及び自費患者に係る診療をいう。）により収入する金額が、医師、看護師等の給与、医療の提供に要する費用（投薬費を含む。）等患者のために直接必要な経費の額に100分の150を乗じて得た額の範囲内であること。

⑸　病院又は診療所の名称が５疾病５事業に係る医療連携体制を担うものとして医療計画に記載され公示されていること

　医療法では、「都道府県は、基本方針に即して、かつ、地域の実情に応じて、その都道府県における医療提供体制の確保を図るための計画（医療計画）を定めるもの」と規定されています（医療法30の４①）。この都道府県が定める医療計画に、その医療法人が設置した病院又は診療所の名称が、５疾病５事業に係る医療連携体制を担うものとして記載されていることが必要とされます。この場合の５疾病５事業とは、「がん、脳卒中、急性心筋梗塞、糖尿病、精神疾患」の５疾病（医療法施行規則30の28）と「救急医療、災害時における医療、へき地の医療、周産期医療、小児医療（小児救急医療を含む。）」の５事業（医療法30の４②五）を指します。

　パターン２　＜特定医療法人に準拠した基準＞

　パターン２でその医療法人が「社会的存在として認識される程度の規模」に該当するためには「その医療法人が租税特別措置法施行令第39条の25第１項第１号に規定する厚生労働大臣が財務大臣と協議して定める基準を満たすもの」と示されています。この基準の概要は次のとおりとなります。

◇「租税特別措置法施行令第39条の25第１項第１号に規定する厚生労働大臣が財務大臣と協議して定める基準」

（１）　社会保険診療報酬（労災、健診を含む。）の収入金額が、全収入金額の100分の80を超えること
（２）　自費患者への請求が、社会保険診療報酬と同一の基準により計算されること

（3）　医療診療（社保、労災、自費）収入が、医師、看護師等の給与、医療の提供に要する費用（投薬費を含む。）等患者に直接必要な経費の100分の150の範囲内であること

（4）　役職員一人の年間給与総額が3,600万円を超えないこと

（5の1）　～病院の場合～

病院を開設する医療法人にあっては、40人以上（専ら皮膚泌尿器科、眼科、整形外科、耳鼻いんこう科又は歯科の診療を行う病院にあっては、30人以上）の患者を入院させる施設を有すること、又は、救急病院の告示をされていること

（5の2）　～診療所の場合～

診療所のみを開設する医療法人にあっては救急診療所の告示をされ、かつ、15人以上の患者を入院させる施設を有すること

（6）　各医療施設ごとに、特別の療養環境に係る病床数が100分の30以下であること

　特定医療法人に準拠したこの基準では、診療所の場合でも15人以上の入院施設が必要となるため、入院施設を持たない無床の診療所が、社会的存在として認識される程度の規模に該当することはありません。

＜参考＞　厚生労働大臣が財務大臣と協議して定める基準（平成15年厚生労働省告示第147号）

　租税特別措置法第39条の25第1項第1号に規定する厚生労働大臣が財務大臣と協議して定める基準（平成15年厚生労働省告示第147号）として、次のとおり定められた。

（i）　その医療法人の事業について、次のいずれにも該当すること。

　イ　社会保険診療（租税特別措置法（昭和32年法律第26号）第26条第2項に規定する社会保険診療をいう。以下同じ。）に係る収入金額（労働者

災害補償保険法（昭和22年法律第50号）に係る患者の診療報酬（当該診療報酬が社会保険診療報酬と同一の基準によっている場合又は当該診療報酬が少額（全収入金額のおおむね100分の10以下の場合をいう。）の場合に限る。）を含む。）及び健康増進法（平成14年法律第103号）第6条各号に掲げる健康増進事業実施者が行う同法第4条に規定する健康増進事業（健康診査に係るものに限る。）に係る収入金額（当該収入金額が社会保険診療報酬と同一の基準によっている場合に限る。）の合計額が、全収入金額の100分の80を超えること。

　なお、健康増進法第6条各号に掲げる健康増進事業実施者が行う同法第4条に規定する健康増進事業（健康診査に係るものに限る。）に係る収入金額は、次に掲げる健康診査等に係る収入金額の合計額とする。

a　健康保険法（大正11年法律第70号）第150条第1項の規定により保険者が行う健康診査

b　船員保険法（昭和14年法律第73号）第111条第1項の規定により全国健康保険協会が行う健康診査

c　国民健康保険法（昭和33年法律第192号）第82条第1項の規定により保険者が行う健康診査

d　国家公務員共済組合法（昭和33年法律第128号）第98条第1項の規定により国家公務員共済組合又は国家公務員共済組合連合会が行う健康診査

e　地方公務員等共済組合法（昭和37年法律第152号）第112条第1項の規定により地方公務員共済組合又は全国市町村職員共済組合連合会が行う健康診査

f　私立学校教職員共済法（昭和28年法律第245号）第26条第1項の規定により日本私立学校振興・共済事業団が行う健康診査

g　学校保健法（昭和33年法律第56号）第5条の規定により学校において実施される健康診断又は同法第11条の規定により市町村の教育委員会が行う健康診断

h　母子保健法（昭和40年法律第141号）第12条又は第13条の規定によ

り市町村が行う健康診査

　i　労働安全衛生法（昭和47年法律第57号）第66条各項の規定により事業者が行う健康診断若しくは労働者が受ける健康診断又は同法第66条の2の規定により労働者が自ら受ける健康診断

　j　高齢者の医療の確保に関する法律（昭和57年法律第80号）第20条又は第26条の規定により保険者が行う特定健康診査及び第125条第1項の規定により後期高齢者医療広域連合が行う健康診査

ロ　自費患者（社会保険診療に係る患者又は労働者災害補償保険法に係る患者以外の患者をいう。）に対し請求する金額が、社会保険診療報酬と同一の基準により計算されること。

ハ　医療診療（社会保険診療、労働者災害補償保険法に係る診療及び自費患者に係る診療をいう。）により収入する金額が、医師、看護師等の給与、医療の提供に要する費用（投薬費を含む。）等患者のために直接必要な経費の額に1.5を乗じて得た額の範囲内であること。

ニ　役職員一人につき年間の給与総額（俸給、給料、賃金、歳費及び賞与並びにこれらの性質を有する給与の総額をいう。）が3,600万円を超えないこと。

(ii)　その医療法人の医療施設が次のいずれにも該当すること。

イ　その医療施設のうち一以上のものが、病院（医療法（昭和23年法律第205号）第1条の5第1項に規定する病院をいう）を開設する医療法人にあっては、a又はbに、診療所（医療法第1条の5第2項に規定する診療所をいう）のみを開設する医療法人にあってはcに該当すること。

　a　40人以上（専ら皮膚泌尿器科、眼科、整形外科、耳鼻いんこう科又は歯科の診療を行う病院にあっては、30人以上）の患者を入院させるための施設を有すること。

　b　救急病院等を定める省令第2条第1項の規定に基づき、救急病院である旨を告示されていること。

　c　救急病院等を定める省令第2条第1項の規定に基づき、救急診療所である旨を告示され、かつ、15人以上の患者を入院させるための施設

を有すること。

　ロ　各医療施設（病院、診療所及び介護老人保健施設のことをいう。）ごとに、特別の療養環境に係る病床数（介護老人保健施設にあっては、特別な療養室に係る定員数）がその医療施設の有する病床数（介護老人保健施設にあっては、定員数）の30％以下であること。

　通達が示す医療法人が「社会的存在として認識される程度の規模」の基準2パターンを比較すると次の＜図表＞のようになります。

＜図表＞

通達による医療法人が社会的存在として認識される程度の規模

社会医療法人に準拠した基準 （新基準として追加）	特定医療法人に準拠した基準 （改正前からある基準）
①社会保険診療等に係る収入金額が全収入金額の80％超 ※社会保険診療等に介護保険・助産に係る収入金額を追加	①社会保険診療等に係る収入金額が全収入金額の80％超
②自費患者に対する請求方法が社会保険診療と同一	②自費患者に対する請求方法が社会保険診療と同一
③医業収入が医業費用の150％以内	③医業収入が医業費用の150％以内
④役員及び評議員に対する報酬等の支給基準を明示	④役職員に対する報酬等が3,600万円以下
⑤病院又は診療所の名称が5疾病5事業に係る医療連携体制を担うものとして医療計画に記載	⑤40床以上又は救急告示病院（病院の場合） ⑤15床以上及び救急告示診療所（診療所の場合）
―	⑥差額ベッドが全病床数の30％以下

厚生労働省の資料を参考に作成

5 「特別の利益を与えること」の具体例（法令解釈通達16）

　相続税法施行令第33条第３項では、「不当減少が認められない場合」の要件に「法人に財産の贈与等をした者に対し特別の利益を与えないこと」とする特別利益供与禁止規定が定められています。

　通達では、この特別利益供与禁止規定に関して、特別の利益を与えられる者の範囲を留意的に示すとともに、どのような場合が特別の利益を与えることとなるかについて例示的に明らかにしています。

特別な利益を与えること（法令解釈通達16）

　特別利益供与禁止規定における「特別の利益を与えること」とは、具体的には、たとえば、次の①又は②に該当すると認められる場合がこれに当てはまると示されています（法令解釈通達16）。

① 贈与等を受けた法人の定款若しくは規則又は贈与契約書等において、次に掲げる者に対して、当該法人の財産を無償で利用させ、又は与えるなどの特別の利益を与える旨の記載がある場合

イ 贈与等をした者

ロ 当該法人の設立者、社員若しくは役員等

ハ 贈与等をした者、当該法人の設立者、社員若しくは役員等（以下16において「贈与等をした者等」という。）の親族

ニ 贈与等をした者等と次に掲げる特殊の関係がある者（次の②において「特殊の関係がある者」という。）

　(イ) 贈与等をした者等とまだ婚姻の届出をしていないが事実上婚姻関係と同様の事情にある者

　(ロ) 贈与等をした者等の使用人及び使用人以外の者で贈与等をした者等から受ける金銭その他の財産によって生計を維持しているもの

　(ハ) 上記(イ)又は(ロ)に掲げる者の親族でこれらの者と生計を一にしている

もの

　㈡　贈与等をした者等が会社役員となっている他の会社

　㈡　贈与等をした者等、その親族、上記㈠から㈢までに掲げる者並びに
　　これらの者と法人税法第2条第10号に規定する政令で定める特殊の関
　　係のある法人を判定の基礎とした場合に同号に規定する同族会社に該
　　当する他の法人

　㈡　上記㈡又は㈡に掲げる法人の会社役員又は使用人

② 贈与等を受けた法人が、贈与等をした者等又はその親族その他特殊の関
　係がある者に対して、次に掲げるいずれかの行為をし、又は行為をすると
　認められる場合

　イ　当該法人の所有する財産をこれらの者に居住、担保その他の私事に利
　　用させること。

　ロ　当該法人の余裕金をこれらの者の行う事業に運用していること。

　ハ　当該法人の他の従業員に比し有利な条件で、これらの者に金銭の貸付
　　をすること。

　ニ　当該法人の所有する財産をこれらの者に無償又は著しく低い価額の対
　　価で譲渡すること。

　ホ　これらの者から金銭その他の財産を過大な利息又は賃貸料で借り受け
　　ること。

　ヘ　これらの者からその所有する財産を過大な対価で譲り受けること、又
　　はこれらの者から当該法人の事業目的の用に供するとは認められない財
　　産を取得すること。

　ト　これらの者に対して、当該法人の役員等の地位にあることのみに基づ
　　き給与等を支払い、又は当該法人の他の従業員に比し過大な給与等を支
　　払うこと。

　チ　これらの者の債務に関して、保証、弁済、免除又は引受け（当該法人
　　の設立のための財産の提供に伴う債務の引受けを除く。）をすること。

　リ　契約金額が少額なものを除き、入札等公正な方法によらないで、これ
　　らの者が行う物品の販売、工事請負、役務提供、物品の賃貸その他の事

業に係る契約の相手方となること。

ヌ　事業の遂行により供与する利益を主として、又は不公正な方法で、これらの者に与えること。

┃6　課税の判定時期（法令解釈通達17）

　通達では、相続税法第66条第4項の規定を適用すべきかどうかの判定の時期について、「贈与等の時を基準としてその後に生じた事実関係をも勘案して行うのであるが、贈与等により財産を取得した法人が、財産を取得した時には相続税法施行令第33条第3項各号の要件を満たしていない場合においても、当該財産に係る贈与税の申告書の提出期限又は更正若しくは決定の時までに、当該法人の定款等を変更すること等により同項各号に掲げる要件を満たすこととなったときは、当該贈与等については相続税法第66条第4項の規定を適用しないこととして取り扱う。」と示しています（法令解釈通達17）。

　医療法人の場合、持分なし法人への移行時の贈与の時期（贈与税の納税義務の発生時期）は、「定款変更の認可日」に効力が生じるため、その日が贈与の時期となります。

　この通達によれば、社員の医療法人の持分放棄時（定款変更の認可日）には、上記1の「負担が不当に減少しない5つの要件」を満たしていなくても、贈与を受けた財産（持分放棄により受ける利益）の贈与税の申告書の提出期限（定款変更認可日の属する年の翌年2月1日～3月15日、相法28）か更正（通則法24）、決定（通則法25）の時までに定款等を変更し要件を満たしていれば、贈与税の課税がされない旨示しています。

※　平成26年1月23日に厚生労働省医政局指導課から出された事務連絡では以下のような解釈を示しています（事務連絡の全文はQ6参照）。

＜平成26年１月23日、厚生労働省医政局指導課事務連絡より＞

> Ｑ５．「同族要件」の判定はいつの時点でなされるのか。

Ａ５．原則として、贈与時点で判定する。ただし、贈与のタイミングに限って「３分の１要件」を満たすように定款変更を行っている場合など、租税回避目的と認められるような事例については、贈与時点のみならず、その前後を通じて判定する場合もある。

(注)　「同族要件」を満たす定款の定めがあった場合であっても、実際には、「同族要件」を満たさない役員の選任がなされているときには、運営組織が適正であると認められない場合もある。

なお、国税庁通達では、判定時期について、贈与時点で要件を満たしていなくても、申告期限までに要件を満たしていればよいものとして取り扱われている。

Q4　出資持分を基金として拠出し経過措置医療法人が基金拠出型医療法人へ移行する場合

社員が有する出資持分を基金として拠出し、持分の定めのある社団医療法人（経過措置医療法人）が基金拠出型医療法人へ移行する場合、制度上及び課税上の問題はありますか。

A

1　経過措置医療法人から基金拠出型医療法人への移行手続

基金拠出型医療法人とは、持分の定めのない社団医療法人（1階）のうち「基金」制度を採っている医療法人をいいます（医療法施行規則30の37①）。

持分の定めのある社団医療法人（経過措置医療法人、地下1階）が、基金拠出型医療法人（1階）に移行する場合には、①定款の出資持分に関する条文を変更（社員退社時の払戻条文削除及び解散時の残余残産は国等に帰属する旨への変更）し、かつ、②定款に基金制度に関する定めを設ける、という定款変更手続を行うことになります（医療法施行規則30の39①）。既存の持分あり法人を解散し、新しく基金拠出型医療法人を設立するというような煩雑な手続は必要ありません。

なお、基金拠出型医療法人に移行した後に、再び経過措置医療法人に後戻りすることはできません（医療法施行規則30の39②）。

2　出資持分を基金として拠出する場合

本来は、持分の定めのある社団医療法人（経過措置医療法人、地下1階）が、基金拠出型医療法人（1階）に移行する際、社員が有する出資持

分を基金として直接拠出（会計上は振替処理）することはできないと考えられます。

　持分の定めのある社団医療法人が、基金拠出型医療法人に移行するということは、社団医療法人が「持分あり」から「なし」へ移行することを意味します。この移行は定款変更手続により行われますが、移行に際して社員はその有する出資持分という権利を喪失（持分放棄）しますので、出資持分を基金として直接拠出することはできないことになります。

　実務上、出資持分を基金として拠出するのであれば、まず、社員が医療法人から出資持分の払戻しを受け、次に基金制度を定款に盛り込む（定款変更）際、その払戻しを受けた金銭等を基金として拠出する手続をとることになると考えられます。

　ところで、厚生労働省の示す経過措置医療法人のモデル定款では、「社員資格を喪失した者は、その出資額に応じて払戻しを請求することができる。」とされており、また、社員資格喪失については、「社員は、次に掲げる理由によりその資格を失う。」として「除名・死亡・退社」の３つを示しています。定款上は社員資格喪失事由に該当しなければ出資持分の払戻しを受けることはできません。このため、社員が出資持分を基金として拠出する場合には、一度退社する必要が生じることになります。ただし、厚生労働省は、退社した社員の再入社は、すぐには認めない意向です。退社により議決権を失うため、慎重な検討が必要となります。

　厚生労働省では、出資額限度法人が基金拠出型医療法人へ移行する場合には、退社手続なしで、出資金を基金に振替処理することを認めています。実務上は、まず出資額限度法人への定款変更を経て、基金拠出型医療法人へ移行することが望ましいといえます。

3 移行時の課税

持分の定めのある社団医療法人（経過措置医療法人）が、基金拠出型医療法人に移行する際、出資持分の払戻しを受け、その金銭等を基金として拠出する場合、大きく区分すると、出資持分の時価相当額の金銭等の払戻しを受けて、これを基金として拠出する場合と、当初出資金の払込金額の払戻しを受けて、これを基金として拠出する場合の2つが考えられます。

(1) 出資持分の時価相当額の払戻しを受けこれを基金として拠出

出資持分の時価相当額の金銭等の払戻しを受けて、これを基金として拠出する場合には、課税上、次のように取り扱われると考えられます。

事例1

理事長である甲が医療法人の設立時に1,000万円の「出資」をした。現在、この出資持分の時価相当額は1億円（出資金1,000万円と繰越利益剰余金9,000万円の合計1億円）である。甲は、1億円の払戻しを受け、基金拠出型医療法人への移行に際し、基金1億円を拠出した。

＜課税上の取扱い＞

理事長である甲への1億円の払戻しについて9,000万円（1億円－1,000万円）の利益が計上されます。これは、「法人からの社員その他の出資者の退社若しくは脱退による持分の払戻し（所法25①五）」に該当するため、配当所得の金額とされ、所得税・住民税は総合課税となります。また、税金計算では「配当控除（所法92①）」の適用を受けることができます。払戻しの際、配当等に対する源泉徴収が必要となり、普通税率20.42％の適用がされることになります（所法182二）。

なお、基金の拠出時や、その後の基金返還時に、理事長である甲に対する課税は生じません。

⑵　出資持分の払込金額（額面）の払戻しを受けこれを基金として拠出

　当初出資金の払込金額（額面）の払戻しを受けて、これを基金として拠出した場合には、課税上、次のように取り扱われると考えられます。

　事例2

　理事長である甲が医療法人の設立時に1,000万円の「出資」をした。現在、この出資持分の時価相当額は1億円（出資金1,000万円と繰越利益剰余金9,000万円の合計1億円）である。甲は、1,000万円の払戻しを受け、基金拠出型医療法人への移行に際し、基金1,000万円を拠出した。

　＜課税上の取扱い＞

　この場合、出資者である甲が、出資持分の時価相当額1億円と払込金額1,000万円の差額である9,000万円について持分放棄をしたと考えられます。そうすると、「持分の定めのない法人に対し財産の贈与や遺贈があった場合において、その贈与や遺贈により贈与や遺贈をした者の親族その他これらの者と特別の関係がある者の相続税や贈与税の負担が不当に減少する結果となると認められるときは、これを個人とみなして、これに贈与税や相続税を課する（相法66④）。」という規定の適用の有無を判定することになります。

　判定の結果、「負担が不当に減少する結果と認められた場合」には、9,000万円部分について、持分ありからなしへの定款変更認可日に贈与があったとして、その医療法人を個人とみなしてこれに贈与税が課税されることになります（不当減少か否かの判定の詳細はQ3＜その3＞参照）。

　なお、基金の拠出時や、その後の基金返還時に、理事長である甲に対する課税は生じません。

　この取扱いは、出資額限度法人を経て基金拠出型医療法人となり、出資金を基金に振替処理した場合も同様となります。

⑶　「払込金額＜基金の価額＜時価相当額」の場合

　出資持分の一部払戻しと基金の価額を出資の「払込金額」超「時価相当額」未満として拠出した場合には、課税上、次のように取り扱われると考えられます。

　事例３

　理事長である甲が医療法人の設立時に1,000万円の「出資」をした。現在、この出資持分の時価相当額は１億円（出資金1,000万円と繰越利益剰余金9,000万円の合計１億円）である。甲は、5,000万円（出資金1,000万円と繰越利益剰余金4,000万円の合計5,000万円）の払戻しを受け、基金拠出型医療法人への移行に際し、基金5,000万円を拠出した。

　＜課税上の取扱い＞

　理事長である甲への5,000万円の払戻しについて4,000万円（5,000万円－1,000万円）の利益が計上されます。これは配当所得の金額（所法25①五）とされ、所得税・住民税は総合課税となります。また、税金計算では配当控除（所法92①）の適用を受けることができます。なお、払戻しの際、配当等に対する源泉徴収が必要となります（所法182二）。また、出資持分の時価相当額１億円と払戻しを受けた5,000万円の差額5,000万円は持分放棄と考えられるため、上記⑵と同様に「負担の不当減少」がある場合には、医療法人に贈与税が課税されることになります（相法66④）。

⑷　法人税の課税

　法人税法には、「社団である医療法人で持分の定めのあるものが持分の定めのない医療法人となる場合において、持分の全部又は一部の払戻しをしなかったときは、その払戻しをしなかったことにより生ずる利益の額は、その医療法人の各事業年度の所得の金額の計算上、益金の額に算入しない（法令136の３②）。」という規定があります。そして、この益金の額に算入されない金額は、利益積立金額になるものと規定されています（法令９①チ）。

したがって、基金拠出型医療法人への移行に際して、出資持分の全部又は一部の払戻しをしなかった場合でも、法人税の課税関係は生じません。

本来、医療法人が、「持分あり（経過措置医療法人）」から「持分なし（基金拠出型医療法人）」へ移行した際に、持分の払戻しをしなかった場合には、受贈益等が生じて利益を構成すると考えられます。しかし、従来より、税務上は、資本等取引に該当するものとして、益金の額に算入されていませんでした。平成20年度の税制改正において、これまでの益金不算入とする取扱いを明確化するため上記の規定（法令136の3②）が新たに設けられ課税の明確化が図られました。

Q5 株式会社が出資持分を放棄した場合の課税関係

株式会社が、持分の定めのある社団医療法人（経過措置医療法人）に出資することは可能と解釈されています。ところで、持分の定めのある社団医療法人（経過措置医療法人）が「持分なし」に移行する際、株式会社が所有する出資持分の放棄をした場合には、税務上、どのように取り扱われますか。

A

1 株式会社の医療法人への出資の可否

株式会社など営利法人が、医療法人に出資や寄附により財産の提供をすることは可能と解釈されています。ただし、それに伴い社員として社員総会における議決権を取得することや、役員として医療法人の経営に参画することはできないとされています。この取扱いは、医療法人の新規設立の場合も、既存の医療法人に追加出資する場合も同様とされています（平成3.1.17指第1号東京弁護士会会長宛厚生省健康政策局課長回答）。

したがって、実務上、持分の定めのある社団医療法人（経過措置医療法人）の出資持分を所有している株式会社は存在します。

2 株式会社が出資持分の放棄をした場合の寄附金認定

株式会社に出資持分を所有されている医療法人が、持分の定めのない社団医療法人に移行する際には、株式会社は出資持分の放棄をすることになります。

持分放棄の結果、単なる「持分の定めのない社団医療法人」に移行する場合や、「特定医療法人（措法67の2）」又は「社会医療法人（医療法42の

2）」に移行する場合があります。いずれにしろ、株式会社は、持分放棄により、出資持分に対する権利（＝残余財産分配請求権）を失います。

　ところで、株式会社は、持分の定めのある社団医療法人に出資した時点で、貸借対照表に「出資金」という資産を計上します。これが、持分放棄によって出資持分に対する権利が消滅しますので、会計上は損失を計上（借方　雑損失××／貸方　出資金××）して資産を減少させる処理をします。この場合、税務上の取扱いはどのようになるのでしょうか。

　これについて参考となるのが、平成17年に厚生労働省医政局長が国税庁課税部長宛に照会した「出資持分の定めのある社団医療法人が特別医療法人に移行する場合の課税関係について」に対する国税庁側の文書回答です。

　この照会は、持分の定めのある社団医療法人が特別医療法人（旧医療法42②、旧医療法施行規則30の35）に移行する際、定款変更により出資持分を放棄するが、課税上の取扱いはどのようになるかというもので、これに国税庁側が回答しています。その一項目に法人出資者が持分放棄をした場合の課税上の取扱いが記述されています。

◇「出資持分の定めのある社団医療法人が特別医療法人に移行する場合の課税関係について」

略

(2)　法人出資者の課税関係

　持分なし医療法人への移行は、出資者の出資持分の放棄により行われることから、法人出資者の放棄については、一義的には対価がゼロの取引として、その帳簿価額が損失として計上されることになる。ただし、その持分に時価相当額が認識できる（時価がゼロでない）場合には、その持分の放棄が経済的利益の供与に該当するため、その供与することについて相当な理由がない限り、その持分の時価相当額については、法人

税法（昭和40年法律第34号）第37条に規定する寄附金に該当するものとして取り扱われる。

　　　　　　　　　略

　この回答によれば、株式会社など法人出資者の持分放棄による損失（残余財産分配請求権の喪失）は、法人税法上の「寄附金（法法37）」に該当するとしています。

　税務上の仕訳では「（借方）寄附金××　／（貸方）出資金××」となります。

　そして、法人税計算では、この寄附金は一般の寄附金に該当するものとして「寄附金の損金不算入（法法37）」規定が適用されることになります。

3　判　例

　法人出資者の持分放棄に関し参考となる判例もあります。

> ＜判例の概要＞（※筆者による要約）
>
> 　持分の定めのある社団医療法人Ｘ（原告）は、現物出資して他の持分の定めのある社団医療法人Ｙを設立しＹの出資金を取得した。
>
> 　その後、医療法人Ｙは特定医療法人化するため出資持分のない社団医療法人に移行する定款変更手続きを行った。
>
> 　これにより医療法人Ｘは残余財産分配請求権を喪失したとして出資金全額を特別損失（雑損）として法人税の確定申告を行った。
>
> 　これに対し、税務署長はこの現物出資は、当初からＹが特定医療法人となることがわかっており、それにより残余財産分配請求権を喪失することが予定されていたものであるから、その実質は資産等を対価なく他に移転させるものであって寄附金に該当するとして更正処分等を行った。その取消しを求めて係争となった事案である。
>
> 　判決は、「Ｘ（原告）は、現物出資した時には、既にその後Ｙが特定

医療法人となるための定款変更を行い、残余財産分配請求権が喪失されることを十分に理解していた。それにもかかわらず、それを前提としてこの現物出資を行い当時有していた資産価値を何らの対価も得ずに放棄して雑損に振替え、その後も何の見返りもない現物出資に係る支出を無償で供与したものであり、その行為について、通常の経済取引として是認することができる合理的理由は存在しない。」とし、また、「医療法人Yの出資持分を有する医療法人Xが、出資先のYの持分なしへの移行に伴い、その有する出資持分を放棄した場合には、出資持分の時価相当額が経済的利益の供与に該当することから、法人税法に規定する寄附金に該当する。」とされた。

東京地裁平成20年2月22日判決

（平成18年（行ウ）第712号　法人税更正処分取消等請求事件）

　この事案では、医療法人が医療法人に出資しています。本来、厚生労働省の見解では社員には法人（営利を目的とする法人を除く。）もなることができるが、法人社員が持分を持つことは、法人運営の安定性の観点から適当でない（運営管理指導要網より）とされています。しかし、現実には医療法人が医療法人に出資をしてこのような係争が起こり判決が下されています。

　この裁判の医療法人X（原告）は、相続税対策（持分放棄）と法人税率の軽減（特定医療法人化）を目的に＜判例の概要＞に記述したような取引を行ったようです。

　判決でも、上記2と同様に「出資持分を放棄した場合には、出資持分の時価相当額が経済的利益の供与に該当することから、法人税法に規定する寄附金に該当する。」と示されています。

4 放棄を受けた医療法人の課税関係

　医療法人の出資者に株式会社など法人出資者がいる場合で、その医療法人が持分「あり」から「なし」に移行するため法人出資者が持分放棄に応じた場合には、贈与税の性格上、医療法人に贈与税が課税されることはありません。また、移行した医療法人に対し受贈益課税など法人税の課税がされることもありません（法令136の4②）。

182 Ⅲ 出資持分の放棄とみなし贈与課税（持分「あり」から「なし」への移行）

Q6 持分の定めのない医療法人への移行に係る質疑応答集（Q＆A）について （厚生労働省医政局指導課、平成26年1月23日事務連絡）

> 　平成26年1月23日に「持分の定めのない医療法人への移行に係る質疑応答集（Q＆A）について」という事務連絡が出されたと聞きました。具体的な内容はどのようなものですか。

A

1 平成26年1月23日付け事務連絡

　平成26年1月23日に厚生労働省医政局指導課より「持分の定めのない医療法人への移行に係る質疑応答集（Q＆A）について」という事務連絡が出されました。質疑応答集（Q＆A）は全部で9つあります。本文は187ページ～197ページのとおりです。なお、この事務連絡の質疑応答集については、財務省（主税局）と協議済みであることが申し添えられています。

2 質疑応答集（Q＆A）について

　質疑応答集（Q＆A）の中で留意する事項について検討します。

⑴ （Q＆A）2の基金拠出型へ移行する場合

　Q2に、基金拠出型医療法人に移行する際に、「出資者全員が出資額部分のみを基金として振り替えた場合」の課税関係はどのようになるのかという問題があります。

　そこのA2の（理由）の2に、「この場合、課税上は、

① 出資額部分（×円）に対し、×円の払戻しを受け、

② 当該×円を基金として拠出する。

という手続きを踏むものとして取り扱われるため、……」という記述があります。

これを実務上の手続で整理すると次の(A)→(B)→(C)の手順になると考えられます。

(A)	出資者（社員）全員が退社して出資額部分の払戻しを受ける。これにより「持分なし」医療法人への移行がされる（定款変更手続が必要）。 ※　ここで、利益剰余金部分の出資を放棄しているので、「不当減少要件」をクリアしていなければ医療法人に贈与税課税がされる（相法66④）。 <仕訳>　（借方）出資金　××　／　（貸方）預金　××
(B)	持分なし医療法人に移行した後、基金制度を定款に盛り込む。 ※　(A)で退社した社員が社員になるためには再入社が必要となる。しかし、厚生労働省では、すぐの再入社は認めない方向である。
(C)	基金拠出契約を締結し、払戻しを受けた出資額部分を契約に基づき基金として拠出する。 <仕訳>　（借方）預金　××　／　（貸方）基金　××

経過措置医療法人や基金拠出型医療法人の定款の文言に沿えば、(A)→(B)→(C)の手順になると考えられます。しかし、(A)で出資額部分の払戻しを受けるために出資社員全員が退社すると瞬間的に社員がゼロになってしまい、解散事由に該当してしまいます。厚生労働省では、出資額限度法人が基金拠出型医療法人へ移行する場合には、退社手続なしで、出資金を基金に振替処理することを認めています。実務上は、まず出資額限

度法人への定款変更を経て、基金拠出型医療法人へ移行することになると思います。

⑵ （Q&A）4の「役員等」に医療法人の社員は含まれないという解釈

（Q&A）4では、「同族要件（役員等のうち親族等の占める割合が3分の1以下）」について、その判定の際、役員等の中に医療法人の「社員」は含まれないとの解釈を示しています。理由は、役員等は、「理事、監事、評議員その他これらの者に準ずるもの（相令32）」と規定されており、「医療法人の場合にあっては、業務執行機関を指し、基本的意思決定機関の構成員たる「社員」は役員等に含まれない。」とのことです。

この解釈に従うと、医療法人の業務執行を行う理事と監事については、親族等の占める割合は3分の1以下でなければなりませんが、社員総会という医療法人の最高意思決定機関で議決権（1人1個）を行使できる社員については、親族等の占める割合は3分の1以上であってもかまわないことになります。

ただし、社会医療法人（医療法42の2）においては、「各社員について、その社員、その配偶者及び3親等以内の親族その他の特殊関係者が社員総数の3分の1を超えて含まれることがないこと（医療法42の2①二）。」と規定されており、社員についても親族等の占める割合は3分の1以下でなければなりません。これは、公益法人等に該当する社会医療法人の公益性を担保するためと考えられます。

Q6 持分の定めのない医療法人への移行に係る質疑応答集（Q＆A）について **185**

⑶ （Q＆A）8のまた書き部分

（Q＆A）8の後半の、「また、「基金拠出型法人ではない持分なし医療法人」への移行後、当該法人に対して、財産の贈与又は遺贈があった場合の課税関係はどのようになるのか。」という点について、Ａ8のただし書きでは相続税法第65条及び第66条第4項の課税の記述がされており、相続税又は贈与税の課税関係が整理されています。しかし、実務上は、法人税課税や法人税と贈与税の調整、更には所得税についても留意する必要があります。

　具体的には、Ａ8（理由）①に記述のある相続税法第66条第4項の課税の場合、合わせて医療法人に受贈益課税（法法22②）がされ、それにより、法人税等と贈与税の課税の調整（相法66⑤）がされることになります。

┌─ ＜例示１＞ ─────────────────────────────
│　個人が移行後の基金拠出型医療法人ではない持分なし医療法人に対し
│金銭1,000万円を贈与した。
│① 法人税→医療法人に受贈益1,000万円益金算入（課税）される（法
│　法22②）。
│② 贈与税→「不当減少要件」をクリアしていなければ医療法人に1,000
│　万円に対する贈与税課税がされる（相法66④）。
│③ 法人税と贈与税の調整→持分の定めのない法人に課される贈与税に
│　ついては、課されるべき法人税額等を控除する（贈与税－法人税等）
│　（相法66⑤）。
│※ ②で不当減少要件をクリアしていれば、①の法人税課税で課税関係
│　は完結する。
└──────────────────────────────────────

　また、持分なし医療法人に対して、個人が譲渡所得の基因となる資産（たとえば土地等）を贈与等した場合には、贈与等した個人に対し、時価によるみなし譲渡所得課税（所法59①）がされることになります。

＜例示２＞

　個人が移行後の基金拠出型医療法人ではない持分なし医療法人に対し土地（時価1,000万円、取得価額300万円）を贈与した。

①　法人税→医療法人に受贈益1,000万円が課税される（法法22②）。

②　贈与税→「不当減少要件」をクリアしていなければ医療法人に1,000万円に対する贈与税課税がされる（相法66④）。

③　法人税と贈与税の調整→持分の定めのない法人に課される贈与税については、課されるべき法人税額等を控除する（贈与税－法人税等）（相法66⑤）。

④　所得税→贈与した個人に時価でみなし譲渡所得課税（所法59①）がされる。

　（1,000万円－300万円＝700万円に対するみなし譲渡所得課税がされる。）

※　②で不当減少要件をクリアしていれば、①の法人税課税と④のみなし譲渡所得課税で課税関係は完結する。

Q6　持分の定めのない医療法人への移行に係る質疑応答集（Q&A）について　*187*

持分の定めのない医療法人への移行に係る質疑応答集（Q&A）

（厚生労働省医政局指導課　平成26年1月23日事務連絡）

> Q1．「基金拠出型法人ではない持分なし医療法人」に移行する際に、出資者全員が出資持分の放棄を行った場合の課税関係はどのようになるのか。

A1．この場合における課税関係は、以下のとおり。

1　各出資者に対する贈与税の課税関係（出資者全員が同時に放棄する場合）

　各出資者は何ら経済的利益を受けないため、贈与税は課税されない。

2　各出資者に対する所得税の課税関係

　各出資者に対して、所得税は課税されない。

3　医療法人に対する贈与税の課税関係

　医療法人に対して、出資持分（出資額部分＋利益剰余金部分）の放棄に伴う出資者の権利の消滅に係る経済的利益について、贈与税が課税される場合がある（相続税法第66条第4項）。

4　医療法人に対する法人税の課税関係

　医療法人に対して、移行の際に持分の全部又は一部の払戻しをしなかったことにより生じる利益について、法人税は課税されない（法人税法施行令第136条の4第2項）。

（注）　各出資者に対する贈与税の課税関係（出資者の1人が放棄する場合）

　残存出資者に対して、出資持分の放棄に伴う出資者の権利の消滅に係る経済的利益について、贈与税が課税される（相続税法第9条）。

（理由）

1　「基金拠出型法人ではない持分なし医療法人」に移行する際、出資者全員が、同時に出資持分の放棄を行うと、当該放棄に伴う出資者の権利の消滅に係る経済的利益は、結果として、医療法人に帰属することとなる。（各出資者間においては、出資持分の移動はない。）

2　出資持分の払戻しが行われないため、配当とみなされる額はなく、各出資

者にはみなし配当課税の課税関係は生じない。

3　一方、医療法人の立場からすると、当該放棄に伴う出資者の権利の消滅に係る経済的利益を、各出資者から贈与により取得したものとみなされるため、相続税法第66条第4項の規定により贈与税が課税される場合がある。

4　また、持分あり医療法人は、出資者の退社時の出資払戻請求権又は解散時の残余財産分配請求権に応じる義務を負っているが、出資持分の放棄により、当該医療法人は、これらの義務を免れるという経済的利益が生じる。この経済的利益については、法人税法施行令第136条の4第2項の規定により、当該医療法人の益金の額に算入しないこととされているため、法人税は課税されない。

（注）　出資者の1人が出資持分の放棄を行う場合には、当該放棄に伴う当該出資者の権利の消滅に係る経済的利益は、残存出資者に帰属することとなるため、出資持分の放棄をした当該出資者から残存出資者への贈与があったものとみなされる。

Q6 持分の定めのない医療法人への移行に係る質疑応答集（Q&A）について **189**

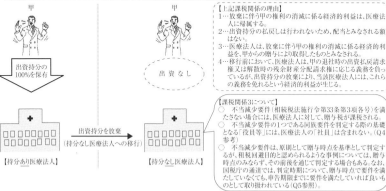

(厚生労働省HPより)

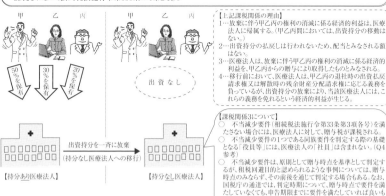

(厚生労働省HPより)

> Ｑ２．基金拠出型法人に移行する際に、出資者全員が出資額部分のみを基
> 金として振り替えた場合の課税関係はどのようになるのか。

Ａ２．この場合における課税関係は、以下のとおり。

1　各出資者に対する贈与税の課税関係

　　各出資者に対して、贈与税は課税されない。

2　各出資者に対する所得税の課税関係

　　各出資者に対して、所得税は課税されない。

3　医療法人に対する贈与税の課税関係

　　医療法人に対して、出資持分（出資額部分＋利益剰余金部分）のうち利益
剰余金部分の放棄に伴う出資者の権利の消滅に係る経済的利益について、贈
与税が課税される場合がある（相続税法第66条第４項）。

4　医療法人に対する法人税の課税関係

　　医療法人に対して、移行の際に持分の全部又は一部の払戻しをしなかった
ことにより生じる利益について、法人税は課税されない（法人税法施行令第
136条の４第２項）。

（理由）

1　基金拠出型法人に移行する際、出資額部分のみを基金として振り替えるこ
とで、各出資者は利益剰余金部分を放棄することとなり、各出資者が贈与に
より取得したものとみなされるものはない。

2　基金拠出型法人への移行に際し、「出資額部分のみを基金に振り替える」こ
ととは、出資者の立場からすると、各出資者が有していた「出資持分」のう
ち出資額部分が、「基金（医療法人に対する債権）」という財産に変わること
を意味する。

　　この場合、課税上は、

　①出資額部分（Ｘ円）に対し、Ｘ円の払戻しを受け、

　②当該Ｘ円を基金として拠出する。

　という手続きを踏むものとして取り扱われるため、所得税法上、配当とみな
される額はなく、各出資者にはみなし配当課税の課税関係は生じない。

3 一方、医療法人の立場からすると、出資者全員が出資持分のうち利益剰余金部分の放棄をすることに伴う出資者の権利の消滅に係る経済的利益を、各出資者から贈与により取得したものとみなされるため、相続税法第66条第4項の規定により贈与税が課税される場合がある。

4 また、持分あり医療法人は、出資者の退社時の出資払戻請求権又は解散時の残余財産分配請求権に応じる義務を負っているが、利益剰余金部分の放棄により、当該医療法人は、その部分について、これらの義務を免れるという経済的利益が生じる。この経済的利益については、法人税法施行令第136条の4第2項の規定により、当該医療法人の益金の額に算入しないこととされているため、法人税は課税されない。

Q3. 基金拠出型法人に移行する際に、利益剰余金部分も含めて基金として振り替えた場合の課税関係はどのようになるのか。

A3. この場合における課税関係は、以下のとおり。

1 各出資者に対する贈与税の課税関係
   各出資者に対して、贈与税は課税されない。

2 各出資者に対する所得税の課税関係
   出資持分の払戻しを受けた出資者に対して、利益剰余金部分に相当する額について、みなし配当として所得税が課税される（所得税法第25条第1項第5号）。

3 医療法人に対する贈与税の課税関係
   医療法人に対して、贈与税は課税されない。

4 医療法人に対する法人税の課税関係
   医療法人に対して、法人税は課税されない。

（理由）

1 基金拠出型法人に移行する際、出資額すべてを基金に振り替えることにより、「出資持分（出資額部分＋利益剰余金部分）」が「基金」に変わるが、各出資者が贈与により取得したものとみなされるものはない。

2　基金拠出型法人への移行に際し、「利益剰余金分も含めて基金に振り替える」とは、出資者の立場からすると、各出資者が有していた「出資持分」のすべてが、「基金（医療法人に対する債権）」に変わることを意味する。この場合、課税上、

①　出資額部分（Ｘ円）に対し、「Ｘ円＋利益剰余金部分」に相当する額の払戻しを受け、

②　当該「Ｘ円＋利益剰余金部分」に相当する額を基金として拠出する。

という手続きを踏むものとして取り扱われる。

　①については、所得税法第25条第1項第5号の規定により、出資額部分を超える部分（利益剰余金部分）に相当する額の配当があったものとして、みなし配当課税が生じる。

3　一方、医療法人の立場からすると、（Ｑ2とは異なり、）移行に際し、何ら経済的利益を受けないため、相続税法第66条第4項の規定による贈与税の課税関係は生じない。

4　上記3と同様、医療法人は何ら経済的利益を受けていないため、法人税の課税関係も生じない。

> Ｑ4．相続税法施行令第33条第3項第1号において、いわゆる「同族要件」として、「役員等のうち親族等が占める割合が3分の1以下である」旨規定されているが、ここにいう「役員等」に医療法人の社員は含まれるのか。

Ａ4．含まれない。

（理由）

　役員等は、「理事、監事、評議員その他これらの者に準ずるもの」と規定されている（相続税法施行令第32条）。

　医療法人の場合にあっては、業務執行機関を指し、基本的意思決定機関の構成員たる「社員」は役員等に含まれない。

Q6　持分の定めのない医療法人への移行に係る質疑応答集（Q＆A）について　　*193*

> Q5．「同族要件」の判定はいつの時点でなされるのか。

A5．原則として、贈与時点で判定する。ただし、贈与のタイミングに限って「3分の1要件」を満たすように定款変更を行っている場合など、租税回避目的と認められるような事例については、贈与時点のみならず、その前後を通じて判定する場合もある。

（注）「同族要件」を満たす定款の定めがあった場合であっても、実際には、「同族要件」を満たさない役員の選任がなされているときには、運営組織が適正であると認められない場合もある。

　　　なお、国税庁の通達では、判定時期について、贈与時点で要件を満たしていなくても、申告期限までに要件を満たしていればよいものとして取り扱われている。

〔参考〕贈与税の非課税財産（公益を目的とする事業の用に供する財産に関する部分）及び持分の定めのない法人に対して財産の贈与等があった場合の取扱いについて（昭和39年6月9日付直審（資）24、直資77）（抄）

（判定の時期等）

17　法第66条第4項の規定を適用すべきかどうかの判定は、贈与等の時を基準としてその後に生じた事実関係をも勘案して行うのであるが、贈与等により財産を取得した法人が、財産を取得した時には法施行令第33条第3項各号に掲げる要件を満たしていない場合においても、当該財産に係る贈与税の申告書の提出期限又は更正若しくは決定の時までに、当該法人の組織、定款、寄附行為又は規則を変更すること等により同項各号に掲げる要件を満たすこととなったときは、当該贈与等については法第66条第4項の規定を適用しないこととして取り扱う。

> Q6．医療法人の役員がMS法人（メディカル・サービス法人）を設立している場合は、相続税法施行令第33条第3項第2号に規定されている「特別の利益を与えない」との要件を満たさないこととなるのか。

A6．医療法人の役員がMS法人を設立していることのみをもって、「特別の利

益を与えない」との要件を満たさないこととはならないものと思われる。

なお、「特別の利益を与えること」について、国税庁の通達にその例が示されている。

例えば、医療法人とMS法人との間に取引がある場合において、その取引が「特別の利益を与えること」に該当するかどうかは、個別の事案に応じて、その対価の適正性など、様々な事情を勘案して総合的に判断するものと思われる。

〔参考〕贈与税の非課税財産（公益を目的とする事業の用に供する財産に関する部分）及び持分の定めのない法人に対して財産の贈与等があった場合の取扱いについて（昭和39年6月9日付直審（資）24、直資77）（抄）

（特別の利益を与えること）

16　法施行令第33条第3項第2号の規定による特別の利益を与えることとは、具体的には、例えば、次の(1)又は(2)に該当すると認められる場合がこれに該当するものとして取り扱う。

(1)　贈与等を受けた法人の定款、寄附行為若しくは規則又は贈与契約書等において、次に掲げる者に対して、当該法人の財産を無償で利用させ、又は与えるなどの特別の利益を与える旨の記載がある場合

　イ　贈与等をした者

　ロ　当該法人の設立者、社員若しくは役員等

　ハ　贈与等をした者、当該法人の設立者、社員若しくは役員等（以下16において「贈与等をした者等」という。）の親族

　ニ　贈与等をした者等と次に掲げる特殊の関係がある者（次の(2)において「特殊の関係がある者」という）

　　(イ)　贈与等をした者等とまだ婚姻の届出をしていないが事実上婚姻関係と同様の事情にある者

　　(ロ)　贈与等をした者等の使用人及び使用人以外の者で贈与等をした者等から受ける金銭その他の財産によって生計を維持しているもの

　　(ハ)　上記(イ)又は(ロ)に掲げる者の親族でこれらの者と生計を一にしているもの

　　(ニ)　贈与等をした者等が会社役員となっている他の会社

(ホ) 贈与等をした者等、その親族、上記(イ)から(ハ)までに掲げる者並びにこれらの者と法人税法第2条第10号に規定する政令で定める特殊の関係のある法人を判定の基礎とした場合に同号に規定する同族会社に該当する他の法人

(ヘ) 上記(ニ)又は(ホ)に掲げる法人の会社役員又は使用人

(2) 贈与等を受けた法人が、贈与等をした者等又はその親族その他特殊の関係がある者に対して、次に掲げるいずれかの行為をし、又は行為をすると認められる場合

イ 当該法人の所有する財産をこれらの者に居住、担保その他の私事に利用させること。

ロ 当該法人の余裕金をこれらの者の行う事業に運用していること。

ハ 当該法人の他の従業員に比し有利な条件で、これらの者に金銭の貸付をすること。

ニ 当該法人の所有する財産をこれらの者に無償又は著しく低い価額の対価で譲渡すること。

ホ これらの者から金銭その他の財産を過大な利息又は賃貸料で借り受けること。

ヘ これらの者からその所有する財産を過大な対価で譲り受けること、又はこれらの者から当該法人の事業目的の用に供するとは認められない財産を取得すること。

ト これらの者に対して、当該法人の役員等の地位にあることのみに基づき給与等を支払い、又は当該法人の他の従業員に比し過大な給与等を支払うこと。

チ これらの者の債務に関して、保証、弁済、免除又は引受け(当該法人の設立のための財産の提供に伴う債務の引受けを除く。)をすること。

リ 契約金額が少額なものを除き、入札等公正な方法によらないで、これらの者が行う物品の販売、工事請負、役務提供、物品の賃貸その他の事業に係る契約の相手方となること。

ヌ 事業の遂行により供与する利益を主として、又は不公正な方法で、これらの者に与えること。

Q7. 相続税法施行令第33条第3項第4号に規定されている「公益に反す
　　る事実」とは、具体的にどのような事実か。例えば、脱税行為や診療
　　報酬の不正請求は、これに当たるのか。

A7.「公益に反する事実」というのは、個別の事案の事情により、いろいろな
　　角度から検討されるべきものである。
　　　例えば、一般的に脱税行為や診療報酬の不正請求はこれに当たるものと考
　　えられるが、最終的には、個別の事案に応じて、その行為の違法性など、様々
　　な事情を勘案して総合的に判断するものと思われる。

Q8.「基金拠出型法人ではない持分なし医療法人」への移行後、死亡によ
　　り退社した社員に代わってその相続人が新たに社員となったことのみ
　　をもって相続税が課税されることはあるか。
　　　また、「基金拠出型法人ではない持分なし医療法人」への移行後、当該
　　法人に対して、財産の贈与又は遺贈があった場合の課税関係はどのよう
　　になるのか。

A8. 出資持分（出資額部分＋利益剰余金部分）は、移行時において放棄され
　　ており、移行後の相続時において相続財産として存在しないため、相続税
　　の課税財産とはならない。
　　　ただし、移行後の医療法人に対して新たな贈与又は遺贈があった場合には、
　　医療法人から特別の利益を受ける者又は医療法人に対して、贈与税又は相続
　　税が課税される場合がある（相続税法第65条第1項、第66条第4項）。

（理由）
　「基金拠出型法人ではない持分なし医療法人」へ移行すると、各出資者は当該
医療法人に対する出資持分を有しないことになる。
　そのため、移行後に社員の代替わりが生じたとしても、社員の死亡により相
続される相続財産（出資持分）そのものがないため、相続税の課税価格に算入
されるものはない。

Q6　持分の定めのない医療法人への移行に係る質疑応答集（Q&A）について　**197**

　ただし、「基金拠出型法人ではない持分なし医療法人」への移行後においても、持分なし法人一般に対する贈与・遺贈に関する規定の適用はあるため、当該医療法人に対して、新たな財産の贈与又は遺贈があった場合には、以下の①又は②の課税関係が生じる場合がある。

①　当該贈与又は遺贈により、贈与者等の親族等の贈与税又は相続税の負担が不当に減少すると認められる場合

　⇒　相続税法第66条第4項の規定により、医療法人に対して、贈与税又は相続税を課税。

②　当該贈与又は遺贈を受けた医療法人が、贈与者等の親族等に対して、特別の利益を与えるものである場合

　⇒　相続税法第65条第1項の規定により、特別の利益を受ける当該親族等に対して、贈与税又は相続税を課税。

　（上記①又は②が競合する場合の適用関係については、①が優先して適用される。）

Ｑ9．基金拠出者が死亡し、基金を相続した場合、相続税は課税されるのか。

Ａ9．基金の相続人に対し、相続税が課税される。

（理由）

　「基金」は、基金拠出者の立場からすると、医療法人に対する債権という財産であり、基金拠出者が死亡し、その相続人に相続される場合には、当該相続人に相続税が課税される。「基金」の評価は、財産評価基本通達204（貸付金債権の評価）に準じて、医療法人から返還されるべき金額によって評価することとなる。

|参考| フローチャート「相続税又は贈与税の負担が不当に減少した結果となると認められるか否かの判定」

1 相続税法第66条第4項

2 相続税法施行令第33条第3項

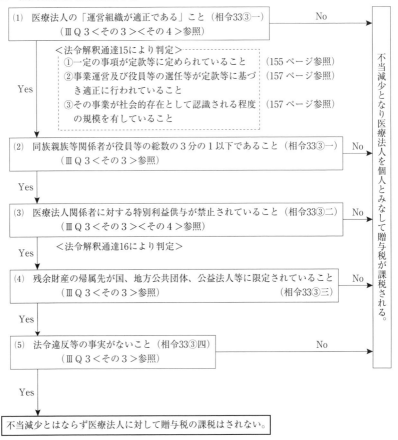

IV

平成29年10月１日以後の
認定医療法人制度と税制措置

200 Ⅳ 平成29年10月1日以後の認定医療法人制度と税制措置

Q1 認定医療法人制度の目的と概要

平成26年10月から3年間の時限措置として設けられていた認定医療法人制度が、医療法と税制の改正によって認定期限が3年間延長されるとともに、適正な「運営に関する要件」が追加され認定医療法人への援助が強化されたとのこと。目的や概要をご教示下さい。

A

1 持分なし医療法人への移行促進策の概要と認定制度

平成26年6月18日に可決成立したいわゆる「医療介護総合確保推進法」により3年間の時限措置として持分なし医療法人への移行促進策が設けられました。その趣旨は次のとおりです。

（認定制度創設時の趣旨）

医療法人の経営者の死亡により相続が発生することがあっても、相続税の支払いのための持分払戻などにより医業継続が困難になるようなことなく、当該医療法人が引き続き地域医療の担い手として、住民に対し、医療を継続して安定的に提供していけるようにするため、医療法人による任意の選択を前提としつつ、持分なし医療法人への移行について計画的な取組を行う医療法人を、国が認定する仕組みを導入。※制度期間：平成26年10月1日から平成29年9月30日までの3年間

厚生労働省「持分なし医療法人への移行計画の認定制度について」より

具体的には、医療法に、「持分なし」への移行について計画的な取組を行う医療法人を国が認定する仕組みを導入し、この認定を受けた医療法人を「認定医療法人」と位置づけました。（平成18年改正医療法附則10の4①）。当初の実施期間は平成26年10月1日から平成29年9月30日までの3

年間でした。

2　移行計画の認定を受けた医療法人への支援

　認定医療法人は、「税制措置」と「融資制度」の２つの支援を受けることができます。

⑴　税制措置（医業継続に係る相続税・贈与税の納税猶予等）

　税制措置は、認定医療法人の出資持分に対する相続税・贈与税の納税猶予制度です。相続税では、相続人が経過措置医療法人の出資持分を相続または遺贈により取得した場合、その法人が相続税の申告期限までに移行計画の認定を受けた医療法人（認定医療法人）であるときは、その出資持分に対応する相続税額については、移行計画の期間満了までその納税が猶予され（措法70の７の８①）、持分の全てを放棄した場合は、猶予税額が免除されます（措法70の７の８⑪一）。また、認定医療法人の出資者が出資持分を放棄したことにより、他の出資者の出資持分が増加することで、贈与を受けたものとして他の出資者に贈与税が課される場合、その放棄により受けた経済的利益に対応する贈与税額については、移行計画の期間満了までその納税が猶予され（措法70の７の５①）、その他の出資者が持分の全てを放棄した場合は、猶予税額が免除されます（措法70の７の５⑪一）。

⑵　融資制度

　認定医療法人において出資者や相続人から払戻請求が生じ、医療法人の自己資金だけでは対応できず資金調達が必要になった場合、独立行政法人福祉医療機構による新たな経営安定化資金（通常の安定化資金との併用はできません）の貸し付けを受けることができます。具体的な貸付限度額等は次のとおりです。

①貸付限度額：病院、診療所、介護老人保健施設ともに２億5,000万円
②償還期間：８年（うち据置期間１年以内）
③原則として担保提供が必要となる。保証については、保証人不要制度（貸付利率に一定の利率を上乗せします。）か、法人代表者等・個人の連帯保証人を立てる、の選択とされる。
④収支改善計画書、財務諸表等を提出して事前審査を受ける。その後、本審査として、借入申込前に「経営指導」を受ける必要がある。医療法人関係者に対して面接が実施され、収支改善計画の内容が確認される（提出書類は、収支改善計画書、財務諸表等）。

＜参考＞平成29年９月30日までの移行計画の認定の流れ

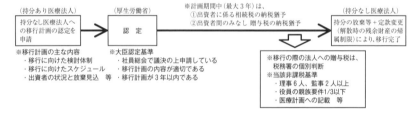

出典：厚生労働省「持分なし医療法人への移行計画の認定制度について」より

3　平成29年改正による延長（税制と医療法の改正）

　非営利性の徹底と医業の安定的継続の観点から、平成18年の第５次医療法改正で「持分の定めのある社団医療法人」は「経過措置医療法人」と位置づけられ、「当分の間」存続する法人とされました（平成18年改正医療法附則10②）。当時、経過措置医療法人は医療法人総数の９割を超えており、厚生労働省は、「出資持分のない医療法人への円滑な移行マニュアル（平成23年３月発行・厚生労働省医政局）」などを通じて「持分なし」への移行を促しました。しかし、平成19年４月１日（第５次医療法改正施行日）

から平成29年３月末までに移行した医療法人累計はわずかに634法人でした。平成26年成立の「医療介護総合確保推進法」で「持分なし医療法人」への移行促進策として認定医療法人制度を３年間の時限措置として設けましたが、平成29年３月末時点での認定件数は67件で、うち「持分なし」への移行完了件数は28件という状況でした。

社員が持分という財産を放棄する「持分なし医療法人」への移行はすべての経過措置医療法人が希望するわけではありません。しかし、持分によるリスクを排除するために移行を希望する経過措置医療法人にとって最も大きな障害の一つが移行時の「みなし贈与課税（相法66④）」にありました。このみなし贈与課税は、認定医療法人であっても、平成29年９月30日までに認定を受けた法人は、「持分なし」へ移行する際に「不当減少要件（相令33③）」の判定を行い、非課税要件を満たさない場合にはみなし贈与税（相法66④）が課税されていました。

そこで、厚生労働省では、時限措置である認定医療法人制度終了（平成29年９月30日）までに医療法を改正（平成29年６月成立）し、認定制度を３年間（平成29年10月１日から平成32年９月30日まで）延長するとともに、認定要件に「運営に関する要件（平成18年改正医療法附則10の３④四）」を追加して、認定医療法人が「持分なし」へ移行する際には、みなし贈与課税（相法66④）を租税特別措置（平成29年度税制改正）で非課税とすることとし、合わせて「医業継続に係る相続税・贈与税の納税猶予等」の税制措置も３年間延長する手当てを行いました（**図表１**参照）。

(図表1)

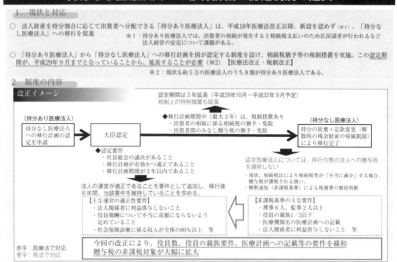

出典:厚生労働省「平成29年1月18日第50回社会保障審議会医療部会資料」より

4 医療法改正の概要と税制措置

　平成26年10月1日に施行された認定医療法人制度では、認定要件は①社員総会の議決があること、②移行計画が有効かつ適正であること、③移行計画期間が3年以内であることの3つでした(平成18年改正医療法附則10の3④一～三)。平成29年6月の医療法改正により、平成29年10月1日以後に計画認定を受ける場合には、4つ目の要件として「運営に関する要件」が加えられました(平成18年改正医療法附則10の3④四)。具体的には運営方法と事業状況に関する8要件が内容となります(図表2参照、詳細は237ページ～288ページ)。

（図表２）「運営に関する要件」

運営方法	①	法人関係者に対し、特別の利益を与えないこと
	②	役員に対する報酬等が不当に高額にならないような支給基準を定めていること
	③	株式会社等に対し、特別の利益を与えないこと
	④	遊休財産額は事業にかかる費用の額を超えないこと
	⑤	法令に違反する事実、帳簿書類の隠蔽等の事実その他公益に反する事実がないこと
事業状況	⑥	社会保険診療等（介護、助産、予防接種含む）に係る収入金額が全収入金額の80％を超えること
	⑦	自費患者に対し請求する金額が、社会保険診療報酬と同一の基準によること
	⑧	医業収入が医業費用の150％以内であること

出典：厚生労働省「持分なし医療法人への移行計画の認定制度について」より

　従来では、医療法人が放棄により受けた経済的利益について、みなし贈与課税（相法66④）が非課税となるには、たとえば（**図表４**）に示すような非課税基準を満たす必要がありました。しかし、この非課税基準の中には、役員数（理事６人以上、監事２人以上）や役員の親族要件（役員の親族３分の１以下）など実務上ハードルの高い基準や、病院等の名称が医療連携体制を担うものとして医療計画に記載されることなど法人の努力だけでは解決できない基準もあります。そこで、医療法を改正して、８つの基準（**図表２**）を「運営に関する要件（平成18年改正医療法附則10の３④四）」として新たに認定要件に加え、その基準をクリアして計画認定を受けた医療法人については、平成29年度税制改正により、移行時のみなし贈与課税（相法66④）を非課税とする措置を講じました（措法70の７の10①）。平成29年10月１日施行で、平成32年９月30日までの３年間の時限措置です。なお、この「運営に関する要件」は、認定医療法人が「持分なし」へ移行した日以後６年間、その要件が維持されているかがフォローアップされ、要

件を満たなくなった場合には、認定が取り消されることになります。その場合には、みなし贈与課税（相法66④）がされることになります（措法70の7の10②）。

(図表３) 認定制度の流れ

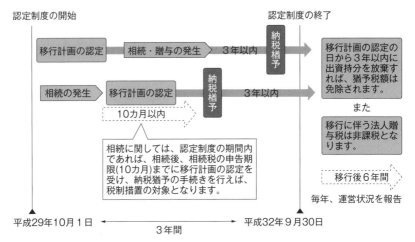

出典：厚生労働省「「持分なし医療法人」への移行促進策（延長・拡大）のご案内について」（パンフレット）より

（図表４）贈与税の非課税基準の一例

> **持分あり医療法人から持分なし医療法人への移行に関する税制について**
> **（法人の贈与税の非課税基準について）**

◎相続税法施行令第33条第３項に基づき、以下の基準に該当する場合には、贈与税は非課税。

（なお、税務当局の個別判断により課税される場合がある。）

（１）運営組織が適正であること

　①一定の事項が定款等に定められていること

　（理事６人以上、監事２人以上　など）

　②事業運営及び役員等の選任等が定款等に基づき行われていること

　③その事業が社会的存在として認識される程度の規模を有していること

社会医療法人を想定した基準を採用する場合		特定医療法人を想定した基準を採用する場合
社会保険診療等（介護保険・助産を含む）に係る収入金額が全収入金額の80％以上	又は	社会保険診療等に係る収入金額が全収入金額の80％以上
自費患者に対する請求方法が社会保険診療と同一		自費患者に対する請求方法が社会保険診療と同一
医業収入が医業費用の150％以内		医業収入が医業費用の150％以内
役員及び評議員に対する報酬等が不当に高額にならないような支給基準を明示		役職員に対する報酬等が3,600万円以下
病院、診療所の名称が医療連携体制を担うものとして医療計画に記載		（病院の場合）40床以上又は救急告示病院 （診療所の場合）15床以上及び救急告示診療所
		差額ベッドが全病床数の30％以下

（２）役員等（社員は含まれない）のうち親族・特殊の関係がある者は1／3以下であること（定款、寄附行為にその旨の定めがあること）

（３）法人関係者に対し、特別の利益を与えないこと

（４）残余財産を国、地方公共団体、公益社団・財団法人その他の公益を目的とする事業を行う法人（持分の定めのないもの）に帰属させること（定款、寄附行為にその旨の定めがあること）

（５）法令に違反する事実、帳簿書類の隠ぺい等の事実その他公益に反する事実がないこと

出典：厚生労働省医政局医療経営支援課「「持分なし医療法人」への移行に関する手引書～移行促進税制を中心として」（平成28年９月改訂）より

5　認定医療法人制度を利用しない場合の「持分なし」への移行

　「持分なし医療法人」への移行は、経過措置医療法人の任意の選択によるものであり、移行が強制されることはありません。また、持分なし医療法人への移行にあたって、必ずしも移行計画の認定制度を利用しなければならないものでもありません。医療法人内で持分なし医療法人への移行について検討した結果、認定医療法人の支援策である「税制措置（相続税の納税猶予等）」や「融資制度」の適用を受けないのであれば、認定医療法人制度を活用しないで、定款変更により「持分なし医療法人」へ移行することは可能です。ただし、この場合は、移行の際のみなし贈与課税の取扱いは従来どおりです。

　これに対し、平成29年6月の医療法改正と平成29年度税制改正によって、平成29年10月1日以後3年間、認定医療法人であれば、移行時のみなし贈与課税（相法66④）が非課税とされました（措法70の7の10①）。6年間のフォローアップはありますが、認定医療法人以外の医療法人の移行に関する税制は従来どおり厳しいままです。新たな認定要件である「運営に関する要件（平成18年改正医療法附則10の3④四）」をクリアできる場合には、「税制措置（相続税の納税猶予等）」と「融資制度」の2つの支援を受けない場合でも、非課税で「持分なし」医療法人に移行できる点に着目して、移行計画の認定を受けて「持分なし」へ移行するという選択肢も十分に検討に値するものとなります（**図表5**参照）。

（図表5）

平成29年10月1日から3年間の持分なしへの移行パターン

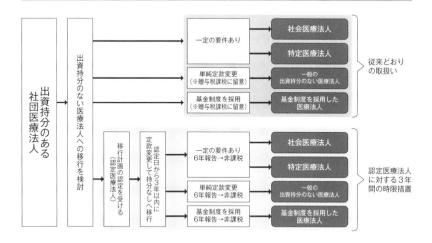

6　出資金を基金として基金拠出型医療法人へ移行する際の留意点

　経過措置医療法人が、定款変更して、基金拠出型医療法人に移行する場合で、持分の出資者が、出資金を基金拠出する際は、原則、持分を持つ社員が退社して持分の払戻しを受け、それを基金拠出契約に基づき医療法人に拠出することになります。この場合、厚生労働省は、退社した社員の再入社をすぐには認めない方向です。ただし、「出資額限度法人」が基金拠出型医療法人に移行する場合で、出資金を基金拠出するときは、社員の退社手続なしに出資金の基金への振替えを認めるとしています。したがって、実務上は、まず、一般の経過措置医療法人から定款変更して「出資額限度法人（持分あり）」となり、再度定款変更して基金拠出型医療法人に移行するというパターンをとることが必要となります（**図表6**参照）。

（図表６）出資額限度法人を経て基金拠出型医療法人への移行

通常の経過措置医療法人（持分あり）

↓

（ステップ１）出資額限度法人（持分あり）への定款変更手続き

↓

（ステップ２）計画認定を受けて認定医療法人となる（厚労省）

（認定医療法人である旨の定款変更）

↓

（ステップ３）「持分なしへの移行＋基金拠出型」への定款変更手続き

↓

（認可によって基金拠出型医療法人に移行）

（ステップ４）出資金を基金に振替処理

（借方）出資金××／（貸方）基金××（振替処理）

※社員の退社は不要

↓

（ステップ５）持分なしへの移行完了報告（厚労省）

贈与税の非課税申告（税務署）　など

Q2　持分なし医療法人への円滑な移行促進策

（移行計画の認定と認定医療法人制度）

> 移行計画の認定と認定医療法人制度について詳細をご教示願います。
> （認定制度の趣旨は**Q1**参照）

A

1　新医療法人への円滑な移行促進

　平成26年6月に可決成立したいわゆる「医療介護総合確保推進法」により「良質な医療を提供する体制の確立を図るための医療法等の一部を改正する法律（平成18年法律第84号）」の附則が改正され、新医療法人への円滑な移行促進が規定されました。具体的には、「政府は、地域において必要とされる医療を確保するため経過措置医療法人の新医療法人への移行が促進されるよう必要な施策の推進に努めるものとする（平成18年改正医療法附則10の2）。」というものです。施行日は平成26年10月1日で、当初は、平成29年9月30日までの3年間の時限措置でした（旧平成18年改正医療法附則10の3⑤）が、平成29年6月の医療法改正で、期限が平成32年9月30日まで3年間延長されました（新平成18年改正医療法附則10の3⑤）。延長に至った理由は、「持分の定めのない医療法人への移行は少しずつ進んではいるものの、依然として持分の定めのある医療法人が全医療法人の8割程度を占め、引き続き移行の促進が必要な状況である（医政支発0929第1号　平成29年9月29日　厚生労働省医政局医療経営支援課長通知より）。」との認識によります。今般の改正では、認定期限の延長とともに、「運営に関する要件（（平成18年改正医療法附則10の3④四））」を認定要件に追加し、これが満たされている経過措置医療法人が認定医療法人となって「持分なし」医療法人に移行する場合には、「みなし贈与課税（相法66④）」が非課

税とされる税制措置も手当てされました（措法70の7の10①）。

なお、この規定でいう「新医療法人」とは、「社団たる医療法人であって、その定款に残余財産の帰属すべき者として医療法第44条第5項に規定する者を規定しているもの（平成18年改正医療法附則10の2カッコ書き）。」とされています。具体的に医療法第44条第5項に規定する者とは以下の者となります（医療法44⑤、医療法施行規則31の2）。

---

(1)　国

(2)　地方公共団体

(3)　医療法第31条に定める公的医療機関の開設者

(4)　都道府県医師会又は郡市区医師会（一般社団法人又は一般財団法人に限る。）

(5)　財団たる医療法人又は社団たる医療法人であって持分の定めのないもの

2　移行計画の認定を受けた医療法人への支援

認定医療法人への支援策は「税制措置」と「融資制度」となります。

(1)　税制措置

持分あり医療法人の持分を相続または遺贈により取得した場合や、持分あり医療法人の出資者が持分を放棄したことにより、他の出資者の持分が増加することで、贈与を受けたものとして他の出資者にみなし贈与税が課される場合、その法人が認定を受けた医療法人であるときは、これらの相続税、贈与税の納税を猶予等される（最大3年間）。

---

(2)　融資制度

認定を受けた医療法人における出資者や相続人からの持分の払戻し

> に対する資金調達として、経営安定化資金を融資する。(福祉医療機構)

　平成29年の医療法改正により、平成29年10月１日から平成32年９月30日の間に厚生労働大臣認定を受ける認定医療法人は、「運営に関する要件((平成18年改正医療法附則10の３④四))」が新たな認定要件として付け加えられ、「持分なし」医療法人に移行する場合の「みなし贈与課税（相法66④)」は非課税とされました（措法70の７の10①)。認定医療法人以外の医療法人の移行税制は従来どおり厳しいままです。「運営に関する要件」がクリアできるのであれば、上記の「税制措置（相続税の納税猶予等)」と「融資制度」の２つの支援を受けない場合であっても、認定医療法人であれば非課税で「持分なし」医療法人に移行できる点に着目して、移行計画の認定を受けるという選択肢は有力な事業承継プランの一つになりました。

3　移行計画の認定

⑴　移行計画の認定制度

　医療法では、「経過措置医療法人であって、新医療法人への移行をしようとするものは、その移行に関する計画（以下「移行計画」という。）を作成し、これを厚生労働大臣に提出して、その移行計画が適当である旨の認定を受けることができる（平成18年改正医療法附則10の３①)。」と規定し、持分「あり」から「なし」への移行計画の認定制度を設けています。具体的には、「移行計画認定申請書（附則様式第一)」に「移行計画（附則様式第二)」を添付して、厚生労働大臣に提出することになります（医療法施行規則56①、②、227ページ〜230ページ参照)。

⑵　移行計画の記載事項と添付書類

　移行計画には、次に掲げる事項を記載しなければなりません（平成18年

214 Ⅳ　平成29年10月1日以後の認定医療法人制度と税制措置

改正医療法附則10の3②)。

---

① 新医療法人であって、次に掲げる医療法人のうち移行をしようとするもの
- イ　社会医療法人
- ロ　特定医療法人
- ハ　基金拠出型医療法人
- ニ　イ〜ハ以外の医療法人
② 移行に向けた取組の内容
③ 移行に向けた検討の体制
④ 移行の期限
⑤ その他厚生労働省令で定めた事項（注）

(注) その他厚生労働省令で定めた事項とは、合併の見込み、出資者による持分の放棄又は払戻しの見込み、独立行政法人福祉医療機構の資金の融通のあっせんを受ける見込みをいいます（医療法施行規則56③）。

　また、移行計画には、次に掲げる書類の添付が必要となります（平成18年改正医療法附則10の3③、医療法施行規則57）。

---

① 定款変更案（移行計画の認定を受けた認定医療法人である旨を記載したもの）及び新旧対照表
② 出資者名簿（附則様式第3）
③ 社員総会の議事録
④ 直近の3会計年度に係る貸借対照表及び損益計算書
⑤ 「運営に関する要件」該当の説明書類

---

(3)　認定の期間

　厚生労働大臣による認定は、平成32年9月30日までの間に限り行うことができるとされています（平成18年改正医療法附則10の3⑤）。

4 厚生労働大臣による認定要件と認定医療法人

　厚生労働大臣は、移行計画の認定申請があった場合で、その移行計画が次のいずれにも適合すると認められるときは、その認定をするものとするとされています（平成18年改正医療法附則10の3④）。

(1)	移行計画がその申請をする経過措置医療法人の社員総会において議決されたものであること（同一号）。
(2)	移行計画が新医療法人への移行をするために有効かつ適切なものであること（同二号）。
(3)	移行計画に記載された移行の期限が厚生労働大臣の認定の日から起算して3年を超えない範囲内のものであること（同三号）。 （注）　変更認定の場合には、当初認定の日から起算して3年を超えないものであること。
(4)	申請に係る経過措置医療法人が、その運営に関し、社員、理事、監事、使用人その他の経過措置医療法人の関係者に対し特別の利益を与えないものであることその他の厚生労働省令で定める要件に適合するものであること（同四号）。

　平成26年10月からスタートした認定医療法人の認定要件は、平成29年9月30日までの3年間は上記のうち、(1) 社員総会における議決、(2) 有効性及び適切性、(3) 移行期限の3つとされていました。これが、平成29年6月の医療法改正により、平成29年10月1日から3年間の間に厚生労働大臣認定を受ける場合には4つ目の要件として、「運営に関する要件（詳細は205ページ）」が加えられ、この要件に該当する旨を説明する書類（「医療法施行規則附則第57条の2第1項各号に掲げる要件に該当する旨を説明する書類」といいます。263ページ参照）の様式も発出されました。

　厚生労働大臣による認定を受けた経過措置医療法人は「認定医療法人」と呼ばれます（平成18年改正医療法附則10の4①）。

留意点

　平成29年9月29日付けの厚生労働省医政局医療経営支援課長通知（「持分の定めのない医療法人への移行に関する計画の認定制度について」医政支発0929第1号）には、認定申請に関する事項として以下の記述がされています。

> 　厚生労働大臣は、提出のあった認定申請関係書類を審査し、必要に応じて、医療法人の主たる事務所の所在地の都道府県に当該法人の法令違反その他の第2の4「運営に関する要件」について事実確認を行い、または実地調査を行った上で認定の可否を判断する。その後、認定の旨又は認定をしない旨を書面によって通知する。

5　政府の援助と認定医療法人の報告義務

(1)　政府の援助

　医療法では、「政府は、認定医療法人に対し、認定移行計画の達成及び移行後の新医療法人の運営の安定のために必要な助言、指導、資金の融通のあっせんその他の援助を行うよう努めるものとする（改正医療法附則10の7）。」と規定されています。これは、平成29年10月1日以後に認定医療法人となった医療法人について、政府が、移行が完了した日から6年を経過する日（認定効力失効の日）までの間、移行後の認定医療法人の運営の安定のために必要な助言、指導、資金の融通のあっせんその他の援助を行うよう努めることを規定したものです。

(2)　認定医療法人の報告義務

　認定医療法人には、「厚生労働省令で定めるところにより、認定移行計画の実施状況及びその認定医療法人の運営の状況について厚生労働大臣に報告しなければならない（平成18年改正医療法附則10の8）。」と厚生労働大

臣への報告義務が課せられています。

具体的な報告と提出書類は以下のとおりとなります。

① 認定医療法人である旨の定款変更後の報告

認定医療法人は、認定後速やかに、移行計画の認定を受けた認定医療法人である旨を記載した定款（226ページ参照）への変更の認可について、都道府県知事に申請しなければなりません。この認可を受けた場合には、認可日から3ヶ月以内に厚生労働大臣に次の書類を提出し、その認可を受けた旨を報告しなければなりません（医療法施行規則60②）。

・実施状況報告書（附則様式第5）

・変更認可後の定款及び新旧対照表

・定款変更認可書の写し

・社員総会議事録（認定申請時に添付したものと同じ場合は省略可）

---

② 移行計画の進捗状況の報告

認定医療法人は、移行計画に記載する移行期限内で、かつ、持分の定めのない医療法人への移行を完了するまでの間、認定を受けた日から起算して1年を経過するごとに、その経過する日から3ヶ月以内に、厚生労働大臣に対し次の書類を提出し、移行計画の進捗状況を報告しなければなりません（医療法施行規則60①）。

・実施状況報告書（附則様式第5）

・運営の状況に関する報告書（附則様式第8）

・運営に関する要件該当の説明書類

---

③ 出資者が持分処分を行った際の報告

認定医療法人は、移行計画に記載する移行期限内で、かつ、持分の定めのない医療法人へ移行を完了するまでの間、出資者に持分の処分（放棄、払戻し、譲渡、相続、贈与等）が生じた場合には、その処分があった日か

ら３ヶ月以内に、厚生労働大臣に対し次の書類を提出し、出資の状況を報告しなければなりません（医療法施行規則60③）。

・実施状況報告書（附則様式第５）
・出資者名簿（附則様式第３）
・出資持分の状況報告書（附則様式第６）
・出資持分の放棄申出書（附則様式第７）の写し

④ 「持分なし」への移行完了後の報告

認定医療法人は、移行計画に記載された移行期限までに、残余財産の帰属すべき者に関する規定の定款変更について、都道府県知事の認可を受け、持分の定めのない医療法人への移行を完了しなければなりません。そして、この認可を受けた場合には、認可日から３ヶ月以内に厚生労働大臣に次の書類を提出し、その認可を受けた旨を報告しなければなりません（医療法施行規則60②）。

・実施状況報告書（附則様式第５）
・運営の状況に関する報告書（附則様式第８）
・変更認可後の定款及び新旧対照表
・定款変更認可書の写し
・社員総会議事録
・運営に関する要件該当の説明書類
・出資者名簿（附則様式第３）
・出資持分の状況報告書（附則様式第６）
・出資持分の放棄申出書（附則様式第７）の写し

（注１） 認定医療法人の持分を有する出資者等が出資持分の放棄を行う場合は、「出資持分の放棄申出書（医療法施行規則60④／附則様式第７）」によるとされています。
（注２） 認定医療法人の持分を有する出資者等が出資持分の放棄を行った場合

は、その放棄日をもって、出資者名簿（附則様式第3）の書き換えを行うこととされています。

⑤　移行後6年間の運営の状況の報告

　認定医療法人は、上記④の都道府県知事の認可を受けて、持分の定めのない医療法人への移行を完了した場合には、その認可を受けた日から5年を経過する日までの間、その認可を受けた日から起算して1年を経過するごとに、その経過する日から3ヶ月以内に、厚生労働大臣に対し次の書類を提出し、運営の状況を報告しなければなりません（医療法施行規則60⑤一）。

・運営の状況に関する報告書（附則様式第8）
・運営に関する要件該当の説明書類

　なお、持分なしへの移行の認可を受けた日から起算して5年を経過する日から6年を経過する日までの間の運営の状況については、認可日から起算して5年10ヶ月を経過する日までに厚生労働大臣に報告しなければなりません。この場合、運営の状況については、認可日から5年9ヶ月までの報告を求めることとされています（医療法施行規則60⑤二）。

6　認定の効力の失効

　医療法により、認定医療法人が新医療法人になった日から6年を経過したときは、その認定医療法人が受けた認定（再認定を含む。）は、その効力を失うとされています（平成18年改正医療法附則10の6）。

7　移行計画に変更がある場合

　認定医療法人がその「認定に係る移行計画を変更しようとするときは、

厚生労働大臣の認定を受けなければならない（平成18年改正医療法附則10の
4①）。」とされています。この場合、移行計画の変更の認定を受けようと
する認定医療法人は、「移行計画変更認定申請書（附則様式第4）」を厚生
労働大臣に提出しなければなりません（医療法施行規則58①）。その際、次
の添付書類を添付します（医療法施行規則58②）。

・変更後の移行計画

・変更前の移行計画の写し

・移行計画の認定を受けたことを証明する書類（認定通知書）の写し

・社員総会の議事録

・運営に関する要件に該当する旨を説明する書類

　なお、合併に伴い移行計画を変更する場合には、上記書類に加えて、出
資者名簿（合併後）、定款（合併後）、定款変更認可書の写し、医療法人合
併認可書の写し、合併を証明できる書類（社員総会議事録、合併協議会議
事録等）を提出しなければなりません（医療法施行規則58②六）。

留意点

　平成29年9月29日付けの厚生労働省医政局医療経営支援課長通知（「持
分の定めのない医療法人への移行に関する計画の認定制度について」医政
支発0929第1号）には、変更認定申請に関する事項として以下の記述がさ
れています。

　厚生労働大臣は、提出のあった変更認定の申請関係書類を審査し、必要に
応じて、医療法人の主たる事務所の所在地の都道府県に当該法人の法令違反
その他の第2の4「運営に関する要件」について事実確認を行い、または実
地調査を行った上で認定の可否を判断する。その後、変更認定の旨又は変更
認定をしない旨を書面によって通知する。ただし、合併後の医療法人が運営
に関する要件を満たしていない場合には、平成18年改正法附則第10条の4第

２項及び施行規則第59条第１号に基づき当初の認定を取り消すこととする。

<参考>医療法

（移行計画の変更等）

第10条の４　前条第１項の規定による移行計画の認定を受けた経過措置医療法人（以下「認定医療法人」という。）は、当該認定に係る移行計画を変更しようとするときは、厚生労働大臣の認定を受けなければならない。

２　厚生労働大臣は、認定医療法人が前条第１項の認定に係る移行計画（前項の認定があったときは、その変更後のもの。以下「認定移行計画」という。）に従って新医療法人への移行に向けた取組を行っていないと認めるとき、その他厚生労働省令で定めるときは、その認定を取り消すことができる。

　～以下略～

<参考>医療法施行規則

第59条　平成18年改正法附則第10条の４第２項の厚生労働省令で定めるときは、次のとおりとする。

一　認定医療法人が第57条の２第１項各号（運営に関する要件）に掲げる要件を欠くに至ったとき。

　～以下略～

　なお、「移行計画の趣旨の変更を伴わない軽微な変更は、変更の認定を要しないものとする」とされています（医療法施行規則58③）。

8　移行計画の認定の取消し

　厚生労働大臣は、認定医療法人が認定移行計画に記載された移行の期限

までに新医療法人にならなかったときは、その認定を取り消すとされています（平成18年改正医療法附則10の4③）。

　また、厚生労働大臣は、上記**5**(2)の実施状況報告等により、認定医療法人が認定を受けた移行計画（移行計画の変更につき厚生労働大臣の認定を受けた場合には変更後の移行計画）に従って新医療法人への移行に向けた取組を行っていないと認めるとき、その他厚生労働省令で定めるとき（注）は、その認定を取り消すことができるとされています（平成18年改正医療法附則10の4②）。

（注）　厚生労働省令で定める移行計画の認定取消しができる事由（医療法施行規則59）

⑴　認定医療法人が適正な「運営に関する要件（医療法施行規則第57条の2第1項各号に掲げる要件）」を欠くに至ったとき。

⑵　厚生労働大臣の計画認定を受けた日から3ヶ月以内に、その認定を受けた旨の定款変更について、都道府県知事の認可を受けなかったとき。

⑶　認定医療法人が合併以外の理由により解散したとき。

⑷　認定医療法人が合併により消滅したとき。

⑸　認定医療法人が分割したとき。

⑹　認定医療法人が不正の手段により移行計画の認定を受けたことが判明したとき。

⑺　認定医療法人が移行計画の変更をしようとするときは厚生労働大臣認定を受けなければならないが、これに違反したとき。

⑻　認定医療法人が認定移行計画の実施状況について厚生労働大臣に報告をせず又は虚偽の報告をしたとき。

　なお、認定の取消しに際しては、必要に応じて、実地調査を行ったうえ、認定医療法人に対して改善等を指示し、その改善の見込みがないものと判断するときは、その認定を取り消しできるとされています（「持分の定めのない医療法人への移行に関する計画の認定制度について」厚生労働

省医政局医療経営支援課長通知　平成29年9月29日　医政支発0929第1号）。

　認定を取り消された経過措置医療法人は、重ねて認定を受けることはできません（平成18年改正医療法附則10の4④）。

9　事業報告書等の提出期限の特例

　認定医療法人については、事業報告書等の都道府県知事への届出期限は、3ヶ月（医療法52①）ではなく、6ヶ月とされます（平成18年改正医療法附則10の5）。

＜参考＞医療法第52条第1項

> 　医療法人は、厚生労働省令で定めるところにより、毎会計年度終了後3月以内に、次に掲げる書類を都道府県知事に届け出なければならない。
> 一　事業報告書等
> 二　監事の監査報告書
> 三　医療法第51条第2項の医療法人は、公認会計士等の監査報告書

10　権限の委任

　厚生労働大臣の移行計画の認定（平成18年改正医療法附則10の3）や移行計画の変更等（同10の4）に関する権限は、「地方厚生局長へ委任することができる（平成18年改正医療法附則10の9①）。」とされ、更に、地方厚生局長に委任された権限は、「地方厚生支局長に委任することができる（平成18年改正医療法附則10の9②）。」とされています。

11 改正前認定医療法人に関する経過措置

平成29年9月30日以前の認定を受けた医療法人で、持分の定めのない医療法人へ移行していないもの（改正前認定医療法人）で、移行計画に記載された移行期限までの間にあるものは、平成29年10月1日以降、改正後の認定（特例認定）を改めて受けることができます。これにより、みなし贈与課税（相法66④）がされないで、「持分なし」社団医療法人への移行が可能となります。ただし、移行計画の移行期限は、当初の認定日から起算して3年を超えてはならないとされています（平成29年改正医療法附則8①）。特例認定を受けた場合には、当初認定は将来に向かってその効力を失い、特例認定を受けた認定医療法人には、改正後の平成18年改正医療法附則第10条の3から第10条の8（移行計画の認定、移行計画の変更等、認定の失効、援助及び報告）の規定が適用されることになります（平成29年改正医療法附則8②）。

12 手続きの流れと定款例

移行計画認定制度の手続きの流れは（**図表6**）のようになります。

Q2 持分なし医療法人への円滑な移行促進策 *225*

(図表6)

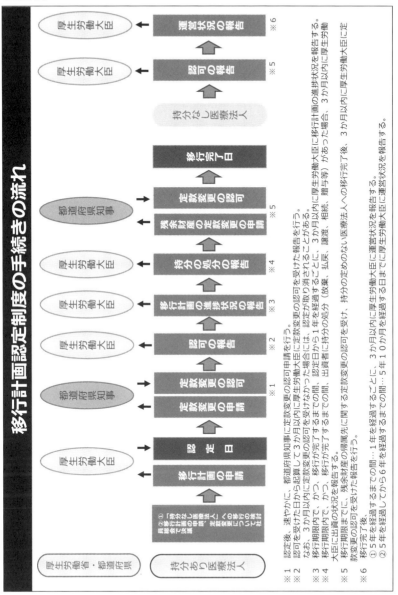

出典:厚生労働省「持分なし医療法人への移行計画認定制度〜平成29年 医療法改正〜」より

＜参考＞認定医療法人の定款例

第34条　本社団が解散した場合の残余財産は、払込済出資額に応じて分配するものとする。 第35条　本社団は、総社員の同意があるときは、○○県知事（厚生労働大臣）の認可を得て、他の社団医療法人と合併することができる。 　　第9章　持分の定めのない医療法人への移行 <u>第36条　本社団は、移行計画の認定を受けた認定医療法人である。</u> <u>2　租税特別措置法に基づく相続税・贈与税の納税猶予を受けていた社員（本社団の出資持分を当該納税猶予等に係る担保として提供している者に限る。）について、納税猶予分の税額の猶予期限が確定し、納付義務が生じたにも関わらず、これを履行しなかった場合、第9条の規定に関わらず、本社団は担保権者の払戻し請求に応じるものとする。</u> 　　第10章　雑則 第37条　本社団の公告は、官報（及び○○新聞）によって行う。 第38条　この定款の施行細則は、理事会及び社員総会の議決を経て定める。 　　附　則 本社団設立当初の役員は、次のとおりとする。 　理　事　長　○　○　○　○ 　理　　　事　○　○　○　○ 　　　同　　　　○　○　○　○ 　　　同　　　　○　○　○　○ 　　　同　　　　○　○　○　○ 　　　同　　　　○　○　○　○ 　監　　　事　○　○　○　○ 　　　同　　　　○　○　○　○ 　　附　則 <u>この定款の変更は、平成○○年○○月○○日から施行する。</u>	・移行計画の認定を受けた医療法人である旨を定款に規定する。 ・相続税・贈与税の納税猶予を受けていた出資者等が、納付義務を果たさない場合は、医療法人は担保権者の払戻請求に応じることを規定する。 ・施行日は、定款変更についての都道府県知事の認可があった日とする。

「持分なし医療法人」への移行に関する手引書（厚生労働省医政局経営支援課）より

別添様式1

附則様式第1 （附則第56条第1項関係）

移行計画認定申請書

年　　　月　　　日

厚生労働大臣　　殿

法 人 所 在 地
法　人　　名
代表者の氏名　　　　　　　　　　　　印

　良質な医療を提供する体制の確立を図るための医療法等の一部を改正する法律附則第10条の3第1項の認定を受けたいので、下記のとおり申請します。

記

1　法人の設立年月日　　　　　　年　　　月　　　日

2　法人が開設する病院・診療所・介護老人保健施設名等

医療機関等の名称	所　在　地

3　現在の法人類型
　（　　）　イ　出資額限度法人
　（　　）　ロ　出資額限度法人以外の医療法人

別添様式2

附則様式第2（附則第56条第2項関係）

移行計画

年　　月　　日

法 人 所 在 地
法 人 名
代表者の氏名　　　　　　　　　　　印

記

1　移行しようとする法人類型
　（　　）　イ　社会医療法人
　（　　）　ロ　特定医療法人
　（　　）　ハ　基金拠出型医療法人
　（　　）　ニ　イからハまでに掲げる医療法人以外の医療法人

2　移行に向けた取組の内容

別添様式2

3　移行に向けた検討の体制

4　出資持分の放棄又は払戻の見込み

出資者数　　　　：　　　　人
持分放棄の見込み：　　　　人（全部放棄：　　人、一部放棄：　　　人）
持分払戻の見込み：　　　　人（全部払戻：　　人、一部払戻：　　　人）
持分払戻見込み額：　　　　　　　　　　　　円

- -

基金拠出型医療法人へ移行する場合
　　　基金拠出予定者数：　　　　　人
　　　基金拠出予定総額：　　　　　　　円

※1）　持分の一部を放棄し、一部を払戻する出資者については、「持分放棄の見込み」
　　及び「持分払戻の見込み」の「一部払戻」の欄に、それぞれ記載すること。

5　移行の期限

　　　　　年　　月　　日まで

別添様式2

6　融資制度利用の見込み

| 利用の見込み　　　（　　）有　・　（　　）無 |
| 融資申請予定額：　　　　　　　　　　　　　　　円 |

7　合併の見込み

合併の見込み　　　（　　）有　・　（　　）無
合併の方式　　　　（　　）吸収合併　・　（　　）新設合併
吸収合併の場合の法人の状況　　　（　　）存続　・　（　　）消滅
合併の相手方　　法人所在地
　　　　　　　　法　人　名
　　　　　　　　代表者の氏名
合併の時期　　　　　　年　　月頃

別添様式3

附則様式第3（附則第57条第2項関係）

出 資 者 名 簿

法　人　名：＿＿＿＿＿＿＿＿＿＿＿

代表者の氏名：＿＿＿＿＿＿＿＿＿＿

＿＿＿＿年　　月　　日現在

No.	出資者の氏名又は名称	住　　所	出 資 年 月 日	出 資 金 額	持分放棄の見込み
1			年　　月　　日	円	有　・　無
2			年　　月　　日	円	有　・　無
3			年　　月　　日	円	有　・　無
4			年　　月　　日	円	有　・　無
5			年　　月　　日	円	有　・　無
6			年　　月　　日	円	有　・　無
7			年　　月　　日	円	有　・　無
8			年　　月　　日	円	有　・　無
9			年　　月　　日	円	有　・　無
10			年　　月　　日	円	有　・　無
11			年　　月　　日	円	有　・　無
12			年　　月　　日	円	有　・　無
13			年　　月　　日	円	有　・　無
14			年　　月　　日	円	有　・　無
15			年　　月　　日	円	有　・　無
16			年　　月　　日	円	有　・　無
17			年　　月　　日	円	有　・　無
18			年　　月　　日	円	有　・　無
19			年　　月　　日	円	有　・　無
20			年　　月　　日	円	有　・　無
合　　　計				円	

※注　出資持分の放棄、払戻、譲渡、相続、贈与があった際には、出資者名簿の書き換えを行うこと。

別添様式5

附則様式第4 （附則第58条第1項関係）

移行計画変更認定申請書

年　　月　　日

厚生労働大臣　　殿

法 人 所 在 地
法 　 人 　 名
代表者の氏名　　　　　　　　　　　　　印

　　年　　月　　日付け番　　　　号の良質な医療を提供する体制の確立を図るための
医療法等の一部を改正する法律附則第10条の3第1項の認定について、下記のとおり変更
したいので、同法附則第10条の4第1項の認定を申請します。

記

別添様式6

附則様式第5（附則第60条第1項から第3項まで関係）

実施状況報告書

年　　月　　日

厚生労働大臣　　殿

法 人 所 在 地
法 人 　 名
代表者の氏名　　　　　　　　　　　　　印

　良質な医療を提供する体制の確立を図るための医療法等の一部を改正する法律附則第10条の8の規定により、下記のとおり移行計画の実施状況を報告します。

記

1　実施状況報告の種別　　（　　）医療法施行規則附則第60条第1項に基づく報告
　　　　　　　　　　　　　（　　）同条第2項に基づく報告
　　　　　　　　　　　　　　　　（移行計画の認定を受けた旨の定款変更）
　　　　　　　　　　　　　（　　）同条第2項に基づく報告
　　　　　　　　　　　　　　　　（新医療法人へ移行する旨の定款変更）
　　　　　　　　　　　　　（　　）同条第3項に基づく報告

2　報告が必要となった理由が生じた日　　　　　年　　　月　　　日

3　新医療法人への移行の進捗状況等

234　Ⅳ　平成29年10月1日以後の認定医療法人制度と税制措置

別添様式7

附則様式第8　（附則第60条第1項及び第5項関係）

運営の状況に関する報告書

年　　月　　日

厚生労働大臣　　殿

法 人 所 在 地
法 人 名
代表者の氏名　　　　　　　　　　　　　　印

　良質な医療を提供する体制の確立を図るための医療法等の一部を改正する法律附則第10条の8の規定により、下記のとおり、運営に関する状況を報告します。

記

1　実施状況報告の種別　　（　　）医療法施行規則附則第60条第1項に基づく報告
　　　　　　　　　　　　　（　　）同条第2項に基づく報告
　　　　　　　　　　　　　　　　（新医療法人へ移行する旨の定款変更）
　　　　　　　　　　　　　（　　）同条第5項に基づく報告

2　医療法施行規則附則第60条第5項に基づく報告の場合には、新医療法人へ移行する旨の定款の変更について法第50条第1項の認可を受けた日　　　年　　　月　　　日

3　法人の運営に関して、前回の報告時（初めての報告の場合には認定時）から変更のあった事項
　　・
　　・

添付書類
　・直近の三会計年度（法第53条に規定する会計年度をいう。）に係る貸借対照表及び損益計算書
　・附則第57条の2第1項各号に掲げる要件に該当する旨を説明する書類

別添様式8
附則様式第6（附則第60条第3項第2号関係）

出資持分の状況報告書

法人名：

No.	出資者名	出資額 A	出資持分評価額 B	出資割合 (%) C	持分放棄額 D	持分払戻額 E	持分譲渡額 F	基金拠出額 G	合計 D+E+F+G=H
1		円	円	%	円	円	円	円	円
2		円	円	%	円	円	円	円	円
3		円	円	%	円	円	円	円	円
4		円	円	%	円	円	円	円	円
5		円	円	%	円	円	円	円	円
6		円	円	%	円	円	円	円	円
7		円	円	%	円	円	円	円	円
8		円	円	%	円	円	円	円	円
9		円	円	%	円	円	円	円	円
10		円	円	%	円	円	円	円	円
11		円	円	%	円	円	円	円	円
12		円	円	%	円	円	円	円	円
13		円	円	%	円	円	円	円	円
14		円	円	%	円	円	円	円	円
15		円	円	%	円	円	円	円	円
16		円	円	%	円	円	円	円	円
17		円	円	%	円	円	円	円	円
18		円	円	%	円	円	円	円	円
19		円	円	%	円	円	円	円	円
20		円	円	%	円	円	円	円	円
計		円	円	%	円	円	円	円	円

出資持分の放棄・払戻・譲渡・相続・贈与・基金拠出の内容等

注 「出資持分の放棄・払戻・譲渡・相続・贈与・基金拠出の内容等」欄には、異動の日付け、内容、理由等について具体的に記載すること。

別添様式9

附則様式第7（附則第60条第4項関係）

出資持分の放棄申出書

年　　月　　日

法 人 所 在 地：
法　人　　名：
代表者の氏名：　　　　　　　　　殿

住　　所
氏　　名　　　　　　　　印

私は、下記のとおり出資に係る持分及びこれに基づく一切の請求権を放棄します。

記

1　出 資 先：（法人名）
2　出 資 者 名：
3　出 資 時 期：　　　年　　　月　　　日
4　出 資 額：金　　　　　　　　　円
5　放棄の内容：

6　放 棄 日：

Q3 「運営に関する要件」の詳細と留意点＜その１＞ **237**

Q3 「運営に関する要件」の詳細と留意点

＜その１＞認定要件に加えられた「運営に関する要件」

医療法改正により、平成29年10月１日以後に認定を受ける際は「運営に関する要件」を８つ満たさなければならないと聞きました。具体的な要件は何ですか。

A

1 改正後の認定要件

平成26年10月１日にスタートした認定医療法人制度の認定要件は、平成29年９月30日までは次の３つでした（平成18改正医療法附則10の３④）。

① 社員総会の議決があること

② 移行計画が有効かつ適正であること

③ 移行計画期間が３年以内であること

これが、医療法改正により、平成29年10月１日以後、「運営に関する要件（平成18改正医療法附則10の３④四）」が追加されて４つとなりました。

2 適正な「運営に関する要件」

追加された「運営に関する要件」は、次のように規定されています（平成18改正医療法附則10の３④四）。

当該申請に係る経過措置医療法人が、その運営に関し、社員、理事、監事、使用人その他の当該経過措置医療法人の関係者に対し特別の利益を与えないものであることその他の厚生労働省令で定める要件に適合するものであること。

3 厚生労働省令で定める8要件

厚生労働省令では、「運営に関する要件」について、次の「運営方法」5項目、「事業状況」3項目の合計8項目を挙げています（**図表1**参照、医療法施行規則57条の2）。

（図表1）運営に関する8要件

		要件
運営方法	①	法人関係者に対し、特別の利益を与えないこと
	②	役員に対する報酬等が不当に高額にならないような支給基準を定めていること
	③	株式会社等に対し、特別の利益を与えないこと
	④	遊休財産額は事業にかかる費用の額を超えないこと
	⑤	法令に違反する事実、帳簿書類の隠蔽等の事実その他公益に反する事実がないこと
事業状況	⑥	社会保険診療等（介護、助産、予防接種含む）に係る収入金額が全収入金額の80％を超えること
	⑦	自費患者に対し請求する金額が、社会保険診療報酬と同一の基準によること
	⑧	医業収入が医業費用の150％以内であること

出典：厚生労働省「持分なし医療法人への移行計画認定制度～平成29年医療法改正～」より

4 現行の非課税要件と新たな認定制度の運営に関する要件

経過措置医療法人が、出資社員の持分放棄により受けた経済的利益について、みなし贈与課税（相法66④）が非課税となるには、「不当減少要件（相令33③）」をクリアする必要があります。具体的には（**Q1**、207ページ）に示すような基準をすべて満たす必要があります。しかし、この非課税基準の中には、役員数や役員の親族要件など実務上ハードルの高い基準や、医療計画への記載など法人の努力だけでは解決できない基準もあります。そこで、平成29年6月に医療法が改正されて、平成29年10月1日から3年の間に厚生労働大臣認定を受ける医療法人については、8項目からな

る「運営に関する要件」を新たに認定要件に加え（**図表２**参照）、税制改正により、認定を受けた医療法人の移行時のみなし贈与課税を非課税とする措置が講じられました（措法70の７の10①）。

（図表２）移行計画認定の要件のうち新たに追加された要件（医療法施行規則附則第57条の２）

		要　件
運営方法	①	法人関係者に対し、特別の利益を与えないこと
	②	役員に対する報酬等が不当に高額にならないよう支給基準を定めていること
	③	株式会社等に対し、特別の利益を与えないこと
	④	遊休財産額は事業にかかる費用の額を超えないこと
	⑤	法令に違反する事実、帳簿書類の隠蔽等の事実その他公益に反する事実がないこと
事業状況	⑥	社会保険診療等（介護、助産、予防接種含む）に係る収入金額が全収入金額の80％を超えること
	⑦	自費患者に対し請求する金額が、社会保険診療報酬と同一の基準によること
	⑧	医業収入が医業費用の150％以内であること
要件にしない	×	役員数（理事６人以上、監事２人以上）
	×	病院、診療所の名称が医療連携体制を担うものとして医療計画に記載
	×	役員等のうち親族・特殊の関係がある者は３分の１以下であること
	×	他の同一の団体関係者が理事の３分の１以下
	×	他の団体の意思決定可能な株式等を保有しない

出典：厚生労働省「持分なし医療法人への移行計画認定制度～平成29年　医療法改正～」より

現行の非課税要件と新たな認定制度の「運営に関する要件」を比較すると（**図表3**）のようになります。課税の課否判定が、現行の場合は税務署の個別判断となるのに対し、平成29年10月1日以後の認定医療法人制度では、厚生労働大臣が要件を満たしていることを確認して認定することにより、非課税で移行できることとなるため、相当インパクトのある制度となっています。

（図表3）認定要件の比較

	法人贈与税非課税基準（国税庁通知）	新たな認定要件（厚生労働省令に規定）
要件	○役員数（理事6人以上、監事2人以上）	－
	○病院、診療所の名称が医療連携体制を担うものとして医療計画に記載されていること	
	○役員等のうち、親族・特殊の関係があるものは3分の1以下であること	－
	○事業運営及び役員等の選任等が定款に基づき行われている等	－
	○社会保険診療報酬（介護保険・助産を含む）に係る収入金額が全収入金額の80%を超えること	○社会保険診療報酬（介護保険・助産・予防接種を含む）に係る収入金額が全収入金額の80%を超えること
	○自費患者に対する請求方法が社会保険診療報酬と同一の基準で計算	○自費患者に対する請求方法が社会保険診療報酬と同一の基準で計算
	○医業収入が医業費用の150%以内であること	○医業収入が医業費用の150%以内であること
	○役員に対する報酬等が不当に高額とならないような支給基準を定めていること	○役員に対する報酬等が不当に高額にならないような支給基準を定めていること
	○法人関係者に対し、特別の利益を与えないこと	○法人関係者に対し、特別の利益を与えないこと
	○法令違反がないこと	○法令違反がないこと
	－	○株式会社等に対し、特別の利益を与えないこと ○遊休資産を過剰に保有しないこと
判定者	税務署が個別に判断	厚生労働大臣が要件を満たしていることを確認して認定

【参考】
①社会医療法人における役員報酬基準
　：民間企業との比較、従業員給与との比較、法人の経営の状況等を考慮して、不当に高額とならないよう基準を定めていること
②社会医療法人における株式会社等への利益供与禁止
　：株式会社その他の営利事業を営む者に対して、寄附その他の特別の利益を与える行為を行わないこと
③社会医療法人における遊休資産の保有制限
　：現在及び将来に向けて法人の事業に使用されない遊休資産が、毎年度の事業費用を超えないこと

出典：厚生労働省「持分なし医療法人への移行計画認定制度〜平成29年　医療法改正〜」より

Q3 「運営に関する要件」の詳細と留意点
＜その２＞法人関係者に対し、特別の利益を与えないこと

改正により追加された認定要件である「運営に関する要件」のうち、「法人関係者に対し、特別の利益を与えないこと」について解説してください。

A

1 法人関係者に対し、特別の利益を与えないこと

改正により追加された認定要件である「運営に関する要件」の一つ目は「法人関係者に対し、特別の利益を与えないこと」で、次のように規定されています（医療法施行規則57の２①一イ）。

その事業を行うに当たり、社員、理事、監事、使用人その他の当該経過措置医療法人の関係者に対し特別の利益を与えないものであること。

2 法人関係者の範囲

「特別の利益を与えない」対象者である医療法人の関係者の範囲は、次に掲げる者とされています（厚生労働省医政局医療経営支援課長通知「持分の定めのない医療法人への移行に関する計画の認定制度について」より平成29年９月29日　医政支発0929第１号。以下Ⅳにおいて「課長通知」とする。）。

① 当該医療法人の理事、監事、これらの者に準じ当該医療法人が任意に設置するもの又は使用人

② 出資者（持分の定めのない医療法人に移行した後にあっては、従前の出資者であって持分を放棄した者を含む。）

③ 当該医療法人の社員

④ ①から③までに掲げる者の配偶者及び三親等以内の親族

⑤ ①から③までに掲げる者と婚姻の届出をしていないが事実上婚姻関係と同様の事情にある者

⑥ ①から③までに掲げる者から受ける金銭その他の財産によって生計を維持している者

⑦ ⑤又は⑥に掲げる者の親族でこれらの者と生計を一にしている者

　社員や理事、監事、使用人だけではなく幅広く特別の利益を与えない対象者を捉えています。なお、表中①の「これらの者に準じ当該医療法人が任意に設置するもの」とは、顧問や相談役といった医療法に定めのない役職が該当するものと考えられます。

▌3　特別の利益を与えること

　「特別の利益を与えること」については、経過措置医療法人が上記2に掲げる者に、例えば次のいずれかの行為をすると認められ、その行為が社会通念上不相当と認められる場合には、特別の利益を与えているものと判断するとされています（課長通知より）。

イ　当該医療法人の所有する財産をこれらの者に居住、担保その他の私事に利用させること

ロ　当該医療法人の余裕金をこれらの者の行う事業に運用していること

ハ　当該医療法人の他の従業員に比し有利な条件で、これらの者に金銭の貸付をすること

ニ　当該医療法人の所有する財産をこれらの者に無償又は著しく低い

価額の対価で譲渡すること

ホ　これらの者から金銭その他の財産を過大な利息又は賃貸料で借り
　受けること

ヘ　これらの者からその所有する財産を過大な対価で譲り受けること、
　又はこれらの者から当該医療法人の事業目的の用に供するとは認め
　られない財産を取得すること

ト　これらの者に対して、当該医療法人の役員等の地位にあることの
　みに基づき給与等を支払い、又は当該医療法人の他の従業員に比し
　過大な給与等を支払うこと

チ　これらの者の債務に関して、保証、弁済、免除又は引受け（当該
　医療法人の設立のための財産の提供に伴う債務の引受けを除く。）を
　すること。

リ　契約金額が少額なものを除き、入札等公正な方法によらないで、
　これらの者が行う物品の販売、工事請負、役務提供、物品の賃貸そ
　の他の事業に係る契約の相手方となること。

ヌ　事業の遂行により供与する利益を主として、又は不公正な方法で、
　これらの者に与えること。

Q3 「運営に関する要件」の詳細と留意点
＜その３＞役員に対する報酬等が不当に高額にならないような支給基準を定めていること

> 改正により追加された認定要件である「運営に関する要件」のうち、「役員に対する報酬等が不当に高額にならないような支給基準を定めていること」について解説してください。

A

「役員に対する報酬等が不当に高額にならないような支給基準を定めていること」とは次のように規定されています（医療法施行規則57の2①一ロ）。

> その理事及び監事に対する報酬等について、民間 事業者の役員の報酬等及び従業員の給与、当該経過 措置医療法人の経理の状況その他の事情を考慮して、不当に高額なものとならないような支給の基準を定めているものであること。

ここでいう「報酬等」とは、「報酬、賞与その他の職務遂行の対価として受ける財産上の利益及び退職手当（医療法施行規則第30条の35の3第1項第1号ニ）」とされます。

なお、理事等に対する報酬等の支給の基準においては、理事等の勤務形態に応じた報酬等の区分及びその額の算定方法並びに支給の方法及び形態に関する事項を定めるものとすること。理事等が当該医療法人の使用人として給与、賞与等を受ける場合は、理事等の報酬等と使用人として受ける給与、賞与等を併せて評価するものとする、とされています（課長通知より）。

（参考）

○社会医療法人の認定基準…不当に高額なものとならないような支給の基準を定めていること

○特定医療法人の認定基準…役員一人につき年間の給与総額（俸給、給料、賃金、歳費及び賞与並びにこれらの性質を有する給与の総額をいう。）が3,600万円を超えないこと

Q3 「運営に関する要件」の詳細と留意点

＜その４＞株式会社等に対し、特別の利益を与えないこと

> 改正により追加された認定要件である「運営に関する要件」のうち、「株式会社等に対し、特別の利益を与えないこと」について解説してください。

A

1 医療法施行規則の規定

「株式会社等に対し、特別の利益を与えないこと」とは次のように規定されています（医療法施行規則57の２①一ハ）。

> その事業を行うに当たり、株式会社その他の営利事業を営む者又は特定の個人若しくは団体の利益を図る活動を行う者に対し、寄附その他の特別の利益を与える行為を行わないものであること。ただし、公益法人等に対し、当該 公益法人等が行う公益目的の事業のために寄附その他の特別の利益を与える行為を行う場合は、この限りでない。

この規定における「特定の個人若しくは団体の利益を図る活動を行う者」とは次に掲げる者とされます（課長通知より）。

(1) 株式会社その他の営利事業を営む者に対して寄附その他の特別の利益を与える活動（公益法人等に対して、当該公益法人等が行う公益社団法人及び公益財団法人の認定等に関する法律第２条第４号に規定する公益目的事業又は医学若しくは医術又は公衆衛生に関する事業のために寄附その他の特別の利益を与えるものを除く。）を行う個人又は団体

(2) 特定の者から継続的に若しくは反復して資産の譲渡、貸付け若しくは役務の提供を受ける者又は特定の者の行う会員等相互の支援、交流、連

絡その他その対象が会員等である活動に参加する者に共通する利益を図る活動を行うことを主たる目的とする団体

2 MS法人（メディカル・サービス法人）との取引

実務上、医療法人が株式会社その他の営利事業を営む者と取引するというと、いわゆるMS法人（メディカル・サービス法人）との取引が思い浮かびます。医療法人とMS法人の取引そのものが「特別利益を与える行為」となるのでしょうか。これに関して厚生労働省は次のような見解を示しています。

○「持分の定めのない医療法人への移行に係る質疑応答集（Q＆A）」

（厚生労働省医政局指導課　平成26年1月23日事務連絡）

> Q6．医療法人の役員がMS法人（メディカル・サービス法人）を設立している場合は、相続税法施行令第33条第3項第2号に規定されている「特別の利益を与えない」との要件を満たさないこととなるのか。

A6．医療法人の役員がMS法人を設立していることのみをもって、「特別の利益を与えない」との要件を満たさないこととはならないものと思われる。

　なお、「特別の利益を与えること」について、国税庁の通達にその例が示されている。

例えば、医療法人とMS法人との間に取引がある場合において、その取引が「特別の利益を与えること」に該当するかどうかは、個別の事案に応じて、その対価の適正性など、様々な事情を勘案して総合的に判断するものと思われる。

この見解に従えば、医療法人がその役員の設立したMS法人（メディカル・サービス法人）と取引を行うことのみをもって「特別利益を与える行為」には該当しないといえます。そして、「個別の事案に応じて、その対

価の適正性など、様々な事情を勘案して総合的に判断する」とされています。具体的な取引に際しては242ページが参考となります。

Q3 「運営に関する要件」の詳細と留意点
＜その５＞遊休財産額は事業に係る費用の額を超えないこと

　改正により追加された認定要件である「運営に関する要件」のうち、「遊休財産額は事業に係る費用の額を超えないこと」について解説してください。

A

1　医療法施行規則の規定

「遊休財産額は事業にかかる費用の額を超えないこと」とは次のように規定されています（医療法施行規則57の2①一ニ）。

　当該経過措置医療法人の毎会計年度の末日における遊休財産額は、直近に終了した会計年度の損益計算書に計上する事業（法第42条の規定に基づき同条各号に掲げる業務として行うものを除く。）に係る費用の額を超えてはならないこと。

　この規定における「費用の額」とは、損益計算書（「事業報告書等通知（平成19年医政指発第0330003号）」の1の⑷に規定する損益計算書）の本来業務事業損益に係る事業費用の額をいうものとされています（**図表1参照**）。

(図表1)

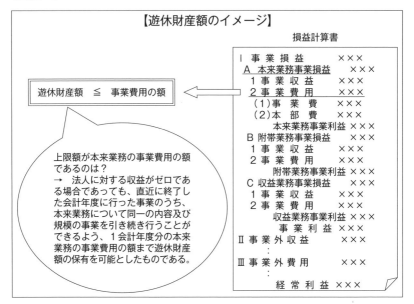

出典:厚生労働省「持分なし医療法人への移行計画認定制度〜平成29年 医療法改正〜」より

2 遊休財産額の算定法

遊休財産額は、その医療法人の業務のために現に使用されておらず、かつ、引き続き使用されることが見込まれない財産の価額の合計額として、次の算式で計算した額とされます。

$$(直近 B/S 保有資産総額_{(注1)} - X_{(注2)}) \times \frac{純資産額_{(注3)}}{資産総額_{(注4)}} = 遊休財産額$$

(注1) 直近 B/S 保有資産総額
　　　直近に終了した会計年度の貸借対照表に計上するその医療法人の保有する資産の総額。
(注2) X

Xは次のイからホまでに掲げる資産のうち保有する資産の明細表に記載されたものの帳簿価額の合計額。

イ　その医療法人が開設する病院、診療所又は介護老人保健施設の業務の用に供する財産
ロ　医療法第42条（附帯業務）の各号に規定する業務の用に供する財産
ハ　イ・ロに掲げる業務を行うために保有する財産（現に使用されていないが、イ・ロに掲げる業務のために使用されることが見込まれる財産とし、業務の用に供するまでに発生する請負前渡金及び建設用材料部品の買入代金等を含む。）
ニ　減価償却引当特定預金（イ・ロに掲げる業務を行うための財産の取得又は改良に充てるために保有する資金をいう。）であって、以下の要件を満たすもの
a　減価償却費に対応する資産の取得・改良に充てるための資金に限るものとし、減価償却累計額を上限とする。
b　貸借対照表において次の科目をもって掲記し、他の資金と明確に区分して経理されていること。 ・資産の部　減価償却引当特定預金（固定資産のその他の資産に掲記）
c　その資金の目的である支出に充てる場合を除くほか、取り崩すことができないものであること。ただし、正当な理由がないのにその資金の目的である財産を取得せず、又は改良しない事実があった場合には、理事会及び社員総会の議決を経て、その資金の額を取り崩さなければならないこと。
ホ　特定事業準備資金（将来の特定の事業（定款に定められた事業に限る。）の実施のために特別に支出（引当金に係る支出及びニの資金を除く。）する費用に係る支出に充てるために保有する資金）であって以下の要件を満たすもの
a　その資金の目的である事業が、定款において定められていること。
b　その資金の額が合理的に算定されていること。

> c　その資金の目的である事業ごとに、貸借対照表において次の
> 科目をもって掲記し、他の資金と明確に区分して経理されてい
> ること。
>
> (a)　資産の部　○○事業特定預金（固定資産のその他の資産に
> 掲記）
>
> (b)　純資産の部　○○事業積立金（利益剰余金その他利益剰余
> 金に掲記）
>
> d　その資金の目的である支出に充てる場合を除くほか、取り崩
> すことができないものであること。ただし、正当な理由がない
> のにその資金の目的である事業を行わない事実があった場合に
> は、理事会及び社員総会の議決を経て、その資金の額を取り崩
> さなければならないこと。

（注3）　純資産額

　　　純資産額は、貸借対照表（「事業報告書等通知（平成19年医政指発第
0330003号）」の1の(3)に規定する貸借対照表）上の資産の額から負債の
額を控除して得た額をいう。

（注4）　純資産額の資産の総額に対する割合

　　　純資産額の資産の総額に対する割合は、貸借対照表の純資産の部の合
計額の資産の部の合計額に占める割合をいう。ただし、評価・換算差額
等を計上する場合にあっては、その評価・換算差額等の額を純資産の部
の合計額及び資産の部の合計額からそれぞれ控除するものとする。

　なお、医療法人の経理は、その法人が行う業務の種類及び規模に応じ
て、その内容を適正に表示するに必要な帳簿書類を備えて、収入及び支出
並びに資産及び負債の明細が適正に記帳されていなければならないとされ
ています。

（図表２）遊休財産額のイメージ

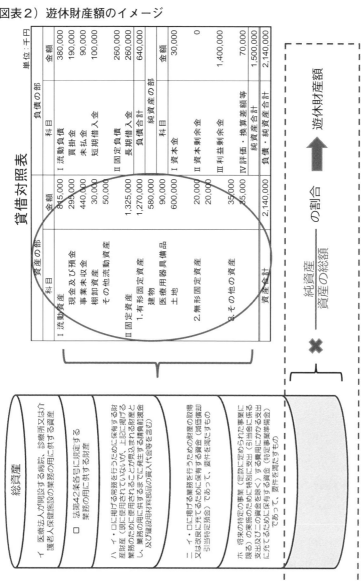

出典：厚生労働省「持分なし医療法人への移行計画認定制度～平成29年医療法改正～」より

Q3 「運営に関する要件」の詳細と留意点

＜その６＞法令に違反する事実、帳簿書類の隠蔽等の事実その他公益に反する事実がないこと

改正により追加された認定要件である「運営に関する要件」のうち、「法令に違反する事実、帳簿書類の隠蔽等の事実その他公益に反する事実がないこと」について解説してください。

A

「法令に違反する事実、帳簿書類の隠蔽等の事実その他公益に反する事実がないこと」とは次のように規定されています（医療法施行規則57の2①一ホ）。

> 当該経過措置医療法人につき法令に違反する事実、その帳簿書類に取引の全部若しくは一部を隠蔽し、又は仮装して記録若しくは記載をしている事実その他公益に反する事実がないこと。

この要件については、申請日の属する会計年度及び前会計年度について申請日の前日までの間において該当する事実がないことを確認するとされています（課長通知より）。

また、「法令に違反する事実」とは、例えば、医療に関する法令の場合には次に掲げるいずれかの事実がある場合をいうものとするとされています（課長通知より）。

> イ　医療に関する法律に基づき医療法人又はその理事長が罰金刑以上の刑事処分を受けた場合
>
> ロ　医療法人の開設する医療機関に対する医療監視の結果、重大な不適合事項があり、都道府県知事から改善勧告が行われたが是正されない場合
>
> ハ　法第30条の11の規定に基づく都道府県知事の勧告に反する病院の開設、

増床又は病床種別の変更が行われた場合

ニ　医療法人の業務若しくは会計が法令、法令に基づく都道府県知事の処分、定款に違反し、又はその運営が著しく適正を欠くと認められた場合であって、法第64条第1項の必要な措置をとるべき旨の命令若しくは同条第2項の業務の全部若しくは一部の停止の命令又は役員の解任の勧告が発せられた場合

ホ　その他イからニまでに相当する医療関係法令についての重大な違反事実があった場合

　なお、「公益に反する事実」に関し、厚生労働省は次のような見解を示しています。

○「持分の定めのない医療法人への移行に係る質疑応答集（Q&A）」
　（厚生労働省医政局指導課　平成26年1月23日事務連絡）

　Q7．相続税法施行令第33条第3項第4号に規定されている「公益に反する事実」とは、具体的にどのような事実か。例えば、脱税行為や診療報酬の不正請求は、これに当たるのか。

　A7．「公益に反する事実」というのは、個別の事案の事情により、いろいろな角度から検討されるべきものである。

　例えば、一般的に脱税行為や診療報酬の不正請求はこれに当たるものと考えられるが、最終的には、個別の事案に応じて、その行為の違法性など、様々な事情を勘案して総合的に判断するものと思われる。

Q3 「運営に関する要件」の詳細と留意点

＜その７＞社会保険診療等（介護、助産、予防接種含む）に係る収入金
額が全収入金額の80％を超えること

> 改正により追加された認定要件である「運営に関する要件」のう
> ち、「社会保険診療等（介護、助産、予防接種含む）に係る収入金額
> が全収入金額の80％を超えること」について解説してください

A

1 医療法施行規則の規定

「社会保険診療等（介護、助産、予防接種含む）に係る収入金額が全収
入金額の80％を超えること」とは次のように規定されています（医療法施
行規則57の2①ニイ）。

> 社会保険診療に係る収入金額、健康増進事業に係る収入金額、予防接種
> （予防接種法第２条第６項に規定する定期の予防接種等その他厚生労働大臣
> が定める予防接種をいう。）に係る収入金額、助産に係る収入金額及び介護
> 保険法の規定による保険給付に係る収入金額（租税特別措置法第26第２項４
> 号に掲げる給付に係る収入金額を除く。）の合計額が、全収入金額の100分の
> 80を超えること。

なお、この規定における「全収入金額」とは、損益計算書（「事業報告
書等通知（平成19年医政指発第0330003号）」の１の(4)に規定する損益計算
書）の本来業務事業損益、附帯業務事業損益に係る事業収益の合計額とさ
れています。

2　社会保険診療収入等に該当するもの

　この要件の「社会保険診療収入等に該当するもの」とは次に掲げるものをいいます（医療法施行規則30の35の3①ニイ、57の2ニイ）。

(1)　社会保険診療（措法第26条第2項に規定する社会保険診療をいう。）収入

(注1)　社会保険診療には、介護保険法の規定による以下の部分が含まれる。

　　①　指定居宅サービス（訪問看護、訪問リハビリテーション、居宅療養管理指導、通所リハビリテーション、短期入所療養介護に限る。）のうち、当該居宅介護サービス費の額の算定に係る当該指定居宅サービスに要する費用の額として介護保険法の規定により定める金額に相当する部分

　　②　指定介護予防サービス（介護予防訪問看護、介護予防訪問リハビリテーション、介護予防居宅療養管理指導、介護予防通所リハビリテーション、介護予防短期入所療養介護に限る。）のうち当該介護予防サービス費の額の算定に係る当該指定介護予防サービスに要する費用の額として介護保険法の規定により定める金額に相当する部分

(注2)　労働者災害補償保険法にかかる患者の診療報酬（社会保険診療報酬と同一基準の場合又は診療報酬が少額（全収入金額の概ね10%以下場合）の場合に限る）を含む。

(2)　健康増進事業収入

(注3)　健康増進法第6条各号に掲げる健康増進事業実施者が行う同法第4条に規定する健康増進事業（健康診査に係るものに限る。）に係る収入金額（次のイからヌに掲げるもので社会保険診療報酬と同一の基準により計算されている場合に限る。）

イ	健康保険法第150条第1項の規定により保険者が行う健康診査
ロ	船員保険法第111条第1項の規定により全国健康保険協会が行う健康診査
ハ	国民健康保険法第82条第1項の規定により保険者が行う健康診査

ニ	国家公務員共済組合法第98条第1項の規定により国家公務員共済組合又は国家公務員共済組合連合会が行う健康診査
ホ	地方公務員等共済組合法第112条第1項の規定により地方公務員共済組合又は全国市町村職員共済組合連合会が行う健康診査
ヘ	私立学校教職員共済法第26条第1項の規定により日本私立学校振興・共済事業団が行う健康診査
ト	学校保健安全法第5条の規定により学校において実施される健康診断又は同法第11条の規定により市町村の教育委員会が行う健康診断
チ	母子保健法第12条又は第13条の規定により市町村が行う健康診査
リ	労働安全衛生法第66条各項の規定により事業者が行う健康診断若しくは労働者が受ける健康診断又は同法第66条の2の規定により労働者が自ら受ける健康診断
ヌ	高齢者の医療の確保に関する法律第20条又は第26条の規定により保険者が行う特定健康健康診査及び第125条第1項の規定により後期高齢者医療広域連合が行う健康診査

(3) 予防接種収入

(注4) 予防接種法第2条第6項に規定する定期の予防接種等その他厚生労働大臣が定める予防接種をいう。

「その他厚生労働大臣が定める予防接種」とは以下のものをいう(厚生労働省告示314)。

イ	麻しんに係る予防接種(予防接種法第2条第6項に規定する定期の予防接種等(以下「定期の予防接種等」という。)を除く。)
ロ	風しんに係る予防接種(定期の予防接種等を除く。)
ハ	インフルエンザに係る予防接種(定期の予防接種等を除く。)
ニ	おたふくかぜに係る予防接種
ホ	ロタウイルス感染症に係る予防接種

<参考>収入金額に含める予防接種の種類

予防接種の種類	疾病名	根拠法等
定期予防接種	① ジフテリア ② 百日せき ③ 急性灰白髄質（ポリオ） ④ 麻しん ⑤ 風しん ⑥ 日本脳炎 ⑦ 破傷風 ⑧ 結核 ⑨ Hib感染症 ⑩ 肺炎球菌感染症(小児にかかるもの) ⑪ ヒトパピローマウイルス感染症 ⑫ 水痘 ⑬ B型肝炎 ⑭ インフルエンザ（65歳以上の者等） ⑮ 肺炎球菌感染症(高齢者がかかるもの)	予防接種法 　第2条第2項〜第5項 予防接種法施行令 　第1条、第1条の2
臨時予防接種	上欄の疾病 ＋ ⑯ 痘そう	
任意の予防接種	① おたふく風邪 ② ロタウイルス	予防接種に関する基本的な計画(厚生労働省告示)
	③ 麻しん ④ 風しん ⑤ インフルエンザ	特定感染症予防指針（厚生労働省告示）

出典：厚生労働省「持分なし医療法人への移行計画認定制度〜平成29年　医療法改正〜」より

(4)　助産収入

（注5）　社会保険診療及び健康増進事業に係るものを除き、一の分娩に係る助産収入金額が50万円を超えるときは、50万円を限度とする。

(5)　介護保険法の規定による保険給付収入

（注6）　措法26条第2項第4号に掲げる給付に係る収入金額を除く。

<参考>

「社会保険診療等に係る収入金額が全収入金額の80％を超えること」という要件は社会医療法人や特定医療法人にも見られますが、各種の基準において「社会保険診療等」に含まれる収入の範囲は概ね次のように異なります。

（図表）各種認定基準において「社会保険診療等」に含まれる収入

法人類型	特定医療法人	社会医療法人	法人贈与税非課税基準	認定医療法人（改正案）
根拠規定	厚生労働省令	告示基準	国税庁通知	厚生労働省令
社会保険診療（租特26条2項）	○	○	○	○
労災保険診療	○	○	○	○
健康増進事業（健康診査に限る）	○	○	○	○
助産（50万円以下）	×	○	○	○
介護保険法の保険給付（介護系）	×	×	○	○
予防接種	×	×	×	○

出典：厚生労働省資料より

Q3 「運営に関する要件」の詳細と留意点

＜その8＞自費患者に対し請求する金額が、社会保険診療報酬と同一の基準によること

改正により追加された認定要件である「運営に関する要件」のうち、「自費患者に対し請求する金額が、社会保険診療報酬と同一の基準によること」について解説してください。

A

「自費患者に対し請求する金額が、社会保険診療報酬と同一の基準によること」とは次のように規定されています（医療法施行規則57の2①二ロ）。

自費患者に対し請求する金額が、社会保険診療報酬と同一の基準により計算されること。

この規定における「自費患者」とは、社会保険診療に係る患者又は労働者災害補償保険法に係る患者以外の患者をいうこととされています。

なお、「社会保険診療報酬と同一の基準」とは、次に掲げるもののほか、その法人の診療報酬の額が診療報酬の算定方法（平成20年厚生労働省告示59）の別表に掲げる療養について、同告示及び健康保険法の施行に関する諸通達の定めるところにより算定した額程度以下であることの定めがされており、かつ、報酬の徴収が現にその定めに従ってされているものであることとされています。

① 公害健康被害者に係る診療報酬及び予防接種により健康被害者に係る診療報酬にあっては、法令等に基づいて規定される額

② 分娩料等健康保険法の規定に類似のものが定められていないものにあっては、地域における標準的な料金として診療報酬規程に定められた額を超えない額

Q3 「運営に関する要件」の詳細と留意点

＜その９＞医業収入が医業費用の150％以内であること

改正により追加された認定要件である「運営に関する要件」のうち、「医業収入が医業費用の150％以内であること」について解説してください。

A

「医業収入が医業費用の150％以内であること」とは次のように規定されている（医療法施行規則57の2①二ハ）。

> 医療診療により収入する金額が、医師、看護師等の給与、医療の提供に要する費用（投薬費を含む。）等患者のために直接必要な経費の額に百分の150を乗じて得た額の範囲内であること。

（注） 医療診療とは、社会保険診療、労働者災害補償保険法に係る診療及び自費患者に係る診療をいい、これにより「収入する金額」とは、損益計算書の本来業務事業損益に係る事業費用の額をいうものとされています。

> 医療診療により収入する金額≦患者のために直接必要な経費 ×150/100

<参考>

別添様式4

医療法施行規則附則第57条の2第1項各号に掲げる要件に該当する旨を説明する書類（医療法施行規則附則第57条の2関係）

平成　　年　　月　　日

法 人 名：＿＿＿＿＿＿＿＿＿＿＿＿＿＿＿＿＿＿＿＿＿

代 表 名：＿＿＿＿＿＿＿＿＿＿＿＿＿＿＿＿＿＿＿印

住　　所：＿＿＿＿＿＿＿＿＿＿＿＿＿＿＿＿＿＿＿＿＿

以下のとおり相違ありません。

1　運営組織

	総　　数
理　事	人
監　事	人
社　員	人
出資者	人

添付資料
○　役員名簿、社員名簿

2　役員等の選任方法（該当する項目欄の□にチェックすること。）
　　　□　すべての理事及び監事を社員総会で選任

3　経理内容（規則附則第57条の2第1項第1号イ及びハ）

区　　分	社員、理事、監事、使用人その他の医療法人の関係者、株式会社その他営利事業を営む者又は特定の個人若しくは団体に対する特別の利益の供与の内容	特別の利益供与
施設の利用		有　・　無
財産の運用		有　・　無
金銭の貸付		有　・　無
資産の譲渡		有　・　無

1

264 Ⅳ 平成29年10月1日以後の認定医療法人制度と税制措置

財産の賃借等		有 ・ 無
給与の支給		有 ・ 無
債務の保証		有 ・ 無
公正な方法によらない 契約の相手方選定		有 ・ 無
その他寄附・贈与等		有 ・ 無

参考

○ 社員、理事、監事、使用人その他の医療法人の関係者に対して、以下の事例に該当する場合で、社会通念上不
相当と認められる場合には、特別の利益供与は「有」とすること。

イ	法人の所有する財産をこれらの者に居住、担保その他の私事に利用させること。
ロ	法人の余裕金をこれらの者の行う事業に運用していること。
ハ	法人の他の従業員に比し有利な条件で、これらの者に金銭の貸付をすること。
ニ	法人の所有する財産をこれらの者に無償又は著しく低い価額の対価で譲渡すること。
ホ	これらの者から金銭その他の財産を過大な利息又は賃料で借り受けること。
ヘ	これらの者からその所有する財産を過大な対価で譲り受けること、又はこれらの者から当該法人の事業目的 の用に供するとは認められない財産を取得すること。
ト	これらの者に対して、当該法人の役員等の地位にあることのみに基づき給与等を支払い、又は当該法人の他 の従業員に比し過大な給与等を支払うこと。
チ	これらの者の債務に関して、保証、弁済、免除又は引受け（当該法人の設立のための財産の提供に伴う債務 の引受けを除く。）をすること。
リ	契約金額が少額なものを除き、入札等公正な方法によらないで、これらの者が行う物品の販売、工事請負、 役務提供、物品の賃貸その他の事業に係る契約の相手方となること。
ヌ	事業の遂行により供与する利益を主として、又は不公正な方法で、これらの者に与えること。

Q3 「運営に関する要件」の詳細と留意点＜参考＞ **265**

4 報酬等の支給基準（規則附則第57条の2第1項第1号ロ）
（該当する項目欄の□にチェックすること。）

□ 理事及び監事に対する報酬等について、支給基準を定めている。

	支給基準の内容及び支給額
理　事	
監　事	

添付資料

○ 理事及び監事に対する報酬等（報酬、賞与その他の職務遂行の対価として受ける財産上の利益及び退職手当）の支給基準

○ 理事が使用人として給与、賞与等を受ける場合は、使用人の給与等の支給基準

5 遊休財産（規則附則第57条の2第1項第1号ニ）

区　　　　　分	金　　額
A　資産の総額	円
B　純資産の額	円
C　純資産の額の資産の総額に対する割合（B／A×100）	％
D　控除対象財産の帳簿価額（イからホまでの合計額）	円
イ　本来業務の用に供する財産	円
ロ　附帯業務の用に供する財産	円
ハ　イ及びロに掲げる業務を行うために保有する財産	円
ニ　減価償却引当特定預金	円

3

266 Ⅳ 平成29年10月1日以後の認定医療法人制度と税制措置

ホ 特定事業準備資金	円
E 遊休財産額（(A−D)×C)	円
F 事業費用の額	円

添付資料

○ 直近に終了した会計年度の貸借対照表及び損益計算書

6 法令違反（規則附則第57条の2第1項第1号ホ）

区　分	事実の有無	具　体　的　な　内　容
医療に関する法令違反	有 ・ 無	
都道府県知事から改善勧告を行われたが是正されていない事項（勧告に反する開設、増床、種別変更含む)	有 ・ 無	
帳簿書類の隠ぺい、仮装	有 ・ 無	
その他公益に反する事実	有 ・ 無	

4

Q3　「運営に関する要件」の詳細と留意点＜参考＞　*267*

7　収入金額（規則附則第57条の2第1項第2号イ）

病院、診療所及び介護老人保健施設等名	区　　　分	支払基金等から受けた収入金額	患者から受けた収　入　金　額	収入金額計	診療割合
	社会保険診療	円	円	円	％
	労災保険診療				
	健康診査				
	予防接種				
	助産				
	介護事業				
	その他				
	計				
	社会保険診療				
	労災保険診療				
	健康診査				
	予防接種				
	助産				
	介護事業				
	その他				
	計				
	社会保険診療				
	労災保険診療				
	健康診査				
	予防接種				
	助産				
	介護事業				
	その他				
	計				
合　　　計	社会保険診療			①	⑧
	労災保険診療			②	⑨
	健康診査			③	⑩
	予防接種			④	⑪
	助産			⑤	⑫
	介護事業			⑥	⑬
	その他			⑦	
	計				100.0％

（記載上の注意事項）

(1) 直近に終了した会計年度の診療等について、病院、診療所及び介護老人保健施設等の別に記載すること。

(2) 合計①～⑦の合計額が、損益計算書の本来業務事業損益、附帯業務事業損益にかかる事業収益の合計額と一致すること。

268　Ⅳ　平成29年10月1日以後の認定医療法人制度と税制措置

7－2　労働者災害補償保険法による患者の診療報酬

　　　労働者災害補償保険法（昭和22年法律第50号）に係る患者の診療報酬が社会保険診療と同一の基準により計算するか否か、いずれか該当する項目欄の□にチェックすること。

　　　□　同一の基準による
　　　□　同一の基準によらない

7－3　健康診査に係る収入の明細

健康保険法		円	学校保健安全法		円
船員保険法		円	母子保健法		円
国民健康保険法		円	労働安全衛生法		円
国家公務員共済組合法		円	高齢者の医療の確保に関する法律		円
地方公務員等共済組合法		円			
私立学校教職員共済法		円			
計		円	計		円
			健康診査に係る収入合計	⑭	円

（記載上の注意事項）

　○　③が⑭と一致すること。

7－4　予防接種に係る収入の明細

定期の予防接種等			任意の予防接種のうち告示に定めるもの		
定期接種		円	麻しん		円
臨時接種		円	風しん		円
		円	インフルエンザ		円
		円	おたふくかぜ		円
		円	ロタウイルス感染症		円
計		円	計		円
			予防接種に係る収入合計	⑮	円

（記載上の注意事項）

　○　④が⑮と一致すること。

7－5　助産に係る収入の明細

	分娩件数		助産に係る収入金額	
自由診療のうち助産にかかる収入	⑯	件	⑰	円
分娩件数（⑯）×50万円			⑱	円

（記載上の注意事項）

　○　⑤が⑰又は⑱の金額のうちいずれか低い方の金額と一致すること。

添付資料

　○　診療報酬規程

6

Q3 「運営に関する要件」の詳細と留意点＜参考＞　**269**

7－6　介護保険法のサービス・事業（社会保険診療に含まれるものを除く）に係る収入の明細

第二種社会福祉事業		社会福祉事業以外	
居宅サービス事業	円	居宅サービス事業	円
地域密着型サービス事業	円	地域密着型サービス事業	円
介護予防サービス事業	円	介護予防サービス事業	円
地域密着型介護予防サービス事業	円		円
計	円	計	円
		介護事業に係る収入合計　⑲	円

（記載上の注意事項）
○　⑥が⑲と一致すること。

8　自費患者に対し請求する金額（規則附則第57条の2第1項第2号ロ）

　　診療収入について、自費患者に請求する金額は、社会保険診療と同一の基準により計算するか否か、いずれか該当する項目欄の□にチェックすること。

　　　　□　同一の基準による
　　　　□　同一の基準によらない

添付資料
○　自費患者に対する請求金額の計算方法に関する規程等

9　医療に係る経費等（規則附則第57条の2第1項第2号ハ）

病院、診療所及び介護老人保健施設等名	医療診療により収入する金額（A）	患者のために直接必要な経費の額			割　合 A／B
		医師、看護師等の給与	医療の提供に要する費用（投薬費を含む）	合　　計（B）	
	円	円	円	円	％
					％
					％
合　　計	⑳			㉑	％

（記載上の注意事項）
(1) 直近に終了した会計年度の診療について、病院、診療所及び介護老人保健施設等の別に記載すること。
(2) 医療診療により収入する金額合計⑳が、損益計算書の本来業務事業損益にかかる事業収益の金額と一致すること。
(3) 患者のために直接必要な経費の額合計㉑が、損益計算書の本来業務事業損益にかかる事業費用の金額と一致すること。

7

270 Ⅳ　平成29年10月1日以後の認定医療法人制度と税制措置

「医療法施行規則附則第57条の2第1項各号に掲げる要件に
該当する旨を説明する書類」の記載要領

記載に当たっては、提出する申請・報告により、次の時点の状況を記載すること（書類付表も同じ）。
① 移行計画認定申請時・変更申請　　申請日
② 認定後一年ごとの報告　　認定の日から起算して一年を経過するごとの日
③ 持分の定めのない医療法人へ移行したことの報告　　定款変更の認可を受けた日
④ 移行後5年間の一年間ごとの報告　　持分の定めのない医療法人の定款変更の認可を受けた日から起
　　　　　　　　　　　　　　　　　　算して一年を経過するごとの日
⑤ 移行後5年を経過する日から6年を経過する日までの報告　　報告日
　なお、損益計算書及び貸借対照表に基づく記載については、①～⑤の時点の直近に終了した会計年度の
損益計算書、貸借対照表によるものとする。

1　「1　運営組織」
　「理事、監事、社員及び出資者に関する明細表」（書類付表1）の記載内容と各人数が合致するよう各欄
を記載すること。

2　「2　役員等の選任方法」
　該当する項目欄の□にチェックすること。

3　「3　経理内容」
(1)「医療法人の関係者、株式会社その他営利事業を営む者又は特定の個人若しくは団体に対する特別の利
益の供与の内容」欄には、「経理等に関する明細表」（書類付表2）の記載内容に基づき、次のように記
載すること。
　① 「施設の利用」欄
　　医療法人の関係者、株式会社その他営利事業を営む者又は特定の個人若しくは団体が医療法人の施
　設を利用している場合に、その利用状況の内容を記載すること。
　② 「財産の運用」欄
　　医療法人の関係者、株式会社その他営利事業を営む者又は特定の個人若しくは団体が医療法人の余
　裕金などの運用を行っている場合に、その運用状況及び契約内容等を記載すること。
　③ 「金銭の貸付け」欄
　　医療法人の関係者、株式会社その他営利事業を営む者又は特定の個人若しくは団体に金銭を貸し付
　けている場合に、その貸付けの内容を記載すること。
　④ 「資産の譲渡」欄
　　医療法人の関係者、株式会社その他営利事業を営む者又は特定の個人若しくは団体に資産を譲渡し
　た場合に、その譲渡の内容を記載すること。
　⑤ 「財産の賃借等」欄
　　医療法人の関係者、株式会社その他営利事業を営む者又は特定の個人若しくは団体からの借用物件、
　借入金及び譲受資産等がある場合に、その取引の内容について記載すること。
　⑥ 「給与の支給」欄
　　医療法人の関係者、株式会社その他営利事業を営む者又は特定の個人若しくは団体に対し、給与や
　報酬等の名目で支給する金銭その他の財産がある場合、その内容を記載すること。

8

⑦ 「債務の保証」欄

　　医療法人の関係者、株式会社その他営利事業を営む者又は特定の個人若しくは団体に対し、これら
の者の債務に関して、保証、弁済、免除又は引受けがある場合に、その内容を記載すること。

⑧ 「公正な方法によらない契約の相手方選定」欄

　　医療法人の関係者、株式会社その他営利事業を営む者又は特定の個人若しくは団体と、契約金額が
少額なものを除き、公正な方法によらないで、医療法人の事業等に関して契約を締結している場合、
その内容を記載すること。

⑨ 「その他寄附・贈与等」欄

　　医療法人の関係者、株式会社その他営利事業を営む者又は特定の個人若しくは団体に対して、医療
法人から寄附、贈与等の名目で金銭その他の財産の支出を行っている場合、その内容を記載すること。

（2）医療法人の関係者とは、次に掲げる者とする。

　イ　当該医療法人の理事、監事、これらの者に準じ当該医療法人が任意に設置するもの又は使用人

　ロ　出資者（持分の定めのない医療法人に移行した後にあっては、従前の出資者で持分を放棄した者
を含む）

　ハ　当該医療法人の社員

　ニ　イからハに掲げる者の配偶者及び三親等以内の親族

　ホ　イからハに掲げる者と婚姻の届出をしていないが事実上婚姻関係と同様の事情にある者

　ヘ　イからハに掲げる者から受ける金銭その他の財産によって生計を維持しているもの

　ト　ニ又はホに掲げる者の親族でこれらの者と生計を一にしているもの

（3）特定の個人又は団体の利益を図る活動を行う者とは、次に掲げる者とする。

　イ　株式会社その他の営利事業を営む者に対して寄附その他の特別の利益を与える活動（公益法人等
に対して当該公益法人等が行う公益目的の事業又は医学若しくは医術又は公衆衛生に関する事業の
ために寄附その他の特別の利益を与えるものを除く。）を行う個人又は団体

　ロ　特定の者から継続的に若しくは反復して資産の譲渡、貸付け若しくは役務の提供を受ける者又は
特定の者の行う会員等相互の支援、交流、連絡その他その対象が会員等である活動に参加する者に
共通する利益を図る活動を行うことを主たる目的とする団体

4　「4　報酬等の支給基準」

　　該当する項目欄の□にチェックすること。

　　支給基準の内容（概要）を記載し、当該支給基準を添付すること。

5　「5　遊休財産」

　　「保有する資産の明細表」（書類付表3）の記載内容に基づき、次のように記載すること。

　① 「A　資産の総額」欄

　　　直近に終了した会計年度の貸借対照表に計上する資産の部の合計額を記載すること。ただし、純資
産の部に評価・換算差額等の額を計上する場合にあっては、当該評価・換算差額等の額を資産の部の
合計額から控除するものとする。

　② 「B　純資産の額」欄

　　　直近に終了した会計年度の貸借対照表に計上する純資産の部の合計額（貸借対照表上の資産の総額
から負債の額を控除した額）を記載すること。ただし、評価・換算差額等の額を計上する場合にあっては、
当該評価・換算差額等の額を純資産の部の合計額から控除するものとする。

　③ 「C　純資産の額の資産の総額に対する割合」欄

純資産の部の合計額の資産の部の合計額に占める割合（その数に小数点以下一位未満の端数があるときは、これを四捨五入する。）を記載すること。

④ 「イ　本来業務の用に供する財産」欄

当該医療法人が開設する病院、診療所又は介護老人保健施設の業務の用に供する財産の帳簿価額を記載すること。

⑤ 「ロ　附帯業務の用に供する財産」欄

医療法第４２条各号に規定する業務の用に供する財産の帳簿価額を記載すること。

⑥ 「ハ　イ及びロに掲げる業務を行うために保有する財産」欄

現に使用されていないが、イ及びロに掲げる業務のために使用されることが見込まれる財産の帳簿価額（業務の用に供するまでに発生する請負前渡金及び建設用材料部品の買入代金等を含む。）を記載すること。

⑦ 「ニ　減価償却引当特定預金」欄

イ及びロに掲げる業務を行うための財産の取得又は改良に充てるために保有する資金として、直近に終了した会計年度の貸借対照表に計上する「減価償却引当特定預金」の額を記載すること。

⑧ 「ホ　特定事業準備資金」欄

将来の特定の事業（定款に定められた事業に限る。）の実施のために特別に支出（引当金に係る支出及びニの資金を除く。）する費用に係る支出に充てるために保有する資金として、直近に終了した会計年度の貸借対照表に計上する「○○事業特定預金」の合計額を記載すること。

⑨ 「Ｅ　遊休財産額」欄

直近に終了した会計年度の貸借対照表に計上する資産の総額から控除対象資産の帳簿価額の合計額を控除した額に、純資産の額の資産の総額に対する割合を乗じて得た額（その数に小数点未満の端数があるときは、これを四捨五入する。）を記載すること。

6 「6　法令違反」欄

「法令違反」欄には、申請日の属する会計年度及び前会計年度において、次に掲げる事実がある場合に、その内容を記載すること。

イ　医療に関する法律に基づき医療法人又はその理事長が罰金刑以上の刑事処分を受けた場合

ロ　医療法人の開設する医療機関に対する医療監視の結果、重大な不適合事項があり、都道府県知事から改善勧告が行われたが是正されない場合

ハ　医療法第３０条の１１の規定に基づく都道府県知事の勧告に反する病院の開設、増床又は病床種別の変更が行われた場合

ニ　医療法人の業務若しくは会計が法令、法令に基づく都道府県知事の処分、定款若しくは寄附行為に違反し、又はその運営が著しく適正を欠くと認められた場合であって、医療法第６４条第１項の必要な措置をとるべき旨の命令若しくは第２項の業務の全部若しくは一部の停止の命令又は役員の解任の勧告が発せられた場合

ホ　その他イからニまでに相当する法令についての重大な違反事実があった場合

ヘ　帳簿書類に取引の全部若しくは一部を隠蔽し、又は仮装して記録若しくは記載をしている事実

7 「7　収入金額」

「記載上の注意事項」に従い記載すること。特に数値が一致すべき欄に留意すること。

8 「8　自費患者に請求する金額」

該当する項目欄の□にチェックすること。

9 「9 医療に係る経費等」
　「記載上の注意事項」に従い記載すること。特に損益計算書と数値が一致すべき欄に留意すること。

274　Ⅳ　平成29年10月1日以後の認定医療法人制度と税制措置

（書類付表1）

理事、監事、これらの者に準ずるもの、社員及び出資者に関する明細表

区　分	氏　　名	親族等の関係	住　　所	職　　業	法人格の有無
		本　人			有　・　無
					有　・　無
					有　・　無
					有　・　無
					有　・　無
					有　・　無
					有　・　無
					有　・　無
					有　・　無
					有　・　無
					有　・　無
					有　・　無
					有　・　無
					有　・　無
					有　・　無
					有　・　無
					有　・　無
					有　・　無
					有　・　無
					有　・　無
					有　・　無
					有　・　無
					有　・　無
					有　・　無
					有　・　無
					有　・　無
					有　・　無
					有　・　無
					有　・　無
					有　・　無
					有　・　無
					有　・　無
					有　・　無
					有　・　無

12

Q3 「運営に関する要件」の詳細と留意点＜参考＞ *275*

「理事、監事、社員及び出資者に関する明細表」（書類付表１）の記載要領

（1）理事、監事、これらの者に準じて当該医療法人が任意に設置するもの、社員及び出資者（以下「社員等」という。）について、申請時又は実施状況等報告時に就任しているすべての者（出資者については持分の定めのない医療法人に移行した後にあっては、従前の出資者であって持分を放棄した者を含む）ごとに、その者（本人）の親族等（親族関係を有する者及び特殊の関係がある者）のうち当該医療法人と利害関係を有するものをすべて記載すること。（利害関係の詳細については、医療法施行規則附則第57条の２第１項各号に掲げる要件に該当する旨を説明する書類の３「経理内容」及び書類付表２に記載すること。）

　　なお、親族関係を有する者及び特殊の関係がある者とは、次に掲げる者をいう。
　　イ　社員等の配偶者及び三親等以内の親族
　　ロ　社員等と婚姻の届出をしていないが事実上婚姻関係と同様の事情にある者
　　ハ　社員等の使用人及び使用人以外の者で当該社員等から受ける金銭その他の財産によって生計を維持しているもの
　　ニ　ロ又はハに掲げる者の親族でこれらの者と生計を一にしているもの

（2）「区分」欄には、社員等である場合には、そのいずれかを記載すること。また、役職名（理事長等）を記載すること。

（3）「親族等の関係」欄には、社員等（本人）との関係（例えば、配偶者、子、生計を一にしている者、使用人等）を記載すること。

（4）「住所」欄には、その親族等の現住所を記載すること。

（5）「職業」欄には、当該医療法人における役職等及び当該医療法人以外の勤務先又は所属している学術団体等の名称並びに役職等をすべて具体的に（例えば、当該医療法人〇〇病院院長、〇〇会社社長、〇〇事務所事務員、〇〇医師会会員、学生、無職等）記載し、当該勤務先又は学術団体等にかかる法人格の有無について「法人格の有無」欄に記載すること。

（6）（1）のとおり、申請時に添付を要する明細表については社員等及び社員等の親族等のうち当該医療法人と利害関係を有する者のみを記載するものとするが、別途、社員等のすべての親族関係を有する者及び特殊の関係がある者について、当該医療法人との利害関係の有無を確実に確認すること。

276　Ⅳ　平成29年10月1日以後の認定医療法人制度と税制措置

（書類付表2）

経理等に関する明細表

1　医療法人の関係者等の施設の利用明細

区　　分	関係者等の氏名又は名称	特殊の関係	内　　容	利用年月日	利用料金
施設の貸与					
そ　の　他					

2　財産の運用及び事業の運営

医療法人の関係者等の氏名又は名称	具　体　的　な　内　容

3　医療法人の関係者等に対する貸付金の明細

貸付先の氏名又は名称	貸付金現在高	貸付当初の元本	貸付当初の年月日
利率	年間の受取利息額	担保の種類及び数量	特殊の関係

貸付先の氏名又は名称	貸付金現在高	貸付当初の元本	貸付当初の年月日
利率	年間の受取利息額	担保の種類及び数量	特殊の関係

14

Q3 「運営に関する要件」の詳細と留意点＜参考＞　*277*

4　医療法人の関係者等に対する譲渡資産の明細

譲渡先の氏名又は名称	譲渡資産の種類	地目、構造、規格等	面積数量
譲渡年月日	譲渡価額	特殊の関係	備考

譲渡先の氏名又は名称	譲渡資産の種類	地目、構造、規格等	面積数量
譲渡年月日	譲渡価額	特殊の関係	備考

5　財産の借入等
（1）医療法人の関係者等からの借用物件の明細

貸主の氏名又は名称	物件名	地目、構造、規格等	面積数量	用途
借用年月日	借用期間	賃借料	特殊の関係	備考

貸主の氏名又は名称	物件名	地目、構造、規格等	面積数量	用途
借用年月日	借用期間	賃借料	特殊の関係	備考

（2）医療法人の関係者等からの借入金の明細

債権者の氏名又は名称	借入金現在高	借入当初の元本	借入当初の年月日
利率	年間の支払利息額	担保の種類及び数量	特殊の関係

債権者の氏名又は名称	借入金現在高	借入当初の元本	借入当初の年月日
利率	年間の支払利息額	担保の種類及び数量	特殊の関係

278 Ⅳ　平成29年10月1日以後の認定医療法人制度と税制措置

（3）医療法人の関係者等からの譲受資産の明細

譲受先の氏名又は名称	譲受資産の種類	地目、構造、規格等	面積数量
譲受年月日	譲受価額	特殊の関係	備考

譲受先の氏名又は名称	譲受資産の種類	地目、構造、規格等	面積数量
譲受年月日	譲受価額	特殊の関係	備考

6　医療法人の業務に従事している関係者等である従業員の明細

氏　　名	職務内容	就職年月日	常勤又は非常勤の別	社員等との関係	給与の支給の有無
					有　・　無
					有　・　無
					有　・　無
					有　・　無
					有　・　無

7　医療法人の関係者等に対する債務の保証等

医療法人の関係者等の氏名又は名称	具　体　的　な　内　容

8　医療法人の関係者等が社員等となっている他の法人との取引等の明細

関係者等の氏名	特殊の関係	医療法人の関係者等が社員等となっている他の法人の明細				
		法人名	所在地	代表者名	取引状況	役職等

16

9 医療法人の関係者等への寄附・贈与等

医療法人の関係者等 の氏名又は名称	具　体　的　な　内　容

280 Ⅳ　平成29年10月1日以後の認定医療法人制度と税制措置

「経理等に関する明細表」（書類付表2）の記載要領

1　各欄共通
　　医療法人の関係者等とは、次に掲げる者とする。
　イ　当該医療法人の理事、監事、これらに準じて当該医療法人が任意に設置するもの、又は使用人
　ロ　出資者（持分の定めのない医療法人に移行した後にあっては、従前の出資者で持分を放棄した者を含む）
　ハ　当該医療法人の社員
　ニ　イからハに掲げる者の配偶者及び三親等以内の親族
　ホ　イからハに掲げる者と婚姻の届出をしていないが事実上婚姻関係と同様の事情にある者
　ヘ　イからハに掲げる者から受ける金銭その他の財産によって生計を維持しているもの
　ト　ホ又はヘに掲げる者の親族でこれらの者と生計を一にしているもの
　チ　株式会社その他の営利事業を営む者に対して寄附その他の特別の利益を与える活動（公益法人等に対して当該公益法人等が行う公益社団法人及び公益財団法人の認定等に関する法律第2条第4号に規定する公益目的事業又は医学若しくは医術又は公衆衛生に関する事業のために寄附その他の特別の利益を与えるものを除く。）を行う個人又は団体
　リ　特定の者から継続的に若しくは反復して資産の譲渡、貸付け若しくは役務の提供を受ける者又は特定の者の行う会員等相互の支援、交流、連絡その他その対象が会員等である活動に参加する者に共通する利益を図る活動を行うことを主たる目的とする団体

2　「1　医療法人の関係者等の施設の利用明細」
　①　申請時における医療法人の関係者等について、次の区分に応じて記載すること。
　イ　医療法人の関係者等に対して、医療法人の土地、建物等の物件を賃貸（無償で使用させている場合を含む。）している場合には、「施設の貸与」欄にその内容を記載すること。
　ロ　医療法人の関係者等に対して、上記以外に当該医療法人の施設を利用させている場合には、「その他」欄にその内容を記載すること。
　②　「特殊の関係」欄には、使用者が理事長であれば「理事長」と、理事の配偶者であれば「理事○○の配偶者」と、株式会社その他の営利事業を営む者又は特定の個人若しくは団体の利益を図る活動を行う者であればその個人名又は団体名を記載すること。
　③　「内容」欄には、その施設の利用状況（例えば、社宅として建物を貸与、他の法人（会社）の事務室等）を記載すること。
　④　「利用年月日」欄には、その施設の利用年月日（例えば、社宅の貸与の場合等には利用期間）を記載すること。

3　「2　他財産の運用及び事業の運営」
　　法人の財産の運用及び事業の運営に関し、医療法人の関係者等が利益を受けている場合に、その内容を記載すること。

4　「3　医療法人の関係者等に対する貸付金の明細」
　①　医療法人の関係者等に対する貸付金がある場合に記載すること。
　②　この表の記載は、貸付先の異なるごとに記載すること。
　③　貸付金現在高は、直近に終了した会計年度の末日現在の金額を記載すること。

④　貸付当初の元本は、貸換えにより継続しているものについては、当初の金額を記載すること。
⑤　「特殊の関係」欄には、貸付の相手方が理事長であれば「理事長」と、理事の配偶者であれば「理事○○の配偶者」と、株式会社その他の営利事業を営む者又は特定の個人若しくは団体の利益を図る活動を行う者であればその個人名又は団体名を記載すること。

5　「4　医療法人の関係者等に対する譲渡資産の明細」
①　直近に終了した3会計年度において、医療法人の関係者等（譲渡時に医療法人の関係者等であった者を含む。）に対して、医療法人の土地、建物、医療機械器具等の主要な資産の譲渡がある場合に記載すること。
②　「特殊の関係」欄には、貸付の相手方が理事長であれば「理事長」と、理事の配偶者であれば「理事○○の配偶者」と、株式会社その他の営利事業を営む者又は特定の個人若しくは団体の利益を図る活動を行う者であればその個人名又は団体名を記載すること。

6　「5　財産の借入等」の「（1）医療法人の関係者等からの借用物件の明細」
①　直近に終了した会計年度の末日現在において、医療法人の関係者等から土地、建物、医療機械器具等の物件を賃借（無償で使用している場合を含む。）している場合に記載すること。
②　「特殊の関係」欄には、貸主が理事長であれば「理事長」と、理事の配偶者であれば「理事○○の配偶者」と、株式会社その他の営利事業を営む者又は特定の個人若しくは団体の利益を図る活動を行う者であればその個人名又は団体名を記載すること。
③　「備考」欄には、賃借に際し、権利金、敷金の支払の有無及びその支払金額を記載すること。

7　「5　財産の借入等」の「（2）医療法人の関係者等からの借入金の明細」
①　医療法人の関係者等からの借入金がある場合に記載すること。
②　この表の記載は、債権者の異なるごとに記載すること。
③　借入金現在高は、直近に終了した会計年度の末日現在の金額を記載すること。
④　借入当初の元本は、借換えにより継続しているものについては、当初の金額を記載すること。
⑤　「特殊の関係」欄には、債権者が理事長であれば「理事長」と、理事の配偶者であれば「理事○○の配偶者」と、株式会社その他の営利事業を営む者又は特定の個人若しくは団体の利益を図る活動を行う者であればその個人名又は団体名を記載すること。

8　「5　財産の借入等」の「（3）医療法人の関係者等からの譲受資産の明細」
①　直近に終了した3会計年度において、医療法人の関係者等（譲渡時に医療法人の関係者等であった者を含む。）から、医療法人に対して土地、建物、医療機械器具等の主要な資産の譲受がある場合に記載すること。
②　「特殊の関係」欄には、譲受の相手方が理事長であれば「理事長」と、理事の配偶者であれば「理事○○の配偶者」と、株式会社その他の営利事業を営む者又は特定の個人若しくは団体の利益を図る活動を行う者であればその個人名又は団体名を記載すること。

9　「6　医療法人の業務に従事している関係者等である従業員の明細」
①　申請時の従業員（医療法人の業務に従事している社員等（理事、監事、社員をいう。以下同じ。）のうち、医療法人の関係者等について記載すること。
②　「職務内容」欄には、現在の担当している職務の内容（例えば、副院長、内科部長、事務長等）を記

282 Ⅳ 平成29年10月1日以後の認定医療法人制度と税制措置

載すること。
③ 「社員等との関係」欄には、医療法人の社員等との関係（例えば、その者が理事長であれば「理事長」と、理事の配偶者であれば「理事○○の配偶者」と、株式会社その他の営利事業を営む者又は特定の個人若しくは団体の利益を図る活動を行う者であればその個人名又は団体名等）について記載すること。

10 「7 医療法人の関係者等に対する債務の保証等」
医療法人の関係者等の債務に関して、法人がその債務の保証、弁済、免除又は引受けを行った場合に、その内容を記載すること。

11 「8 医療法人の関係者等が社員等となっている他の法人との取引等の明細」
① 申請時において、医療法人の関係者等が社員等（従業員を含む。）となっている他の法人がある場合に、その明細を記載すること。
② 「特殊の関係」欄には、当該関係者等が理事長であれば「理事長」と、理事の配偶者であれば「理事○○の配偶者」と、株式会社その他の営利事業を営む者又は特定の個人若しくは団体の利益を図る活動を行う者であればその個人又は団体名を記載すること。
③ 「取引状況」欄には、当該他の法人と申請医療法人との取引の状況（例えば、病院の清掃を請け負う等）を記載すること。
④ 「役職等」欄には、他の法人における当該関係者等の役職等（例えば、役員、従業員等）を記載すること。

12 「9 医療法人の関係者等への寄附・贈与等」
直近に終了した3会計年度において、医療法人の関係者等に対して、法人から寄附、贈与等の名目で金銭その他の財産の支出を行っている場合に、その内容を記載すること。

Q3 「運営に関する要件」の詳細と留意点＜参考＞ *283*

（書類付表３）

保有する資産の明細表

1 総括表

区　　　分	業務の用に供する財産	保有財産	減価償却引当特定預金	特定事業準備資金	その他の財産
流動資産	円				円
現金及び預金					円
事業未収金	円				円
有価証券					円
たな卸資産	円				円
前渡金	円				円
前払費用	円				円
繰延税金資産	円				円
その他の流動資産	円				円
固定資産	円	円	円	円	円
有形固定資産	円	円			円
建物	円	円			円
構築物	円	円			円
医療用器械備品	円	円			円
その他の器械備品	円	円			円
車両及び船舶	円	円			円
土地	円	円			円
建物仮勘定		円			円
その他の有形固定資産	円	円			円
無形固定資産	円	円			円
借地権	円	円			円
ソフトウェア	円	円			円
その他の無形固定資産	円	円			円
その他の資産	円		円	円	円
有価証券					円
長期貸付金					円
役職員等長期貸付金					円
長期前払費用	円				円
繰延税金資産	円				円
減価償却引当特定預金			円		
○○事業特定預金				円	
その他の固定資産					円
資産合計	① 円	② 円	③ 円	④ 円	円

（記載上の注意事項）
　○　直近に終了した会計年度の貸借対照表に計上する資産について記載すること。

21

2 業務の用に供する財産の明細

区分 ＼ 施設名(事業名)	合　計			
流動資産	円	円	円	円
事業未収金	円	円	円	円
たな卸資産	円	円	円	円
前渡金	円	円	円	円
前払費用	円	円	円	円
繰延税金資産	円	円	円	円
その他の流動資産	円	円	円	円
固定資産	円	円	円	円
有形固定資産	円	円	円	円
建物	円	円	円	円
構築物	円	円	円	円
医療用器械備品	円	円	円	円
その他の器械備品	円	円	円	円
車両及び船舶	円	円	円	円
土地	円	円	円	円
その他の有形固定資産	円	円	円	円
無形固定資産	円	円	円	円
借地権	円	円	円	円
ソフトウエア	円	円	円	円
その他の無形固定資産	円	円	円	円
その他の資産	円	円	円	円
長期前払費用	円	円	円	円
繰延税金資産	円	円	円	円
その他の固定資産	円	円	円	円
資産合計	⑤　　　円	円	円	円

(記載上の注意事項)

○　直近に終了した会計年度の貸借対照表に計上する資産について、開設する施設毎に記載（同一施設内において複数の事業を行っている場合にあっては、主たる事業については施設名、その他については事業名を記載）すること。

○　表中の科目については貸借対照表に合わせ、必要な科目の追加又は不要な科目の削除を行うこと。

　　ただし、現金、預金、有価証券、建物仮勘定、貸付金その他これに類する資産については追加しないこと。

○　⑤が①と一致すること。

3 保有財産の明細

保有財産（使用目的）	使用予定年月日	取得年月日	取得価額	保有財産の帳簿価額
			円	円
			円	円
			円	円
			円	円
			円	円
			円	円
合　　　計	－	－	円	⑥ 円

（記載上の注意事項）
○ ⑥が②と一致すること。

4 減価償却引当特定預金の明細

当該資金の目的	財産の取得又は改良の予定年度	左記の予定年度に必要な最低額	減価償却累計額	減価償却引当特定預金の帳簿価額
		円	円	円
		円	円	円
		円	円	円
		円	円	円
		円	円	円
		円	円	円
合　　　計	－	円	円	⑦ 円

（記載上の注意事項）
○ ⑦が③と一致すること。

5 特定事業準備資金の明細

当該資金の目的	特定事業の開始予定年度	左記の予定年度に必要な最低額	毎会計年度に積み立てる額	特定事業準備資金の帳簿価額
		円	円	円
		円	円	円
		円	円	円
		円	円	円
		円	円	円
		円	円	円
合　　　計	－	円	円	⑧ 円

（記載上の注意事項）
○ ⑧が④と一致すること。
○ 当該資金の目的毎に必要な最低額に関する合理的な算定根拠について、「特定事業準備資金の明細の別紙」（任意の様式）を作成し、併せて提出すること。

286 Ⅳ 平成29年10月1日以後の認定医療法人制度と税制措置

6 土地の明細

住　　所	総面積	内 借地の面積	内 自地の面積	用途の区分
	㎡	㎡	㎡	
	㎡	㎡	㎡	
	㎡	㎡	㎡	

(記載上の注意事項)
　○　借地については、所有者、契約内容、賃料等の一覧（任意の様式）を作成し、併せて提出すること。

7 建物の明細

区　　分	構造の概要	総　面　積	自家・借家	用途の区分	用途別の面積
		㎡			㎡
					㎡
					㎡
		㎡			㎡
					㎡
					㎡
		㎡			㎡
					㎡
					㎡

(記載上の注意事項)
　○　借家については、所有者、契約内容、賃料等の一覧（任意の様式）を作成し、併せて提出すること。

8 医療用器械備品の明細

品　　名	規　格	数　量	単　価	自用・借用	用途の区分

Ｑ３　「運営に関する要件」の詳細と留意点＜参考＞　　*287*

「保有する資産の明細表」（書類付表３）の記載要領

１　「１　総括表」、「２　業務の用に供する財産の明細」、「３　保有財産の明細」、「４　減価償却引当特定
預金の明細」、「５　特定事業準備資金の明細」
①　総括表の「業務の用に供する財産」欄及び「２　業務の用に供する財産の明細」は、次に掲げるもの
を記載すること。
　　　「２　業務の用に供する財産の明細」は施設毎に記載し、「施設名」欄に当該施設名（本来業務を行う
施設で附帯業務も行う場合にあっては、当該附帯業務に係る事業名）を記載すること。
　イ　当該医療法人が開設する病院、診療所又は介護老人保健施設の業務の用に供する財産の帳簿価額
　ロ　医療法第４２条各号に規定する業務の用に供する財産の帳簿価額
②　総括表の「保有財産」欄及び「３　保有財産の明細」は、次に掲げるものを記載すること。
　　　「３　保有財産の明細」は保有財産の種類毎に記載し、「保有財産」欄にその種類と当該財産の使用目
的（例えば、土地（病院）、建物（診療所）等）を記載すること。
　ハ　現に使用されていないが、イ及びロに掲げる業務のために使用されることが見込まれる財産の帳簿
価額（業務の用に供するまでに発生する請負前渡金及び建設用材料部品の買入代金等を含む。）
③　総括表の「減価償却引当特定預金」欄及び「４　減価償却引当特定預金の明細」は、次に掲げるもの
を記載すること。
　　　「４　減価償却引当特定預金の明細」は、当該資金の目的毎に記載すること。
　ニ　イ及びロに掲げる業務を行うための財産の取得又は改良に充てるために保有する資金として、直近
に終了した会計年度の貸借対照表に計上する「減価償却引当特定預金」の額
④　総括表の「特定事業準備資金」欄及び「５　特定事業準備資金の明細」は、次に掲げるものを記載す
ること。
　　　「５　特定事業準備資金の明細」は、当該資金の目的毎に記載すること。
　ホ　将来の特定の事業（定款又は寄附行為に定められた事業に限る。）の実施のために特別に支出（引当
金にかかる支出及びホの資金を除く。）する費用に係る支出に充てるために保有する資金として、直近
に終了した会計年度の貸借対照表に計上する「○○事業特定預金」の額

２　「６　土地の明細」
①　医療法人が所有する土地（借地を含む。）を住所毎に記載すること。
②　「総面積」欄には、その土地の総面積を記載すること。
③　「内　借地の面積」欄及び「内　自地の面積」欄には、その土地の借地に係る面積及び医療法人が所
有する土地に係る面積をそれぞれ記載すること。
④　「用途の区分」欄には、その土地の用途の異なるごとに、その用途（例えば、○○病院、○○診療所、
介護老人保健施設○○、医師住宅等）を記載すること。

３　「７　建物の明細」
①　「区分」欄には、建物（借家を含む。）の棟等の異なるごとに、その建物の名称（例えば、本館、第１
外来診療棟、第１病棟等）を記載すること。
②　「構造の概要」欄には、その建物の構造の概要（例えば、鉄筋コンクリート３階建、木骨モルタル造
２階建等）を記載し、耐震構造を有する場合は「（耐震）」を記載すること。
　　　なお、耐震構造を有する場合とは、昭和５６年６月１日以降に建築確認を受けた建物であるか、昭和
５６年５月３１日以前に建築された建物であっても、建築基準法（昭和５６年６月１日施行令改正）に

25

288 Ⅳ　平成29年10月１日以後の認定医療法人制度と税制措置

　　基づく耐震基準を満たしている場合や耐震補強工事等により新耐震基準を満たしているものをいう。
③　「総面積」欄には、その建物の延べ床面積を記載すること。
④　「自家・借家」欄には、「自家」又は「借家」と記載すること。
⑤　「用途の区分」欄には、その建物の用途の異なるごとに、その用途（例えば、診察室、処置室、臨床
　検査施設、エックス線診療室、調剤所、病室、医師住宅等）を記載すること。
⑥　「用途別の面積」欄には、その建物の用途別の延べ面積を記載すること。

4　「8　医療用器械備品の明細」
①　医療法人が所有する主要な医療用器械備品（借用を含む。）を器械毎に記載すること。
②　「単価」欄には、その器械の直近に終了した会計年度における帳簿価額（借用の場合は、その器械の
　直近に終了した会計年度における年間賃借料）を記載すること。
③　「自用・借用」欄には、「自用」又は「借用」と記載すること。
④　「用途の区分」欄には、その器械の用途（例えば、診察室、処置室、臨床検査施設、エックス線診療
　室、調剤所、病室等）を記載すること。

Q4　みなし贈与課税が非課税とされる改正後の認定医療法人制度
＜その１＞「持分なし」への移行時のみなし贈与課税の非課税措置

> 平成29年10月１日から平成32年９月30日までの間に認定を受けた認定医療法人は、「持分なし」への移行時のみなし贈与課税が非課税となるとのこと。取扱いを解説してください。

1　医療法人の持分の放棄があった場合の贈与税の課税の特例

　認定医療法人（平成29年10月１日から平成32年９月30日の間に厚生労働大臣認定を受けた医療法人に限られる。）の持分を有する個人が、持分の全部又は一部の放棄（注）をしたことにより、その認定医療法人が経済的利益を受けた場合でも、認定医療法人が受けた経済的利益については、相続税法第66条第４項（みなし贈与課税）の規定は適用しないこととされました（措法70の７の10①）。したがって、平成29年10月１日から３年間は、認定医療法人であれば、「持分なし」への移行時のみなし贈与課税は非課税となることになります（図表参照）。

（注）　認定医療法人がその移行期限までに新医療法人への移行をする場合におけるその移行の基因となる放棄に限るものとし、個人の遺言による放棄は除かれます。

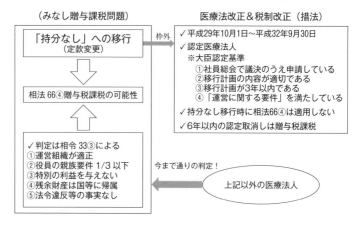

2　非課税のための申告要件等

上記1の課税の特例は、その適用を受けようとする認定医療法人が、贈与税の期限内申告書に、みなし贈与税の非課税規定の適用を受ける旨を記載し、放棄により受けた経済的利益についての明細等財務省令で定める書類の添付がある場合に限り適用されます（措法70の7の10⑤）。ただし、税務署長は、この記載や添付のない贈与税の期限内申告書の提出があった場合で、やむを得ない事情があると認めるときは、その記載をした書類及び一定の書類の提出があった場合に限り、みなし贈与税の非課税適用をすることができるとされています（措法70の7の10⑥）。

3　6年内の認定取り消し

上記1の取り扱いを受けた認定医療法人（その認定医療法人が合併により消滅した場合には、その合併後存続する医療法人で一定のもの）については、その非課税とされた贈与税の期限内申告書の提出期限から、認定医

療法人が新医療法人（持分なし）への移行をした日から起算して6年を経過する日までの間に、認定が取り消された場合には、その認定医療法人を個人とみなして経済的利益に、みなし贈与税が課税されます（措法70の7の10②）。

　この場合、厚生労働大臣認定が取り消された日の翌日から2月以内に、適用を受けた年分の贈与税について修正申告書を提出し、かつ、その期限内に修正申告書の提出により納付すべき税額を納付しなければならないとされています（措法70の7の10②）。なお、2月以内に提出された修正申告書は、国税通則法第20条（修正申告の効力）が適用される場合を除いて、期限内申告書とみなされます（措法70の7の10④）。

　この修正申告書の提出がないときは、納税地の所轄税務署長は、その修正申告書に記載すべきであった贈与税額等について国税通則法第24条（更正）又は第26条（再更正）の規定による更正を行うことになります（措法70の7の10③）。

4　厚生労働大臣等の通知

　厚生労働大臣又は地方厚生局長若しくは地方厚生支局長（以下「厚生労働大臣等」という。）は、みなし贈与税の非課税適用を受ける認定医療法人について、厚生労働大臣認定を取り消した場合には、遅滞なく、その旨その他一定の事項を、書面により、国税庁長官又は認定取消しを受けた医療法人の納税地の所轄税務署長に通知することとされています（措法70の7の10⑦）。この場合、納税地の所轄税務署長等に通知される事項は次の内容となります（措規23の12の6③）。

⑴　認定取消しを受けた医療法人の名称、主たる事務所の所在地

⑵　認定取消しに係る事実の詳細、その事実の生じた日

5 税務署長の通知

　税務署長は、贈与税の非課税規定の適用を受ける認定医療法人の事務に関して、厚生労働大臣等の事務処理を適正かつ確実に行うため必要があると認めるときは、厚生労働大臣等に対し、その認定医療法人がみなし贈与税の非課税規定の適用を受ける旨その他一定の事項を通知することができるとされています（措法70の7の10⑧）。この場合、税務署長が通知することができる事項は次のような内容となります（措規23の12の6④）。

⑴　非課税の適用を受ける認定医療法人の名称、主たる事務所の所在地、贈与者の氏名・住所（居所）

⑵　持分放棄に関する非課税適用の贈与税申告書が提出された日　など

Q4　みなし贈与課税が非課税とされる改正後の認定医療法人制度
＜その２＞期限内申告書と添付書類

みなし贈与税が非課税とされるための贈与税の期限内申告と添付書類について解説してください。

A

1　非課税のための申告要件等

認定医療法人の持分を有する個人が、持分の全部又は一部の放棄をしたことにより、その認定医療法人が経済的利益を受けた場合で、みなし贈与課税が非課税とされるのは、原則、認定医療法人が、贈与税の期限内申告書に、みなし贈与税の非課税規定の適用を受ける旨を記載し、放棄により受けた経済的利益についての明細等財務省令で定める書類の添付がある場合に限り適用されることになります（措法70の7の10⑤）。この場合の財務省令で定める添付書類は次の書類とされています（措規23の12の6②）。

(1)　持分放棄に係る経済的利益に関する明細書
(2)　持分放棄の時の認定医療法人の定款の写し等その認定医療法人が厚生労働大臣認定を受けたことを証する書類
(3)　認定医療法人の認定移行計画の写し
(4)　持分放棄直前の認定医療法人の出資者名簿の写し
(5)　認定医療法人の持分放棄をするための厚生労働大臣が定める書類など贈与者（持分放棄をした個人）による持分放棄があったことを明らかにする書類

なお、税務署長は、この記載や添付のない贈与税の期限内申告書の提出があった場合で、やむを得ない事情があると認めるときは、その記載をし

た書類及び一定の書類の提出があった場合に限り、みなし贈与税の非課税適用をすることができるとされています（措法70の7の10⑥）。

Q4　みなし贈与課税が非課税とされる改正後の認定医療法人制度

<その３>６年以内の認定取消しの場合のみなし贈与課税と義務的修正申告

> みなし贈与課税が非課税とされた認定医療法人が6年以内に認定の取消しをされた場合みなし贈与税が課税されるとのこと。この点について解説してください。

A

1　６年以内の認定取消しの場合の贈与税課税

みなし贈与課税が非課税とされる取扱いを受けた認定医療法人（その認定医療法人が合併により消滅した場合には、その合併後存続する医療法人で一定のもの）が、その非課税とされた贈与税の期限内申告書の提出期限から、認定医療法人が新医療法人（持分なし）への移行をした日から起算して６年を経過する日までの間に、認定が取り消された場合には、その認定医療法人を個人とみなして経済的利益にみなし贈与税を課税することとされています（措法70の７の10②）。

2　義務的修正申告

上記１により贈与税課税がされる認定取消しを受けた医療法人は、厚生労働大臣認定が取り消された日の翌日から２月以内に、適用を受けた年分の贈与税について修正申告書を提出し、かつ、その期限内に修正申告書の提出により納付すべき税額を納付しなければなりません（措法70の７の10②）。なお、２月以内に提出された修正申告書は、国税通則法第20条（修正申告の効力）が適用される場合を除いて、期限内申告書とみなされます

（措法70の7の10④）。

　この修正申告書の提出がないときは、納税地の所轄税務署長は、その修正申告書に記載すべきであった贈与税額等について国税通則法第24条（更正）又は第26条（再更正）の規定による更正を行うことになります（措法70の7の10③）。

　（参考）国税通則法

> ・**第20条（修正申告の効力）**
>
> 　修正申告書で既に確定した納付すべき税額を増加させるものの提出は、既に確定した納付すべき税額に係る部分の国税についての納税義務に影響を及ぼさない。

> ・**第24条（更正）**
>
> 　税務署長は、納税申告書の提出があつた場合において、その納税申告書に記載された課税標準等又は税額等の計算が国税に関する法律の規定に従つていなかつたとき、その他当該課税標準等又は税額等がその調査したところと異なるときは、その調査により、当該申告書に係る課税標準等又は税額等を更正する。

> ・**第26条（再更正）**
>
> 　税務署長は、前二条又はこの条の規定による更正又は決定をした後、その更正又は決定をした課税標準等又は税額等が過大又は過少であることを知つたときは、その調査により、当該更正又は決定に係る課税標準等又は税額等を更正する。

3　義務的修正申告の留意点

　上記2の義務的修正申告を行う際の留意点は以下のとおりとなります。

⑴　贈与税額の計算

　認定医療法人の納付すべき贈与税額は、その放棄により受けた経済的利

益について、その放棄をした者の異なるごとに、その放棄をした者の各一人のみから経済的利益を受けたものとみなして算出した場合の贈与税額の合計額とされます（措令40の8の9①）。

(2)　認定医療法人の国籍と住所

　義務的修正申告の際の贈与税の納税義務の判定にあたっては、認定医療法人は日本国籍有するものとみなし、その住所はその主たる事務所の所在地にあるものとみなされます（措令40の8の9②）。

(3)　贈与税額の損金不算入

　修正申告により納付すべき贈与税の額は、その医療法人の法人税の各事業年度の所得の金額の計算上、損金の額には算入できません（措令40の8の9③）。

4　義務的修正申告書不提出に係る罰則

　義務的修正申告を提出期限までに提出しないことにより贈与税を免れた者には以下の義務的修正申告の不提出に係る罰則が適用されます（措法70の13①）。

```
─（罰則）──────────────────────────────
　(1)　5年以下の懲役
　(2)　500万円以下の罰金
　(3)　(1)と(2)の併科
────────────────────────────────────
```

5　厚生労働大臣等の通知

　厚生労働大臣又は地方厚生局長若しくは地方厚生支局長（以下「厚生労働大臣等」という。）は、みなし贈与税の非課税適用を受ける認定医療法人について、厚生労働大臣認定を取り消した場合には、遅滞なく、その旨

その他一定の事項を、書面により、国税庁長官又は認定取消しを受けた医療法人の納税地の所轄税務署長に通知することとされています（措法70の7の10⑦）。この場合、納税地の所轄税務署長等に通知される事項は次の内容となります（措規23の12の6③）。

(1)　認定取消しを受けた医療法人の名称、主たる事務所の所在地

(2)　認定取消しに係る事実の詳細、その事実の生じた日

Q5 認定医療法人に対する相続税・贈与税の税制支援措置

認定医療法人に対する相続税、贈与税の税制支援措置について教えて下さい。

＜その１＞制度創設の目的と概要

認定医療法人には医療法人の出資持分の相続や贈与について税制支援措置があると聞きました。制度創設の目的と概要を教えて下さい。

A

1 制度創設の趣旨

経過措置医療法人（持分の定めのある社団医療法人）は、出資社員の死亡により出資持分に対する相続税負担が生じます。また、出資社員の退社の場合は「時価」による払戻しを迫られる可能性があります。いずれも医業継続に支障をきたすことになります。そこで、医療法人が地域住民への医療提供を続けることができるよう、経過措置医療法人のうち「持分なし」医療法人への移行を検討する法人に対し相続税・贈与税の納税猶予・免除特例措置が平成26年度税制改正で創設されました（図参照）。

なお、この税制措置は医療法人の認定制度と同様に平成29年９月30日までの時限措置でしたが、税制改正により、認定制度の延長に合わせて平成32年９月30日まで延長されました。

（図表１）

医業継続に係る相続税・贈与税の納税猶予等の特例措置の創設（相続税・贈与税）

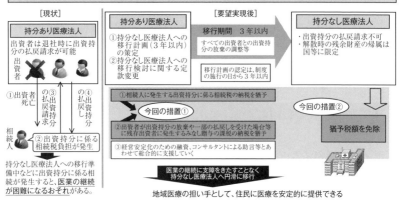

出典：厚生労働省ホームページより

2　医業継続に係る相続税・贈与税の納税猶予・免除制度

⑴　相続税の納税猶予制度の概要

　相続人が経過措置医療法人の出資持分を相続又は遺贈により取得した場合、その法人が相続税の申告期限までに移行計画の認定を受けた医療法人（平成32年9月30日までの間に厚生労働大臣認定を受けた医療法人に限られます。）であるときは、その出資持分に対応する相続税額については、移行計画の期間満了までその納税が猶予され（措法70の7の8①）、持分の全てを放棄した場合は、猶予税額が免除されることとされました（措法70の7の8⑪）。また、相続開始から相続税の申告期限までに認定医療法人の持分の全てを放棄した場合には、納税猶予は適用されず、次の⑵で算出

される猶予税額（基金として拠出した部分に対応する金額を除く。）を相続人の納付すべき相続税額から税額控除することとされました（措法70の7の9①）。

(2) 猶予税額と出資持分を取得した相続人の納付税額の計算（措法70の7の8②）

① 通常の相続税額の計算を行い、出資持分を取得した相続人の相続税額を算出します。

② 出資持分を取得した相続人以外の取得財産は不変とし、その相続人が出資持分のみを相続したとして相続税額の計算を行い、その相続人の相続税額を算出し、その金額を猶予税額とします。

③ ①－②を出資持分を取得した相続人の納付税額とします。

(3) 猶予税額と利子税の納付

移行期間内に持分の定めのない社団医療法人に移行しなかった場合や認定の取消し、持分の払戻し等の事由が生じた場合には猶予税額の納付をすることになります（措法70の7の8③）。また、基金拠出型医療法人に移行した場合には、出資持分のうち基金として拠出した部分の猶予税額についても納付をすることとなります（措法70の7の8⑥）。猶予税額の納付の場合、相続税の申告期限からの期間の利子税を併せて納付することになります（措法70の7の8⑫）。

(4) 贈与税の納税猶予制度の概要

認定医療法人の出資者が出資持分を放棄したことにより、他の出資者の持分が増加することで、贈与を受けたものとして他の出資者に贈与税が課される場合、その放棄により受けた経済的利益に対応する贈与税額については、移行計画の期間満了までその納税が猶予され（措法70の7の5①）、

当該他の出資者が持分の全てを放棄した場合は、猶予税額が免除されることとされました（措法70の７の５⑪一）。なお、猶予税額の納付や利子税の納付、税額控除は、相続税の納税猶予と同様に取り扱われます。

（図表２）

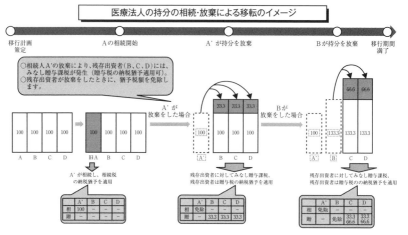

出典：財務省　平成26年度税制改正解説「租税特別措置法等の改正（P618）」

(5) 適　用　時　期

　認定医療法人に対する相続税・贈与税の税制支援措置は、平成26年10月１日以後に開始した相続、遺贈又はみなし贈与に係る相続税、贈与税について適用されます。

　なお、当初平成29年９月30日までの３年間の時限措置でしたが、平成29年度税制改正により、平成32年９月30日まで３年間適用期間が延長されました。

Q5 認定医療法人に対する相続税・贈与税の税制支援措置

＜その２＞医療法人の出資持分に対する相続税の納税猶予・免除制度

> 認定医療法人には「医療法人の出資持分に対する相続税の納税猶予・免除制度（措法70の７の８）」の税制支援措置があると聞きました。制度の概要を教えて下さい。

A

1 相続税の納税猶予及び免除制度

(1) 相続税の納税猶予及び免除制度

個人が、経過措置医療法人の持分を有していた他の個人（以下「被相続人」という。）から、相続又は遺贈によりその持分を取得した場合において、その経過措置医療法人が相続税の期限内申告書（期限内申告書の提出期限前に持分を取得した個人（以下「相続人等」という。）が死亡した場合には、その相続人等の相続人（包括受遺者を含む。）が提出する期限内申告書）の提出期限において認定医療法人（平成32年９月30日までの間に厚生労働大臣認定を受けた医療法人に限られます。以下同じ。）であるときは、相続人等が納付すべき相続税額のうち、「納税猶予分の相続税額」に相当する相続税については、相続税の申告書の提出期限までにその納税猶予分の相続税額に相当する担保を提供した場合に限り、認定移行計画に記載された移行期限（認定の日から３年以内）まで、その納税が猶予されることとされます（措法70の７の８①）。

そして、認定移行計画の移行期限までに、納税猶予を受けた相続人等が認定医療法人の持分の全てを放棄した場合（注）には、納税猶予分の相続税額は免除されることになります（措法70の７の８⑪）。

(注) 認定医療法人の持分の放棄は、厚生労働大臣が定める所定の様式（「持分

の放棄の際の厚生労働大臣が定める所定の様式」（附則様式第7））による書類を医療法人に提出することによって行われる必要があります（措規23の12の4③）。

「持分の放棄の際の厚生労働大臣が定める所定の様式」（附則様式第7）

附則様式第7

出資持分の放棄申出書

平成Ｘ年　Ｘ月　Ｘ日

　法人所在地：東京都千代田区□□1-1-1

　法　人　名：医療法人　○○会

　代表者の氏名：理事長□□　□□　殿

> 印鑑登録された印鑑を
> 押印してください。

住　所：東京都千代田区□□1-2-3

氏　名：△△　△△　㊞

　私は、下記のとおり出資に係る持分及びこれに基づく一切の請求権を放棄します。

記

1　出　資　先：（法人名）医療法人　○○会

2　出資者名：△△　△△

3　出　資時期：昭和60年　2月　1日

4　出　資　額：金　3,000,000円

5　放棄の内容：

　【全部放棄の場合の記載例】

　　・出資持分の全て及びこれに基づく一切の請求権

　【一部放棄の揚合】

　　・払戻請求を行う、金3,000,000円を除く持分及びこれに基づく一切の
　　　請求権

　　・基金として拠出する、金3,000,000円を除く持分及びこれに基づく一
　　　切の請求権

6　放　棄　日：持分なし医療法人への移行に係る定款変更についての都道
　　　　　　　　府県知事の認可のあった日

　なお、この特例は、相続税の申告書に、持分について特例の適用を受け

る旨の記載がない場合や持分の明細、納税猶予分の相続税額の計算明細その他一定の書類（注）の添付がない場合には適用されません（措法70の7の8⑧）。

(注)　一定の書類とは次に掲げる書類をいいます（措規23の12の4④）

一　認定医療法人の定款の写しその他の書類でその認定医療法人が厚生労働大臣認定を受けたことを証するもの

二　認定医療法人の認定移行計画の写し

三　納税猶予を受ける相続の開始直前及びその相続の開始時における認定医療法人の出資者名簿の写し

四　下記5に該当しない旨を記載した書類

五　遺言書の写し、財産の分割の協議に関する書類（その書類に納税猶予を受ける相続に係る全ての共同相続人及び包括受遺者が自署し、自己の印を押しているものに限る。）の写し（当該自己の印に係る印鑑証明書が添付されているものに限る。）その他の財産の取得の状況を証する書類

六　その他参考となるべき書類

---

(2)　税額の計算

納税猶予分の相続税額及び相続人等の納付税額の計算は次のとおりとなります（措法70の7の8②、措令40の8の7④～⑪）。

①　相続人等が相続又は遺贈により取得した医療法人の持分と持分以外の財産につき、通常の相続税額の計算を行い、その相続人等の相続税額を算出する。

②　医療法人の持分を取得した相続人等以外の者の取得財産は不変とした上で、その相続人等がその医療法人の持分のみを相続したものとして相続税法第13条から第19条まで並びに第21条の15第1項及び第2項の規定を適用して相続税額の計算を行い、その相続人等の相続税額を算出する。その金額がその相続人等に係る納税猶予分の相続税額とな

る。

③ 上記①の相続税額から上記②の納税猶予分の相続税額を控除した金額がその相続人等が相続税の申告期限までに納付すべき相続税額となる。

（注１） 認定医療法人が２以上ある場合における納税猶予分の相続税額は、相続人等が被相続人から相続又は遺贈により取得した全ての認定医療法人の持分の価額の合計額を当該相続人等に係る相続税の課税価格とみなして計算することとされています（措令40の８の７⑦）。

この場合、それぞれの認定医療法人ごとの納税猶予分の相続税額は、上記の納税猶予分の相続税額に、認定医療法人の異なるものごとの持分の価額が上記の全ての認定医療法人の持分の価額の合計額に占める割合を乗じて計算した金額とされることになります（措令40の８の７⑧）。

納税猶予期限の確定、納付、免除などについては、それぞれの認定医療法人ごとの納税猶予分の相続税額について適用されることになります（措令40の８の７⑪）。

（注２） この特例の適用を受ける相続人等が「農地等についての相続税の納税猶予（措法70の６）」、「山林についての相続税の納税猶予（措法70の６の４）」又は「非上場株式等についての相続税の納税猶予（措法70の７の２、70の７の４）」の適用を受ける者である場合において、調整前持分猶予税額、調整前農地等猶予税額、調整前山林猶予税額又は調整前株式等猶予税額の合計額が猶予可能税額を超えるときは、納税猶予分の相続税額は、猶予可能税額に調整前持分猶予税額がその合計額に占める割合を乗じて計算した金額とされます（措令40の８の７⑩）。

308 Ⅳ　平成29年10月1日以後の認定医療法人制度と税制措置

＜税額計算の具体例＞

> ●相続人が、出資持分：2億円（出資額：1,000万円、利益剰余分：1億
> 9,000万円）、その他財産：1億円、合計3億円を相続（法定相続人は
> 1人とする）した場合で、出資持分：2億円の相続について納税猶予
> の手続を行い、出資持分を全て放棄して移行期間内に持分なし医療法
> 人に移行したケース

【税額計算】

① 全ての相続財産から税額を算出

　1）　課税遺産　　3億円－(3,000万円＋600万円×1人)＝2億6,400万円
　　　　　　　　　　　　　　　　　基　礎　控　除

　2）　税額計算　　2億6,400万円×45%－2,700万円＝9,180万円
　　　　　　　　　　　　　　　　税率　　　控除額

② 出資持分のみを相続したとして税額を算出

　1）　課税遺産　　2億円－(3,000万円＋600万円×1人)＝1億6,400万円
　　　　　　　　　　　　　　　　　基　礎　控　除

　2）　税額計算　　1億6,400万円×40%－1,700万円＝**4,860万円**（猶予税額）
　　　　　　　　　　　　　　　　税率　　　控除額

③ 納税額　9,180万円**－4,860万円**＝4,320万円

出典：厚生労働省「「持分なし医療法人」への移行促進策（延長・拡大）のご案
　　　内について」（パンフレット）より

(3)　相続開始後の認定による適用

　この特例では、「その経過措置医療法人が相続税の期限内申告書の提出
期限において認定医療法人であるとき」に適用が受けられるとされていま
す。従って、持分を有していた被相続人の生前（相続開始前）はもとよ
り、相続開始後でも、相続税の期限内申告書の提出期限（被相続人が死亡
したことを知った日の翌日から10ヶ月以内（相法27①））までに厚生労働
大臣の認定を受ければ特例の適用を受けることができます。

2　認定医療法人が基金拠出型医療法人に移行した場合

　認定医療法人が、認定移行計画の移行期限までに、基金拠出型医療法人に移行する場合には、納税猶予の適用を受けた相続人等は、認定医療法人の持分の一部を放棄し、残余の部分を基金として拠出することになります。この場合では、相続人等の納税猶予分の相続税額のうち基金として拠出した額に対応する相続税については、納税猶予の期限が、上記1(1)にかかわらず、基金拠出型医療法人への移行のための都道府県知事の定款変更の認可があった日から2ヶ月を経過する日（この間に相続人等が死亡した場合には、その相続人等の相続人が相続の開始があったことを知った日の翌日から6ヶ月を経過する日）とされます（措法70の7の8⑥）。そして、免除される納税猶予分の相続税額は、基金として拠出した額に対応する相続税額を控除した残額となります（措法70の7の8⑪）。なお、特例を受けた相続人等は、基金として拠出した額に対応する相続税額について、利子税と併せて納税することになります（措法70の7の8⑫）。

(注)　基金として拠出した金額に対応する部分の税額は、次のとおり計算します（措令40の8の4⑨、40の8の7⑬、措通70の7の8－8）。

$$
納税猶予分の相続税額 \times \cfrac{基金拠出額 - 拠出時の持分の価額 \times \left(1 - 納税猶予割合\right)}{拠出時の持分の価額 \times 納税猶予割合}
$$

＜計算例＞

（相続開始時）

①　相続人所有持分：（額面）2,000万円

②　被相続人から相続等により取得した持分：（額面）3,000万円

③　持分の額面合計額（①＋②）＝5,000万円

④　納税猶予分の相続税額：1,500万円（②に対応する相続税額）

⑤　納税猶予割合：$\dfrac{3,000万円}{2,000万円＋3,000万円}＝\dfrac{3}{5}$

（基金拠出時）

①　相続人の自己所有分：2,400万円（持分の価値は1.2倍）

②　相続で取得した分：3,600万円（持分の価値は1.2倍）

③　持分の価額合計額（①＋②）＝6,000万円

④　基金拠出額：5,000万円

⑤　確定税額の計算

$$1,500万円 \times \dfrac{5,000万円 － 6,000万円 \times \left(1 － \dfrac{3}{5}\right)}{6,000万円 \times \dfrac{3}{5}} ＝1,083万円$$

※　基金拠出額5,000万円については、優先的に自己所有分（2,400万円）を拠出したとして、5,000万円から2,400万円を控除した残額（2,600万円）に対応する相続税額が確定税額となります。また、自己所有分については、2,400万円（持分時価）から2,000万円（持分額面）を控除した残額（400万円）が配当所得の金額として所得税・住民税の課税対象とされます。

3　担保の提供

⑴　持分の全てを担保提供した場合

　相続税の納税猶予等の特例は、「相続税の申告書の提出期限までにその納税猶予分の相続税額に相当する担保を提供した場合に限り（措法70の7の8①）」適用を受けることができます。この担保については、適用を受ける相続人等が、納税猶予分の相続税額について、認定医療法人の持分の全てを担保として提供（注）した場合には、その持分の価額が、納税猶予

分の相続税額に満たないときであっても、その納税猶予分の相続税額に相当する担保が提供されたものとみなされる取扱いがされます（措法70の7の8⑦）。ただし、担保提供の後に、「その提供された担保の全部又は一部につき変更があった場合には、この限りでない（措法70の7の8⑦）。」とされています。また、持分について「質権その他の担保権の目的となっていないことその他一定の要件を満たすものに限る（措法70の7の8⑩一）。」とされています。

(注) 「認定医療法人の持分の全てを担保として提供」するのは、認定医療法人の持分は不可分であり、その持分の一部を担保提供することができないため、相続人等が現に有するその認定医療法人の持分の全てとなるという解釈（措通70の7の8－9）が示されています。

　なお、認定医療法人の持分を担保として提供する場合には、次の書類を税務署長に提出することになります（措令40の8の7①、措規23の12の4①）。

一　相続人等がその有する認定医療法人の持分に質権設定をすることについて承諾した旨を記載した書類（その相続人等が自署し、自己の印を押しているものに限る。）

二　相続人等の印に係る印鑑証明書

三　認定医療法人が質権設定について承諾したことを証する書類で次に掲げるいずれかのもの

　イ　質権の設定について承諾した旨が記載された公正証書

　ロ　質権の設定について承諾した旨が記載された私署証書で登記所又は公証人役場において日付のある印が押されているもの（認定医療法人の印を押しているものに限る。）及び認定医療法人の印に係る印鑑証明書

　ハ　質権の設定について承諾した旨が記載された書類（認定医療法人の印を押しているものに限る。）で内容証明を受けたもの及び認定医療法人の印に係る印鑑証明書

(図表1)

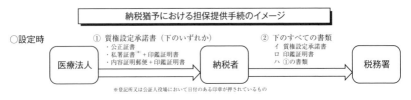

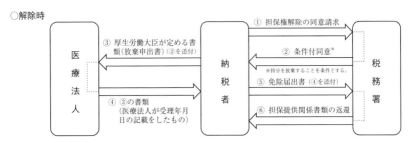

出典：財務省　平成26年度税制改正解説「租税特別措置法等の改正（P620）」

(2)　国税通則法との関連

　税務署長は、特例の適用を受ける相続人等が、担保について国税通則法第51条第1項（担保の変更等）の規定による命令に応じない場合には、納税猶予分の相続税について、納税猶予の期限を繰り上げることができるとされています。この場合、国税通則法第49条（納税の猶予の取消し）第2項及び第3項が準用されることになります（措法70の7の8⑨）。

＜参考＞国税通則法第51条（担保の変更等）第1項及び第49条（納税の猶予の取消し）第2項、第3項は322ページ参照

4　適用を受ける相続人等が死亡した場合

　認定医療法人の認定移行計画の移行期限までに、上記1(1)の適用を受ける相続人等が死亡した場合には、納税猶予分の相続税額の納付義務は、その相続人等の相続人が承継することになります（措法70の7の8⑬）。

5　払戻しを受けた場合等の適用除外

　上記1(1)の特例を受けようとする相続人等が、相続の開始の時から相続税の申告書の提出期限までの間に、経過措置医療法人の持分に基づき、出資額に応じた払戻しを受けた場合や持分の譲渡をした場合、又は、「医療法人の持分についての相続税の税額控除（措法70の7の9、＜その3＞参照）」の適用を受ける場合には、上記1(1)の特例の適用はされないことになります（措法70の7の8③）。

6　持分が未分割の場合の特例適用

　相続税の期限内申告書の提出期限までに、相続又は遺贈により取得した経過措置医療法人の持分の全部又は一部が、共同相続人又は包括受遺者によって分割されていない場合には、分割されていない持分は、上記1(1)の特例の適用を受けることはできません（措法70の7の8④）。

7　納税猶予の期限の特例

　相続税の納税猶予等の特例を受ける相続人等や認定医療法人が次のいずれかに該当することとなった場合には、特例の適用を受ける納税猶予分の相続税については、それぞれに定める日から2ヶ月を経過する日（この間に相続人等が死亡した場合には、その相続人等の相続人が相続の開始があったことを知った日の翌日から6ヶ月を経過する日）が納税猶予の期限とされます（措法70の7の8⑤）。

⑴　特例の相続税の申告書の提出期限から認定移行計画の移行期限までの間に認定医療法人の持分に基づき出資額に応じた払戻しを受けた場合……払戻しを受けた日

(2) 特例の相続税の申告書の提出期限から認定移行計画の移行期限までの間に認定医療法人の持分の譲渡をした場合……譲渡をした日

(3) 認定移行計画の移行期限までに新医療法人への移行をしなかった場合……移行期限

(4) 認定医療法人が移行計画に従って新医療法人への移行に向けた取組を行っていないなどの理由で厚生労働大臣認定を取り消された場合……厚生労働大臣認定の取り消された日

(5) 認定医療法人が解散した場合（合併により消滅する場合を除く。）……解散した日

(6) 認定医療法人が合併により消滅した場合（合併により医療法人を設立する場合で一定の場合を除く。）……消滅した日

（図表２）

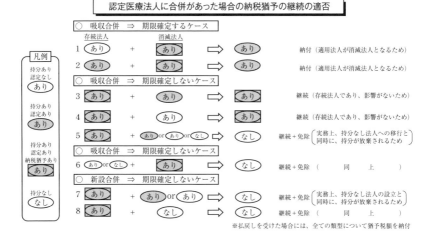

出典：財務省　平成26年度税制改正解説「租税特別措置法等の改正（P622）」

8　相続税と利子税の納税

相続税の納税猶予等の特例の適用を受ける相続人等が次のいずれかに該

当する場合には、それぞれの相続税の申告書の提出期限の翌日からそれぞれの納税猶予期限までの期間について、年6.6％で計算した利子税を相続税と併せて納付しなければならないとされています（措法70の7の8⑫）。

⑴　上記7の適用があった場合（上記7⑶に該当する場合を除く）……上記7の相続税の納税猶予期限

⑵　上記2の適用があった場合（次の⑶に該当する場合を除く）……上記2の相続税の納税猶予期限

⑶　上記3⑵の適用があった場……上記3⑵により繰り上げられた納税猶予期限

9　そ の 他

⑴　厚生労働大臣等の通知義務

　厚生労働大臣又は地方厚生局長若しくは地方厚生局支局長は、相続税の納税猶予等の特例の適用を受ける相続人等や認定医療法人について、上記2又は7の事由に該当して納税猶予期限が確定した事実を知った場合には、その旨を遅滞なく書面で国税庁長官又は相続人等の納税地の所轄税務署長に通知しなければならないこととされています（措法70の7の8⑭）。

⑵　税務署長の通知

　税務署長は、上記1⑴の場合において厚生労働大臣又は地方厚生局長若しくは地方厚生局支局長の事務（上記1⑴の特例の適用を受ける相続人等に関する事務で、上記9⑴の適用に係るものに限る。）の処理を適正かつ確実に行うため必要があると認めるときは、厚生労働大臣等に対し、相続人等が上記1⑴の特例の適用を受ける旨その他一定の事項を通知することができることとされています（措法70の7の8⑮）。

(図表３)

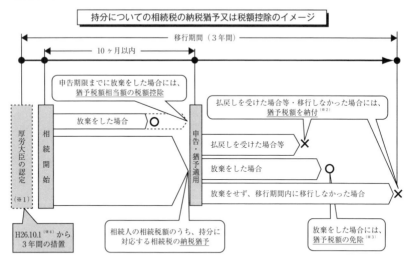

※１ ①相続開始前、又は②相続開始後申告期限までに「厚労大臣の認定」を受ける必要があります。
※２ 猶予税額に併せて、利子税（年率6.6％（特例適用後1.7％））を納付。
※３ 「基金拠出型医療法人」へ移行した場合には、基金として拠出した額に対応する猶予税額及び利子税を納付。
※４ 「良質な医療を提供する体制の確立を図るための医療法等の一部を改正する法律（平成18年法律第84号）」の一部改正の施行の日

出典：財務省　平成26年度税制改正解説「租税特別措置法等の改正（Ｐ628）」

Q5 認定医療法人に対する相続税・贈与税の税制支援措置

＜その３＞医療法人の持分についての相続税の税額控除

> 認定医療法人には「医療法人の持分についての相続税の税額控除（措法70の７の９）」制度という税制支援措置があると聞きました。制度の概要を教えて下さい。

A

1 医療法人の持分についての相続税の税額控除

　個人（以下「相続人等」という。）が、経過措置医療法人の持分を有していた他の個人（以下「被相続人」という。）から相続又は遺贈により経過措置医療法人の持分を取得した場合において、その経過措置医療法人がその相続の開始の時において認定医療法人（その相続に係る相続税の申告書の提出期限又は平成32年９月30日のいずれか早い日までに厚生労働大臣認定を受けた経過措置医療法人を含む。）であり、かつ、その持分を取得した相続人等が相続の開始の時からその相続に係る相続税の申告書の提出期限までの間に、経過措置医療法人で厚生労働大臣認定を受けたものの持分の全部又は一部を放棄したときは、その相続人等については、通常の計算による相続税額（持分及び持分以外の財産について相続税法第15条から第20条の２まで及び第21条の15第３項の規定により計算した金額）から「放棄相当相続税額」を控除した残額が、相続税の申告期限までに納付すべき相続税とされます（措法70の７の９①）。

(図表)

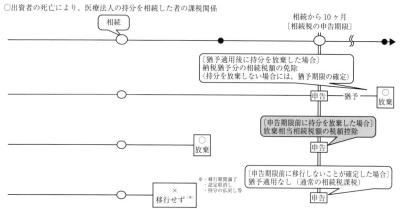

出典：財務省　平成26年度税制改正解説「租税特別措置法等の改正（P630）」

2．放棄相当相続税額

　放棄相当相続税額とは、認定医療法人の持分の価額を相続人等の相続税の課税価格とみなして一定の計算をした金額のうち、その相続人等により放棄がされた部分に相当するものとされる金額が該当します。具体的には次のとおりとなります（措法70の7の9②、措令40の8の8①、②）。

(1) 相続人等が有している認定医療法人の持分の全てを放棄した場合には、＜その2＞の「医療法人の出資持分に対する相続税の納税猶予及び免除制度（措法70の7の8）」の納税猶予分の相続税額と同様の方法（306ページ）により計算した金額となります。

(2) 認定医療法人が基金拠出型医療法人へ移行する場合において、相続人等が有しているその認定医療法人の持分の一部を放棄し、その残余の部分をその基金拠出型医療法人の基金として拠出したときは、上記(1)の方法により計算した金額のうち、認定医療法人の持分の放棄がされた部分

に相当する金額となります。

3 適 用 要 件

　上記１の規定は、その適用を受けようとする相続人等の持分に係る相続税の申告書に、上記1の適用を受ける旨の記載がない場合や持分の明細、放棄相当相続税額の計算明細その他一定の書類の添付がない場合には適用されません（措法70の７の９④、措規23の12の５②）。

320 Ⅳ　平成29年10月1日以後の認定医療法人制度と税制措置

Q5　認定医療法人に対する相続税・贈与税の税制支援措置

＜その４＞医療法人の持分に係る経済的利益についての贈与税の納税猶予及び免除制度

> 認定医療法人には「医療法人の持分に係る経済的利益についての贈与税の納税猶予及び免除（措法70の7の5）」制度という税制支援措置があると聞きました。制度の概要を教えて下さい。

A

1　制度の概要

　認定医療法人の持分を有する個人（以下「贈与者」という。）がその持分の全部又は一部の放棄をしたことにより、その持分がその認定医療法人の持分を有する他の個人（以下「受贈者」という。）に帰属することとなり、その持分の増加という経済的利益について受贈者に対して贈与税が課される場合には、その放棄があった日（注）の属する年分の贈与税で贈与税の申告書の提出により納付すべきものの額のうち、その放棄により受けた経済的利益の価額でその贈与税の申告書にこの特例の適用を受けようとする旨の記載があるものに係る「納税猶予分の贈与税額に相当する贈与税」については、贈与税の申告期限までにその納税猶予分の贈与税額に相当する担保を提供した場合に限り、認定移行計画に記載された移行期限（認定の日から3年以内）まで、納税が猶予されます（措法70の7の5①）。

（注）「その放棄があった日」とは、その放棄が書面により行われた場合には、認定医療法人の持分を有する個人（贈与者）がその書面を認定医療法人に提出した日又はその書面に記載した放棄の日のいずれか遅い日をいい、放棄が書面によらない場合には、その放棄に係る持分の処分について、認定医療法人が厚生労働大臣に提出した出資持分の「実施状況報告書（附則様式第五）」に記載された「出資持分の放棄の日」をいうとされています（措

通70の7の5－1、医療法施行規則60③二)。

2　納税猶予分の贈与税額と贈与税額の計算

　納税猶予分の贈与税額と納付税額の計算は以下のとおりとなります（措法70の7の5①)。

(1)　上記1の経済的利益及びそれ以外の受贈財産について通常の贈与税額を算出する。

(2)　納税猶予分の贈与税額（注)

　(注)　上記1の経済的利益の価額を受贈者に係るその年分の贈与税の課税価格とみなして、相続税法第21条の5及び第21条の7並びに租税特別措置法第70条の2の3の規定（平成27年1月1日以後は、これらの規定に加えて、同法第70条の2の4の規定）を適用して計算した金額が納税猶予分の贈与税額となる。

(3)　(1)の贈与税額から(2)の猶予税額を控除した金額が受贈者が贈与税の申告期限までに納付すべき贈与税額となる。

　(注)　贈与者又は認定医療法人が2以上ある場合における「納税猶予分の贈与税額」は、経済的利益に係る受贈者がその年中において贈与者による放棄により受けた全ての認定医療法人の経済的利益の価額の合計額を当該受贈者に係るその年分の贈与税の課税価格とみなして計算することとされています（措令40の8の4⑤)。この場合、それぞれの贈与者又は認定医療法人ごとの納税猶予分の贈与税額は、上記の納税猶予分の贈与税額に、贈与者及び認定医療法人の異なるものごとの経済的利益の価額が上記のみなされたその年分の贈与税の課税価格に占める割合を乗じて計算した金額とされます（措令40の8の4⑥)。納税猶予期限の確定、納付、免除などについては、それぞれの贈与者又は認定医療法人ごとの納税猶予分の贈与税額について適用されることになります（措令40の8の4⑦)。

322 Ⅳ　平成29年10月１日以後の認定医療法人制度と税制措置

3　担保の提供

⑴　持分の全てを担保提供した場合

　贈与税の納税猶予等の特例は、「贈与税の申告書の提出期限までにその納税猶予分の贈与税額に相当する担保を提供した場合に限り（措法70の７の５①）」適用を受けることができることとされています。この担保については、適用を受ける受贈者が、納税猶予分の贈与税額について、認定医療法人の持分の全てを担保として提供した場合には、その持分の価額が、納税猶予分の贈与税額に満たないときであっても、その納税猶予分の贈与税額に相当する担保が提供されたものとみなされます（措法70の７の５⑦）。ただし、担保提供の後に、「その提供された担保の全部又は一部につき変更があった場合には、この限りでない（措法70の７の５⑦ただし書き）。」とされています。また、持分について「質権その他の担保権の目的となっていないことその他一定の要件を満たすものに限る（措法70の７の５⑩二）。」とされています。

⑵　国税通則法との関連

　税務署長は、特例の適用を受ける受贈者が、担保について国税通則法第51条第１項（担保の変更等）の規定による命令に応じない場合には、納税猶予分の贈与税について、納税猶予の期限を繰り上げることができるとされています。この場合、国税通則法第49条（納税の猶予の取消し）第２項及び第３項が準用されることになります（措法70の７の５⑨）。

＜参考＞国税通則法

○第51条（担保の変更等）
第１項　税務署長等は、国税につき担保の提供があつた場合において、その

担保として提供された財産の価額又は保証人の資力の減少その他の理由によりその国税の納付を担保することができないと認めるときは、その担保を提供した者に対し、増担保の提供、保証人の変更その他の担保を確保するため必要な行為をすべきことを命ずることができる。

○第49条（納税の猶予の取消し）

第1項　略

第2項　税務署長等は、前項の規定により納税の猶予を取り消し、又は猶予期間を短縮する場合には、第38条第1項各号のいずれかに該当する事実があるときを除き、あらかじめ、その猶予を受けた者の弁明を聞かなければならない。ただし、その者が正当な理由がなくその弁明をしないときは、この限りでない。

第3項　税務署長等は、第1項の規定により納税の猶予を取り消し、又は猶予期間を短縮したときは、その旨を納税者に通知しなければならない。

⑶　税務署長への提出書類

　認定医療法人の持分を担保として提供する場合には、次の書類を税務署長に提出することとされています（措令40の8の4①、措規23の12の2①）。

①　受贈者がその有する認定医療法人の持分に質権を設定することについて承諾した旨を記載した書類及び受贈者の印鑑証明書

②　認定医療法人が質権の設定について承諾したことを証する次のいずれかの書類

　イ　公正証書

　ロ　私署証書で登記所又は公証人役場において日付のある印が押されたもの及び認定医療法人の印鑑証明書

　ハ　内容証明郵便及び認定医療法人の印鑑証明書

＜参考＞

　その認定医療法人について受贈者が既にこの特例又は相続税の納税猶予

の特例（措法70の7の8）を適用し、その認定医療法人の持分を担保として提供している場合であっても、その認定医療法人の持分を重ねて担保として提供することができる（措令40の8の4③）。

4　申　告　手　続

　この特例制度の適用を受けようとする受贈者は、経済的利益に係る贈与税の期限内申告書に、その経済的利益につきこの納税猶予制度の適用を受けようとする旨を記載し、その経済的利益に係る持分の明細及び納税猶予分の贈与税額の計算に関する明細その他一定の書類を添付しなければならないとされています（措法70の7の5⑧、措規23の12の2④）。

5　贈与税の免除

　移行期限までに次の①又は②に該当することとなった場合には、次の①又は②の金額に相当する贈与税は免除されます（措法70の7の5⑪）。
①　受贈者が有している認定医療法人の持分の全てを放棄した場合……納税猶予分の贈与税額の全額
②　認定医療法人が基金拠出型医療法人へ移行する場合において、受贈者が有しているその認定医療法人の持分の一部を放棄し、その残余の部分をその基金拠出型医療法人の基金として拠出したとき……納税猶予分の贈与税額から次の**7**(2)で納付することとなる金額を控除した残額
　（注）　認定医療法人の持分の放棄は、厚生労働大臣が定める所定の様式による書類を医療法人に提出することによって行われる必要があります（措規23の12の2③）。様式は305ページ参照。

(図表)

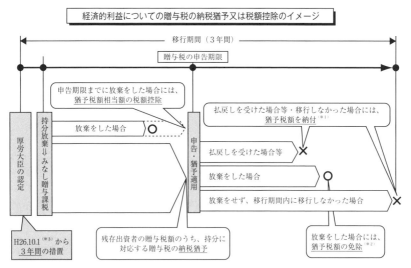

※1　猶予税額に併せて、利子税（年率6.6％（特例適用後1.7％））を納付。
※2　「基金拠出型医療法人」へ移行した場合には、基金として拠出した額に対応する猶予税額及び利子税を納付。
※3　「良質な医療を提供する体制の確立を図るための医療法等の一部を改正する法律（平成18年法律第84号）」の一部改正の施行の日

出典：財務省　平成26年度税制改正解説「租税特別措置法等の改正（P619）」

6　贈与税の免除を受ける際の届出書記載事項と添付書類

　納税猶予分の贈与税額の免除を受けようとする受贈者は、次の事項を記載した届出書に、次のイからニまでの書類（上記5①の場合には、イ及びロのみ）を添付して、免除事由に該当した日後遅滞なく、納税地の所轄税務署長に提出しなければならないとされています（措令40の8の4⑪、措規23の12の2⑤）。

(1)　記　載　事　項
　①　届出書を提出する者の氏名及び住所
　②　贈与税の免除を受けようとする旨

③　免除を受ける贈与税の額（上記**5**②に該当する場合には、計算明細を含む。）

④　その他参考となるべき事項

(2)　添　付　書　類

イ　受贈者が持分の放棄をする際に認定医療法人に提出した上記**5**（注）の持分放棄の際の書類（その認定医療法人が受理した年月日の記載があるものに限ります。）の写し

ロ　受贈者による認定医療法人の持分の放棄の直前及び放棄の時における出資者名簿の写し

ハ　基金拠出型医療法人の定款（都道府県知事の認可を受けたものに限る。）の写し

ニ　免除を受ける贈与税の額及びその計算の明細の根拠を明らかにする書類

※　具体的には、受贈者の持分の価額を評価するためのその認定医療法人の基金拠出時における貸借対照表などの書類が考えられます。

▌7　納　　　付

(1)　納税猶予分の贈与税額の全額の猶予期限が確定する場合

次の①から⑥までに該当する場合には、それぞれの日から2ヶ月を経過する日（それぞれの日から2ヶ月を経過する日までの間にその受贈者が死亡した場合には、その受贈者の相続人がその受贈者の死亡による相続の開始があったことを知った日の翌日から6ヶ月を経過する日）が納税猶予に係る猶予期限となり、猶予額の全額を納付しなければならないとされています（措法70の7の5⑤）。

①　受贈者が贈与税の申告期限から移行期限までの間に認定医療法人の持分に基づき出資額に応じた払戻しを受けた場合には、その払戻しの日

② 受贈者が贈与税の申告期限から移行期限までの間に認定医療法人の持分の譲渡をした場合には、その譲渡の日

③ 移行期限までに持分なし新医療法人に移行しなかった場合には、その移行期限

④ 認定移行計画の認定が取り消された場合には、その取消しの日

⑤ 認定医療法人が解散をした場合（合併により消滅をする場合を除きます。）には、その解散の日

⑥ 認定医療法人が合併により消滅をした場合には、その消滅の日

　(注)　ただし、次の場合を除く（措令40の8の4⑧）。

　　　イ　合併により医療法人を設立する場合において受贈者が持分に代わる金銭その他の財産の交付を受けないとき。

　　　ロ　合併後存続する医療法人がその合併により持分なし医療法人となる場合において受贈者が持分に代わる金銭その他の財産の交付を受けないとき。

(2)　納税猶予分の贈与税額の一部の猶予期限が確定する場合

　認定医療法人が基金拠出型医療法人に移行する場合において、受贈者が有するその認定医療法人の持分の一部を放棄し、その残余の部分をその基金拠出型医療法人の基金として拠出したときは、納税猶予分の贈与税額のうち基金として拠出した金額に対応する部分の税額に相当する贈与税については、基金拠出型医療法人への移行に関する都道府県知事の認可があった日から2ヶ月を経過する日（それぞれの日から2ヶ月を経過する日までの間にその受贈者が死亡した場合には、その受贈者の相続人がその受贈者の死亡による相続の開始があったことを知った日の翌日から6ヶ月を経過する日）が納税猶予に係る猶予期限となり、納税猶予分の贈与税額のうち基金として拠出した金額に対応する部分の税額を納付しなければならないとされています（措法70の7の5⑥）。

328 Ⅳ　平成29年10月1日以後の認定医療法人制度と税制措置

8　利　子　税

　上記**7**により納税猶予分の贈与税額の全部又は一部を納付する受贈者は、その納付する贈与税額を基礎とし、贈与税の申告期限の翌日から上記**7**の納税の猶予に係る期限までの期間に応じ、年6.6％の割合を乗じて計算した金額に相当する利子税を、上記**7**の贈与税と併せて納付しなければならないとされています（措法70の7の5⑫）。

（注）　上記の利子税の割合（6.6％）は、利子税の割合の特例の適用後は、1.7％（貸出約定平均金利の年平均が0.9％の場合）とされます（措法93）。

9　そ　の　他

⑴　適用を受ける受贈者が死亡した場合

　認定医療法人の認定移行計画の移行期限までに、上記**1**の適用を受ける受贈者が死亡した場合には、納税猶予分の贈与税額の納付義務は、受贈者の相続人が承継することになります（措法70の7の5⑬）。

⑵　厚生労働大臣等の通知義務等

　厚生労働大臣又は地方厚生局長若しくは地方厚生局支局長は、贈与税の納税猶予等の特例の適用を受ける受贈者や認定医療法人について、納税猶予期限が確定した事実を知った場合には、その旨を遅滞なく書面で国税庁長官又は受贈者の納税地の所轄税務署長に通知しなければならない（措法70の7の5⑭）。また、税務署長は、厚生労働大臣又は地方厚生局長若しくは地方厚生局支局長の事務の処理を適正かつ確実に行うため必要があると認めるときは、厚生労働大臣等に対し、受贈者が特例の適用を受ける旨その他一定の事項を通知することができることとされています（措法70の7の5⑮）。

⑶　経済的利益と相続時精算課税の適用

相続時精算課税の適用者が、その者の特定贈与者が認定医療法人の持分を放棄したことによる経済的利益について上記１の適用を受ける場合には、その経済的利益については、相続時精算課税の規定の適用はしないこととされます（措法70の７の５③）。

⑷　３　年　加　算

贈与者が上記１の贈与者による認定医療法人の持分の放棄の時から３年以内に死亡した場合には、この納税猶予制度の適用を受ける経済的利益の価額については、いわゆる「３年加算（相法19①）」の規定は、適用されません（措令40の８の４⑭）。

Q5 認定医療法人に対する相続税・贈与税の税制支援措置
＜その５＞医療法人の持分に係る経済的利益についての贈与税の税額控除

> 認定医療法人には「医療法人の持分に係る経済的利益についての贈与税の税額控除（措法70の7の6）」制度という税制支援措置があると聞きました。制度の概要を教えて下さい。

1 医療法人の持分に係る経済的利益についての贈与税の税額控除

　認定医療法人の持分を有する個人（以下「贈与者」という。）がその持分の全部又は一部の放棄をしたことにより、その持分がその認定医療法人の持分を有する他の個人（以下「受贈者」という。）に帰属することとなり、その持分の増加という経済的利益について受贈者に対して贈与税が課される場合において、受贈者が贈与者による放棄の時から経済的利益に係る贈与税の申告期限までの間に、その認定医療法人の持分の全部又は一部を放棄したときは、その受贈者の贈与税については、通常の計算による贈与税額（経済的利益及びそれ以外の受贈財産について相続税法第21条の5から第21条の8まで及び租税特別措置法第70条の2の3の規定（平成27年1月1日以後は、これらの規定に加え、同法第70条の2の4の規定）を適用して計算した金額）から放棄相当贈与税額を控除した残額を申告期限までに納付すべき贈与税額とするとされています（措法70の7の6①）。

　（注1）　この特例の適用を受ける経済的利益については、相続時精算課税制度は適用できないこととされています（措法70の7の6③）。
　（注2）　受贈者による認定医療法人の持分の放棄は、厚生労働大臣が定める所定の様式による書類を医療法人に提出することによって行われる必

要があります（措規23の12の3①）。305ページ参照。

(図表)

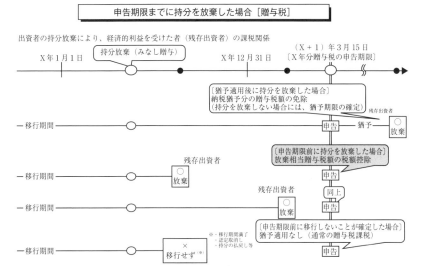

出典：財務省　平成26年度税制改正解説「租税等区別措置法等の改正（P625)」

2　放棄相当贈与税額

　放棄相当贈与税額とは、経済的利益の価額を受贈者のその年分の贈与税の課税価格とみなして一定の計算をした金額のうち、認定医療法人の持分の放棄部分に相当するものとされる金額が該当します。具体的には、次のとおりとなります（措法70の7の6②、措令40の8の5①、②）。

(1)　受贈者が有している認定医療法人の持分の全てを放棄した場合には、経済的利益の価額を受贈者に係るその年分の贈与税の課税価格とみなして、相続税法第21条の5及び第21条の7並びに租税特別措置法第70条の2の3の規定（平成27年1月1日以後は、これらの規定に加え、同法第70条の2の4の規定）を適用して計算した金額。

(2)　認定医療法人が基金拠出型医療法人へ移行する場合において、受贈者

が有しているその認定医療法人の持分の一部を放棄し、その残余の部分をその基金拠出型医療法人の基金として拠出したときは、上記(1)の方法により計算した金額のうち、認定医療法人の持分の放棄がされた部分に相当する金額。

3 適 用 要 件

上記1の規定は、その適用を受けようとする受贈者の経済的利益に係る贈与税の申告書に、上記1の適用を受ける旨の記載がない場合や経済的利益に係る持分の明細、放棄相当贈与税額の計算明細その他一定の書類の添付がない場合には適用されません（措法70の7の6⑤、措規23の12の3②）。

4 経済的利益と相続時精算課税の適用

相続時精算課税の適用者が、その者の特定贈与者が認定医療法人の持分を放棄したことにより受ける経済的利益について上記1の贈与税の税額控除の適用を受ける場合には、その経済的利益については、相続時精算課税の規定の適用はされません（措法70の7の6③）。

5 払戻しを受けた場合等の適用除外

上記1の適用を受ける受贈者が、贈与者による認定医療法人の持分の放棄があった日からその経済的利益に係る贈与税の申告書の提出期限までの間に、認定医療法人の持分に基づき出資額に応じた払戻しを受けた場合や持分の譲渡をした場合には、上記1の規定は適用はされません（措法70の7の6④）。

６　３　年　加　算

　贈与者が上記１の贈与者による認定医療法人の持分の放棄の時から３年以内に死亡した場合には、この特例の適用を受ける経済的利益の価額については、いわゆる「３年加算（相続税法第19条第１項）」の規定は、適用されません（措令40の８の５③）。

334 Ⅳ 平成29年10月１日以後の認定医療法人制度と税制措置

Q5 認定医療法人に対する相続税・贈与税の税制支援措置
＜その６＞個人の死亡に伴い贈与又は遺贈があったものとみなされる場合の特例

　認定医療法人には「個人の死亡に伴い贈与又は遺贈があったものとみなされる場合の特例（措法70の７の７）」制度という税制支援措置があると聞きました。制度の概要を教えて下さい。

A

1 原則遺贈を贈与とする場合

　この特例は、第１項で、「経過措置医療法人の持分を有する個人の死亡に伴いその経過措置医療法人の持分を有する他の個人の持分の価額が増加した場合には、その持分の価額の増加による経済的利益に対する相続税法第９条（その他の利益の享受）本文の規定の適用については、「贈与（その行為が遺言によりなされた場合には、遺贈）」とあるのは、「贈与」とする。この場合において、その経済的利益については、相続税法第19条（相続開始前３年以内に贈与があつた場合の相続税額）第１項の規定は適用しない。」と規定しています（措法70の７の７①）。

　この第１項では、本来であれば、「遺贈」により取得し、相続税の課税対象とされる経済的利益について、「贈与」で取得したものとし、かつ、相続開始前３年以内の贈与財産として相続税の課税価格とみなす規定は適用しないという取扱いを示しています。従って、この経済的利益は、死亡した個人からの贈与財産として「他の個人」に贈与税が課税されることになります。

＜参考＞

○相続税法第9条（その他の利益の享受）本文

　第5条から前条まで及び次節に規定する場合を除くほか、対価を支払わないで、又は著しく低い価額の対価で利益を受けた場合においては、当該利益を受けた時において、当該利益を受けた者が、当該利益を受けた時における当該利益の価額に相当する金額（対価の支払があつた場合には、その価額を控除した金額）を当該利益を受けさせた者から贈与（当該行為が遺言によりなされた場合には、遺贈）により取得したものとみなす。…（略）

○相続税法第19条（相続開始前3年以内に贈与があつた場合の相続税額）

　第1項　相続又は遺贈により財産を取得した者が当該相続の開始前3年以内に当該相続に係る被相続人から贈与により財産を取得したことがある場合においては、その者については、当該贈与により取得した財産（第21条の2第1項から第3項まで、第21条の3及び第21条の4の規定により当該取得の日の属する年分の贈与税の課税価格計算の基礎に算入されるもの（特定贈与財産を除く。）に限る。以下この条及び第51条第2項において同じ。）の価額を相続税の課税価格に加算した価額を相続税の課税価格とみなし、第15条から前条までの規定を適用して算出した金額（当該贈与により取得した財産の取得につき課せられた贈与税があるときは、当該金額から当該財産に係る贈与税の税額（第21条の8の規定による控除前の税額とし、延滞税、利子税、過少申告加算税、無申告加算税及び重加算税に相当する税額を除く。）として政令の定めるところにより計算した金額を控除した金額）をもつて、その納付すべき相続税額とする。

２　認定医療法人における読み替え

　次に第2項で、上記1前段の取扱いは、上記1の経過措置医療法人が経済的利益に係る贈与税の申告書の提出期限に認定医療法人であるときは、

上記１の「他の個人」は、その経済的利益について、「贈与税の納税猶予・免除制度（措法70の７の５、＜その４＞参照）」や「医療法人の持分に係る経済的利益についての贈与税の税額控除（措法70の７の６、＜その５＞参照）」の規定の適用を受けることができるとしています。そして、これらの規定を適用する場合には、「死亡した個人」を「贈与者」とし、「他の個人」を「受贈者」と置き換えると規定しています（措法70の７の７②）。

3　原則どおりとされる場合

そして第３項で、上記１の取扱いは、上記１の「他の個人」が「贈与税の納税猶予・免除制度（措法70の７の５）」や「医療法人の持分に係る経済的利益についての贈与税の税額控除（措法70の７の６）」の規定の適用を選択した場合を除き、適用しないと規定しています（措法70の７の７③）。

第３項では、「個人の死亡に伴い贈与又は遺贈があったものとみなされる場合の特例（措法70の７の７）」は、「持分なし」法人へ移行する認定医療法人に関連して、「贈与税の納税猶予等（措法70の７の５）」や「贈与税の税額控除（措法70の７の６）」の適用が受けられるように特別の配慮をした特例であるため、それらの選択しなかった場合には、原則どおりの課税をすることを示しています。

4　具体的な適用関係

この特例（措法70の７の７）は、例えば、出資額限度法人の持分を有する個人の死亡に伴い、相続人が出資額を払い出した場合に、出資額を超える部分は、その医療法人に帰属することから、他の出資者は経済的利益を受けることとされます。その際、現在の課税実務では、相続税法第９条（その他の経済的利益）及び第19条（相続開始前３年以内に贈与があった

場合の相続税額）第１項の規定により贈与税ではなく相続税が課される場合があります。また、遺言により持分を放棄した場合も同様に経済的利益について相続税が課される場合があります。この規定において、そのような場合であっても、その経済的利益については相続税ではなく贈与税を課することとして、「贈与税の納税猶予・免除制度（措法70の７の５）」や「医療法人の持分に係る経済的利益についての贈与税の税額控除（措法70の７の６）」の適用を受けることができるようにするという取扱いを定めています。

V

出資持分の譲渡と贈与

340　V　出資持分の譲渡と贈与

Q1　出資持分の性格と税法上の位置づけ

　医療法人の出資持分の性格と税法上の位置づけはどのようになりますか。

A

1　出資持分の性格

　「持分」とは、「定款の定めるところにより、出資額に応じた払戻し又は残余財産の分配を受ける権利（改正医療法附則10の3③かっこ書き）」を指します。従って、出資者は、出資額に応じて、退社時の払戻請求権と解散時の残余財産分配権の2つの財産権を有することになります。

◇出資持分に係る財産権

財産権	内　　　　容
①　社員退社時の持分払戻請求権	社員が中途で退社した場合に、その出資持分相当額に応じて払戻しを受ける権利
②　解散時の残余財産分配請求権	医療法人が解散した場合に、その出資持分相当額に応じて解散時の残余財産の分配を受ける権利

　医療法人においては、社員は、医療法人に出資することは義務付けられていません。社員資格を得るのに出資持分を持つことは絶対条件ではありません。したがって、社員には "出資をした社員" と "出資をしていない社員" の2種類が存在します。

　出資持分は、財産権としての性格を持つものであり、その過半数を所有しているからといって、医療法人に対する経営権（支配権）を持つことにはなりません。この点においては株式会社と全く異なります。

医療法では、社員総会において社員は平等に一人 1 個の議決権を持つと
されています（医療法46の 3 の 3 ①）。社員は議決権の観点ではイコール
パートナーとなります。医療法人の場合、財産権としての出資持分と経営
権（支配権）としての議決権はリンクしていません。

また、株式会社など営利法人は医療法人に出資することができると解釈
されていますが、社員としての議決権を持つことはできません（平成 3 .
1 .17指第 1 号東京弁護士会会長宛厚生省健康政策局指導課長回答）。非営利法
人は社員になることができますが、法人社員が持分を持つことは、法人運
営の安定性の観点から適当でないとされています（運営管理指導要綱より）。

なお、医療法人は医療法第54条で剰余金の配当が禁止されていますの
で、出資持分を有する社員が配当を受けることはできません。

2　出資持分の譲渡・贈与

医療法には、出資持分の譲渡や贈与に関する規定はありません。また、
モデル定款にも出資持分の譲渡や贈与に関する規定は定められていませ
ん。従って、実務上は、定款に禁止条項がない限り、財産権に通じる出資
持分の譲渡や贈与は可能と考えられています。実際に、出資持分を有する
社員は、社員資格を保有したままで出資持分の全部又は一部を譲渡や贈与
している事例は数多く見受けられます。

判例においても、「医療法人の社員が社員の地位ないし社員としての出
資に基づき法人に対して有する権利（出資持分）を他人に譲渡すること」
は、「医療法人の存立運営を害するものといえず、当該法人の定款に反し
ない限りこれを許さないものと解すべきいわれはない。」との判示（浦和
地裁昭和52年（ワ）第879号、昭和57年 6 月28日判決）がされています。なお、
この判例では、「新社員の加入を招来する社員以外への出資持分の譲渡が
当然に許されるか否かはともかく」として、社員間における出資持分の譲

渡は定款の趣旨にも反しないとしています。

　また、最高裁判決でも、「社団医療法人中持分の定めのある社団医療法人においては、一般に、その出資持分は、一身専属的なものではなく、法令上又は定款上で一定の制限下にあるものの譲渡や相続が可能であるから、そこで出資持分の全部を一括して譲渡するという方法によりこの社団医療法人（の事業）そのものを譲渡することが可能であり、かつ実務上もそのようになされている。その際の譲渡の対価は、当然のことながら当該社団医療法人の企業価値（事業価値）による（平成20年(行ヒ)第241号、平成22年7月16日最高裁）。」という解釈を判示したものもあります。

3　出資持分の税法上の位置づけ

(1)　所得税の取扱い

　居住者である個人に有価証券の譲渡益が生じた場合には、所得税が課税されます。申告分離課税とされ、譲渡益に対し税率は所得税15.315％、住民税5％の合計20.315％が適用されます。この場合の有価証券には「特別の法律により設立された法人の出資者の持分など（措法37の10②二）」も含まれており、医療法人の出資持分もこれに該当すると考えられます。

(2)　法人税の取扱い

　法人税法では、「合名会社、合資会社又は合同会社の社員の持分、協同組合等の組合員又は会員の持分その他法人の出資者の持分」は有価証券となると定めています（法令11三）。会社が医療法人の出資持分を所有した場合には、有価証券にあたると考えられます。

(3)　相続税法の取扱い

　相続税、贈与税の計算の基礎となる財産評価において、医療法人の出資持分は取引相場のない株式に準じて評価することとされています（評基通194-2）。

Q2　出資持分を譲渡した場合の課税関係

> 　社員（個人）が医療法人の出資持分を譲渡した場合の課税関係はどのようになりますか。

A

1　出資持分の譲渡の可否

　医療法には、出資持分の譲渡に関する規定はありません。実務上、財産権である出資持分の譲渡は行われています。したがって、実務の実態に合わせて、出資持分を有する社員は、社員の資格を有したままで出資持分の全部又は一部を譲渡できると解釈されています。

　なお、この場合、譲り受ける者は社員が望ましいと考えられますが、株式会社などでも医療法人に対して出資できるという状況を勘案すると、法人などに対する譲渡も可能と考えて差し支えないと思います。

2　譲渡した場合の課税関係

　持分の定めのある社団医療法人（経過措置医療法人）の出資持分は、税法上、有価証券として取り扱われます。したがって、個人である社員がこれを譲渡した場合には、所得税の計算上、譲渡所得として課税されることになります。

　なお、医療法人の出資持分は、「特別の法律により設立された法人の出資者の持分など（措法37の10②二）」に該当するため、申告分離課税により税額計算をすることになります。

　具体的な譲渡所得の金額の計算は次のとおりです。

344　V　出資持分の譲渡と贈与

$$\frac{譲渡による}{総収入金額} - （取得費＋譲渡費用） = \frac{株式等の譲渡に係る}{譲渡所得金額}$$

（注１）　取得費については、取得費に加算される相続税（取得費加算）の適用要件を満たせば、その金額相当額も控除することができます（措法39）。

　譲渡益が生じた場合に適用される税率は、出資持分が未上場有価証券であるため、所得税15.315％（措法37の10①）と住民税５％（地法附則35の２）の合計20.315％となります。

$$\frac{株式等の譲渡に係る}{課税譲渡所得金額} ×20.315％（所得税率15.315％、住民税率５％）$$

（注２）　住民税率５％＝都道府県民税２％＋市区町村民税３％

　また、譲渡損が生じた場合には、他の申告分離課税の対象とされる株式等の譲渡に係る譲渡所得金額とは損益通算できますが、それ以外の所得（たとえば給与所得など）との損益通算はできません（措法37の10①、⑥四）。

Q3　医療法人の出資持分と自己株の取得

　株式会社の場合には自己株式を取得できますが、医療法人の場合に
も株式会社と同様に自己の出資持分をその医療法人自体が取得するこ
とはできるのですか。

A

1　株式会社の自己株取得

　株式会社の場合には、株主総会の決議があれば、上場会社から中小同族
会社まで、すべての会社において自己株式の取得が認められています。自
己株式には、取得の目的や、取得数量、保有期間に制限はありません。制
度改正当時は「金庫株」と呼ばれていました。この自己株式取得の解禁
は、平成13年10月１日施行の改正商法により行われました。

　株式会社において、自ら取得した株式は、外部の第三者に譲渡したり、
取締役会の決議により消却したり、企業再編の際に、新株発行に代えて自
己株式を交付したりと、様々な活用法が考えられます。

　たとえば、有力な非上場の同族会社のオーナーに相続が発生した場合、
その相続人が納税資金を調達するため、その同族会社に自己株式を譲渡す
る場合があります。一般的には、個人株主が自己株式を発行会社に譲渡し
た場合、資本金等の額を超える部分の金額は「みなし配当（所法25）」と
され、所得税・住民税は総合課税となります。総合課税の場合で最高税率
の適用がされると、配当控除の適用を受けたとしても実質49.4％の税率が
適用されることになります。配当所得に対する源泉徴収も必要となりま
す。

　しかし、平成16年４月１日以後、相続により取得した非上場株式を、同
日以後、その発行会社に譲渡した場合は、みなし配当課税はされず、株式

等に係る譲渡所得として譲渡所得課税がされます（措法９の７）。この場合の譲渡所得課税は、譲渡益に対し20.315％（所得税15.315％と住民税５％）の税率が適用されます。また、相続開始日以後３年10ヶ月の間に相続財産を譲渡した際に適用される相続税額の取得費加算規定（措法39）の適用を受けることもできます。

2　医療法人と自己の出資持分の引取り

上記１の自己株式取得制度は株式会社の株式を対象としたものです。医療法人（経過措置医療法人）の出資持分にはこれと同様の制度は適用されません。医療法には、医療法人が自己の出資持分を自ら買い取るという考え方はありません。

社員（個人）が出資持分を発行医療法人に譲り渡すというのは、「出資持分の払戻しを受ける」ということになります。この出資持分の払戻しを受ける際に受領した金銭等が当初の払込出資額を超える場合には、その超える部分の金額は「みなし配当（所法25①）」とされ、所得税・住民税は総合課税となります。

＜持分の払戻しを受ける際の配当所得金額＞

$$持分の払戻しを受ける際に受領した金銭等 － 払込出資額 ＝ 配当所得の金額$$

なお、交付を受けた金銭等のうち、配当とみなされる部分以外は譲渡所得の総収入金額とみなされます（措法37の10③三）が、医療法人の場合、譲渡所得が発生することは稀だと思われます。

ところで、経過措置医療法人のモデル定款（昭和61年健政発第410号厚生省健康政策局長通知）では、社員が医療法人から持分の払戻しを受けることができるのは「社員資格を喪失した」場合とされています。また、定款では、社員資格を失う理由を「除名」、「死亡」、「退社」の３つとしていま

す。

＜経過措置医療法人のモデル定款＞

第7条　社員は、次に掲げる理由によりその資格を失う。

　⑴　除　名

　⑵　死　亡

　⑶　退　社

2　社員であって、社員たる義務を履行せず本社団の定款に違反し又は
　　品位を傷つける行為のあった者は、社員総会の議決を経て除名するこ
　　とができる。

第8条　やむを得ない理由のあるときは、社員はその旨を理事長に届け
　　出て、その同意を得て退社することができる。

第9条　社員資格を喪失した者は、その出資額に応じて払戻しを請求す
　　ることができる。

　このように医療法人では、社員が除名、死亡、退社により社員資格を喪
失した場合に限りその出資額に応じて払戻しを請求することができます。
除名も死亡も退社もしないで払戻しを受けることはできません。社員資格
を有したままの全部払戻しや、一部払戻しもできません（平成3.10.17指第
70号）。そして、払戻しを受ける際に受領した金銭等については、株式会
社の株式のような特例制度はありません。したがって、非上場の同族会社
と比較すると、出資持分の大半を有する社員に相続が発生した場合、その
相続人は納税資金の調達に苦慮することが予想されます。

◇株式会社と医療法人の比較

【株式会社の場合】

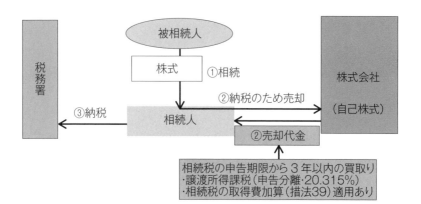

【医療法人の場合】

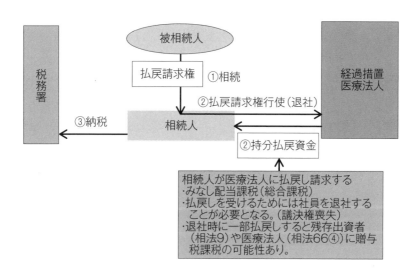

Q4　出資持分を贈与した場合の課税関係

社員（個人）が医療法人の出資持分を贈与した場合の課税関係はどのようになりますか。

A

1　出資持分の贈与の可否

医療法には、出資持分の贈与に関する規定はありません。しかし実務上、財産権である出資持分の贈与は行われています。したがって、実務の実態に合わせて、出資持分を有する社員は、社員資格を保有したままで出資持分の全部又は一部を贈与できると解釈されています。

2　贈与した場合の課税関係

持分の定めのある社団医療法人（経過措置医療法人）の出資持分は、税法上、有価証券として取り扱われます。したがって、個人である社員が後継者など個人に対してこれを贈与した場合には、贈与を受けた者に贈与税が課税されることになります。

贈与税の課税価格計算をする際の出資持分の評価は、「財産評価基本通達194-2（医療法人の出資の評価）」によって算定することになります。

贈与税の課税制度には、原則の暦年課税制度（Q5参照）と選択制の相続時精算課税制度（Q6参照）の2つがありますが、出資持分の贈与については、そのいずれの適用も可能となります。

なお、個人社員が、所有する出資持分を法人に対し贈与した場合には、その個人社員に対して、みなし譲渡所得課税（所法59①一）がされ、受贈法人に受贈益課税（法法22②）がされることになります。

Q5 暦年課税制度とその活用策

医療法人の後継者に対して毎年、少しずつ出資持分を贈与すると相続税対策になると聞きました。本当ですか。

A

1 暦年課税制度の概要

贈与税は、個人が個人から財産の贈与を受けたときに課税される税金です。持分の定めのある社団医療法人（経過措置医療法人）の出資持分は、税法上、有価証券として取り扱われます。したがって、個人である社員がこれを後継者である個人に対し贈与した場合には、贈与税が課税されます。

贈与税は一人の人がその年1月1日から12月31日までの間（暦年）に贈与を受けた財産の合計額から基礎控除額110万円を控除した残額に対して課税されます（相法21の5）。したがって、1年間の贈与財産の合計額が110万円以下なら贈与税の課税はされません。この場合には、贈与税の申告も必要ありません。

贈与税は、財産の贈与を受けた者（受贈者）が申告し納税します。この申告納税の期間は、財産の贈与を受けた年の翌年2月1日から3月15日までの期間とされています（相法28①）。

贈与税の算定に際しては累進税率が適用されます（相法21の7）。具体的な贈与税額は次の算式で計算することができます。

（贈与税の課税価格−基礎控除(110万円)）× 累進税率(注)＝贈与税

(注) 贈与税の累進税率の見直し

平成27年1月1日以後の贈与から贈与税の税率が引き上げられました。また、贈与税の計算が、特例贈与（その年1月1日において20歳以上の者

が直系尊属から受けた贈与）と一般贈与（特例贈与以外）では税率構造に差が設けられました（平25改正法附則10）。

○特例贈与

税率構造	
200万円以下の金額	10%
400万円以下の金額	15%
600万円以下の金額	20%
1,000万円以下の金額	30%
1,500万円以下の金額	40%
3,000万円以下の金額	45%
4,500万円以下の金額	50%
4,500万円超の金額	55%

○一般贈与

税率構造	
200万円以下の金額	10%
300万円以下の金額	15%
400万円以下の金額	20%
600万円以下の金額	30%
1,000万円以下の金額	40%
1,500万円以下の金額	45%
3,000万円以下の金額	50%
3,000万円超の金額	55%

○特例贈与

基礎控除後の課税価格		税率	控除額
	200万円以下	10%	－
200万円超	400万円以下	15%	10万円
400万円超	600万円以下	20%	30万円
600万円超	1,000万円以下	30%	90万円
1,000万円超	1,500万円以下	40%	190万円
1,500万円超	3,000万円以下	45%	265万円
3,000万円超	4,500万円以下	50%	415万円
4,500万円超		55%	640万円

○一般贈与

基礎控除及び配偶者控除後の課税価格		税率	控除額
	200万円以下	10%	－
200万円超	300万円以下	15%	10万円
300万円超	400万円以下	20%	25万円
400万円超	600万円以下	30%	65万円
600万円超	1,000万円以下	40%	125万円
1,000万円超	1,500万円以下	45%	175万円
1,500万円超	3,000万円以下	50%	250万円
3,000万円超		55%	400万円

　なお、同一年に特例贈与財産と一般贈与財産の両方を取得した場合には、次のとおり贈与税を計算します（改正措法70の2の4③）。

---

(1)　特例贈与財産の税率で計算する贈与税額
　①　（特例贈与財産＋一般贈与財産）－配偶者控除額－基礎控除＝課税価格
　②　①の課税価格×特例税率＝特例税率で算出した贈与税額
　③　②の算出贈与税額 $\times \dfrac{特例贈与財産}{特例贈与財産＋一般贈与財産}＝$ 特例贈与財産に係る贈与税額
(2)　一般贈与財産の税率で計算する贈与税額
　①　（特例贈与財産＋一般贈与財産）－配偶者控除額－基礎控除＝課税価格
　②　①の課税価格×一般税率＝一般税率で算出した贈与税額
　③　②の算出贈与税額 $\times \dfrac{一般贈与財産}{特例贈与財産＋一般贈与財産}＝$ 一般贈与財産に係る贈与税額
(3)　贈与税額
　(1)の贈与税額＋(2)の贈与税額＝その年の贈与税額

352   V   出資持分の譲渡と贈与

◇参考
<贈与税の税負担率表>

贈与価額	一般贈与		特例贈与 [注1]	
	税額	税負担率	税額	税負担率
万円	万円	%	万円	%
60	0	0	0	0
110	0	0	0	0
140	3	2.1	3	2.1
160	5	3.1	5	3.1
180	7	3.9	7	3.9
200	9	4.5	9	4.5
220	11	5.0	11	5.0
240	13	5.4	13	5.4
260	15	5.8	15	5.8
280	17	6.1	17	6.1
300	19	6.3	19	6.3
320	21.5	6.7	21.5	6.7
340	24.5	7.2	24.5	7.2
360	27.5	7.6	27.5	7.6
380	30.5	8.0	30.5	8.0
400	33.5	8.4	33.5	8.4
450	43	9.6	41	9.1
500	53	10.6	48.5	9.7
550	67	12.2	58	10.5
600	82	13.7	68	11.3
650	97	14.9	78	12.0
700	112	16.0	88	12.6
750	131	17.5	102	13.6
800	151	18.9	117	14.6
850	171	20.1	132	15.5
900	191	21.2	147	16.3
950	211	22.2	162	17.1
1,000	231	23.1	177	17.7
1,500	450.5	30.0	366	24.4
2,000	695	34.8	585.5	29.3
3,000	1,195	39.8	1,035.5	34.5
4,000	1,739.5	43.5	1,530	38.3
5,000	2,289.5	45.8	2,049.5	41.0
10,000	5,039.5	50.4	4,799.5	48.0

（注）　20歳以上の者が直系尊属から受ける贈与

2 暦年課税制度の活用策

　贈与税の暦年課税制度は、毎年1月1日から12月31日を計算期間として税金の計算をします。この場合、親子間において、毎年継続して連年で贈与を行うと、①基礎控除110万円を毎年控除できる、②累進税率が緩和されるといったメリットが生じます。

　たとえば、医療法人の理事長（社員）が後継者である子供（社員）に毎年、継続して出資持分を連年贈与すると、贈与税を低く抑えながら相続税対策をとることが可能となります。具体的な効果は次の例示のとおりです。この場合、出資持分評価額は、財産評価基本通達194−2（医療法人の出資の評価）により評価された価額となります。

＜例示（特例贈与となる場合）＞

　父から子に対し、医療法人の出資持分2,000万円を贈与する。

1年ですべて贈与した場合	贈与税は585.5万円
10年間に分割して均等に贈与した場合	贈与税の総額は90万円

3 贈与の際の留意点と実行するか否かの判断

　贈与を行うか否かは自由です。また、贈与する金額は自由にコントロールすることができます。従って、贈与する場合にはそれが有利になるようなプランニングが必要となります。

　医療法人の出資持分を後継者に対し相続税対策として贈与をする場合には、たとえば、①前理事長が退職し役員退職給与を支払った場合など出資持分の相続税評価額が低下した年に多めの贈与をする、②基礎控除110万円を毎年利用できるように連年贈与をする、③将来後継者となることが確実視される孫に対し、世代飛ばしの贈与をする、といったことが考えられます。

この場合の留意点は次のとおりです。

(1) 贈与税の累進税率の区分は相続税に比べて急なため、多額の財産を一度に贈与すると負担増となり相続税対策の効果がなくなります。したがって、贈与する場合の損益分岐点に留意して毎年の贈与額を決めることが必要となります。

> **＜損益分岐点の考え方＞**
>
> 贈与税の平均税率が相続税の平均税率を下回るように贈与する。
>
> $$\frac{相続税額}{相続財産の総額} = 平均税率 > \frac{贈与税額}{\substack{その年に贈与する\\財産の評価額}} = 平均税率$$
>
> ※　分母の財産はすべて相続税評価額ベースで計算する。

(2) 出資持分の連年贈与を行う場合、当初の段階で、「毎年評価額200万円分を10年間連年贈与する。」といった契約をすると、初年度に評価額2,000万円分の贈与があったとされて贈与税の課税がされます。このような事態に至らないように留意することが必要です。そのためには、毎年贈与について検討し、年によって贈与する金額に変化をつけることも有効と考えられます。

　また、連年贈与する際は、贈与税の基礎控除（年110万円）を超える金額の贈与をし、贈与税について申告納税しておくことが有効と考えられます。それにより、納税者と課税当局で贈与をしたというコンセンサスが得られることになります。この場合には、毎年の贈与税の申告書の控えと納付書の控えは必ず納税者の手元に保管するようにしておくことが大切です。合わせて社員名簿の改訂を行い、所有持分数を最新の状況に書き換えておくことも必須となります。

Q6 相続時精算課税を活用した贈与

　前理事長の退職に伴い役員退職給与を支給し、医療法人の出資持分の評価が大きく下がりました。この際、後継者である息子に対し出資持分の大型の贈与をしたいと考えています。何か良い方法はありますか。

A

1 医療法人の出資持分贈与と相続時精算課税制度

　医療法には、出資持分の贈与に関する規定はありませんが、実務上、財産権である出資持分の贈与は行われています。従って、実務の実態に合わせて、出資持分を有する社員は、社員資格を保有したままで出資持分の全部又は一部を贈与できると解釈されています。この贈与の際、贈与税を少なく、かつ、大型の贈与をしたいという場合、相続時精算課税制度を活用することが考えられます。この場合、出資持分評価額は、財産評価基本通達194－2（医療法人の出資の評価）により評価された価額となります。

　相続時精算課税制度の適用を受けるためには、60歳以上の親から一定の受贈者への贈与であるなど、その適用要件を満たすことが必要となります。また、相続時精算課税制度は一度選択したら、その贈与者からの贈与について暦年課税制度に戻すことはできません。さらには、その贈与者に相続が発生した場合、贈与財産を贈与時の時価で相続財産に合算して相続税を計算することになります（相続税額を超えて納付した贈与税は還付されます。）。このように、相続時精算課税制度は、相続税と贈与税を一体化して課税する制度ですので、その仕組みをよく理解したうえで選択の可否について判断することが求められます。

356 V　出資持分の譲渡と贈与

2　相続時精算課税制度

(1)　制度の概要

　贈与税の課税制度には、「暦年課税（350ページ参照）」と「相続時精算課税」の２つがあります。両者の課税状況の推移は〈参考〉のとおりとなっています。

＜参考＞贈与税の課税状況の推移

区分／年分	件数 (A)	取得財産価額 合計額 (B)	1件当たり金額	贈与税額 納付税額 (C)	1件当たり金額	(C)／(B)	基礎控除等 基礎控除	配偶者控除	相続時精算課税制度の特別控除
	件	億円	万円	億円	万円	％	万円	万円	万円
平成元	527,756	21,421	405.9	2,926	55.4	13.7	60	2,000	
2	583,693	25,684	440.0	3,430	58.8	13.4	〃	〃	
3	573,155	20,593	359.3	2,392	41.7	11.6	〃	〃	
4	541,503	16,471	304.2	1,619	29.9	9.8	〃	〃	
5	554,696	17,484	315.2	1,598	28.8	9.1	〃	〃	
6	529,657	15,266	288.2	1,312	24.8	8.6	〃	〃	
7	520,701	14,570	279.8	1,241	23.8	8.5	〃	〃	
8	512,070	14,586	284.9	1,335	26.1	9.1	〃	〃	
9	486,958	14,129	290.2	1,299	26.7	9.2	〃	〃	
10	455,118	13,010	285.9	1,166	25.6	9.0	〃	〃	
11	445,132	12,942	290.8	1,143	25.7	8.8	〃	〃	
12	414,828	11,974	288.6	955	23.0	8.0	〃	〃	
13	376,198	13,457	357.7	811	21.6	6.0	110	〃	
14	360,594	12,685	351.8	692	19.2	5.5	〃	〃	（制度創設）
15	403,651	23,081	571.8	877	21.7	3.8	〃	〃	2,500
	内暦 327,144	11,468	350.6	671	20.5	5.9			
	精 78,202	11,613	1,485.0	206	26.4	1.8			
16	403,814	23,101	572.1	966	23.9	4.2	〃	〃	〃
	内暦 322,282	11,070	343.5	722	22.4	6.5			
	精 83,690	12,030	1,437.5	244	29.2	2.0			
17	405,332	23,760	586.2	1,159	28.6	4.9	〃	〃	〃
	内暦 325,925	11,547	354.3	834	25.6	7.2			
	精 81,641	12,213	1,495.9	324	39.7	2.7			
18	369,763	20,288	548.7	1,183	32.0	5.8	〃	〃	〃
	内暦 287,992	9,424	327.2	897	31.1	9.5			
	精 83,290	10,864	1,304.4	286	34.4	2.6			
19	358,832	20,538	572.4	1,074	29.9	5.2	〃	〃	〃
	内暦 270,857	8,660	319.7	799	29.5	9.2			
	精 89,571	11,878	1,326.1	274	30.6	2.3			
20	325,060	17,581	540.8	1,039	32.0	5.9	〃	〃	〃
	内暦 252,403	8,237	326.3	850	33.7	10.3			
	精 74,138	9,344	1,260.4	189	25.5	2.0			
21	310,944	16,299	524.2	1,018	32.7	6.2	〃	〃	〃
	内暦 246,254	7,953	322.9	796	32.3	10.0			
	精 66,505	8,347	1,255.1	222	33.4	2.7			
22	310,324	15,291	492.8	1,292	41.6	8.4	〃	〃	〃
	内暦 261,143	9,004	344.8	1,093	41.8	12.1			
	精 50,663	6,288	1,241.1	199	39.3	3.2			
23	340,243	16,248	477.6	1,362	40.0	8.4	〃	〃	〃
	内暦 292,559	10,200	348.7	1,169	40.0	11.5			
	精 49,204	6,048	1,229.2	193	39.3	3.2			

24		355,924	15,798	443.9	1,288	36.2	8.2	110	2,000	2,500
	内暦	311,163	10,308	331.3	1,124	36.1	10.9			
	精	46,207	5,489	1,187.9	164	35.4	3.0			
25		401,716	18,592	462.8	1,690	42.1	9.1	〃	〃	〃
	内暦	351,010	12,247	348.9	1,482	42.2	12.1			
	精	52,492	6,345	1,208.8	207	39.5	3.3			
26		437,217	21,604	494.1	2,784	63.7	12.9	〃	〃	〃
	内暦	388,806	15,514	399.0	2,563	65.9	16.5			
	精	50,006	6,089	1,217.7	221	44.2	3.6			
27		452,004	21,028	465.2	2,156	47.7	10.3	〃	〃	〃
	内暦	403,683	14,950	370.3	1,913	47.4	12.8			
	精	49,967	6,077	1,216.2	243	48.6	4.0			

(備考) 1. この表の係数は、「国税庁統計年報書」による。
2. 件数は、財産の贈与を受けた者のうち申告等のあった者の数である。
3. 取得財産価額には更正・決定分を含む。また、贈与税額には納税猶予適用分を含まない。
4. 内書の、「暦」は暦年課税分に係る計数であり、「精」は相続時精算課税分に係る計数である。

(財務省 HP 資料より)

　２つの制度のうち、相続時精算課税制度は一定の要件に該当する場合に選択することができます。この制度は、贈与時に贈与財産に対する贈与税を納め、その贈与者が亡くなった時にその贈与財産の贈与時の価額と相続財産の価額とを合計した金額を基に計算した相続税額から、既に納めたその贈与税相当額を控除することにより贈与税・相続税を通じた納税を行うものです（相法21の９）。

　なお、相続時精算課税制度は、対象とされる受贈者それぞれが贈与者である父、母ごとに選択できますが、一度選択すると、選択した年以後贈与者が死亡する時まで継続して適用され、暦年課税制度に変更することはできません。この点は特に注意が必要です。

(2)　適用対象者

　適用対象者は次のとおりとされています（相法21の９①）。

贈与者	60歳以上の父母又は祖父母
受贈者	①　贈与者の推定相続人である20歳以上の直系卑属（子や孫）である推定相続人 ②　20歳以上である贈与者の孫

※　年齢は贈与年の１月１日現在で判定する。

(3) 適用対象の財産や種類など

相続時精算課税制度では、贈与財産の種類、金額、贈与回数に制限はありません。したがって、相続時精算課税制度の適用を受けて医療法人の出資（持分）を贈与することは可能です。その際、贈与税計算の基礎となる財産評価は、医療法人の出資持分として取引相場のない株式に準じて評価されます（評基通194－2）。

(4) 税額計算

① 贈与税額の計算

相続時精算課税の適用を受ける贈与財産については、その選択をした年以後、相続時精算課税の贈与者以外の者からの贈与財産と区分して、その贈与者から1年間に贈与を受けた財産の価額の合計額を基に贈与税額を計算します（相法21の10）。

その贈与税額は、贈与財産の価額の合計額から、複数年にわたり利用できる特別控除額（2,500万円が限度）を控除した金額に、一律20％の税率（相法21の13）を乗じて算出します。

◇相続時精算課税制度における贈与税額の計算

（贈与財産の価額の合計額－2,500万円）×20％＝その年の贈与税額

(注) 2,500万円の特別控除額は複数年にわたり利用できる（相法21の12①）。

なお、相続時精算課税を選択した受贈者が、相続時精算課税に係る贈与者以外の者から贈与を受けた財産については、暦年課税制度により贈与税額を計算します（相法21の11）。

② 相続税額の計算

相続時精算課税を選択した者の相続税額は、相続時精算課税の贈与者が死亡した時に、それまでに贈与を受けた相続時精算課税の適用を受ける贈与財産の価額と相続、遺贈により取得した財産の価額を合計した金額を基

に計算した相続税額から、既に納めた相続時精算課税の贈与税相当額（上記①で計算した各年の贈与税の合計額）を控除して算出します。

その際、相続税額から控除しきれない相続時精算課税の贈与税相当額については、相続税の申告をすることにより還付を受けることができます。

なお、相続時精算課税の適用を受けた贈与財産を、相続税の課税価格計算に算入する際の贈与財産の価額は、「贈与時の価額」とされています（相法21の14～16）。

⑸　選択するための手続

相続時精算課税を選択する受贈者は、その選択の最初の贈与を受けた年の翌年2月1日から3月15日までの間（贈与税の申告書の提出期間）に、贈与税の申告書に「相続時精算課税選択届出書」と受贈者の戸籍謄本など一定の書類を添付して納税地の所轄税務署長に提出することとされています（相法21の9②、相令5、相規11）。

＜暦年課税制度と相続時精算課税制度との比較＞

項　　　目	暦年課税	相続時精算課税
①　適用対象者	○　制限なし（諾成契約）	○　贈与者は60歳以上の父母、祖父母 ○　受贈者は20歳以上の贈与者の直系卑属（子や孫）である推定相続人又は孫（代襲相続人を含む） ○　人数の制限なし
②　適用手続	○　基礎控除(110万円)を超える場合に申告義務がある ○　贈与税の配偶者控除及び住宅取得資金等の贈与の適用を受ける場合にはその旨を記載して申告する	○　贈与年の翌年3月15日までに選択する旨を届出 ○　届け出れば相続時まで本制度の適用が継続 ○　受贈者である兄弟姉妹が別々に贈与者である父・母ごとに選択可能

③ 適用対象となる贈与財産等	○ 贈与税の配偶者控除及び住宅取得資金等の贈与には財産に制限がある	○ 住宅取得資金等の贈与は金銭に限る ○ 上記以外は贈与財産の種類・贈与金額・贈与回数に制限なし	
④ 贈与時の税額計算等	○ 基礎控除を超える部分について超過累進税率により課税 ○ 贈与税の配偶者控除は2,000万円(プラス基礎控除)を超える部分について超過累進税率により課税	○ 暦年課税の贈与財産と区別して選択した贈与財産に一律20%課税 ○ 申告を前提に2,500万円まで特別控除枠がある	
⑤ 相続時の税額計算等	○ 相続開始前3年以内の贈与財産は相続財産に加算して計算した相続税額から既に支払った贈与税額を控除 ○ 相続税額から控除しきれない贈与税額は還付されない ○ 相続財産に加算する贈与財産の価額は贈与時の時価 ○ 贈与財産は相続財産に加算されない場合がある(相続開始前3年超の贈与財産)	○ 選択した贈与財産と相続財産を合算して計算した相続税額から既に支払った贈与税相当額を控除 ○ 相続税額から控除しきれない贈与税相当額は還付される ○ 相続財産に合算する贈与財産の価額は贈与時の時価 ○ 選択した贈与財産はすべて相続財産と合算される	

VI
社員資格喪失と持分の払戻し

Q1 医療法人の社員と社員資格喪失事由

持分の定めのある社団医療法人では出資持分を有する社員が退社するなど社員資格を喪失した場合には持分の払戻しをします。ところで、社員の資格喪失事由にはどのようなものがありますか。

A

1 社員資格喪失と持分の払戻し

持分の定めのある社団医療法人（経過措置医療法人）の社員が、医療法人の出資持分を有している場合には、その社員は法人に対する財産権を持っていることを表します。この場合の財産権とは、①退社時の持分払戻請求権と②解散時の残余財産分配請求権を指します。したがって、出資持分を有する社員は退社するなど社員資格を喪失した場合には、その医療法人に対し、その社員が出資持分の払戻し請求をすることにより持分に応じた払戻しを受けることができます。

2 社員の資格喪失理由

持分の定めのある社団医療法人（経過措置医療法人）の社員の資格喪失理由は定款に記載されています。平成19年4月1日に施行された第5次医療法改正前の「社団医療法人モデル定款（昭和61年健政発第410号　厚生省健康政策局長通知）」によれば、「社員は、次に掲げる理由によりその資格を失う。」として「(1)除名、(2)死亡、(3)退社」の3つをあげています。全国のほとんどの経過措置医療法人は、このモデル定款をベースに定款を作成していますので、この3つが資格喪失理由と考えられます。このモデル定款における社員資格喪失の理由は、平成27年の改正医療法（第7次医療

法改正）後の最新のモデル定款でも、そのまま踏襲されています。

　社員の除名については、モデル定款で「社員であって、社員たる義務を履行せず本社団の定款に違反し又は品位を傷つける行為のあった者は、社員総会の議決を経て除名することができる。」とされています。

　また、社員の退社について、モデル定款では、「やむを得ない理由のあるときは、社員はその旨を理事長に届け出て、退社することができる。」とされています。社員の退社については、第7次改正医療法施行日の平成28年9月1日より前のモデル定款では「社員は……理事長に届け出て、その同意を得て退社することができる（下線筆者）。」とされていました。しかし、従来より、理事長は退社の同意を法的に拒むことは困難との解釈が旧厚生省より示されていました（平成3.10.30健政局課長回答）。改正後のモデル定款では「その同意を得て」という文言が削除され社員の退社は届出だけでできる形式に改定されています。持分を持つ社員が退社すると払戻請求権の行使が可能となるため経営上のリスクが顕在化する恐れがあります。この点、特に留意する必要があります。

＜参考＞

　医療法人の社員の退社について

（平成3.10.30指第70号福岡県弁護士会会長宛厚生省健康政策局指導課長回答）

【照会】

　医療法人は総会の承認または理事長の同意がないことを理由に社員退社を拒否する法的根拠があるかどうかの点につき御教示下さい。

以上

【回答】

　標記について、平成3年10月14日付福岡県弁照第933号で照会のあったことについては、下記により回答する。

記

　医療法人の社員については、社団の医療法人に存在するものであるが、社員の身分は社員総会の承認を得て取得することとなる。出資持分とは、法人の設立時等に出資した額に応じて法人の資産に対して持分相当の財産権を持つというものである。

　出資持分を持っている社員が社員資格を喪失した場合は、その持分に相当する資産の払戻しを請求する権利を有することとなる。また、法人が解散した場合についても、残余財産の分配の権限を有することとなる。

　しかし、この出資持分については、社員の身分を保持している状況では財産権に対する権限の行使はできないものであり、あくまで社員資格の喪失等の事由が生じた時に限り、払戻しを請求する権利が生じるものである。

　また、定款には、必要的記載事項として「社団たる医療法人にあっては、社員資格の得喪に関する規定」を必ず定めることとしている。

　つまり、社員が退社する場合は、定款に基づき処理されなければならず、これを拒否する理由に関して医療法等の法的根拠はないものと判断する。

　いずれにしても、定款上、社員は(1)除名、(2)死亡、(3)退社の３つの理由により、資格を喪失することになります。そして、経過措置医療法人のモデル定款では、「社員資格を喪失した者は、その出資額に応じて払戻しを請求することができる。」と規定し、持分の払戻しができることを明記しています。

＜参考＞「社団医療法人のモデル定款」

第○条　社員は、次に掲げる理由によりその資格を失う。

(1)　除　名

(2)　死　亡

(3)　退　社

2　社員であって、社員たる義務を履行せず本社団の定款に違反し又は品位を傷つける行為のあった者は、社員総会の議決を経て除名することができる。

第○条　やむを得ない理由のあるときは、社員はその旨を理事長に届け出て、退社することができる。

第○条　社員資格を喪失した者は、その出資額に応じて払戻しを請求することができる。

Q2 社員の退社手続・権利の濫用・請求権の時効

　出資持分を有する社員が持分の定めのある社団医療法人（経過措置医療法人）を退社する際の手続はどのようになりますか。この場合、医療法人側で退社拒否はできますか。また、払戻し金額が多額になると医療法人の存続が危ぶまれます。これに関し何か留意する点はありますか。

1　社員の退社手続等

持分の定めのある社団医療法人（経過措置医療法人）の社員が退社する場合には、概ね次のような手続が必要になると考えられます。

(1)　退社しようとする社員は、「退社届出」を理事長に提出する

↓

(2)　(1)とともに「出資持分の払戻請求書」を理事長に提出する

↓

(3)　医療法人において臨時社員総会を開催し、社員の退社について承認するとともに、出資持分の払戻しの承認を議決する (注)
　(注)　モデル定款では、社員の退社について、「やむを得ない理由があるときは、社員はその旨を理事長に届け出て、退社することができる。」とされていますが、定款には社員の退社について「社員総会の承認の議決を要すること」と記載しても差し支えないとされています。社員の退社の際、定款にどのような定めがされているかを確認のうえ、それに沿って手続を行うことが必要となります。

↓

(4)　出資持分の払戻しを行うとともに、社員名簿から退社した社員の名前を削除する

↓

(5)　減資に伴い税務署に出資金変更届を提出する

◇社員の「退社届出」と「出資金払戻請求書」の例

○年○月○日

退社届出　兼　出資持分払戻請求書

医療法人社団　○○会

理事長　○○○○殿

医療法人社団　○○会の社員である私××は、定款△条に基づき、○年○月○日をもって退社いたしたく、ここに届出をいたします。

なお、退社に際しては定款△△条に基づき、私の出資額に応じた資産の払戻しを請求いたします。

住　所　　東京都‥

氏　名　　××　　　　　㊞

2　社員の退社拒否の可否と権利濫用法理の適用

持分の定めのある社団医療法人（経過措置医療法人）が、社員の退社に伴い出資持分に応じた資産の払戻しをすると、その金額によっては医療法人の経営が困難になる場合が想定されます。そこで、社員の退社を拒否し、払戻しをしないということを法的に検討する法人もあります。しかし、社員の退社拒否については、「出資持分とは、法人の設立時等に出資した額に応じて法人の資産に対して持分相当の財産権を持つというものである。出資持分を持っている社員が社員資格を喪失した場合は、その持分に相当する資産の払戻しを請求する権利を有することになる。……また、定款には、必要的記載事項として「社団たる医療法人にあっては、社員資格の得喪に関する規定」を必ず定めることとしている。つまり、社員が退社する場合は、定款に基づき処理されなければならず、これを拒否する理由に関して医療法等の法的根拠はないものと判断する（平成3年10月30日指第70号　福岡県弁護士会会長宛厚生省健康政策局指導課長回答、363ページ参

照)。」という見解が示されています。したがって、定款に別段の定めによる制限をしない限りは、社員の退社拒否はできません。

なお、近年の最高裁判決において、「出資金返還請求権の額が多額になり、それによって医療法人の存続が脅かされる場合には、請求される医療法人の公益性を適切に評価し、出資者が受ける利益と医療法人及び地域社会が受ける損害を客観的に比較衡量するという、権利濫用法理の適用により妥当な解決に至ることが可能である（平成20年（受）1809号最高裁、平成22年4月8日判決、375ページ参照）」との認識が示されています。実務上、出資持分の払戻しに際しては、権利濫用法理の適用について、弁護士など法律の専門家の意見を聞き、適切に取り行うことが必要と考えます。

3　払戻請求権と時効

持分の定めのある社団医療法人（経過措置医療法人）は、社員が退社した場合、社員から払戻請求された後、退社した社員の出資額に応じて出資持分の払戻しをすることになります。

なお、社員の払戻請求権は債権に該当するため、退社の日から10年を経過すると時効の援用がされることとなります（民法167）（参考：平成20年（受）1809号最高裁、平成22年4月8日判決、375ページ参照）。

Q3 持分払戻しに対する課税

＜その１＞ 時価で払戻しした場合

退社する社員に対して医療法人の出資持分を時価で払戻ししてもいいのでしょうか。またその場合の課税関係はどのようになりますか。

A

1 出資持分の時価よる払戻し

持分の定めのある社団医療法人（経過措置医療法人）の「社団医療法人モデル定款（昭和61年健政発第410号　厚生省健康政策局長通知）」では、「社員資格を喪失した者は、その出資額に応じて払戻しを請求することができる（第9条）。」として社員の退社時に持分を払戻しすることができる旨明記しています。

この払戻しは、定款に特別な定めがある場合や出資額限度法人といった例外を除き、一般的にはその払戻し時点での出資持分の「時価」で払い戻すことができると解釈されています。

2 出資持分の時価払戻し（解釈・判例）

(1)　旧厚生省通知における解釈

出資持分を時価で払い戻しできるという解釈については、「昭和32年12月総第43号茨城県衛生部長宛厚生省医務局総務課長回答では、精神病院の運営を行っている医療法人の社員の1人が退社することになり、その際出資した土地の返還を要求している事案に対し、『退社社員に対する持分の払戻は、退社当時当該医療法人が有する財産の総額を基準として、当該社員の出資額に応ずる金額でなしても差し支えないものと解する』と通知

し、これによって、実質的に退社社員に対し退社時の医療法人の有する財産の総額を基準として、社員の出資額に応じた払戻しが認められることとなった（平成17年7月22日　医業経営の非営利性等に関する検討会報告「医療法人制度改革の考え方（報告）」より）。」との見解が示されています。

(2)　判例

　持分の払戻請求金額が争われた過去の判例では、いつの時点で出資持分の払戻請求金額を評価するかは「社員の退社時点」とされています。実際の払戻時点や請求がされた時点ではありません。また、評価額（時価）の算定については、出資金の「時価純資産価額（法人税相当額の控除はしない。）」とされています。

　さらに、払戻請求金額は医療法人の事業継続を前提として算定するため、従業員の退職金等の清算費用の控除も認めないとされています。

◇判例による持分の払戻し時点と評価額

評価時点	社員の退社時（払戻請求時ではない。）
評価額	出資金の時価純資産価額（法人税相当額の控除はしない。）
従業員の退職金等の清算費用	純資産額からの控除は認めない

※　平成6年（ネ）第1929号東京高裁　平成7年6月14日判決、最高裁平成10年11月24日確定

　　平成20年（受）1809号最高裁　平成22年4月8日判決

◇参考判例（その1）

「医療法人に中途入社した社員の持分払戻請求権の評価」

〜平成6年（ネ）第1929号、東京高裁平成7年6月14日判決、最高裁平成10年11月24日確定〜

1．東京地裁八王子支部判決（平6．3．24判決、民（ワ）1034号）

平成6年3月24日、東京地裁八王子支部において、医療界に衝撃を与える判決が下されました。

その内容は、昭和34年3月19日に設立された持分の定めのある社団医療法人に対し、昭和45年5月26日に50万円の出資をして途中入社した社員が18年後の昭和63年3月31日にその医療法人を脱退する際、その医療法人の定款に沿い、約5億5,000万円の出資持分の払戻しを要求して訴訟を起こしたもので、一審の東京地裁八王子支部での判決では、被告である医療法人は、原告である脱退社員に対し要求された払戻額のほぼ満額に相当する5億4,696万円と、要求時点から判決までの期間について年5分の利息の合計約7億円の支払を命じたものでした（平6．3．24判決、民（ワ）1034号）。

被告の医療法人が判決どおりの支払をすると医療事業の永続性が保たれない可能性が生じるものでした。しかし、判決では、出資持分の払戻しについて医療法上、何の規定もないため、脱退社員の払戻請求権の行使により医療法人が存続の危機に瀕したとしても、そのような事態を招く定款を自律的に作成した以上やむを得ないとして、医療法人の存続について医療界に波紋を投じることになりました。

この裁判の焦点になったのは、医療法人の出資持分に関する定款をめぐる解釈です。

被告の医療法人は当時の厚生省の示すモデル定款を模範にして定款を作成していました。その定款によると、第8条に「退会した社員は払込済出資額に応じて払戻しを請求することができる」と定められていました。この「払込済出資額に応じて」という文言をもとに、原告の出資社員は、出資持分の払戻しは資産総額に対する割合に応じて支払われるべきである旨主張をしました。具体的には、原告の出資社員が退社した時点の払込出資金総額は約456万円となっていましたが、その時点での被告医療法人の純資産額は、資産合計の58億7,904円から負債合計である8億8,735万円を差し引いた49億9,168万円となり、原告である出資社員の持分割合を乗じると払戻要求額が約5億5,000万円になるという主張でした。

これに対し被告医療法人は、(1)設立以来の社員の死亡に際して、遺族に出資金と同額の金銭を払い戻した例があることから、定款第8条の「払込済出資額に応じて」は、払込出資額そのものと理解されてきた。(2)仮に、出資持分を正味財産についての総出資額中の自己出資額の割合で求める方式をとるとしても、原告である脱退社員以外の出資社員がすべて設立時に出資したものであるのに対し、原告は11年後に途中出資したものであり、その価値は同じではないと主張しました。そして、持分の定めのある社団医療法人において、出資社員の退社の場合に出資額の払戻しをするか否か、また、どのような範囲で払戻しをするかは法人の自治に委ねられていると主張し、さらに、医療法人は医療法第54条で剰余金の配当が禁止されていると、医療法人の非営利性を前面に押し立てて反論をしました。

地裁判決で、原告の脱退社員が要求した払戻額のほぼ満額の支払がされることになった論拠は、被告医療法人の「定款第8条の『退会した会員は払込済出資額に応じて払戻しを請求することができる』との規定は、それ自体の文理からしても」、また、解散時の残余財産分配請求権について定めた被告医療法人の定款第35条（解散時の残余財産は払込済出資額に応じて分配すると定められていた。）との整合性からしても、その医療法人を「退会した会員には、払戻額の制限なしの払戻請求権、すなわち、その払込済出資額に比例して、金銭をもってする社団財産の分割を法人に請求する権利があることを認めた趣旨であると解するのが相当」であり、「退会会員が有する権利の度合いである持分割合は、払込済出資額に比例するのであるから、払込済出資総額中に占める退会会員の払込済出資額の割合として計算される」というものでした。

そして、被告医療法人の財産の価額については、「医療事業が存続することを前提とし、なるべく有利にこれを一括譲渡する場合の価額、言い換えれば、第三者が、被告の医療法人の行ってきた医療事業を譲り受ける目的でその財産全体を買い取る場合に示すであろう価額を標準とすべきであって、少なくとも、財産を個々別々に売却した場合の価額（いわゆる時価）を下るものではない」として被告医療法人に5億4,696万円の支払を命じたものでした。

２．東京高裁での判決（平７.６.14日判決（ネ）第1929号）

　東京地裁八王子支部での判決後、被告医療法人はこれを不服として控訴しました。そして、平成７年６月14日に東京高裁で判決が下され、払戻額は、一転、588万余円の支払にとどまることになりました。払戻金の金額について、一審地裁での判決と二審高裁での判決が大きく食い違う理由は、原告のような中途入社の社員が有する出資の持分割合に対する解釈の違いによるものでした。

　一審地裁での判決では、ほぼ原告の退社社員の主張が認められることになりましたが、この原告の社員は、昭和34年に被告医療法人が設立された当初からの社員ではなく、昭和45年に出資金50万円を支払い社員となった経緯があり、二審高裁での判決では、このような場合でも、定款の規定をそのまま運用すると出資時期の違う社員間の出資持分に著しい不公平が生じると判断し、法人設立後に出資した社員の出資持分の割合は、出資時における医療法人の資産総額に当該社員の払込済出資額を加えた額に対する当該出資額の割合によることが相当であるとして一審地裁での判決と異なる588万余円を払戻金として示すことになりました。

　具体的には、高裁判決では、医療法では、医療法人に対し、営利企業化することを防止し社会的信用を確保するよう種々の規制が加えられており、その一つが剰余金の配当禁止規定（医療法54）であるとしながらも、医療法人は、「出資をした会員が法人資産に対する分け前としての持分を有するものとし、当該会員が退会したときその他会員資格を喪失した場合にその持分の払戻しをするかどうか又は解散時に残余財産が生じた場合にこれを持分を有する会員に帰属するものとするかどうかについては、医療法は、専ら医療法人が定款等において自律的に定めるところに委ねているのであって、同法56条の規定は、解散時の残余財産の帰属ないし処分についてこのことを明らかにしている。」とし、控訴人である医療法人の定款第８条や第35条の規定はその文理に照らすと「出資をした会員は出資額に応じた法人の資産に対する分け前としての財産権（出資持分）を有するものとし、出資持分を有する会員が退会したときその他会員資格を喪失した場合においては、当該会員に対して出資持分に相当する資産の払戻しを請求することができる」のは明らかであると結論付けました。そして、

「医療法54条の規定が剰余金の配当を禁止している」からといって、被告医療法人の「定款第8条の定めを限定的に解釈して、これを退会会員の払込出資額そのもの又は残余財産の価額中出資金に相当する部分の払戻しを意味するに過ぎないものと解釈することはできない。」と判示しました。

　また、「原始会員とその後に入会した会員がある場合においては、……出資時期を異にする会員間の出資持分に著しい不公平が生じることになる」として、「新会員の入会時に原始会員が退会したとすれば、退会会員は当時の資産総額に出資総額中の当該会員の出資額の占める割合を乗じた額の払戻しを受け」ることができたのであり、これは換言すると、その時点でそれに相当する出資持分を有していたことと解釈できるとしました。これを考慮した場合、途中入社の社員の出資持分割合は、次の算式で計算した割合になります。

（注）　東京高裁が示した中途入社社員の出資持分の割合

$$中途入社社員出資持分の割合 = \frac{中途入社社員の出資額}{中途入社社員の出資額 + 出資時の資産総額}$$

　払戻金の金額について、地裁と高裁の判決が大きく食い違う理由は、原告のような中途入社の社員が有する出資の持分割合に対する解釈の違いによるものでした。

　この高裁判決は、一見、医療法人側が勝訴したかにみえます。しかし、地裁判決のポイントとなった定款上の「払込済出資額に応じて」という文言の解釈については、地裁も高裁も同様の解釈を判示しています。

　従って、被告医療法人と同様に、厚生省の示す旧モデル定款を模範にして定款を作成している持分の定めのある社団医療法人（大部分がこれに該当することになります。）においては、医療法人の設立当初からの出資社員（原始社員）が退社した場合には、「払込済出資額に応じて」八王子地裁で示されたような莫大な金額の払戻金の支払を履行しなければならないことになるわけです。

　なお、高裁判決では、払戻額の算定について、「出資持分の払戻しが医療法人の一部清算の実質を持つものであることを鑑み」ると、「帳簿価額や貸借対照表上の資産価額によるのではなく、社員の退社時（出資持分請求権の発生時）の資産の持つ客観的な価値」により算定するのが相当と示し、また、医療法人は、

社員が退社した後も「依然として事業を継続することになる」のであるから、客観的な価値の算定は、いわゆる清算価額によるべきではなく、医療法人の事業継続を前提として、その資産を特定の事業のために一括して譲渡する場合の譲渡価額（営業価額）を標準とすべきである旨、判示しています。そして、控訴人である医療法人が、「払戻しの計算の基礎となる資産の額は純資産額から従業員の退職金等の清算費用並びに清算所得にかかる公租公課を控除した清算価額としての残余財産の価額によるべきもの」と主張したことに対し「もとより正当ではない」としました（注：最高裁平成10年11月24日確定）。

◇**参考判例（その２）**
「**医療法人の社員退社と出資金返還・評価をめぐる問題**」
　〜平成20年（受）第1809号　最高裁平成22年４月８日判決〜

１．事案の概要

　群馬県で精神科の病院を経営する（被告）医療法人Ｉ会（以下「Ｉ会」といいます。）は、もともと個人病院を経営していたＡとその妻Ｂがともに保有していた資産を出資して昭和32年に設立した法人です。設立時にＡは442万5,600円を、Ｂは20万円を出資しました。Ｉ会は設立されてから現在に至るまで、出資社員であった者は原始社員であるＡとＢだけであり、他の出資者はいませんでした。従って、ＡとＢの死亡後はＩ会には出資社員は１人もいません。

　医療法人Ｉ会の定款には、「社員になろうとする者は総会の承認を得なければならない（第５条）」と定められ、退社事由として「総会の決議や死亡（第６条）」が掲げられていました。また、「退社した社員はその出資額に応じて返還を請求することができる（第８条）。」との定めもされていました。

　Ａは昭和57年10月３日に死亡、Ｂは平成13年６月14日に死亡し、それぞれ社員資格を喪失しました。この裁判の原告は、Ａ（父）及びＢ（母）の相続人である子です。原告は、Ｉ会の出資社員であった両親のＡ及びＢの死亡を原因とする退社によって発生した出資金返還請求権を相続等により取得したと主張して、Ｉ会に対し、出資金返還請求権のうち、金４億7,110万1,049円の支払など

を求めたものです。

2．前橋地裁での判決と争点（平成16年（ワ）第21号　平成18年2月24日判決）

(1)　争点と地裁判決

① 出資金返還請求権の時効による消滅と残存出資者の請求権の拡張

イ）原告・被告の主張

出資社員Aは昭和57年10月3日に死亡して社員資格を喪失しました。I会は、平成16年4月16日の本件口頭弁論で、Aの出資金返還請求権は、平成4年10月3日で消滅時効が完成しておりその時効を援用する旨の意思表示をしました。これに対し、原告側は、出資金返還請求権が時効で消滅した場合でも、B死亡時にはBのほかに出資社員はいないため、Bの出資金返還請求権はI会の純資産全部に拡張すると主張しました。

ロ）地裁判決

地裁の判決は「10年の時効期間が経過しておりAの出資金返還請求権は時効消滅した。これにより、Aの請求権は死亡時点に遡って存在しないため、Bの出資金返還請求権はI会の純資産全部に及ぶ」というものでした。

② 医療法人の経営破綻と出資金返還請求権の消滅・権利の濫用

イ）原告・被告の主張

被告I会は、A及びBの乱脈経営により経営破綻したため、昭和55年11月18日、和議の申立てを行いました。I会はこれによりA及びBの出資金返還請求権は消滅したと主張しました。また、仮に消滅していなくても、原告が出資金返還請求権を行使することは、医療法人として認可され社会的責任をもつ病院であるI会を私物化し、その経営を再び破綻に追い込みかねないものであって、権利の濫用に当たり許されないと主張しました。原告側は、「I会は設立当時から現在まで同一の法人格のまま存続しており、A及びBの出資金返還請求権がI会の経営破綻によって消滅したということはない（注：I会は和議の申立てをしたが和議の認可には至らず終局した。終局事由は不明である。その後、法的な倒産処理手続が行われたことはない。）。また、Bの相続人である原告が、A

及びＢの死亡に伴う出資金返還請求権を行使することが権利の濫用に当たるはずがない」と反論しました。

ロ）地裁判決

　地裁では、「Ｉ会の経営状況の悪化がＡやＢの行動に起因し、経営破綻に追い込まれて同人らが法的責任を負うことがあるとしても、そのことと出資持分の消長とは別の問題で、直ちにＡやＢの出資持分が消滅することはない」としました。そして、権利の濫用について「原告が専らＩ会の経営に対して打撃を与えるなど不当な目的をもって、Ｂの出資金返還請求権を行使している場合には権利の濫用として許されない」が、この争いについては「専ら不当な目的とまで認めるに足りる証拠はない。出資持分を有する社員が経営者の立場で行った行為に違法ないし不当な点があっても、その社員の出資金返還請求権の行使は権利の濫用とは考えられない。」との判断を示しました。

③　出資金返還請求権の額について

イ）原告・被告の主張

　原告側は、Ｉ会の純資産額は平成13年度において６億3,135万9,050円あり、出資金返還は、医療法人の資産に対する出資持分に相当する資産の払戻しであって、資産の評価は、その法人の事業継続を前提として、その資産を特定の事業のために一括して譲渡する場合の譲渡価格（営業価格）を標準とすべきであると主張しました。そして、出資社員が１人しかいない場合に、その１人が死亡して、ほかに出資社員がいないときの資産の評価は、死亡時の資産の譲渡価格か、出資金返還請求時（厳密には口頭弁論終結時）の資産の譲渡価格のいずれか高額な方の価格によるべきであるとも主張しました。これによって６億4,849万1,426円の出資金返還請求権がありますが、そのうち、金４億7,110万1,049円を請求するとしました。Ｉ会は、「医療法人は、その非営利法人としての性格から、利益配当が禁じられている。その趣旨から、出資社員が退社したときの出資金返還請求権の金額は、出資金額を限度とするべきである。仮に出資金額を限度としない場合、Ｉ会の総資産に対するＢの死亡に伴う

出資金返還請求権の割合は、Bが出資した当時のI会の全資産に対する
Bの出資金の割合4.32％を限度とするべきである」と反論しました。ま
た、資産の評価の基準時はBの死亡時とするべきであるとも主張しまし
た。

ロ）地裁判決

　地裁の判決では、「医療法54条によれば、医療法人は剰余金の配当をし
てはならないと定められており、この規定は、医療法人が営利企業化す
ることを防止しようとしたものと考えられる。しかしながら、同法は、
医療法人に出資した社員が法人の純資産に対する出資持分を有するもの
とするか否か、医療法人の出資社員が退社したときの持分払戻しや医療
法人の解散時の残余財産を出資社員に帰属させることが可能か、可能と
してどのように払戻し等を行うかについて、専ら医療法人が定款等にお
いて自律的に定めるところに委ねていると解される。このことは、同法
56条が、医療法人の解散時の残余財産の帰属ないし処分について明文の
定めを置いていることからも明らかである。そして、I会の定款は、「退
社した社員はその出資額に応じて返還を請求することができる。」と定め
ているほか解散したときの残余財産は、「払込出資額に応じて分配するも
のとする」と定めている（第33条）。このような定款の定めの文理に照ら
すと、I会にあっては、出資をした社員は出資額に応じた法人の純資産
に対する出資持分を有するものとし、出資持分を有する社員が退社した
ときは、当該社員はI会に対して出資持分に相当する資産の払戻しを請
求することができることとしたものであるというべきである。従って、
医療法54条の定めがあるからといって、出資社員が退社したときの出資
金返還請求権の金額について、出資金額を限度とすると解することはで
きない」とし、「I会の定款の定めに照らすと、ある社員が退社した後
は、残った社員らが、法人の総社員間の出資額の割合に応じた出資持分
を有するものと解される。I会が設立されてから、現在に至るまで、そ
の出資社員であった者はAとBのみであり、Aが死亡したことにより、
I会の出資社員はBのみになったことが明らかで、A死亡後、Bは、I

会の純資産全部に対し、出資持分を有することになったといえる。従って、Bの死亡に伴う出資金返還請求権は、Bの死亡時におけるⅠ会の純資産全部に及ぶことになる」とし、「その資産評価の時点は退社の時と解するべき」としました。そして、「Ⅰ会の純資産額は4億9,893万8,630円を下らない。原告は、出資金返還請求権の内、金4億7,110万1,049円の支払を求めているので、Ⅰ会には同額の支払義務がある」と判決を下しました。

3．出資金返還請求に関する東京高裁での判決（東京高裁　平成18年（ネ）第1518号　平成20年7月31日判決）

⑴　出資金返還請求に関する東京高裁での判決

前橋地裁ではⅠ会に対し金4億7,110万1,049円の支払義務があるとされました。しかし、東京高裁において、これが金20万円（Bの原始出資金額相当額）の支払とされました。

⑵　東京高裁の判断

高裁判決では、「医療法（平成18年法律第84号による改正前のもの。以下同じ。）41条は、「医療法人は、その業務を行うに必要な資産を有しなければならない。」と規定し、54条は、「医療法人は、剰余金の配当をしてはならない。」と規定する一方、56条1項は、「解散した医療法人の残余財産は、合併及び破産手続開始の決定による解散の場合を除くほか、定款又は寄附行為の定めるところにより、その帰属すべき者に帰属する。」と規定し、同条2項は、「社団たる医療法人の財産で、前項の規定により処分されないものは、清算人が総社員の同意を経、且つ、都道府県知事の認可を受けて、これを処分する。」と規定し、同条4項は、同条2項を含む「前2項の規定により処分されない財産は、国庫に帰属する。」と規定する。これら規定によれば、医療法は、医療法人が存続してその開設する病院等を経営する限り、医療を提供する体制の確保を図る（医療法1条）ために、医療法人の自己資本を充実させ、剰余金の利益処分を禁止している」という解釈を示し、それゆえ「組合員等が脱退した場合に持分の払戻しを受けることができる旨を定める民法681条や会社法611条の準用をしない（医療法68条1項）」一方、「医療法人が解散した

場合には会社法664条を準用した上で（医療法68条1項）、医療法人の残余財産は、合併及び破産手続開始の決定による解散の場合を除くほか、定款又は寄附行為の定めるところにより、その帰属すべき者に帰属する（医療法56条1項）などと規定している」としています。そして、「医療法は、医療法人が存続して開設する病院等を経営する場合と解散した場合とを峻別し、存続して開設する病院等を経営する限り医療法人の自己資本を充実させるため剰余金の利益処分を禁止しているので、医療法人が存続する限り、出資社員が退社した場合に剰余金及びその積立金を払い戻す行為も禁止していると解するのが相当」とし、「解散した場合には、剰余金及びその積立金を含め、残余財産を出資社員に出資額に応じて分配することとするものである。」としました。そして、判決として、Bの出資金返還請求権の額を原始出資金額相当額の20万円としたものです。

4. 最高裁判決（最高裁第一小法廷　平成20年（受）第1809号）

⑴　出資金返還請求権の評価に関する最高裁の判断

　出資金返還請求権の評価に関して、最高裁は、「解散した医療法人の残余財産は、合併及び破産手続開始の決定による解散の場合を除くほか、定款又は寄附行為の定めるところにより、その帰属すべき者に帰属する。」という医療法第56条等に照らせば、社団医療法人の出資社員への分配については、収益又は評価益を剰余金として社員に分配することを禁止する医療法第54条に反しない限り、基本的に医療法人が自律的に定めるところに委ねていると解釈できるとし、本件定款第8条では「退社した社員はその出資額に応じて返還を請求することができる。」と規定するとともに、第33条で解散時の出資者への残余財産分配額の算定について「払込出資額に応じて分配する」と規定しており、この定款第33条は、解散時における総出資額中の各出資者の出資額が占める割合を乗じて算定される額を各出資者に分配することを定めていることは明らかであり、この第33条の「払込出資額に応じて」の用語と対照するなら第8条も出資社員の退社時の総出資額中の当該出資社員の出資額が占める割合を乗じて算定される額の返還を請求することができると解するのが相当という判断を示し、東京高裁の下したBの出資に係る出資金返還請求権

20万円に対して、その判断は是認することができないとして、高裁に差し戻す判決を下しました。

　また、裁判官の補足意見として、「平成18年改正前の医療法は、社団医療法人の財産の出資社員への分配に関し、第54条に反しない限り、私的自治（自律）にゆだねていると解される。従って、定款において、出資社員は当該社団医療法人の資産に対し出資額に応じた持分を有するものとし、当該社団医療法人が解散した場合は、出資社員は出資持分に相当する残余資産の分配を受けることとするとともに、社員資格を喪失した場合においても、同様に、当該社員は出資持分に相当する資産の払戻しを請求することができる。行政解釈及び税務解釈はこれを是認しており、裁判例もこの解釈を支持している（東京高判平成7年6月14日高民集48巻2号165頁等）。昭和25年8月9日医発第521号厚生省医務局長発各都道府県知事あて通知「医療法の一部を改正する法律の施行について」に添付された「モデル定款」は、第9条において「退社した社員は、その出資額に応じて払戻しを請求することができる。」、第36条において「本社団が解散した場合の残余財産は、払込済出資額に応じて分配するものとする。」と規定しているが、これは、上記趣旨の定款例を示したものであり、このモデル定款に従い、改正前医療法の下では、多数の持分の定めのある社団たる医療法人が設立されたのである。」と示し、「原判決は、改正前の医療法は、医療法人が存続する場合と解散する場合を峻別しているという解釈を示し、医療法人が存続してその開設する病院を経営する限り、剰余金及びその積立金の利益処分の実質を有する行為を禁止していると解するのが相当であり、従って、社員が退社した場合にも剰余金及びその積立金の全部又はその一部を払い戻す行為も禁止していると解するのが相当であるとしている。この判断は、医療法の解釈を誤っており、昭和25年以来の医療法人制度の法的安定性を動揺させるおそれがあり、是認できない。」と結論付けました。

(2)　権利の濫用に関する最高裁の判断

　権利の濫用に関して、最高裁判決では、「B分の出資金返還請求権の額、Ⅰ会が過去に和議開始の申立てをしてその後再建されたなどのⅠ会の財産の変

動経緯とその過程においてＢらの果たした役割、Ｉ会の公益性・公共性の観点等に照らすと、上告人（１審の原告）の請求は権利の濫用に当たり許されないことがあり得るというべきである。したがって、Ｂ分の出資金返還請求権の額や上告人の請求が権利の濫用に当たるかどうか等について、更に審理を尽くさせるため、本件を原審に差し戻すこととする。」としました。この点について、最高裁判決では裁判官の補足意見として、「持分の定めがある社団医療法人において、出資社員の退社による返還請求額が多額となり医療法人の存続が脅かされるという場合に、当該医療法人の公益性を適切に評価し、出資者が受ける利益と医療法人及び地域社会が受ける損害を客観的に比較衡量するという、権利濫用法理の適用により妥当な解決に至ることが可能である。とりわけ、当該医療法人が過去において債務超過かそれに近い状態に陥り、後に関係者の努力によって再建され現在の資産状態が形成され、その資産形成には当該社員が貢献していないというような事案では、当該社員の出資持分に相当する資産の返還請求は権利の濫用となり得るものと考えられる。」と示しています。

(3) 出資金返還請求権の時効による消滅と残存出資者の請求権の拡張について

　地裁判決で、「10年の時効期間が経過しておりＡの出資金返還請求権は時効消滅した。これにより、Ａの請求権は死亡時点に遡って存在しないため、Ｂの出資金返還請求権はＩ会の純資産全部に及ぶ」という判断が示されました。しかし、最高裁判決の裁判官補足意見において、「Ｂ分の出資金返還請求権は、Ｂの死亡退社により具体的な金額の確定した請求権として成立するのであり、その計算の基礎となる純資産の額は、その当時に負債として存在したＡ分の出資金返還請求権を控除したものでなければならず、その後弁済までの間に、同請求権の消滅時効が完成し、援用されたからといって、Ｂ分の出資金返還請求権の金額を再計算すべき理由はない。」とし、「同請求権の金額は、Ｂの死亡後に生じた事由による資産の増減に伴って変動するものではない」という解釈を示しています。

3 課税関系

　持分の定めのある社団医療法人（経過措置医療法人）の出資社員が、退社によって出資持分の払戻しを受けた場合には、その払戻し金額のうち、資本金等の額からなる部分を超える部分の金額は、「法人からの社員その他の出資者の退社若しくは脱退による持分の払戻し（所法25①五）」に該当するため、配当等とみなされ、「配当所得」課税がされます。

　個人の税金計算では「配当控除（所法92①）」の適用を受けることができます。

　なお、払戻しの際、医療法人では、配当等に対する源泉徴収が必要となり、普通税率等20.42％の適用がされることになります（所法182二）。

◇配当所得の金額の計算（所令61②四）

> 配当金額＝退社による払戻金額－退社した社員の出資に対応する金額（注）
>
> 　（注）　退社した社員の出資に対応する金額
>
> 　　払戻し対象出資金額（口数）×$\dfrac{\text{払戻し直前の資本金等の額}}{\text{払戻し直前の出資金額の総額（口数）}}$

　また、社員の退社による払戻し金額から配当金額を控除した金額が、譲渡所得の収入金額とみなされます。この金額から退社した社員の出資金額を控除した金額が譲渡損益として認識されます（措法37の10③五）。

◇譲渡所得の金額の計算

> 譲渡所得の金額＝⑴－⑵
>
> ⑴　社員の退社による払戻し金額－配当金額
>
> ⑵　退社した社員の出資金額

384　VI　社員資格喪失と持分の払戻し

Q3　持分払戻しに対する課税
＜その２＞　払込出資額（設立当初の出資額）で払戻しした場合

持分の定めのある社団医療法人（経過措置医療法人）の設立当初の
社員（個人）に対して医療法人の出資持分を払込出資額（設立当初の
出資額）で払い戻した場合の課税関係はどのようになりますか。

A

1　出資持分の払込出資額による払戻し

持分の定めのある社団医療法人（経過措置医療法人）の「モデル定款」
では、「社員資格を喪失した者は、その出資額に応じて払戻しを請求する
ことができる。」として社員の退社時に出資持分を払戻しすることができ
る旨明記されています。

この払戻しは、その払戻し時点での持分の時価で払い戻すことができる
と解釈されています。

しかし、設立当初からの社員が退社する際、医療法人の存続などに配慮
して、出資持分の時価が膨大となっているにもかかわらず、払込出資額
（設立当初の出資額）での払戻しを請求した場合には、社員総会での決議
を経て、払込出資額（設立当初の出資額）での払戻しを行って差し支えな
いと考えられます。この場合、退社した社員は持分の一部を放棄したこと
になります。

2　課税関係

(1)　退社した社員の課税関係

持分の定めのある社団医療法人（経過措置医療法人）の設立当初の社員

（個人）の退社によって出資持分が払込出資額（設立当初の出資額）で払戻しされた場合には、利益は生じません。したがって、その社員（個人）に対する課税関係は発生しません。

(2)　残存出資者（個人である社員）の課税関係

　出資持分を有する社員が退社する際に払込出資額（設立当初の出資額）による払戻しを受けた場合には、残存する他の出資者（個人である社員）の出資持分の評価額が増加することになります。理事長一族が議決権や出資の大半を所有し、実態が株式会社と同様と考えられる医療法人においては、この出資持分の評価額の増加については、原則として、みなし贈与課税（相法9）の問題が生じることになります。

　みなし贈与課税とは、「対価を支払わないで利益を受けた場合には、その利益を受けた時において、その利益を受けた者が、その利益を受けた時におけるその利益の価額に相当する金額を、その利益を受けさせた者から贈与により取得したものとみなす（相法9）。」という取扱いです。

　具体的には、出資持分を有する社員が退社する際、払込出資額（設立当初の出資額）による払戻しを受けたため、残存出資者（個人である社員）の出資持分価額（評価額）が増加したときは、退社社員から残存出資者（個人である社員）に対して価額（評価額）の増加部分の贈与があったとみなされて、残存出資者に贈与税が課税されるというものです。この場合の「価額の増加額」は社員の退社前の出資持分の評価額と退社後の評価額の差額を財産評価基本通達194－2（医療法人の出資の評価）により計算して求めることになります。

◇みなし贈与税課税（相法９）の留意点

「持分の定めのある医療法人が出資額限度法人に移行した場合等の課税関係について（平成16年６月16日国税庁課税部長回答）」では、出資額限度法人において、社員（個人）が出資払込額の払戻しを受けて退社したことにより、残存出資者の出資割合が上がりその出資評価額が増加した場合でも「原則として、他の出資者（残存出資者）に対するみなし贈与の課税（相法９）は生じない」としている。その理由として、「相続税法基本通達９－２（株式又は出資の価額が増加した場合）の取扱いなどを踏まえれば、特定の同族グループによる同族支配の可能性がないと認められる医療法人については、一般的にはその利益を具体的に享受することがないと考えられるから、そのような法人にあっては、みなし贈与の課税は生じないものと解される。」と説明している。そして、具体的に①同族特殊関係出資者の出資比率が50％以下、②同族特殊関係社員の数が総社員数の50％以下、③定款に役員に占める親族特殊関係者数が３分の１以下と定めること、④社員、役員その他の特殊関係者への特別利益供与禁止という４要件を満たした出資額限度法人においては、残存出資者（社員である個人）の出資割合が上がりその出資評価額が増加した場合でもみなし贈与課税は生じないとしている。この取扱いは、出資額限度法人と同じ範疇（経過措置医療法人）で、互いに後戻り可能な持分の定めのない社団医療法人にも適用されると考えられる。しかし、実際には、大半の持分の定めのない社団医療法人はこの非課税４要件をクリアできていないため、みなし贈与税の課税関係が生じると思われる。

⑶　医療法人の課税関係

　出資持分を有する社員が退社する際に払込出資額（設立当初の出資額）による払戻しを受けた場合には、医療法人の剰余金相当部分の利益は、上記⑵により、残存出資者（社員）に移転したものと考えられます。したがって、払戻しを行った医療法人には課税関係は生じません。

Q4　持分払戻しの際の医療法人の税務

> 持分の定めのある社団医療法人（経過措置医療法人）が社員の退社に伴い出資持分を払戻しした場合の税務上の取扱いはどのようになりますか。

A

1　時価による持分の払戻し

持分の定めのある社団医療法人（経過措置医療法人）のモデル定款では、「社員資格を喪失した者は、その出資額に応じて払戻しを請求することができる。」とされています。したがって、出資持分を有する社員が退社した場合には、その出資額に応じて払戻しをすることになります。

この場合の払戻価額は、出資額限度法人などの例外を除き、一般的には「時価」によるものと解釈されています。

実務上、払戻しの際の時価に関する定めはないため、時価純資産方式や収益還元方式、類似業種比準価額方式などをもとに、退社した社員と医療法人で協議し、合意に基づく払戻価額をもとに社員総会の決議を経て、実際の払戻価額が決まることになると思います。

2　金銭で持分の払戻しを行った場合

社員に対する払戻しは、通常の場合、金銭で行われると思います。病院用敷地を現物出資した社員が、退社に際し、その土地を現物で払戻しするよう請求した事案（その社員は現物による払戻しの後は、医療法人に賃貸すると申し立てた。）に対し、「現物を金額に見積もった出資をしたときの払戻しは当然現金にて返還するをもって足りると解する（昭和32年12月7

日　総第43号　茨城県衛生部長あて厚生省医務局総務課長回答）」という解釈も示されています。

医療法人が、社員に対し、金銭で払戻しを行う取引は、資本等取引に該当するため、医療法人に課税関係は生じません。

3　土地など現物で払戻しを行った場合

社員に対する払戻しは、通常の場合、金銭で行われます。しかし、役員であった社員が退社する際に、役員の社宅用不動産を現物で払戻しするよう希望する場合などが想定されます。このような場合、医療法人側としても、払戻しによる金銭の社外流出が防げるというメリットがあるため、社員総会などの決議のもと、不動産での現物払戻しを行うことがあると考えられます。その際の不動産は不動産鑑定評価などに基づく時価で評価して払戻しすることになりますが、この取引で譲渡損益が発生する場合には、医療法人に課税関係が生じることになります。

4　払戻しの際の源泉徴収義務

医療法人が社員に対して払戻しをする際に「みなし配当所得（所法25①五）」に該当する部分が生じる場合には、みなし配当の金額に20.42％の税率（所法182二）を乗じて計算した源泉徴収税額を、その払戻しの際に徴収し、これを徴収の日の属する月の翌月10日までに国に納付しなければなりません（所法181①）。

VII

出資額限度法人と
相続・事業承継

Q1 出資額限度法人とは

出資額限度法人とはどのような特徴を持った医療法人ですか。

A

1 出資額限度法人とは

出資額限度法人とは、「出資持分の定めのある社団医療法人であって、その定款において、社員の退社時における出資持分払戻請求権や解散時における残余財産分配請求権の法人の財産に及ぶ範囲について、払込出資額を限度とすることを明らかにするもの（『いわゆる「出資額限度法人」について』第2）最終改正 医政発0325第3号 平成28年3月25日」とされています。

この「払込出資額を限度とする」とは、「脱退時及び解散時における出資持分を有する者への返還額は、出資持分を有する者それぞれにつき、その出資した額を超えるものではないこととすること。したがって、物価下落により法人の資産価額が出資申込書記載の額の合計額より減少している場合等においては、医療の永続性・継続性の確保を図るという観点から、出資時の価額を上限として、現存する法人の資産から出資割合に応じて出資持分を有する者に返還することも含まれるものであり、結果として、返還額が出資時の価額を下回ることも生じ得るものであること（同第3②）。」とされています。

2 出資額限度法人の定款の特徴

厚生労働省が示す出資額限度法人のモデル定款の特徴は、以下のとおりです。

①	社員資格を喪失したものは、その出資額を限度として払戻しを請求することができる。
②	本社団が解散した場合の残余財産は、払込出資額を限度として分配するものとする。
③	（解散した際）払込済出資額を控除してなお残余があるときは、社員総会の議決により、○○県知事の認可を経て、国若しくは地方公共団体又は租税特別措置法（昭和32年法律第26号）第67条の２に定める特定医療法人若しくは医療法（昭和23年法律第205号）第42条の２に定める社会医療法人に当該残余の額を帰属させるものとする。

(注) 平成19年４月１日に施行された第５次医療法改正により、医療法人制度が大きく改正され、すべての医療法人は改正内容に合致するように定款変更の認可申請をすることとされました。その際、表中①～③は当分の間、定款変更の認可申請は必要としない（改正医療法附則10②）とされました。

3 出資額限度法人の位置付け

　第５次医療法改正により、出資額限度法人は、一般の持分の定めのある社団医療法人と同様に「経過措置医療法人」に位置付けられ、「当分の間」存続が認められる法人となりました。また、経過措置医療法人は、そのカテゴリーの中で互いに後戻りが可能となります。したがって、一般の持分の定めのある社団医療法人から、定款変更して出資額限度法人に移行した後、再度、定款変更し、一般の持分の定めのある社団医療法人に後戻りすることができます。この定款変更による互いの後戻りについては、法人税や所得税、贈与税等の課税上の問題は生じません（平成16年６月16日回答、国税庁課税部長回答「持分の定めのある医療法人が出資額限度法人に移行した場合等の課税関係について」より）。

Q2　出資額限度法人の課税上の取扱い（全体像）

出資額限度法人の課税上の取扱いはどのようになりますか。

A

1　出資額限度法人の課税上の取扱い（全体像）

出資額限度法人の課税上の取扱いは次の4区分で整理することができます。

(1)　定款を変更して出資額限度法人へ移行する場合

(2)　出資額限度法人の出資の評価を行う場合

(3)　社員が出資払込額の払戻しを受けて退社した場合

(4)　社員が死亡により退社した場合

それぞれの場合の課税上の取扱いは、次ページの図表のとおりとなります。

◇出資額限度法人の課税上の取扱い（全体像）

事　由	取　扱　い		理　由
1．定款を変更して出資額限度法人へ移行する場合	法人税、所得税及び贈与税等の課税は生じない		依然として出資持分の定めを有する社団医療法人であり、定款変更をもって、医療法人の解散・設立があったとみることはできないから
2．出資額限度法人の出資の評価を行う場合	（相続税・贈与税の計算における「出資持分」の評価） 財産評価基本通達194－2で評価する		①出資額限度法人は、出資持分の定めを有する医療法人である ②定款の後戻り禁止や医療法人の運営に関する特別利益供与の禁止が法令上担保されていない ③他の通常の出資持分の定めのある医療法人との合併により、当該医療法人の出資者となることが可能である
3．社員が出資払込額の払戻しを受けて退社した場合	(1) 退社した個人社員の課税関係	課税関係は生じない	個人社員が退社に伴い出資払込額を限度として持分の払戻しを受ける金額が、資本等の金額を超えない限りにおいては、配当とみなされる部分は生じない
	(2)医療法人に対する法人税（受贈益）の課税関係	課税関係は生じない	資本等取引に当たるため
	(3)－①残存出資者に対する贈与税の課税関係　原則	原則として、他の出資者に対するみなし贈与の課税は生じない	相続税法基本通達9－2を踏まえて

		例外	次のいずれかに該当する場合には相続税法第9条により、みなし贈与課税がされる（注） ア）出資、社員、役員が特定同族グループで占められている場合 イ）社員等に特別な利益を与える場合	相続税法第9条
	(3)-② 医療法人に対する贈与税の課税関係		相続税法第66条第4項による医療法人に対する贈与税課税の問題は生じない	剰余金相当部分の利益は残存出資者に移転したと解されるため
4. 社員が死亡により退社した場合	(1) 相続税の課税関係		①社員相続人が、出資を相続等した場合又は払戻請求権を取得した相続人が社員となり出資持分とした場合 →「出資」を評基通194-2で評価する ②社員の死亡退社に伴い、払戻請求権を取得した相続人等が現実に出資の払戻を受けた場合 →「払戻請求権」を出資払込額により評価する	上記2と同様の理由
	(2) 他の出資者の課税関係		上記3(3)-①の場合と同様となる 　※なお、他の出資者が被相続人（死亡退社社員）から他の財産を相続等により取得している場合は相続税の課税対象となる（相法19）	上記3(3)-①と同様の理由
	(3) その他の課税関係		退社した社員（被相続人）の所得税及び医療法人の法人税は、上記3(1)及び(2)と同様の取扱いとなる	上記3(1)及び(2)と同様の理由

（注）　相続税法第9条により「みなし贈与」課税がされる場合

区　　　分		細　　　目
ア	出資額限度法人に係る出資、社員及び役員が、その親族、使用人など相互に特殊な関係を持つ特定の同族グループによって占められていること	①出資者の3人及び特殊の関係を有する出資者の出資金額の合計額が、出資総額の50％を超えていること
		②社員の3人及び特殊の関係を有する社員の数が総社員数の50％を超えていること
		③役員のそれぞれに占める親族関係を有する者及び特殊な関係がある者の数の割合が3分の1以下であることが定款で定められていないこと
イ	出資額限度法人において社員（退社社員を含む）、役員（理事・監事）又はこれらの親族等に対し特別な利益を与えると認められるものであること	④出資額限度法人の定款等において、社員又は役員など一定の者に対して、当該法人の財産を無償で利用させ、又は与えるなど特別の利益を与える旨の定めがある場合
		⑤出資額限度法人が社員、役員又はその親族その他特殊の関係があるものに対して、特定の利益供与などの行為をし、又は行為をすると認められる場合

↓

　みなし贈与課税（相法9）されないためには次の4つの要件をクリアしなければならない。

　(1)「同族出資比率50％以下」（ア①）

　(2)「同族社員比率50％以下」（ア②）

　(3)「役員に占める親族割合3分の1以下」（ア③）

　(4)「特別利益の供与禁止」（イ④、⑤）

Q3 相続税対策としての出資額限度法人への移行の是非

　出資額限度法人は、含み益が生じて出資持分の評価額が多額になった場合でも社員の死亡退社の場合には払込出資額を限度として払戻しが行われます。この場合、相続税申告に際しては払戻しされた払込出資額を申告すれば問題ないのでしょうか。

A

1　相続税対策としての出資額限度法人への移行の是非

　出資額限度法人は、含み益などが生じて出資持分の評価額が多額になった場合でも、退社する社員への払戻しや解散時の残余財産の分配は払込出資額を限度として行われます。したがって、出資額限度法人の出資持分を有する社員に相続が発生した場合、その出資持分は払込出資額が相続税評価額となり、相続税対策が容易にできるように思われます。

　しかし、出資額限度法人の出資持分評価は、実務上、次のように取り扱われます。

＜出資額限度法人の出資持分等の相続税評価＞

　「社員が死亡により退社した場合において、定款の定めにより出資を社員の地位とともに相続等することができることとされている出資額限度法人の当該被相続人に係る出資を相続等したとき、また、出資払戻請求権を相続等により取得した相続人等がその払戻しに代えて出資を取得し、社員たる地位を取得することとなるときには、当該出資又は出資払戻請求権の価額は、出資としての評価額となり、…（略）…財産評価基本通達194－2の定めに基づき評価した価額となる。」

（平成16年6月16日回答「持分の定めのある医療法人が出資額限度法人に移行した場合等の課税関係について」より）

結論として、出資額限度法人は、払戻しなどの場合には「払込出資額」が限度とされますが、相続税・贈与税の計算をする際の財産評価は、「通常の出資持分の評価方法により評価」されることになります。

税務上、このように取り扱われる理由は次のとおりです。

出資額限度法人に移行しても、次のことから、その出資の価額は、通常の出資持分の定めのある医療法人の出資と同様に評価される。

① 出資額限度法人は、依然として、出資持分の定めを有する医療法人であり、出資者の権利についての制限は将来社員が退社した場合に生じる出資払戻請求権又は医療法人が解散した場合に生じる残余財産分配請求権について払込出資額の範囲に限定することであって、これらの出資払戻請求権等が行使されない限りにおいては、社員の医療法人に対する事実上の権限に影響を及ぼすものとはいえないこと

② 出資額限度法人においては、出資払戻請求権等が定款の定めにより払込出資額に制限されることとなるとしても、定款の後戻り禁止や医療法人の運営に関する特別利益供与の禁止が法令上担保されていないこと

③ 他の通常の出資持分の定めのある医療法人との合併により、当該医療法人の出資者となることが可能であること

（「持分の定めのある医療法人が出資額限度法人に移行した場合等の課税関係について」より）

出資額限度法人は、社員の退社に伴う持分払戻請求権の行使などから医療法人の財産を守り、法人の存続を可能にするという点では優れています。

しかし、「相続税・贈与税の計算における出資の価額は、通常の出資持分の定めのある医療法人と同様、財産評価基本通達194－2の定めに基づき評価」するという現行の税制上の取扱いからすれば、出資額限度法人への移行が相続税対策として効果を発揮するとはいえません。そればかり

か、出資額限度法人では、その出資持分を有している社員が払込出資額の払戻しを受けて退社した場合で、一定の要件を満たさない時は、残存出資者に対しみなし贈与税（相法9）が課税される場合が生じます。

出資額限度法人は、課税面においては特に注意を払わなければならない医療法人ということができます。

▌2　国税不服審判所の裁決

国税不服審判所の裁決（平成23年3月16日裁決）でも「出資額限度法人の出資持分の価額は、財産評価基本通達による評価額によるべきであるとした事例」があります。

◇**出資額限度法人の出資持分の価額は、財産評価基本通達による評価額によるべきであるとした事例（平成23年3月16日裁決）**

《ポイント》
　この事例は、最高裁判所平成22年7月16日第二小法廷判決（平成20年（行ヒ）第241号）の考え方を基に判断を行った最初の裁決事例である。
《要旨》
　請求人らは、出資額限度法人（定款において退社・解散時に払込出資額を限度として払戻し・分配等を行うことを決めた社団医療法人）であるT会（本件法人）に対する出資持分（本件出資持分）の価額について、本件法人の定款（本件定款）には、払込出資額を超えて払戻しをしないこと、本件法人が解散した場合の残余財産は払込出資額を限度とすることが定められており、請求人らはいずれの場合においても、払込出資額を超えて払戻し等を受けることはできないから、相続税法第22条《評価の原則》の時価、すなわち、本件出資持分の客観的交換価値は、本件払込出資額を上回るものではない旨主張する。
　しかしながら、本件法人は出資額限度法人であるが、出資持分の定めのある社団医療法人であり、また、本件定款には払戻し等に係る定めの変更を禁止する条項が存するが、法令において、定款の再度変更を禁止

する定めがない中では、このような条項があるからといって、法的に当該変更が不可能になるものではない。そうすると、本件出資持分の権利の内容の範囲については、本件相続時における定款の定めに基づく出資の権利内容がその後変動しないと客観的に認めるだけの事情はないといわざるを得ず、ほかに財産評価基本通達194-2《医療法人の出資の評価》の定める方法で本件定款の下における本件法人の出資を適切に評価することができない特別の事情も認められないから、本件出資持分について、同通達の定める方法により評価した原処分は相当である。

《参照条文等》
　相続税法第22条
　財産評価基本通達194-2
《参考判決・裁決》
　最高裁平成22年7月16日第二小法廷判決（判タ1335号57頁）
　平成18年11月8日裁決（裁決事例集 No.72・589頁）
　なお、この裁決の参考とされた重要判決に「最高裁平成22年7月16日第二小法廷判決（判タ1335号57頁）」があげられています。参考判例として以下に掲載します。

参考判例
「医療法人の出資持分評価と額面増資に対する贈与税課税」
（平成20年（行ヒ）第241号　平成22年7月16日最高裁）

1．判旨と実務のポイント

(1)　判　　　旨

　その法人の財産を基本財産と運用財産に明確に区分している持分の定めのある社団医療法人（経過措置医療法人）が、社員退社時の出資払戻し等の対象を運用財産に限定する定款変更を行いました。その後、親族を対象に額面金額（1口5万円）による増資を行いましたが、増資の時の運用財産から債務を控除すると債務超過に該当したため純資産価額による評価額は零円（計算上はマイナス）として贈与税申告を行いませんでした。

　これに対し、課税当局は、定款の後戻り禁止規定（新定款を変更し、もとの定款に変更すること）などに法的根拠がないことを主な理由として、財産

評価基本通達194－2（医療法人の出資の評価）に基づき、基本財産も含めて類似業種比準価額方式により出資評価（評価額は1口3,793,685円）を算定し、額面金額との差額について相続税法第9条の「著しく低い価額の対価で利益を受けた場合」に該当するとして贈与税等の課税処分を下しました。

地裁判決は全面的に課税当局の主張を認めましたが、高裁判決では、一転して医療法（平成18年の改正前のもの）の規定をもとに定款の取扱いを尊重した解釈を示し贈与税等の課税処分を取り消し、納税者が逆転勝訴しました。しかし、最高裁は地裁判決を支持する立場をとり、基本財産を含めた財産評価基本通達194－2による類似業種比準価額方式の出資評価は合理的で、額面金額との差額は相続税法第9条の著しく低い価額の対価で利益を受けた場合に該当するとし高裁判決を破棄し、被上告人の控訴は棄却されました。

(2) 実務ポイント

私法上は、医療法人の財産を基本財産と運用財産に区分し、社員退社時の出資の払戻し等の対象を運用財産に限定する定款変更は効力があると考えられます。しかし、これを税務上も認めると、法的に定款変更は自由に行えるため、社員退社時の出資の払戻し等の対象を変えるだけで相続税等の課税対象が変わってくることになり、容易に租税回避が可能となります。高裁判決に沿えば、いわゆる「出資額限度法人」に対する税務解釈と相反することになります。また、医療法人の90％以上を占める経過措置医療法人制度の法的安定性を損なう結果ともなります。本件における地裁、最高裁の税務解釈及び行政解釈は、平成22年4月8日の医療法人の社員退社と出資金返還・評価をめぐる最高裁判決（最高裁第一小法廷　平成22年4月8日判決・平成20年（受）1809号）の内容とも合致し、かつ、過去の医療法人制度に対する税務解釈及び行政解釈を踏襲するものです。

2. 基礎となる事実関係

(1) 医療法人の状況

神奈川県にある医療法人A会は創業者であるBによって昭和30年12月7日に設立された医療法人で、この医療法人は「病院（注1）」と「福祉ホーム（注2）」を設置しており、裁判の争点となる増資がされる直前の平成10年3月末時点の職員数は255人でした。

（注1）　病院は、昭和36年4月に神奈川県知事から精神保健及び精神障害者福祉に関する法律（精神保健法）第19条の8に基づく指定を受けた指

定病院たる精神病院です。

（注２） 福祉ホームは、平成２年８月に神奈川県知事に事業開始を届け出て
開設した精神障害者福祉ホームで、神奈川県精神障害者社会復帰施設
運営費補助金交付要綱に基づく補助金の交付対象となるものです。こ
れは社会福祉法の第二種社会福祉事業に該当します。

(2) 定款変更と新旧定款の内容

　最高裁における被上告人（一審横浜地裁における原告）は、Ａ会の創業者
Ｂ（前理事長）の長女の夫（Ｘ１、現理事長）と長女（Ｘ２）及びこれらの者
の二女（Ｘ３）と長男（Ｘ４）の４人です。

　医療法人Ａ会の出資金額は定款で１口当たり５万円と定められています。
Ｘ１は、Ｂから昭和63年５月17日に出資持分10口を１億1,497万1,180円（１口
当たり1,149万7,118円）で譲り受け、同年６月26日、Ｂに代わり理事長に就
任しました。Ａ会の定款には、出資社員は退社した場合その出資額に応じて
払戻しを請求することができ、また、法人が解散した場合の残余財産は、所
定の手続を経て、出資額に応じて社員に帰属させる旨を定めていました。な
お、定款では財産を「基本財産」と「運用財産」に分け、退社した社員への
払戻しは、まず運用財産から支弁し、不足分があるときは基本財産を処分し
て支弁する旨を定めていました。

　Ａ会は、平成９年５月24日、定時社員総会で定款変更を可決し、同年８月
６日付で神奈川県知事に対し定款変更認可申請を行い、８月13日に認可を受
けました。変更後の新定款では、出資社員が退社時に受ける財産の払戻しや
法人の解散時の残余財産分配は、いずれも「運用財産」についてのみするこ
とができるとされ、解散時の残余財産のうち「基本財産」は国又は地方公共
団体に帰属するものとされました。そして、これら払戻し等に係る定款の定
めは変更はできない旨の条項を置きました（詳細は「医療法人Ａ会の新旧定
款」を参照）。（ただし、基本財産と運用財産の範囲についての定款の定めは、
同条項による変更禁止対象とはなっていません。）

┌─ 参　考：「医療法人Ａ会の新旧定款」──────────────
│ ◇旧定款（抜粋）
│ 　12条　　退社した社員はその出資額に応じて払戻しを請求することができ
│ 　　　　　る。
│ 　　　　　但し、除名による退社の場合、出資額に応じた半額とする。
│ 　18条　　12条に規定する払戻しの請求があった場合は１年以内に先ず運用

財産から支弁し、不足のあるときは基本財産を処分して支弁する。

25条　本社団の毎会計年度末に剰余金を生じたときは、その一部又は全部を基本財産に編入し、若しくは積立金とする。

46条　医療法55条1項4号、5号及び6号を除き、前項の規程により解散した場合における残余財産は、清算人が総社員の3分の2以上の同意を得、かつ県知事の認可を得て、その出資額に応じて社員に帰属せしめる。

◇新定款（抜粋。アンダーラインは筆者による。）

12条　退社した社員は、退社時の本社団の運用財産をその出資額に応じて払戻しを請求することができる。
　　　但し、除名による退社の場合は本文の半額とする。

18条　12条に規定する払戻しの請求があった場合は1年以内に支弁する。

25条　本社団の毎会計年度末に剰余金を生じたときは、その一部又は全部を基本財産に編入し、若しくは積立金とするものとし、配当をしてはならない。

46条　医療法55条1項4号及び6号を除き、前項の規程により解散した場合における残余財産のうち基本財産は国若しくは地方公共団体に帰属し、社員総会の議決により、県知事の認可を得て帰属先を定める。
　　　また、残余財産の中に運用財産がある場合には、運用財産を同様の手続きをへて出資額に応じて社員に配分する。

49条　12条、25条、46条の規定の変更はできないものとする。但し、医療法等関係法規の改正、医療制度等の変更があり、これらの条項が違反ないし矛盾することとなる場合はこの限りではない。

⑶　増資の状況と課税処分

　Ａ会は、平成10年５月30日開催の定時社員総会（社員総数13名、うち10名出席）で90口の増資を行い、全出資口数を200口としました。増資前の総出資口数は110口で98口を創業者であるＢが、12口をＸ１が所有していました。90口の増資は、被上告人であるＸ１とＸ２が各23口、Ｘ３とＸ４が各22口を割り当てられることが可決され、１口当たり額面金額５万円を出資金額（被上告人ら合計で450万円）として払い込み、その結果、Ｂが98口を、被上告人らが合計102口（Ｘ１が35口、Ｘ２が23口、Ｘ３が22口、Ｘ４が22口）所有することとなりました。

　この増資を行った時点でのＡ会の財産全体の評価は７億円余でした。その内訳は基本財産の評価が24億円余で、運用財産はこれに属する資産がある一方多額の負債が計上されていたため、差し引きでほぼ16億820万円の債務超過となっていました。

　被上告人であるＸ１らは、新定款で中途退社や解散時に出資者に分配できるのは運用財産のみであり、これを純資産価額方式で評価すると債務超過となるため、本件増資時における評価額は零円（計算上はマイナス）であるとして、平成10年分贈与税の申告を行いませんでした。

　これに対し、課税当局は、この増資によりＸ１らが取得した出資につき、その財産全体（運用財産と基本財産の合計）の評価を前提として、評価通達194—２（医療法人の出資の評価）をもとに類似業種比準価額方式により、出資評価１口当たり379万円余と算出し、払込額５万円との差額を「著しく低い価額の対価で利益を受けた場合に当たる」として相続税法第９条を根拠に、平成13年６月、Ｘ１ら４人に対し贈与税額の決定処分と無申告加算税の賦課決定処分を行い、本税・加算税合わせて１億9,544万2,500円の課税を行いました。被上告人は異議申立て及び審査請求をしましたが、いずれも棄却されました。そこで、各処分の取消しを求め、提訴することとしました。なお、この係争における具体的な争点は４つありますが、本稿では①医療法人はその法人の特質から本件出資について相続税法第９条の適用が排除されるか（相続税法第９条適用の可否）、また、②本件の額面増資が相続税法第９条の「著しく低い価額の対価で利益を受けた場合」に該当するか（出資の評価の仕方）という２点につき記すこととします。

3．横浜地裁の判決（横浜地裁平成15年（行ウ）第41号　平成18年2月22日判決）

(1)　相続税法第9条適用の可否

　地裁判決では、「贈与税の非課税財産を定めた相続税法第21条の3などに医療法人の出資者が増資により取得した経済的利益は挙げられていない、また、相続税法その他の法令においてこの利益を非課税とする旨の規定も見当たらない。医療法人には「剰余金の配当禁止規定（医療法54条）」が適用されるという特殊性はあるが、法人税法上は普通法人に該当し、増資による経済的利益の移転という局面をみれば、営利法人の場合と特段異なった事情があるとは言い難い。X1（原告）らは、医療法人の非営利性、公共性、公益性あるいは永続性といったことを強調するが、医療法人にそのような特質があるとしても、そのことが経済的利益の移転に対する課税を排除すべき理由になるとは解されない」旨判示し、相続税法第9条の適用は可としました。

(2)　「著しく低い価額の対価」で利益を受けたか、また、その評価額はいくらか

　地裁判決では、「X1ら原告は、新定款の下で出資の払戻しを請求すれば、運用財産を基にした額しか払戻しを受けることができない等と主張するが、現実の払戻額が直ちに出資持分の価値となるわけではない」とし、「社団医療法人の定款中に一部の規定の変更を許さない旨の規定があったとしても、その社団としての性格に照らすならば、そのような規定が絶対的な拘束力を有するとは解されないので、新定款の規定を将来において変更することは可能であり、今後再度の定款変更によって新定款の12条や46条といった規定も変更されることがあり得る」とし、「そのような属性を有するものとして出資持分を評価すべきである」としました。そして、A会出資の評価について「新定款においても出資持分の譲渡は可能であり、その金額についての制限はなく、また、社員が死亡した場合には、その出資持分は相続されるのであるから、本件法人の出資持分が一定の交換価値を有することは明らかであり、本件法人に運用財産のほかに基本財産が存在する以上は、運用財産のみを基にして出資持分の評価をすべき理由はない」としました。また出資の評価方法について、「相続税法22条は、特別に定める場合を除き、財産の取得の時における時価によるべき旨規定しており、この時価とは財産の客観的交換価値をいうものと解される。しかし、客観的な交換価値というものは必ずしも一義的に確定されるものではないことから、課税実務においては贈与財産の評価についての一般的基準が評価通達によって定められており、これは相続税法

22条に反するものではなく、合理的な運用として十分に首肯し得る。」とし、「評価通達に定められた評価方式が合理的なものである限り、これが形式的にすべての納税者に適用されることによって納税負担の実質的な公平を害すると認められるような特段の事情のない限りは、原則として、評価通達に基づく課税処分は適法である。」としました。これは、額面金額5万円による増資が相続税法第9条の「著しく低い価額の対価」で経済的利益を受けた場合に該当するもので、その利益の額を財産評価基本通達194-2により計算することに合理性があるという課税当局の主張をそのまま容認したものといえます。

4. 東京高裁の判決（東京高裁平成18年（行コ）第88号　平成20年3月27日判決）

(1) 高裁判決の概要

東京高裁の判決は、地裁判決とは異なるものとなりました。高裁では、「相続税法22条は相続等により取得した財産の価額はその財産を取得した時における時価によると規定しており、この時価とは客観的交換価値をいうものと解するのが相当であるとしたうえで、全国一律の統一的な評価基準による評価を図るため、評価通達が定められているが、この通達の定める評価基準によって財産の評価がされ、これに基づいて課税処分がされた場合であっても、採られた前提が客観的な事実と異なるなどの理由により、評価通達による評価額が客観的な交換価値を上回るときには、その課税処分は違法となると解するのが相当である（最高裁平成10年（行ヒ）第41号同15年6月26日第一小法廷判決民集57巻6号723頁参照）」としました。そして、相続税法の規定の適用について、相続や贈与により取得した財産が、出資持分の定めのある社団医療法人（経過措置医療法人）に出資をした社員の有する権利である場合には、その権利の法的性質や内容に即してその評価をすることが必要であるとしました。これについて、医療法（平成18年改正前のもの。以下同じ。）第44条第2項では、医療法人を設立しようとする者は、定款等に、少なくとも資産や会計に関する規定、社団医療法人は社員たる資格の得喪に関する規定、解散に関する規定等の事項を定めなければならないと規定しており、同法第56条第1項には、「解散した医療法人の残余財産は、合併及び破産手続開始の決定による解散の場合を除くほか、定款又は寄附行為の定めるところにより、その帰属すべき者に帰属する。」、同条第2項には「社団たる医療法人の財産で、前項の規定により処分されないものは、清算人が総社員の同意を経、且つ、都道府県知事の認可を受けて、これを処分する。」、同条第4項は、同条

第２項を含む「前２項の規定により処分されない財産は、国庫に帰属する。」と規定しており、これらの規定のほかに出資をした社員の有する権利について、医療法その他の法令に直接その内容等を定める特則は存在しません。そのため、この権利の内容は定款の定めるところによるものと解するのが相当であり、定款に定めのない事項については性質に反しない限り民法の組合に関する規定が準用されると解するのが相当であるとしています。そして、「本件法人の社員たる地位については専ら定款によって定められている」とし、変更後のＡ会の新定款では、①法人の所有資産を基本財産と運用財産に明確に区分し、これらについて内訳書を作成するなどして、財産目録や会計帳簿上明確に区分して管理する、②法人の事業に必要な経費は運用財産をもって支弁し、基本財産は原則として処分しない、③退社した社員は、退社時の運用財産をその出資額に応じて払戻請求することができる、④残余財産のうち基本財産は国若しくは地方公共団体に帰属し、社員総会の議決により県知事認可を得て帰属先を定め、運用財産は同様の手続きを経て出資額に応じて社員に分配する、⑤これら定款の定めは変更できない、と定められています。これによれば、Ａ会の社員が退社した場合は、運用財産について、その出資額に応じて払戻しを請求することができると共に、Ａ会が解散した場合には残余財産のうちの運用財産についてその出資額に応じて分配を受けることができるのであって、Ａ会の社員たる地位は財産に当たり、その評価は、医療法人は剰余金の配当をしてはならない（医療法54）と規定していることを踏まえつつ、社員が有する上記の権利の内容に即して行うべきであるとしました。

　そして、Ａ会の出資評価について、同会は、平成10年３月31日当時従業員が255名おり、病院と福祉ホームを設置、運営しており、その資産額や負債額を併せ考慮すると、個人の診療所とは同視し難い大きな規模を有するものであり、医療法人であってもその実質が個人の診療所と異ならないものであるとは到底いい難い実態を有しているとの前提のもと、Ａ会の出資１口当たりの客観的な交換価値を算定するために所有資産の価値を考慮するには、運用財産の評価額から負債合計額を控除した額を基準とするのが相当であり、基本財産と運用財産とを区分しない純資産価額方式による評価額を基準とするのは相当とはいい難いとしました。そして、医療法人の配当禁止規定に鑑みて、出資の評価を類似業種比準価額方式によって行う場合、配当金額や年利益金額を考慮することに合理性は見い出し難いとし、基本財産と運用財産を

区分しない同業者を標本にした類似業種比準価額方式や純資産方式による算定も前提を欠くもので、Ａ会出資の客観的交換価値を算定するには、運用財産の評価額から負債合計額を控除した額、実際の出資金額等を考慮して出資当時の１口当たりの評価額を算定すべきであるとしました。そして、平成10年５月の増資時のＡ会の財産全体の評価額は７億円余であるが、基本財産の評価が24億円余で、運用財産の評価は16億820万円の債務超過であるから、課税庁（被控訴人）がした課税処分は相続税法第９条所定の要件を満たさないのにされたものであり違法であると結論付けました。また、脱税目的で定款変更し、基本財産と運用財産を区分した場合には脱税として摘発し加算税を賦課すればよいし、基本財産と運用財産を区分する定款変更が租税回避に当たる場合でも、相続税法第64条第１項（同族会社等の行為又は計算の否認等）に該当する場合は別として、根拠となる否認規定が存在しないのに、評価通達による評価を一律に適用することにより同様の結果を達成することは許されないとしました。さらに、Ａ会の新定款が再度変更（後戻り）されるかもしれないという抽象的な可能性があることを根拠に、贈与税等の課税処分が適法であると主張するにとどまるのであって課税庁（被控訴人）の主張は採用できないとしました。

⑵　高裁判決が実務に与える影響

　我々実務家にとって東京高裁の判決は誠に衝撃的なものでした。勿論、Ａ会の定款変更は私法上認められるものであり、その点において法的効力はあるでしょう。しかし、これがそのまま税法上認められると、今までの税務解釈と大きく相違するため大問題が生じることになります。

　東京高裁の判決は、持分の定めのある社団医療法人（経過措置医療法人）が定款変更によってその持分の払戻しに制限を加えた場合、明らかな脱税目的などの例外を除き、課税上もその制限が有効であると認めるものです。

　経過措置医療法人で定款変更により持分払戻しに制限を加える代表例は「出資額限度法人」です。出資額限度法人とは、平成16年当時、厚生労働省が医政局長通知を発出して制度化を推進した医療法人の一類型で「出資持分の定めのある社団医療法人であって、その定款において、社員の退社時における出資持分払戻請求権や解散時における残余財産分配請求権の法人の財産に及ぶ範囲について、払込出資額を限度とすることを明らかにするもの（平成19年３月30日付医政発第0330049号『いわゆる「出資額限度法人」について』第２）」をいいます。

厚生労働省が示した出資額限度法人のモデル定款の特徴は、以下のとおりです。

①	社員資格を喪失したものは、払込出資額を限度として払戻しを請求することができる。
②	本社団が解散した場合の残余財産は、払込出資額を限度として分配するものとする。
③	解散したときの払込出資額を超える残余財産は、社員総会の議決により、都道府県知事の認可を経て、国若しくは地方公共団体又は租税特別措置法（昭和32年法律第26号）第67条の2に定める特定医療法人若しくは医療法第42条第2項に定める特別医療法人に帰属させるものとする。

　出資額限度法人制度に期待される主な役割は、社員の退社時の持分払戻請求権の行使に対し、払戻金を払込出資額を限度とすることにより医療法人の継続を図ることにあります。この点では、いわゆる「八王子裁判（最高裁平成13年（受）第850号出資持分払戻請求上告事件（平成15年6月27日、上告不受理により確定))」で出資額限度法人への定款変更は有効という判決が確定しています。この判例も後押しとなり、医療法人の非営利性の徹底の観点から厚生労働省は出資額限度法人制度を推進しました。その際、持分の定めのある社団医療法人が出資額限度法人に移行した場合等の課税関係について課税当局に照会し回答（平成16年6月16日、国税庁課税部長回答）を得ています。同回答では、相続税・贈与税等の計算における出資額限度法人の出資の価額は、通常の持分の定めのある社団医療法人と同様に、財産評価基本通達194-2により評価することとされました。その主な理由は、出資額限度法人は①出資払戻請求権等が定款の定めにより払込出資額に制限されているが、定款の後戻り禁止や医療法人の運営に関する特別利益供与禁止が法令上担保されていない、②他の通常の出資持分の定めのある社団医療法人との合併により、その医療法人の出資者となることが可能であることなどでした。この課税論理は、A会の額面増資に対する課税当局の論理とまったく同じです。高裁判決のとおりなら出資額限度法人の出資評価額は払込出資額が限度となります。

　また、高裁判決では、脱税目的で基本財産と運用財産を区分する定款変更をした場合は脱税として摘発すればよいと言っていますが、実務上、その認定は相当難しいと思われます。法的に定款変更は自由に行えるため、社員退

社時の出資の払戻し等の対象を変えるだけで相続税等の課税対象が変わって
くることになり、容易に租税回避が可能となってしまいます。この点、定款
変更が租税回避に当たる場合でも、「行為計算の否認規定」による場合は別と
して、根拠となる否認規定がないのに財産評価基本通達による評価額により
課税することは許されないと断じており、課税当局には厳しい判決内容となっ
ていました（注）。

(注) この高裁判決は最高裁で破棄されると共に最高裁判決では従来通りの
取扱いが示されました。したがって、出資額限度法人の税務上の取扱い
に変更はありません。

5．最高裁判決（最高裁判所第二小法廷平成20年（行ヒ）第241号贈与税決定処分等取消請求事件）

⑴ 最高裁判決の概要

最高裁では、東京高裁での原審判断は是認することができないとされ、原
判決は破棄、被上告人らの控訴は棄却されました。

最高裁では、相続税法第22条では贈与等により取得した財産の価額はその
時の時価によるとするが、この時価はその財産の客観的な交換価値をいうも
ので A 会の出資もこの観点からその価額が評価されるべきであるという前提
のもと、医療法人は、一般の私企業と同様に収益が医療法人の財産として内
部に蓄積され、これを出資社員に分配する際は、剰余金の配当禁止規定（医
療法54）に反しない限り、基本的に法人の定款の定めによるのであって（同
法44、56）、出資社員が出資額に応じて退社時の払戻しや解散時の残余財産分
配を受けられる旨の定款の定めがある場合、これに基づく払戻し等の請求が
「権利の濫用」となるなど特段の事情のない限り、出資社員は、総出資額中に
その出資社員の出資額が占める割合に応じてその法人の財産から払戻し等を
受けられることとなる（最高裁平成20年（受）第1809号同22年 4 月 8 日第一
小法廷判決）と示しました。

また、出資社員の権利内容は、自治的に定められる定款によって様々な内
容となる可能性がありますが、その変更も可能であって、ある時点で定款の
規定により払戻し等を受ける対象財産が一部に限定されていても、客観的に
みた場合、出資社員は、法令で許容される範囲内で定款変更により、財産全
体について自らの出資額の割合に応じて払戻し等を求めることができる潜在
的可能性を有しているとしました。そして、財産評価基本通達194－2は、こ

のような持分の定めのある社団医療法人やその出資に係る事情を踏まえつつ、出資の客観的交換価値の評価を取引相場のない株式の評価に準じて行うこととしているのであり、特別の事情がない限り、これによってその出資を評価することには合理性があるとしました。

　A会は、もともと退社時の払戻しや解散時の残余財産分配の対象となる財産を法人全体の財産としていたものを変更し、新定款において、払戻し等の対象財産を運用財産に限定したものであり、新定款にこの条項の変更禁止規定はありますが、法令において定款の再度変更を禁止する定めがない中では、このような条項があるからといって、法的にその変更が不可能になるものではないとしました（判決の裁判官補足意見でも、変更禁止規定自体を定款変更によって廃止することが法的には可能というべきであると述べられています。）。

　また、基本財産と運用財産の範囲に係る定めは変更禁止の対象とされていないから、運用財産の範囲が固定的であるともいえません。したがって、新しい定款のもと、A会の出資について、基本財産を含む法人の財産全体を基礎として財産評価基本通達194－2に定める類似業種比準価額方式によって評価することには合理性があるとしました。そして、X１らはこの増資に係る出資の引受けにより、著しく低い価額の対価で利益を受けたとしました。

(2)　経過措置医療法人の市場価値

　判決に賛成の立場である裁判官が、社団医療法人の企業価値（事業価値）からみた出資評価について次のような補足意見を述べています。

　「社団医療法人中持分の定めのある社団医療法人においては、一般に、その出資持分は、一身専属的なものではなく、法令上又は定款上で一定の制限下にあるものの譲渡や相続が可能であるから、そこで出資持分の全部を一括して譲渡するという方法によりこの社団医療法人（の事業）そのものを譲渡することが可能であり、かつ実務上もそのようになされている。その際の譲渡の対価は、当然のことながら当該社団医療法人の企業価値（事業価値）による。」そして「その評価は内部的に基本財産と運用財産をどのように仕訳けするかということによって左右はされない」との意見です。

　ところで、医療法人は非営利性が徹底された法人でなければならず、その根拠は剰余金の配当禁止規定（医療法54）にあり、これが大原則となっています。そのため、平成19年４月１日施行の第５次医療法改正（法律第84号）により非営利性に疑問があるとされた持分の定めのある社団医療法人が「当

分の間（平成18年改正法附則10②）」存続する経過措置医療法人と位置付けられ新規設立はできなくなりました。しかし、平成29年3月31日現在、全国に53,000法人ある医療法人のうち、40,186法人（75.8％）が経過措置医療法人です。そのため医療法人の実務は経過措置医療法人が中心であり今後もこの傾向はしばらく変わらないでしょう。この形態の法人には出資持分という企業価値（事業価値）を反映する概念があり、財産評価基本通達194－2によると数十億円の評価になることもあります。株式会社の株式と同様の評価方法ですが平成21年度創設の取引相場のない株式等の「相続税納税猶予制度（措法70の7の2）」や「贈与税納税猶予制度（措法70の7）」の適用は受けられません。主な理由は経過措置の医療法人だからということです。株式会社の医療経営参入という問題はありますが、経過措置のままでは新税制対応などに支障を来すでしょう。最高裁判決でも認識された「出資持分」という社団医療法人の企業価値（事業価値）を正当な概念と捉える医療法人制度を検討すべきではないかと思います。

Q4 出資額限度法人の課税上の留意点

＜その１＞ 社員が出資払込額の払戻しを受けて退社した場合

> 出資額限度法人において、社員が出資払込額の払戻しを受けて退社した場合の課税上の取扱いと留意点についてご教示ください。

A

　出資額限度法人は課税上の問題について特に注意を要する医療法人です。その一つが出資額限度法人の社員（個人）が出資払込額の払戻しを受けて退社した場合の課税関係です。具体的な課税関係は次のようになります。

◇社員（個人）が出資払込額の払戻しを受けて退社した場合の課税関係

退社した社員（個人）	課税関係は生じない。
出資額限度法人	課税関係は生じない。
残存出資者 （社員である個人）	一定の要件を満たさない場合にはみなし贈与課税（相法9）が生じる。

　退社した社員（個人）や出資額限度法人には課税関係が生じませんので問題はありません。課税上の問題が生じるのは残存出資者（社員である個人）についてです。以下、これらの課税関係について解説します。

1　退社した社員（個人）の課税関係

　退社した社員（個人）が、医療法人から出資持分の払戻しを受けた場合において、その払戻しを受けた金額がその医療法人の資本金等の額（法法2十六、法令8）のうちその交付の基因となった出資に対応する部分の金額を超えるときは、その超える部分の金額は、配当とみなすこととされています（所法25①）。しかし、出資額限度法人では、出資払込額を限度と

して持分の払戻しを受けるため、配当とみなされる部分の金額は生じないと考えられます。また、退社した社員が払戻しとして交付を受けた金額等は、配当とみなされる部分を除き、譲渡所得の収入金額とみなすこととされています（措法37の10③三）が、出資額限度法人では、払戻しを受ける金額は払込出資額を限度とするとされていますので、その額は通常、取得した額（払込出資額）と同額となり、譲渡所得の課税は生じないと考えられます。

▌2 出資額限度法人の課税関係

出資額限度法人の社員（個人）が出資払込額の払戻しを受けて退社した場合に出資額限度法人には2つの課税関係が考えられます。まず1つ目が受贈益課税（法人税課税）です。しかし、これは医療法人にとって定款に従い退社した社員に出資払込額を払い戻すという出資金額の減少を生ずる取引（資本等取引）に当たるため、課税関係は生じないと考えられます。2つ目は医療法人に対する贈与税課税（相法66④）です。医療法人の社員全員が同時に退社して出資持分のすべてを払戻しするような場合や出資社員（個人）が1人のみの場合には、それにより「不当減少があったか否か」を判定し、贈与税課税の有無を検討することになりますが、出資額限度法人が退社した社員（個人）に出資払込額の払戻しをした場合で、残存出資者がいる場合には、剰余金相当部分に相当する利益はその残存出資者に移転したものと解されますから、相続税法第66条第4項の規定に基づく医療法人に対する贈与税課税の問題は生じないことになります。したがって、出資額限度法人には課税関係は生じません。なお、出資持分を持つ社員（個人）が退社した後に出資持分を有する社員（個人）がまったくいなくなる場合には、医療法人を個人とみなして贈与税を課税するという相続税法第66条第4項の課税の問題（詳細はⅢＱ3参照）が生じることになる

と思われます。

3　残存出資者（社員である個人）の課税関係

　厚生労働省医政局の照会に対する国税庁の回答（平成16年6月16日回答）
では、出資額限度法人の社員（個人）が出資払込額の払戻しを受けて退社
した場合には、「残存する他の出資者の有する出資持分の価額の増加につ
いて、みなし贈与の課税（相法9）の問題が生じることとなるが、次のい
ずれにも該当しない出資額限度法人においては、原則として、他の出資者
に対するみなし贈与の課税は生じないものと解される。」として、残存出
資者（社員である個人）に、みなし贈与課税問題が生じる場合の出資額限
度法人の形態を示しています。具体的には次の「ア」・「イ」のような出資
額限度法人とされています。

＜みなし贈与の課税問題が生じる出資額限度法人の形態＞

ア	その出資額限度法人に係る出資、社員及び役員が、その親族、使用人など相互に特殊な関係をもつ特定の同族グループによって占められていること
イ	その出資額限度法人において社員（退社社員を含む。）、役員（理事・監事）又はこれらの親族等に対し特別な利益を与えると認められるものであること

　「ア」又は「イ」に該当するかどうかは、その出資額限度法人の実態に
即して個別に判断するとされており、その際、次に掲げるところに該当し
ない場合には、上記の「ア」又は「イ」に該当しないものとするとして次
のような要件を示しています。

（アについて）

①	出資者の3人及びその者と一定の特殊の関係を有する出資者（注）の出資金額の合計額が、出資総額の50%を超えていること

②	社員の３人及びその者と一定の特殊の関係を有する社員の数が総社員数の50％を超えていること
③	役員のそれぞれに占める親族関係を有する者及びこれらと一定の特殊な関係がある者の数の割合が３分の１以下であることが定款で定められていないこと

（イについて）

①	出資額限度法人の定款等において、一定の者に対して、その法人の財産を無償で利用させ、又は与えるなど特別の利益を与える旨の定めがある場合
②	その出資額限度法人が社員、役員又はその親族その他特殊の関係がある者に対して、一定の行為をし、又は行為をすると認められる場合

　この残存出資者（社員である個人）に対するみなし贈与課税（相法９）の問題は、国税庁の回答（平成16年６月16日回答）では、「原則として、他の出資者に対するみなし贈与の課税は生じない」と示していますが、その前提となる「ア・イに該当しない出資額限度法人」の形態や要件が、実際の出資額限度法人とはかけ離れているため、現実には「原則として、残存出資者（社員である個人）に対するみなし贈与課税の問題は生じる。」と理解した方が実状に即していると思います。

◇留意点

　国税庁の回答（平成16年６月16日回答）において、社員（個人）が出資払込額の払戻しを受けて退社したことにより、残存出資者の出資割合が上がりその出資評価額が増加した場合でも「原則として、他の出資者（残存出資者）に対するみなし贈与の課税（相法９）は生じない」としている理由は、「相続税法基本通達９－２の取扱いなどを踏まえれば、特定の同族グループによる同族支配の可能性がないと認められる医療法人については、一般的にはその利益を具体的に享受することがないと考えられるから、そのような法人にあっては、みなし贈与の課税は生じないものと解さ

れる。」との説明がされています。この相続税法基本通達9－2は同族会社に対する取扱いを示したものというのが、その理由です。したがって、医療法人のうち実質的に特定の同族グループによる同族支配がされていると考えられるものは、相続税法基本通達9－2に即して課税されると解釈できます。

◇参考　相続税法基本通達9－2（株式又は出資の価額が増加した場合）

> 同族会社（法人税法（昭和40年法律第34号）第2条第10号に規定する同族会社をいう。以下同じ。）の株式又は出資の価額が、例えば、次に掲げる場合に該当して増加したときにおいては、その株主又は社員が当該株式又は出資の価額のうち増加した部分に相当する金額を、それぞれ次に掲げる者から贈与によって取得したものとして取り扱うものとする。この場合における贈与による財産の取得の時期は、財産の提供があった時、債務の免除があった時又は財産の譲渡があった時によるものとする。
>
> (1)　会社に対し無償で財産の提供があった場合　当該財産を提供した者
> (2)　時価より著しく低い価額で現物出資があった場合　当該現物出資をした者
> (3)　対価を受けないで会社の債務の免除、引受け又は弁済があった場合　当該債務の免除、引受け又は弁済をした者
> (4)　会社に対し時価より著しく低い価額の対価で財産の譲渡をした場合　当該財産の譲渡をした者

　出資額限度法人の社員（個人）が出資払込額の払戻しを受けて退社した場合で、残存出資者（社員である個人）の有する出資持分の価額が増加した場合でも、その残存出資者（社員である個人）にみなし贈与課税（相法9）の問題が生じない場合を要約すると、以下の4つの条件をクリアした場合に限られることになります。

◇残存出資者（社員である個人）にみなし贈与課税が生じない場合

① 同族特殊関係出資者の出資比率が50％以下である

② 同族特殊関係社員の数が総社員数の50％以下である

③ 定款に役員に占める親族特殊関係者数が３分の１以下と定められている

④ 社員、役員その他の特殊関係者への特別利益供与が禁止されている

418 Ⅶ　出資額限度法人と相続・事業承継

Q4　出資額限度法人の課税上の留意点
＜その２＞　社員が死亡により退社した場合

　出資額限度法人において、社員が死亡により退社した場合の課税上の取扱いと留意点についてご教示ください。

A

　出資額限度法人の課税上の問題の２つ目は社員が死亡により出資額限度法人を退社した場合の課税問題です。

1　出資者である社員の死亡に伴い、相続人が出資者たる地位を承継した場合

　出資者である社員の死亡に伴い、相続人が出資者たる地位を承継した場合の具体的な課税関係は次のようになります。

◇出資者である社員の死亡に伴い、相続人が出資者たる地位を承継した場合の課税関係

社員たる相続人	出資持分を財産評価基本通達194－２で評価し相続税の課税がされる。
出資額限度法人	課税関係は生じない。
他の出資者 （社員である個人）	課税関係は生じない。

　社員が死亡により退社した場合において、定款の定めによりその出資持分を社員の地位とともに相続等することができることとされている出資額限度法人の出資持分を相続等したときや、持分払戻請求権を相続等により取得した相続人がその払戻しに代えて出資持分を取得し、また、社員としての地位を取得する場合には、その出資持分や持分払戻請求権の価額は、

出資持分としての評価額となり、財産評価基本通達194－2の定めに基づき評価した価額で相続税の課税価格を計算することになります。

　なお、この場合、出資額限度法人や他の出資者（社員である個人）に課税関係は生じません。

2　出資者である社員の死亡に伴い、相続人が持分払戻請求権を行使した場合

　出資者である社員の死亡に伴い、相続人が持分払戻請求権を行使した場合の具体的な課税関係は次のようになります。

◇**出資者である社員の死亡に伴い、相続人が持分払戻請求権を行使した場合の課税関係**

相続人	持分払戻請求権を出資払込額で評価し相続税の課税がされる。
出資額限度法人	課税関係は生じない。
残存出資者（社員である個人）	原則、みなし贈与課税の問題が生じる。（Ｑ４＜その１＞参照）

　社員の死亡退社に伴い、その出資に関する持分払戻請求権を取得した相続人が現実に出資持分の払戻しを受けたときには、相続税の計算において、その持分払戻請求権について、「出資払込額」により評価することとされます。また、相続人は出資払込額を限度として持分の払戻しを受けるため配当所得や譲渡所得の課税関係は生じません。

　残存出資者（社員である個人）については、みなし贈与課税（相法９）の問題が生じることになります。なお、この場合において、残存出資者が被相続人（死亡退社した社員）から相続等により他の財産を取得しているときには、贈与とみなされる利益は、他の相続財産に加算され相続税の課税対象とされることになります（相法19）。

420 Ⅶ　出資額限度法人と相続・事業承継

参考資料

出資額限度法人（医療法人）に関する質疑応答事例について（情報）

＜参考＞

出資額限度法人（医療法人）に関する質疑応答事例について（情報）

　出資持分の定めのある社団医療法人が定款を変更して出資額限度法人に移行した場合等の課税関係については、厚生労働省からの照会に対する平成16年６月16日付課審６－９外「持分の定めのある医療法人が出資額限度法人に移行した場合等の課税関係について（平成16年６月８日付医政発第0608002号照会に対する回答）」（以下「平成16年６月16日付文書回答」という。）により明らかにされているが、この取扱いに関連する質疑応答事例を取りまとめたので、執務の参考として送付する。

1　出資額限度法人の増資に伴い既存の出資者以外の者が出資持分を取得した場合の課税関係

　問　Ａ医療法人は、出資持分の定めのある社団医療法人であり、甲一族の６名が社員及び出資者となっている。Ａ医療法人では、将来、社員に相続等が開始した場合に備えて、定款を変更して出資額限度法人に移行することとしているが、出資額限度法人に移行しただけでは、社員が退社して出資額の払戻しを受けた場合に残存出資者に贈与税等の課税が生じるおそれがあるため、親族以外の者に、社員及び出資者となってもらうことを考えている。

　　この場合、Ａ医療法人の医師・看護師である従業員５名、理事長の知人５名が増資に応じて出資持分を取得したときの課税はどうなるか。

（答）

　出資額限度法人の増資に伴い、既存の出資者以外の者が当該医療法人

の出資持分を取得した場合で、取得した出資持分の価額のうち出資額を超える部分については、事実関係に応じて所得税又は贈与税の課税が生じることとなる。

（理由）

1　出資額限度法人とは、定款の定めにより、社員の退社時における出資払戻請求権及び医療法人の解散時における残余財産分配請求権に関し、その権利の及ぶ範囲を実際の払込出資額を限度とする旨を明らかにしている医療法人である。しかしながら、将来退社した場合の出資払戻請求権等が現行（出資時）の定款では制限されているとしても、医療法上は、再び定款を変更して元の出資持分の定めのある医療法人に戻ることが可能であり、また、そのような理由から、出資額限度法人の出資持分の価額は、通常の評価方法によって評価することとされている（平成16年6月16日付文書回答に係る厚生労働省からの照会文書の記の2参照）。

　　したがって、既存の出資者以外の者が増資に応じることによって新たに出資持分を取得する場合で、その出資額に応じる出資持分の価額（純資産価額等による価額）が払込出資額を超えるときには、その差額は、増資に応じることによって取得する経済的利益として課税関係が生じることとなる。

（注）　平成16年6月16日付文書回答では、上記のような理由から出資額限度法人への移行時には課税関係は生じないこととされている。

2　医療法人の増資に応じることにより新たな出資者が取得する経済的利益は、基本的に社員総会の決議により当該医療法人から与えられる利益であり、従業員等に対して出資額限度法人から労務その他役務の提供の対価として与えられたものと認められる場合には給与所得又は雑所得として、それ以外の場合には一時所得として所得税の課税対象となると考えられる。しかし、一般に医療法人は、株式

会社等の場合と異なり、死亡を退社原因としているなど社員の人的信頼関係を重視する法人で、社員は退社に伴い出資払戻請求権を認められるなど出資持分は法人財産に対して直接的な持分を有する権利といえる側面を持っている。特に、照会事例の場合のように、特定の同族グループによって支配されている出資額限度法人（同照会文書の記の3(3)参照）において、当該出資額限度法人の本来的な要請（設備拡充等のための資金調達の必要性等）によるものではなく、既存の出資者の将来の相続税対策と認められるなど、実質的に個人出資者から与えられた利益と認められる場合には、当該利益については、原則として相続税法第9条に規定するみなし贈与の課税が生じることとなる。

(注) 新たな出資者が取得した出資持分の持分割合（口数で表示される出資持分については出資者が取得する口数の総口数に占める割合）が、出資時における当該出資額限度法人の純資産の時価総額に占める払込出資額の割合に過ぎないことが社員総会等により明らかとされ、社員名簿等でその持分割合が明確に管理されているときには、出資時において新たな出資者が経済的利益を受けることがないと考えて差し支えない。ただし、その場合には、同族グループに支配されているかどうかの判定においても当該持分割合に基づき判定することとなる。

2 死亡退社した社員の相続人が、出資額の払戻しを受けた後に、再び出資して出資持分を取得した場合の相続財産

問 平成16年6月16日付文書回答によれば、社員の死亡退社に伴い、被相続人の出資に関する出資払戻請求権を取得した相続人等が現実に出資払戻額の払戻しを受けたときには、当該出資払戻請求権は出資払込額により評価することとされている。

そこで、相続人がいったん出資払込額の払戻しを受け、その

後改めて同法人に出資して出資持分を取得するとすれば、相続税の課税上は、当該出資払戻請求権は払込出資額により評価することとなると解して差し支えないか。

（答）

　あらかじめ出資持分を取得することを予定して払戻しを受けていると認められるような場合には、実質的には出資を相続したものと同様であることから、出資としての価額により評価されることとなる。

（理由）

　出資払戻請求権を相続等により取得した相続人等がその払戻しに代えて出資を取得した場合には、当該出資払戻請求権の価額は、財産評価基本通達194－2の定めに基づき評価することとされている。

　これは、定款の定めにより被相続人の出資を社員の地位とともに相続する場合だけでなく、定款にそのような定めがない場合でも、社員総会の承認を得て社員として出資を引き継ぐときには、その実態から相続財産は出資とみるのが相当との考え方によるものである。すなわち、被相続人から相続等により取得した財産が出資持分に相当する権利であるか、出資額の払戻しを受けるだけの権利であるかは、その実態に応じて判断する必要があり、単に金銭の払戻しの事実だけでなく、当該相続人及び他の社員等の認識等も含めて総合的に判断すべき事柄である。

　したがって、あらかじめ再度出資持分を取得することを予定して払戻しを受けていると認められるような場合には、実質的には出資を相続したものと同様であることから、出資としての価額により評価することとなる。

　なお、相続人が出資を相続したものと認められ、それに基づき相続税課税上出資としての評価がなされる場合は、相続人が当該払戻額を出資した際に問1のような課税は生じないが、そうでない場合には、退社時と出資時にそれぞれ課税関係が生じることに留意する。

3　役員である社員が退社したことにより、役員に占める親族の割合が

3分の1を超えることとなった場合の残存出資者の贈与税課税

> 問　平成16年6月16日付文書回答によれば、出資額限度法人が特
> 定の同族グループによって支配されているかどうかの判定に当
> たり、役員（理事・監事等）のそれぞれに占める親族等の数が
> 3分の1以下であることが定款で定められていることが一つの
> 基準として示されているが、6名の理事のうちの1名が死亡退
> 社したことにより、親族等の割合が6分の2（3分の1以下）
> から5分の2（3分の1超）になってしまう場合がある。この
> 場合、新たな理事を選任して要件を満たすこととなったとして
> も、退社時には特定の同族グループによる支配がされていると
> して、残存出資者に贈与税の課税関係が生じることとなるのか。

（答）

　一時的に役員に占める親族等の割合が3分の1を超えることとなった
としても、定款の定めに従って、すみやかに新たな役員が選任されて基
準を満たしたときには、それだけをもって残存出資者に贈与税の課税が
生じることにはならない。

（理由）

　出資額限度法人の出資、社員及び役員のそれぞれが特定の同族グルー
プによって占められているかどうかは、社員の退社時だけでなく、その
前後を通じて当該出資額限度法人の実態に即して個別に判断されるもの
である。

　特に、役員については、役員に占める親族等の割合が3分の1以下で
あることが定款に定められていることが必要であり、一時的にこの基準
を超えることとなったとしても、定款の定めに従って、すみやかに新た
な役員が選任されて基準を満たしたときには、その点では定款に従って
適正に運営されているということができ、特定の同族グループによる支
配がされているという必要はないものと考えられる。

（国税庁ホームページより）

VIII

特定医療法人・社会医療法人 と相続・事業承継

426 Ⅷ 特定医療法人・社会医療法人と相続・事業承継

Q 1 特定医療法人への移行と相続・事業承継対策

> 医療法人の相続・事業承継を検討するうえで、国税庁長官の承認を受けて特定医療法人に移行することは効果がありますか。

A

1 特定医療法人とは

特定医療法人とは、財団医療法人又は社団医療法人で持分の定めのないもののうち、その事業が医療の普及や向上、社会福祉への貢献その他公益の増進に著しく寄与し、かつ、公的に運営されていることにつき一定の要件を満たすものとして国税庁長官の承認を受けた医療法人をいいます（措法67の2①）。

特定医療法人は医療法に定められた医療法人ではなく、税制上の取扱いを指すもので租税特別措置法第67条の2が根拠法となります。

特定医療法人の承認を受けると、法人税率は軽減され、看護師等の養成施設の不動産取得税・固定資産税の免除など税制上の特典を受けることができます。

また、特定医療法人の法人形態には出資持分概念はないため、出資持分に対する相続税課税や持分払戻請求といったりリスクは生じないことになります。基金制度は採用できません。

平成29年3月31日現在全国に362（財団49、社団313）法人が承認を受けています。

2 特定医療法人の承認基準の概要

　特定医療法人の承認基準の概要は次のとおりとなります（措法67の2、措令39の25、厚生労働省告示など）。

1．財団又は持分の定めのない社団の医療法人であること。（注1）
2．理事・監事・評議員その他役員等のそれぞれに占める親族等の割合がいずれも3分の1以下であること。（注2）
3．設立者、役員等、社員又はこれらの親族等に対し、特別の利益（注3）を与えないこと。
4．寄附行為・定款に、解散に際して残余財産が国、地方公共団体又は他の医療法人（財団たる医療法人又は社団たる医療法人で持分の定めがないものに限る）に帰属する旨の定めがあること。
5．法令に違反する事実（注4）、その帳簿書類に取引の全部又は一部を隠ぺいし、又は仮装して記録又は記載している事実その他公益に反する事実がないこと。
［告示で定める基準］ 6．公益の増進に著しく寄与すること。 　・社会保険診療に係る収入金額（公的な健康診査を含む）の合計額が全収入の8割を超えること。 　・自費患者に対し請求する金額は、社会保険診療報酬と同一の基準により計算されるもの。 　・医療診療収入は、医師、看護師等の給与、医療提供に要する費用等患者のために直接必要な経費の額に100分の150を乗じた額の範囲内であること。 7．役職員一人につき年間の給与総額が、3,600万円を超えないこと。 8．医療施設の規模が告示で定める基準に適合すること。 　①　40床以上（専ら皮膚泌尿器、眼科、整形外科、耳鼻いんこう科又は歯科の診療を行う病院にあっては、30床以上） 　②　救急告示病院 　③　救急診療所である旨を告示された診療所であって15床以上を有すること。 9．各医療機関ごとに、特別の療養環境に係る病床数が当該医療施設の有する病床数の100分の30以下であること（注5）。

　　　　　　　出典：厚生労働省ホームページ「特定医療法人制度の概要」より

428 Ⅷ　特定医療法人・社会医療法人と相続・事業承継

（注１）　清算中のものや社会医療法人の認定を受けた医療法人は除かれます。

（注２）　役員等の数は、理事６名以上、監事２名以上が必要です。また、評議員数は理事の数の２倍以上であることとされています。なお、評議員については役員を兼ねてはならない（旧医療法49の４②）とされていましたが、医療法改正により、平成28年９月１日から、医療法人の役員又は職員を兼ねてはならないとされました（医療法46の４③）。ただし、経過措置により、平成28年９月１日に評議員である者については平成30年８月31日まで現行のとおりとされます。

（注３）　「特別の利益」については167ページ参照。

（注４）　特定医療法人に法令等の違反があった場合の対応

　　　　特定医療法人又は特定医療法人の開設する医療機関について、次のような医療に関する法令等について重大な違反事実があった場合には、その事情を厚生労働省医政局長まで報告することとされています。厚生労働省医政局長は、都道府県からの報告を国税庁に情報提供するものとされています（厚生労働省医政局長通知「特定医療法人制度の改正について」最終改正平成28年３月25日　医政発0325第３号）。

①　医療に関する法律に基づき特定医療法人又はその理事長が罰金刑以上の刑事処分を受けた場合

②　特定医療法人の開設する医療機関に対する医療監視の結果重大な不適合事項があり知事から改善勧告が行われたが是正されない場合

③　特定医療法人の承認を受けているにも関わらず、定款に基金の規定がある場合、又は、毎会計年度終了後に提出される事業報告書等について、貸借対照表の純資産の部に基金が計上されている場合であって、医療法第64条第１項（参考１）の命令が発せられた場合

④　その他①、②及び③に相当する医療関係法令についての重大な違反事実があった場合

⑤　医療法第30条の11（参考２）の規定に基づく都道府県知事の勧告にもかかわらず病院の開設、増床又は病床種別の変更が行われた場合

（参考１）医療法第64条第１項

　都道府県知事は、医療法人の業務若しくは会計が法令、法令に基づく都道府県知事の処分、定款若しくは寄附行為に違反し、又はその運営が著しく適

正を欠くと認めるときは、当該医療法人に対し、期限を定めて、必要な措置をとるべき旨を命ずることができる。

（参考２）医療法第30条の11

都道府県知事は、医療計画の達成の推進のため特に必要がある場合には、病院若しくは診療所を開設しようとする者又は病院若しくは診療所の開設者若しくは管理者に対し、都道府県医療審議会の意見を聴いて、病院の開設若しくは病院の病床数の増加若しくは病床の種別の変更又は診療所の病床の設置若しくは診療所の病床数の増加に関して勧告することができる。

（注５）　病院、診療所及び介護老人保健施設の各医療施設ごとに、特別の療養環境に係る病床数（介護老人保健施設の場合は特別な療養室に係る定員数）がその医療施設の有する病床数（介護老人保健施設にあっては定員数）の30％以下でないといけないとされており、いわゆる差額ベッド割合は介護老人保健施設も含めて判定されることになります。

▌3　特定医療法人への移行と相続・事業承継

　特定医療法人へ移行するためには上記２の承認基準をクリアし、かつ、その後もそれらの基準をキープし続けなければなりません。

　厳しい承認基準の一つに、解散時の残余財産が国等に帰属するよう定款等に定めることが明記されています。従って、持分の定めのある社団医療法人（経過措置医療法人）が特定医療法人に移行する場合には、その医療法人は持分「あり」から「なし」へ移行（社員は持分放棄）をすることが必要となります。

　特定医療法人への移行に際しては、医療法人への贈与税課税や、放棄する社員への譲渡所得課税など課税関係は生じません。厳しい承認基準のすべてをクリアすれば、贈与税の課税要件（相法66④）もクリアすることになり、このチェックは国税庁長官（実務上は各国税局の担当官）が行うこ

とになります。昭和39年12月28日付けで課税関係が生じないことを確認するための「三者覚書」も作成されています。

租税特別措置法第67条の2の適用を受ける
ための社団たる医療法人の組織変更について

標記の件に関し下記の通り了解し覚書を交換するものとする。

　　昭和39年12月28日

　　　　　　　　　　　　　　　　　　　　　大蔵省主税局税制第一課長

　　　　　　　　　　　　　　　　　　　　　　　山　下　元　利

　　　　　　　　　　　　　　　　　　　　　大蔵省主税局税制第三課長

　　　　　　　　　　　　　　　　　　　　　　　久　光　重　平

　　　　　　　　　　　　　　　　　　　　　国税庁直税部審理課長

　　　　　　　　　　　　　　　　　　　　　　　小　宮　　　保

　　　　　　　　　　　　　　　　　　　　　厚生省医務局総務課長

　　　　　　　　　　　　　　　　　　　　　　　渥　美　節　夫

　　　　　　　　　　　　　　　記

　　租税特別措置法第67条の2の適用を受けるためには、既設の出資持分の定めのある社団たる医療法人は、その組織を変更しなければならないが、その組織の変更については、次によることとする。

1　組織の変更については、既往の出資持分の定めのある社団たる医療法人について清算の手続きをなすべきものであるが、その変更後の医療法人が租税特別措置法第40条及び第67条の2の承認を受ける各要件に該当しているものに限り、定款の変更の方法によることを認める。

2　1により昭和41年3月末日までに定款を変更し、租税特別措置法第67条の2により大蔵大臣の承認を受けた場合には、その変更につき法人税、所得税及び贈与税の課税はしない。医療法人が特別の事由があるため、同日以後において1の手続きにより組織の変更を行おうとする場合において大蔵省及び厚生省の協議により承認されたときについてもまた同様とする。

この書面によれば、持分の定めのある社団医療法人は、定款を変更することにより、特定医療法人に課税なしで移行できるとされており、旧法人の解散・新法人の設立などという手続は必要ありません。現状の実務もそのようになっています。

移行後は、「持分の定めのない社団医療法人」という形態になります（定款変更により社団が財団、また財団が社団に移行することはできません。）。

持分の定めのない社団医療法人には出資持分はありませんから、これに対する相続税課税や払戻請求といった問題は発生しません。

また、特定医療法人は法人税率などが軽減されますので、内部留保が手厚くなり、医療法人の存続に適しています。

以上の観点で考えると、社員の有する出資持分の評価額が莫大な金額となり、相続税の負担などのリスクを抱える医療法人で、かつ、社員の有する持分という財産権を失うことを含めて厳しい承認基準をクリアする覚悟がある場合には、国税庁長官の承認を受けて特定医療法人へ移行することは有力な相続・事業承継対策になると考えられます。

▌4　特定医療法人制度FAQ

国税庁より、平成29年6月、「特定医療法人制度ＦＡＱ」が発出されました。特定医療法人の承認を受ける際や毎年度の要件充足確認の際の参考となるものです。「自己チェックシート」も含めて確認が必要となります。

432　Ⅷ　特定医療法人・社会医療法人と相続・事業承継

＜参考＞特定医療法人制度 FAQ（平成29年6月国税庁）

　この資料は、新たに特定医療法人の承認を受けようとする医療法人や、既に承認を受けている医療法人が毎年度要件の充足性の確認を行うに当たり、参考となる事項を質疑形式で作成したものです。

※この資料は平成 29 年 1 月 1 日現在の法令・通達に基づいて作成しています。

凡例

文中、文末引用の条文等の略称は、次のとおりです。

○　法令等

　法法・・・・・　法人税法（昭和 40 年 3 月 31 日法律第 34 号）

　法令・・・・・　法人税法施行令（昭和 40 年 3 月 31 日政令第 97 号）

　措法・・・・・　租税特別措置法（昭和 32 年 3 月 31 日号外法律第 26 号）

　措令・・・・・　租税特別措置法施行令（昭和 32 年 3 月 31 日号外政令第 43 号）

　措規・・・・・　租税特別措置法施行規則（昭和 32 年 3 月 31 日号外大蔵省令第 15 号）

　法基通・・・・　法人税基本通達

○　用語等

　承認申請書・・　「特定医療法人としての承認を受けるための申請書」をいう。

　1 号要件・・・　租税特別措置法施行令第 39 条の 25 第 1 項第 1 号に規定する要件をいう。

　2 号要件・・・　租税特別措置法施行令第 39 条の 25 第 1 項第 2 号に規定する要件をいう。

　3 号要件・・・　租税特別措置法施行令第 39 条の 25 第 1 項第 3 号に規定する要件をいう。

　4 号要件・・・　租税特別措置法施行令第 39 条の 25 第 1 項第 4 号に規定する要件をいう。

　5 号要件・・・　租税特別措置法施行令第 39 条の 25 第 1 項第 5 号に規定する要件をいう。

　運営要件・・・　「運営組織が適正であること（措令 39 の 25 二）」をいう。

　親族要件・・・　「役員等のうち親族等の数がそれぞれの役員等のうちに占める割合が、いずれも 3 分の 1 以下であること（措令 39 の 25 二）」をいう。

　モデル定款・モデル寄附行為

　　・・・　厚生労働省「平成 28 年 3 月 25 日医政発 0325 第 3 号（最終改正）『特定医療法人制度の改正について』」による特定医療法人の定款例・寄附行為例をいう。

　特殊関係者・・　3 号要件の対象となる者。「法人の設立者、理事、監事、評議員若しくは社員又はこれらの者と親族等の関係を有する者」をいう。

　ＭＳ法人・・・　医療関係のサービスを行う営利法人（メディカル・サービス法人）をいう。

Q1　特定医療法人への移行と相続・事業承継対策　***433***

承認の申請手続関係

Ⅰ-1　特定医療法人とは、どのような法人ですか。

【答】

　　特定医療法人は、財団たる医療法人又は社団たる医療法人で持分の定めがないもの（清算中のものを除きます。）のうち、その事業が医療の普及及び向上、社会福祉への貢献その他公益の増進に著しく寄与し、かつ、公的に運営されていることにつき、国税庁長官の承認を受けた法人（社会医療法人を除きます。）をいいます。

　　その承認を受けた後に終了した各事業年度の所得については、一般の医療法人の税率に代えて、19%（年 800 万円以下の部分は、一般の医療法人と同じ 15%）の税率により法人税を課すこととされています。（措法 42 の 3 の 2①四、67 の 2①）

Ⅰ-2　持分の定めのない法人とは、どのような法人ですか。

【答】

　　社団医療法人であって、その定款に、社員が持分を有する旨の定め（例：社員資格を喪失した場合の出資額に応じた払戻しに関する規定、解散時の残余財産の出資額に応じた分配に関する規定）を一切設けておらず、かつ、現に持分が一切存在しないものをいいます。

Ⅰ-3　持分の定めのある社団医療法人が、特定医療法人の承認を受けることを前提として、持分の定めのない法人に移行するにはどうすればよいですか。また、どのタイミングで手続を行えばよいですか。

【答】

　　特定医療法人の承認を受けることを前提とした持分の定めのない法人への移行は、①出資者から持分の放棄の申出を受けた上で、②定款から持分の定めを削除することにより完了します。

　　この手続を行うタイミングは、事前審査によって国税当局より持分に関する要件以外の承認要件を満たしていることの内定を得た後から承認申請書を提出するまでの間になりますので、この期間に手続を終了していただく必要があります。

　　また、4号要件（※）を満たすための定款変更についても、併せてこのタイミングで行う必要があります。

　　なお、内定した後、承認申請書を提出する際は、添付書類に加えて、出資者から提出された持分放棄申出書の写し、定款変更時の社員総会の議事録の写し、定款等変更に係る地方公共団体からの認可通知の写し（定款等の新旧対照表を含む。）、持分がなくなった（資本金等の額がゼロとなった）旨の異動届出書を提出してください。

　（注）1　スムーズな移行を行うために、事前審査を受ける前に、各出資者から特定医療法人の承認を得られることとなった場合には出資持分の放棄をすることについて予め同意を得ていただくなど、出資者の理解を得ておくことが望ましいといえます。

　　　　2　定款・寄附行為の変更については、所轄の都道府県知事の認可が必要になりますので、認可の申請を行ってください。

※　4号要件については、Ⅴ-1を参照してください。

434　Ⅷ　特定医療法人・社会医療法人と相続・事業承継

> Ⅰ－4　特定医療法人の承認を受けるためには、どのような手続が必要ですか。また、相談窓口を
> 　　　教えてください。

【答】

　　平成15年度税制改正において特定医療法人制度が改正され、平成15年4月1日から特定医療法人の承認は国税庁長官（改正前は財務大臣）が行うこととなりました。

　　これを受け、国税庁では、特定医療法人の法人税率の特例の適用を受けるための申請手続に関して、財務省で行っていた審査方法と同様に、正式な承認申請書の提出前に事前審査（※）を行うこととしております。

　　事前審査は各国税局（沖縄国税事務所を含みます。）で行いますので、申請をお考えの方は納税地を所轄する国税局の担当部署（www.nta.go.jp/sonota/sonota/osirase/data/h15/1794/02.htm）まで連絡していただき、事前審査の申出を行ってください。

　　なお、事前審査の申出については、遅くとも**法人税率の特例の適用を受けようとする事業年度終了の日前6月前（3月決算の医療法人の場合には前年の9月末）**までに行うようお願いします。それ以後に申出をされた場合には、申出日を含む事業年度から法人税率の特例の適用は受けられないおそれがありますので、ご注意願います。

　　また、厚生労働省ホームページ（www.mhlw.go.jp/stf/seisakunitsuite/bunya/0000150313.html）において、特定医療法人への移行手続や特定医療法人のモデル定款等の情報が掲載されていますので、そちらも参考にしてください。

　　※　承認要件については、Ⅰ－7を参照してください。

> **【参考】3月決算の医療法人の場合の審査スケジュール**
> ①　9月末までに、国税局に事前審査の申出を行います。
> 　「事前審査時に用意する書類一覧表」
> 　（www.nta.go.jp/sonota/sonota/osirase/data/h15/1794/03.htm）
> ②　国税局では、承認要件を充足しているかにつき、事前に提出された書類に加え、直接医療法人に伺い、具体的な審査を行った上で、概ね12月下旬までに審査結果を医療法人宛に連絡します。
> ③　承認内定の連絡があった場合には、都道府県に定款変更の申請を行い、翌年1月末までに所轄税務署に承認申請書及び添付書類を各3部提出します。
> ④　3月末までに「特定医療法人の承認申請の承認通知書」が国税庁から医療法人宛に送付されます。

> Ⅰ－5　特定医療法人の承認を受けた場合、どの事業年度から税率の軽減措置が受けられますか。

【答】

　　事前審査及び承認申請書の審査を経て特定医療法人の承認を受けた場合には、承認を受けた後に終了した事業年度から税率の軽減措置を受けることができます（措法67の2①）。

　　例えば、3月31日決算の法人の場合で平成30年3月中に承認を受けた場合は、平成30年3月期から税率の軽減措置を受けることができます。

　　なお、承認の通知書は、国税庁より申請医療法人の納税地宛に送付されます。

Q1　特定医療法人への移行と相続・事業承継対策　*435*

| Ⅰ-6　なぜ事前審査を採用しているのですか。 |

【答】

　特定医療法人の承認を受けるためには、承認要件を満たす必要がありますが、申請に当たり、定款やその他諸規定の整備が必要であることを考慮して、事前審査・内定方式を採用しています。

　また、持分の定めのある医療法人については、持分の定めのない医療法人へ移行するために出資持分の放棄が必要ですが、出資持分を放棄した後に特定医療法人の承認が受けられなかった場合に、持分の定めのある医療法人に戻ることができないなど、申請法人に与える影響が大きいことも事前審査を採用している理由です。

| Ⅰ-7　承認要件には、どのようなものがあるのですか。 |

【答】

　承認要件としては次のものがあります（措法67の2①、措令39の25①）。

（前提）

　財団たる医療法人又は持分の定めのない社団たる医療法人であること。

（1号要件）

　事業及び医療施設が医療の普及及び向上、社会福祉への貢献その他公益の増進に著しく寄与するものとして厚生労働大臣が財務大臣と協議して定める基準を満たすものである旨の厚生労働大臣の証明書の交付を受けること。

【厚生労働大臣の証明事項】

①　全収入金額に占める社会保険診療及び健康診査にかかる収入金額の割合が、80%を超えること。

②　自費患者に対し請求する金額が、社会保険診療報酬と同一の基準により計算されること。

③　医療診療により収入する金額が、医師等の給与、医療の提供に要する費用等患者のために必要な経費の額に1.5を乗じて得た額の範囲内であること。

④　役職員1人につき年間の給与総額が3,600万円を超えないこと。

⑤　病院開設の場合はイ又はロ、診療所のみ開設の場合はハに該当する医療施設を有すること。

　イ　40人以上（専ら皮膚泌尿器科、眼科等の診療を行う病院は30人以上）の患者を入院させるための施設。

　ロ　救急病院である旨を告示されている施設。

　ハ　救急診療所である旨を告示され、かつ、15人以上の患者を入院させるための施設。

⑥　各医療施設ごとに差額ベッド数の比率が30%以下であること。

※　詳細は、平成15年厚生労働省告示第147号「租税特別措置法施行令第39条の25第1項第1号に規定する厚生労働大臣が財務大臣と協議して定める基準」（www.mhlw.go.jp/file/06-Seisakujouhou-10800000-Iseikyoku/0000150323.pdf）をご確認ください。

（2号要件）

　運営組織が適正であるとともに、役員等のうちにその親族等の占める割合が3分の1以下であること。

（3号要件）

　設立者、役員等もしくは社員又はこれらの親族等（特殊関係者）に対して、財産の運用や事業の運営に関して特別の利益を与えないこと。

（4号要件）

定款・寄附行為に、医療法人が解散した場合には、残余財産が国等又は他の医療法人（財団たる医療法人又は社団たる医療法人で持分の定めのないものに限る。）に帰属する旨の定めがあること。

（5号要件）

法人について、法令に違反する事実、その帳簿書類に取引の全部又は一部を隠蔽し、又は仮装して記録又は記載をしている事実その他公益に反する事実がないこと。

Ⅰ-8　特定医療法人の事前審査時には、どのくらいの期間の書類を準備しておけばよいですか。

【答】

原則として、承認申請を行った申請事業年度及び過去3事業年度について要件を満たしているか確認しますので、その期間の書類を準備しておいてください。なお、1号要件においては、申請時の直近に終了した事業年度の証明書を取得しておいてください。

また、過去3事業年度より以前に作成された書類であっても、例えば、現在も賃貸借している不動産に係る賃貸借契約書のように、現在の取引にも効果が及んでいるものは、確認の対象となりますので、関連する書類を準備しておいてください。

Ⅰ-9　事前準備に当たり、特に気を付けるべきところはありますか。

【答】

特に注意すべき事項については、P13の「特定医療法人承認要件自己チェックシート」に列挙しておりますので、こちらで承認要件を満たすか事前審査時に参考としてください。

Ⅱ　承認要件－1号要件関係

Ⅱ-1　「厚生労働大臣の証明書」は、どうすれば入手できるのですか。

【答】

証明書を入手するためには、都道府県及び地方厚生局へ申請し、証明発行の手続を行う必要があります。

詳細は、厚生労働省「平成27年4月23日医政支発0423第4号（最終改正）『租税特別措置法施行令第39条の25第1項第1号に規定する厚生労働大臣が財務大臣と協議して定める基準を満たすものである旨の証明書等の様式の制定について』」（www.mhlw/stf/seisakunitsuite/bunya/0000150313.html）及び「医療法人・医業経営の特定医療法人ＦＡＱ」（www.mhlw.go.jp/topics/bukyoku/isei/igyou/igyoukeiei/faq.pdf）を参照してください。

Ⅱ-2　当医療法人は既に特定医療法人の承認を受けていますが、事業年度の途中で1号要件を満たさないことが分かりました。この場合はどうすればよいですか。

【答】

既に承認を受けている特定医療法人が、その事業年度中に要件を満たさないことが分かった場合は、「特定医療法人の法人税率の特例の適用の取りやめの届出書」（www.nta.go.jp/tetsuzuki/shinsei/annai/iryo/annai/03.htm）を、その事業年度の末日までに納税地の所轄税務署長を経由して、国税庁長官に提出してください（3部提出）。この場合、提出の日以後に終了する

事業年度の所得については、承認の効力を失いますので税率の軽減のない一般の医療法人の税率で税額を計算することとなります（措法67の2⑤、措令39の25⑥、措規22の15①）。

なお、再び特定医療法人となるための申請は、「特定医療法人の法人税率の特例の適用の取りやめの届出書」を提出した日の翌日から3年を経過した日以後でなければ行うことはできません（措令39の25④）。

（注）　仮に特定医療法人が自ら「特定医療法人の法人税の特例の適用の取りやめの届出書」を提出しない場合であっても、要件を満たさなくなったのであれば、その時まで遡って、国税庁長官からこの承認が取り消されます（措法67の2②）。

Ⅲ　承認要件－2号要件関係

Ⅲ-1　「運営組織が適正であること」（運営要件）とはどういうことですか。

【答】

特定医療法人は、その事業が医療の普及及び向上、社会福祉への貢献その他公益の増進に著しく寄与し、かつ、公的に運営されていることが求められているため、こうした制度の趣旨を満たすことができる機能をもった運営組織が必要とされているところです（措法67の2、措令39の25①二）。したがって、モデル定款・モデル寄附行為（www.mhlw.go.jp/file/06-Seisakujouhou-10800000-Iseikyoku/0000150319.pdf）に準じた定款その他諸規定を備えており、それらに基づいて組織が構成又は運営されていることなどにより判定します。

Ⅲ-2　理事、監事及び評議員その他これらの者に準ずるものの「これらの者に準ずるもの」とは、どの者のことをいいますか。

【答】

「これらの者に準ずるもの」とは、その法人内における地位、職務等から見て、実質的に、理事、監事、評議員と同等と認められる者をいいます。

Ⅲ-3　「役員等のうち親族等の数の占める割合が3分の1以下であること」（以下「親族要件」といいます。）といった要件は、どのように判定するのですか。

【答】

この3分の1以下であるかどうかの判定は、役員等の種別ごとに判定を行います。

例えば、理事が6人、評議員12人のうち、理事2人と評議員2人のあわせて4人が親族関係にある場合、親族等の割合は、理事は6人のうち2人ですので3分の1、評議員は12人のうち2人ですので6分の1と判定します。

なお、親族等の判定の際は、判定の基準となる人物が役員であることを要しませんので、例えば、理事の配偶者が法人の役員でない場合であっても、その配偶者を判定の基準として見たときに、役員である親族等の数が理事の数の3分の1より多ければ、親族要件を満たさないこととなります。

（注）　個別のケースの判断につきましては、各国税局の担当部署へご相談ください。

438　Ⅷ　特定医療法人・社会医療法人と相続・事業承継

Ⅲ‐4　事前審査の段階では親族要件を満たしていませんが、事前審査の結果を受けて承認が受けられることとなった際には、役員等の変更を行い、親族要件を満たす予定です。問題となることがありますか。

【答】

　特定医療法人の承認審査は事前審査・内定方式を採用しており、事前審査において承認要件を満たしているかを確認していますので、原則として、事前審査の際には、親族要件も満たしていることが必要です。

　なお、親族要件以外の承認要件が全て満たされており、内部けん制が働いているなど、運営組織が適正と認められる場合において、既に新たに就任を予定している者が存在し、その就任をもって承認要件の全てを満たすと認められるときには、申請要件を満たすものとして取り扱うこととしています。

（注）　既に役員等への就任を予定していることについては、例えば、その者から内諾書の提出を受ける等により、客観的に事実関係を明らかにしておくようお願いします。

Ⅲ‐5　開催した理事会等の議事録は必ず作成しなければなりませんか。

【答】

　医療法では、社員総会及び理事会並びに評議員会の議事について、一定の事項を記載した議事録を作成しなければならないとされていますので、必ず作成してください。さらに、特定医療法人の承認においては、厚生労働省が示しているモデル定款・モデル寄附行為（Ⅲ‐1参照）に準じた定款その他諸規定を備え、それらに従って組織が運営されていることや、その定款等に沿った内部けん制が十分に行われているかという観点から、運営組織が適正かどうかを判断しています（医療法第46条の3の6、第46条の4の7、モデル定款第27、42、55条、モデル寄附行為第26、41条）。

Ⅲ‐6　給与規定や退職金規定を整備しておらず、金額等の決定に当たっては、その都度、理事会の了承を得ることとしていますが、問題となることがありますか。

【答】

　給与規定や退職金規定は、法人が支出する給与や退職金が適正な手続に基づく支出であることを証するものであり、特定医療法人の承認に当たっては、これらの規定を備え、かつ、これらの規定に従って支給されていることを確認しています。したがって、備えるべき諸規定を備えていないケースのほか、諸規定を備えていたとしてもその規定によらずに法人の事業運営がなされているケースについては、原則として、要件を満たさないこととなります。

　なお、諸規定の策定時に予定していない事象が生じた結果、やむを得ず臨時の理事会等で協議をして事業運営を行う場合には、そのように至った事情等を議事録等に残すなど、事業運営が適正に行われていることを明らかにしておいてください。

　また、給与や退職金の支給対象者が特殊関係者（※）に当たる場合は、特別の利益を与えていないかどうかの観点からも判断しますので注意してください。

※　特殊関係者については、Ⅳ‐1を参照してください。

Ⅲ - 7　医師の確保のために、医師と個別に契約し、給与規定にない手当を支給していますが、問題となることがありますか。

【答】

　　給与規定にない手当の支給は運営組織が適正とはいえない場合がありますので、このケースのように個別に契約する場合であっても、原則として、給与規定の範囲内で契約することが望ましいといえます。

　　なお、多種多様な勤務条件や医師のキャリアによる差異により、その契約内容も種々あるため、諸規定の策定時に予定していない事象が生じた結果、やむを得ず臨時の理事会等で協議をして事業運営を行う場合には、そのように至った事情等（医師との交渉内容、支給額決定の経緯等）を議事録等に残すなど、事業運営が適正に行われていることを明らかにしておいてください。

　　また、医師が特殊関係者（※）に当たる場合は、特別の利益を与えていないかどうかの観点からも判断する必要がありますので注意してください。

※　特殊関係者については、Ⅳ - 1を参照してください。

Ⅲ - 8　理事が代表を務めるMS（メディカル・サービス）法人を設立している場合、当該MS法人から物品の購入をする際に、理事会の議事を経ずに購入を決定していますが、問題となることがありますか。

【答】

　　医療法人の役員が営利法人の役員を兼務することは、医療法人に求められる非営利性の観点から、適当でないとされています。ただし、厚生労働省「平成24年3月30日医政総発0330第4号（最終改正）『医療機関の開設者の確認及び非営利性の確認について』」第一1(2)④（www.mhlw.go.jp/topics/bukyoku/isei/igyou/igyoukeiei/tuchi/050203.pdf）において、例外的に可能となる場合があります。また、取引内容については、関係事業者との取引の状況に関する報告書等を作成のうえ、都道府県知事に対し報告が必要です（医療法第51条第1項及び第52条第1項）（詳しくは、厚生労働省医政局医療経営支援課へお問合せください）。

　　なお、兼務する場合は、いわゆる利益相反取引になりますので、医療法第46条の6の4の規定により、事前に理事会での承認が義務付けられていることから、必ず理事会の議事に諮るとともに、議事録に記録することが必要です。したがって、事前に理事会で承認を経ない場合や、必要な議事録を記録していない場合は、原則として、2号要件を満たさないこととなります。

　　また、理事会の議事を経たとしても、それが一部の者によって個人的に使用されている場合は、特別の利益を与えていると認められ、3号要件を満たさないこととなります。

Ⅳ　承認要件－3号要件関係

Ⅳ - 1　3号要件の対象者となるのはどのような者ですか。

【答】

　　医療法人の設立者、理事、監事、評議員その他これらの者に準ずるものである役員等をはじめ、社員又はこれらの親族等（以下「特殊関係者」といいます。）が対象者となります（措令39の25①三）。

IV-2　「特別の利益を与えないこと」とは具体的にどのようなことをいいますか。

【答】

　　医療法人の特殊関係者に対し、根拠なく不相応な利益を与えないことをいいますが、特別の利益は、給与等の金銭的利益に限るものではなく、手続上の優遇措置なども該当します。

　　また、MS法人などの関連法人を通じて、特殊関係者に特別の利益を与えている場合も該当します。

　　特別の利益を与えているとされる例については、P13の「特定医療法人承認要件自己チェックシート」中段に列挙していますので参照してください。

IV-3　当医療法人の理事の一人に理事長の母が就任しておりますが、近年、報酬金額の見直しをしておりません。母は高齢であり、毎年職務を減らしてきていますが、問題となることがありますか。

【答】

　　医療法人が支給している役員報酬の金額が、その役員の行っている職務の内容に照らし高額と認められる場合には、特別の利益を与えていることになります。

IV-4　この度、理事長の子を非常勤理事として迎えることとしました。報酬の支給については、理事会に諮った上で決定する予定ですが、気を付けるべきところはありますか。

【答】

　　医療法人が支給している役員報酬の金額が、その役員の行っている職務の内容に照らし高額と認められる場合には、特別の利益を与えていることになります。

　　なお、監事に対する報酬についても、同様の考え方になります。

　　また、役員報酬の金額の適正額算定に当たっては、例えば、医師と理事を兼務している者については、医師業務従事部分と理事職務従事部分のそれぞれに係る報酬金額を合理的に算定し、支給しているときは、特別の利益は与えていないと判断されます。

IV-5　当医療法人では、役職員に対する金銭の貸付制度を設けていませんが、この度、一部の理事から臨時に金銭が必要になったとのことで、借入れの申出がありました。どのように取り扱えばよいでしょうか。

【答】

　　厚生労働省から公表されている医療法人の附帯業務に関する通知によると、役職員への金銭等の貸付けは、福利厚生として、全役職員を対象とした貸付けに関する内部規定を設けて行う必要があり、一部の役職員に対する貸付け及び貸付規定を設けていない場合の臨時の貸付けは、認められていません（※）。このような貸付けは、特別な利益を与えることになり、特定医療法人の要件にも抵触すると考えられますので、内部規定を設けた上で、制度に基づいた貸付けを実施する必要があります。

　※　厚生労働省「平成28年5月27日医政発0527第28号（最終改正）『医療法人の附帯業務について』」別表留意事項1（www.mhlw.go.jp/file/06-Seisakujouhou-10800000-Iseikyoku/0000096727.pdf）

Ⅳ-6　理事長の土地を病院敷地として賃借していますが、問題となることがありますか。

【答】

　　賃借に当たっては、市場価額等に照らして適正な価額による賃借であることが必要であり、合理的な理由がなく、適正な価額よりも高額な賃借料を支払っていると認められる場合は、特別の利益を与えていることになります。

　　そのため、価額等については、契約更新時などに限らず、随時見直しをするようにしてください。

　　また、法人の業務に不必要な土地等を借り受け、賃借料を支払っている場合においても、同様に特別の利益を与えていることになりますので注意してください。

Ⅳ-7　当医療法人では、理事長車として車両を保有しています。理事長は私用の車を持っておらず、理事長車を通勤用に利用しており、休日は自宅で保管しています。理事長車を私的に利用した場合に気を付けるべきところはありますか。

【答】

　　原則として、法人車両（理事長車等）は、業務に使用するために法人が購入・使用するものであり、私的に購入・利用すべきものではありません。そのため、法人車両の購入・使用に当たっては、法人業務における必要性を十分に検討した上で、法人組織として適正な手続（購入稟議の作成、しかるべき役職によるチェック体制等）をとるようにしてください。

　　なお、このケースのように法人車両を私的に利用した場合は、使用者に対して合理的な算定による使用料の負担を求める必要があります。使用状況によっては、ガソリン代等の実費分だけでなく、法人車両の取得費や維持費などを加味したところで使用料の負担額を算定することも必要となりますので、使用状況を確認できる書類を法人内で保管するようにしてください。

　　また、使用者に使用料を見直しさせていたとしても、Ⅳ-2に記載のとおり、手続上の優遇措置も特別の利益に該当することから、合理的な理由なく理事長のみに私的利用をさせている状況であれば、3号要件に抵触することとなります。

Ⅳ-8　社宅について、理事長への貸与を目的として住宅を借り上げており、実際に理事長が居住していますが、問題となることがありますか。

【答】

　　一般的に、社宅は、法人が職員に対し、業務上の必要性や職員等の福利厚生のために貸与する住宅と考えられます。そのため、業務上の必要性がなく、理事長等、特殊関係者のみを居住させるために社宅を用意していると認められる場合には、特別の利益を与えているといえます。

　　また、全従業員を対象とした社宅であっても、特殊関係者を根拠なく優先的に居住させていると認められる場合や、無償又は著しく低い金額で貸与していると認められる場合には特別の利益を与えているといえます。

　　よって、社宅の貸与に当たっては、業務上の必要性や福利厚生施設として規定に沿って貸与しているということが合理的に説明できるようにしておいてください。

Ⅷ　特定医療法人・社会医療法人と相続・事業承継

Ⅳ - 9　社宅について、社宅の維持管理や社宅に住んでいる者の食事等の世話のためにハウスキーパーを雇用していますが、問題となることがありますか。

【答】

　　社宅の維持管理等については、法人が負担することに合理的な理由があるかどうかがポイントになります。したがって、居住者が負担すべきものについてまで法人が負担していないか、あるいは、社宅の利用者が特殊関係者に限られていないか等について、十分に確認をしてください。

Ⅳ - 10　当医療法人では業務に関連した一時的な現金持ち出しの際に仮払金の支出を認めており、理事長に対してもその支出があります。原則として毎月末までに精算することとしていますが、問題となることがありますか。

【答】

　　特殊関係者に対し、業務に関係のない仮払金を支出していると認められる場合には、特別の利益を与えていることになります。

　　また、業務に関係のある仮払金であっても、精算が長期間なされておらず、実質的な貸付金や給与であると認められる場合には、特別の利益を与えていることになるため注意が必要です。

Ⅳ - 11　当医療法人では交際費等の金額が少額な諸経費の支出は、事務長（理事）による決裁で決定していますが、問題となることがありますか。

【答】

　　法人の規則で定められた決裁基準に基づくもので、かつ、特定の役員の自由裁量で行われるものでなければ、原則として、問題はありません。

　　なお、諸経費の中に法人の業務に関係のない費用の支出がある場合には、その支出の内容に応じて特別の利益の判断を行うことになります。

Ⅳ - 12　当医療法人では資産整理の一環として、法人保有の土地を理事長の母に売却することになりました。問題となることがありますか。

【答】

　　特殊関係者に対し土地を売却する場合において、特殊関係者に特別の利益を与えているかどうかは、土地を売却するに至った事情や経緯、土地の売却価額の適正性等により判断することになります。したがって、特に、法人の特殊関係者との間で取引を行おうとする場合には、単に、理事会で決議をしたかどうかということだけでなく、その者と取引をするに至った事情や価格の決定プロセスについて明らかにしておく必要があります。

Ⅳ - 13　当医療法人では理事長の親族を対象とした養老保険（死亡保険金の受取人を被保険者の遺族、生存保険金の受取人を法人）に加入しています。問題となることがありますか。

【答】

　　理事長の親族など特定の者のみを対象に、合理的な理由なく保険契約に加入している場合には、特定の者に対して特別の利益を与えていることになります。

　　また、職員を対象にした保険契約に加入する場合には、内部規定等において加入の資格や方法を明らかにしておく必要があります。

Ⅳ-14　当医療法人では理事長の退任に当たり、退職慰労金の支給を検討していますが、気を付けるべきところはありますか。

【答】

　　医療法人の理事長が退任する場合の退職慰労金の支給については、規定に基づいた支給であること、かつ、支給額については、理事長として従事した期間、退職の事情等を踏まえて、適正な金額であることが必要です。

　　なお、理事長退任後においても、引き続き実質的に病院経営上主要な地位を占めており、職務の状況からみて退職の事実がないと認められる場合には、退職金としての支給ではなく、臨時的な給与（賞与）であり、特別な利益を与えていると判断することもありますので、留意してください。

　（参考）法基通9－2－32「役員の分掌変更等の場合の退職給与」(www.nta.go.jp/shiraberu/zeiho-kaishaku/tsutatsu/kihon/hojin/09/09_02_07.htm)

Ⅴ　承認要件－4号要件関係

Ⅴ-1　新たに特定医療法人としての承認を受けようと考えていますが、「解散した場合には、残余財産が国等又は他の医療法人に帰属する」旨の規定を定めるために、定款・寄附行為の変更を行う必要があるかと思います。この変更については、どのタイミングで行えばよいですか。

【答】

　　定款・寄附行為の変更のタイミングは、事前審査によって国税当局より4号要件及び持分の定めのない法人であること以外の承認要件を満たしていることの内定を得た後から承認申請書を提出するまでの間になりますので、この期間に手続を終了していただく必要があります。

　　なお、定款・寄附行為の変更については、所轄の都道府県知事の認可が必要になりますので、認可の申請を行ってください。

　（注）　定款・寄附行為の変更のタイミングと合わせて、持分の定めのある医療法人については出資持分の放棄を行う必要があります。詳しくはⅠ-3を参照してください。

Ⅵ　承認要件－5号要件関係

Ⅵ-1　「法令に違反する事実、その帳簿書類に取引の全部又は一部を隠蔽し、又は仮装して記録又は記載をしている事実その他公益に反する事実がないこと」について、法令違反の対象となる法令の範囲をどのように考えればよいですか。

【答】

　　法令の範囲については、特定医療法人の承認が、「その事業が医療の普及及び向上、社会福祉への貢献その他公益の増進に著しく寄与し、かつ、公的に運営されている」法人に対して行われるものであることを踏まえ、これに抵触する法令違反について幅広く適用されることとなります。

Ⅶ その他

Ⅶ-1　承認を受けた後に、気を付けるべきところはありますか。

【答】

　　特定医療法人の承認を受けた医療法人は、各事業年度の終了の日の翌日から3ヵ月以内に承認要件を満たしていることを証する書類（定期提出書類）を国税庁長官に提出することとされています（措令39の25⑤、措規22の15②）。

　　なお、提出の際は、P13の「特定医療法人承認要件自己チェックシート」を参考に、引き続き承認要件を満たしているか確認してください。

Ⅶ-2　定期提出書類を提出しなかった場合、承認はどうなりますか。

【答】

　　定期提出書類が期日までに提出されない場合は、承認要件を満たしているかどうか確認できないとともに、法令で定められた提出義務を果たしておらず、5号要件（法令違反）を満たしていないことにもなります。万が一、何らかの事情により提出が遅れることが見込まれる場合には、その旨を速やかに所轄の国税局に連絡してください。

Ⅶ-3　社会医療法人の認定を受けたため、特定医療法人の承認に係る法人税率の適用を取りやめます。どのような手続が必要ですか。

【答】

　　特定医療法人に係る法人税率の適用を取りやめる場合は、「特定医療法人の法人税率の特例の適用の取りやめの届出書」（www.nta.go.jp/tetsuzuki/shinsei/annai/iryo/annai/03.htm）を、社会医療法人の認定を受けた日を含む事業年度の末日までに、納税地の所轄税務署長を経由して、国税庁長官に提出してください（3部提出）（措法67の2⑤）。

　　なお、特定医療法人は、社会医療法人の認定を受けた日から公益法人等に該当しますので、その認定の日の前日までの期間は、特定医療法人として法人税を申告し、認定の日から事業年度終了の日までの期間は、社会医療法人として、（法人税法施行令第5条に規定する収益事業を行う場合）法人税を申告することになります（法法10の3、法法14①二十、法令5）。

Ⅶ-4　承認後において、承認要件を満たさなくなった場合、どのように取り扱われるのですか。

【答】

　　特定医療法人は、承認要件を常に満たすことが求められていることから、承認要件を満たさなくなった場合は、承認を取り消されることになります。

　　なお、承認は、承認要件を満たさなくなったと認められる時まで遡って取り消すものとされています（措法67の2②）。過去に遡って承認の取消しを受けた場合は、取消しの対象となった事業年度以降は税率の軽減を受けることはできませんので、一般の医療法人の税率で税額を計算した上で修正申告書を提出する必要があります。

Q1　特定医療法人への移行と相続・事業承継対策　*445*

基本項目	適正
定款（案）等において、持分の定めがない旨を規定しているか	□
※　申請書提出の日が取消日の翌日から3年を経過しているか	□
※　前事務年度以前にも事前審査を受けている場合、その際の指摘事項を改善したことが確認できる書面は提出されているか	□

1号要件（証明書の交付を受けること）	
厚生労働省から証明書の交付を受けているか	□

2号要件（運営組織が適正であること）	
厚生労働省が発遣する医療法人関係通知等に従い運営されているか	□
モデル定款・モデル寄附行為に準じた定款（案）等を備えており、規程内容が適正なものになっているか	□
理事6人、監事2人、評議員12人以上になっているか	□
理事、監事、評議員（以下「役員等」という。）のうち、親族関係を有する者及びこれらと特殊の関係がある者（以下「親族等」という。）の割合が、いずれも3分の1以下であるか	□
諸規則に従って理事会等を開催しているか	□
理事会等が開催された都度、議事録を作成しているか	□

2号要件（運営組織が適正であること） 3号要件（役員等への特別の利益がないこと）		適正	
		二号	三号
給与等の支給	役員や役員の親族等に対して、不相当に高額な給与が支給されていないか	□	□
	医師や職員の給与（賞与、退職金を含む。）が規程に基づき支給されているか	□	
	特殊な事情により規程に基づかない採用をするときは、理事会等に諮った上で個別契約を結んでいるか	□	
	役員報酬の金額について、社員総会等の承認を得ているか	□	
	住宅手当の支給及び住居費の徴収は規程に基づき適正に行われているか	□	
	その他の各種手当について、規程に基づき適正に支給されているか	□	
	役員や役員の親族等の個人的な費用を法人が負担していないか		□
資産の運用	住宅貸付、福利厚生設備の利用について、職員全員に周知され、規程に基づき適正に行われているか	□	
	役員や役員の親族等のみに住宅、設備を利用させている又は他の従業員に比し有利な条件で利用させていないか		□
	法人の所有する資産を役員や役員の親族等に無償又は著しく低い価額で譲渡していないか		□
	役員や役員の親族等から資産を過大な賃貸料で借受けていないか		□
	役員や役員の親族等から資産を過大な対価で譲受けていないか		□
	役員や役員の親族等から法人の事業上必要のない資産を取得・賃借していないか		□
金銭の貸借	役職員への貸付金は、契約書を作成し、適正な利息を徴収しているか	□	
	役職員への貸付金は全員に周知され、規程に基づき適正に行われているか	□	
	役員や役員の親族等に対する貸付けは、他の従業員に比し有利な条件となっていないか		□
	役員や役員の親族等からの金銭の貸借に当たって、過大な利息を支払っていないか		□
	職員でない役員の親族等に対して、金銭の貸付けを行っていないか		□
その他	役員や役員の親族等が、役員等の選任に関して、特別の権限を付与されていないか	□	□
	役員や役員の親族等（その関連する法人を含む。）と不適正な価額で物品の販売等の契約を行っていないか		□
	役員や役員の親族等が関連する企業等に対し、業務内容に比して過大な委託費が支払われていないか		□
	役員や役員の親族等に対し、その他財産の運用及び事業の運営に関して特別の利益を与えていないか		□

4号要件（残余財産を国等へ帰属させること）	
定款（案）等において、解散した場合に残余財産を国等へ帰属させる旨の定めがあるか	□

5号要件（法令違反、隠蔽又は仮装、公益に反する事実がないこと）	
法令違反その他公益に反する事実はないか	□
帳簿書類に取引の隠蔽又は仮装の事実はないか	□

【留意事項】
1　このチェックシートは、特定医療法人の承認を受けるに当たっての事前審査申出の際、又は、既に承認を受けている場合で定期提出書類を提出する際に、承認要件を満たしているかの自己チェックのためにご活用ください。
2　特定医療法人の承認を受けようとする場合は、申請事業年度及び過去3事業年度において2、3、及び5号要件を満たしているかご確認ください。（1号要件は申請の時の直近した事業年度、4号要件は申請事業年度が確認対象となります。）
3　※については、特定医療法人の承認を受けようとする場合のみチェックしてください。
4　チェックシートにある承認要件を満たさない場合、又は、満たさなくなった場合は、所轄の国税局（沖縄国税事務所を含みます。）の担当部署までご相談ください。

446 Ⅷ 特定医療法人・社会医療法人と相続・事業承継

Q2 社会医療法人への移行と相続・事業承継対策

> 医療法人の相続・事業承継を検討するうえで、都道府県知事の認定を受けて社会医療法人に移行することは効果がありますか。

A

1 社会医療法人制度の概要

第5次医療法改正で新しく設立ができることとなった医療法人に「社会医療法人（医療法42の2）」があります。医療法人の形態としては「財団医療法人」か又は「持分の定めのない社団医療法人」です。

社会医療法人制度は、救急医療、災害時における医療、へき地医療、周産期医療、小児医療（小児救急医療を含む。）など特に地域で必要な医療とされる「救急医療等確保事業」の提供を担う医療法人を社会医療法人として認定し、救急医療等確保事業を積極的に行わせる体制を整備することで、良質かつ適切な医療を効率的に提供する体制の確保を図るため設けられました。

第5次医療法改正後の「地上2階・地下1階」の医療法人制度では2階部分に位置づけられる公益性の高い医療法人です。

なお、基金制度は採用できません。

社会医療法人制度は、第5次医療法改正により制度化されたため、法律上は平成19年4月1日からスタートしていました。

しかし、認定要件とされた救急医療等確保事業などに関連して、実際の認定が行われたのが地域の医療計画が新しく改定された平成20年4月1日以後となったため、実務上の制度スタートは平成20年4月1日となりました。

平成20年7月に、全国で第1号の社会医療法人が北海道で認定され、平

成29年7月1日現在、全国で283法人が認定を受けています。

2 社会医療法人の主な特徴

社会医療法人の認定を受けた医療法人は次のような特徴を持つことになります。

(1) 社会医療法人は、法人税法上、公益法人等（法法2六）とされ、収益事業課税・法人税率の軽減・固定資産税等の非課税措置など国税・地方税とも税制上の優遇を受けることができます。

(2) 社会医療法人は開設する病院等の業務に支障のない限り、定款等に定めるところにより、厚生労働大臣が定める「収益業務」を営むことができます（医療法42の2①）。

(3) 社会医療法人債の発行、募集等ができます（医療法54の2～54の7）。社会医療法人債は、担保付社債信託法で定める社債とみなされます（医療法54の8）。

　※社会医療法人債発行法人は、財産目録、貸借対照表、損益計算書について、公認会計士や監査法人の監査を受けることが義務付けられています（医療法51③）。

(4) 一般の医療法人より広い範囲で附帯業務を行うことができます。

(5) 社会医療法人には厳密な非営利性が求められ、かつ、公益性の高い法人となりますので、様々な罰則規定が設けられています。

3　社会医療法人の認定要件

(1)　認定要件の概要

　医療法人が、都道府県知事の認定を受け、社会医療法人となるために
は、次に掲げる４つの要件をクリアすることが必要となります（医療法42
の２）。

＜社会医療法人の認定要件＞

> ①　同一親族等関係者の制限（医療法42の２①一～三）
> ②　救急医療等確保事業の実施（同四・五）
> ③　厚生労働大臣が定める公的な運営に関する要件に適合（同六）
> ④　解散時の残余財産の帰属先の制限（同七）

(2)　同一親族等関係者の制限

　認定要件の１つ目は同一親族等関係者の制限です。これは、その医療法
人の役員、社員、評議員について同族色が薄いと認定されることをいいま
す。具体的には次のような要件を満たすことが必要となります。

①	医療法人の役員について、各役員と特殊の関係がある役員が役員総数の３分の１を超えていないこと（医療法42の２①一）。
②	社団医療法人について、各社員と特殊の関係がある社員が社員総数の３分の１を超えていないこと（医療法42の２①二）。
③	財団医療法人の評議員について、各評議員と特殊の関係がある評議員が評議員総数の３分の１を超えていないこと（医療法42の２①三）。

　これら①～③の場合において、特殊の関係がある役員、社員、評議員と
は、各役員等を中心に、その配偶者や３親等以内の親族、その他各役員等
と厚生労働省令で定める特殊の関係がある者をいいます。

この場合の厚生労働省令で定める特殊の関係がある者は、次に掲げる者とされています（医療法施行規則30の35）。

ⓐ　親族関係を有する社員等と婚姻の届出をしていないが事実上婚姻関係と同様の事情にある者

ⓑ　親族関係を有する社員等の使用人及び使用人以外の者でその社員等から受ける金銭その他の財産によって生計を維持しているもの

ⓒ　ⓐ又はⓑに掲げる者の親族でこれらの者と生計を一にしているもの

(3)　救急医療等確保事業の実施

①　救急医療等確保事業

　社会医療法人の認定要件で最も重要とされるのが救急医療等確保事業の実施要件です。具体的には、「その医療法人が、救急医療等確保事業（その医療法人が開設する病院又は診療所の所在地の都道府県が作成する医療計画に記載されたものに限る。）に係る業務をその病院又は診療所の所在地の都道府県（注１）において行っていること（医療法42の2①四）」とされています。

（注１）　次のⓐ又はⓑに掲げる医療法人にあっては、それぞれⓐ又はⓑに定める都道府県となります。

ⓐ　2以上の都道府県において病院又は診療所を開設する医療法人（ⓑに掲げる者を除く）……その病院又は診療所の所在地の全ての都道府県

ⓑ　医療法改正により、複数県に医療機関を開設している医療法人の認定要件が見直され、平成28年9月1日以後、次のような取扱いが定められました。

　1の都道府県において病院を開設し、かつ、その病院の所在地の都道府県の医療計画において定める医療法第30条の4第2項第12号（注２）に規定する区域（いわゆる二次医療圏）に隣接したその都道府県以外の都道府県の医療計画において定める同号に規定する区域において診療所を開設する医療法人であって、その病院又はその診

療所における医療の提供が一体的に行われているものとして厚生労働省令で定める基準（注3）に適合するもの……その病院の所在地の都道府県

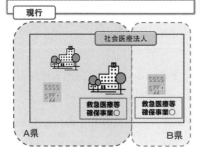
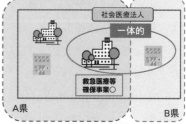

＜ⓑの認定要件追加の概要＞

（出典：厚生労働省資料「医療法の一部を改正する法律案」提案理由説明）

(注2) 医療法第30条の4第2項第12号

> 医療計画においては、次に掲げる事項を定めるものとする。
> 一～十一　略
> 十二　主として病院の病床（次号に規定する病床並びに精神病床、感染症病床及び結核病床を除く。）及び診療所の病床の整備を図るべき地域的単位として区分する区域の設定に関する事項

(注3) 厚生労働省令で定める基準（医療法施行規則30の35の2）

厚生労働省令で定める基準は次のとおりとなります。

(イ) その医療法人の開設する病院の所在地の都道府県及びその医療法人の開設する診療所の所在地の都道府県（その病院の所在地の都道

府県が定める医療計画において定められたいわゆる二次医療圏に隣接したその都道府県以外の都道府県をいう。）が、それぞれの医療計画において、その病院及び診療所の所在地を含む地域における医療提供体制に関する事項を定めていること。

㈣　その医療法人の開設する全ての病院、診療所及び介護老人保健施設が、その医療法人の開設する病院の所在地を含む区域（その病院の所在地の都道府県の医療計画において定められたいわゆる二次医療圏）及びその区域に隣接した市町村（特別区を含む。）であってその都道府県以外の都道府県にあるもの（隣接市町村）に所在すること。

㈤　その医療法人の開設する全ての病院、診療所及び介護老人保健施設が相互に近接していること。

※　「近接」とは、概ね10km圏内に所在し、自動車で移動する場合、概ね30分以内で到達が可能であるもの。

㈥　その医療法人の開設する病院が、その施設、設備、病床数その他の医療を提供する体制に照らして、その医療法人の開設する診療所（隣接市町村に所在するものに限る。）における医療の提供について基幹的な役割を担っていること。

※　「基幹的な役割を担う」とは、当該病院の病床数が当該診療所の病床数に比して10倍以上であり、かつ、患者がその状態に応じて、当該病院又は当該診療所の受診を容易に選択できる地理的環境にあるもの。

　この場合の「救急医療等確保事業」とは、次に掲げる医療の確保に必要な事業をいいます（医療法30の4②五）。

①　救急医療
②　災害時における医療
③　へき地の医療
④　周産期医療
⑤　小児医療（小児救急医療を含む。）
⑥　①から⑤の医療のほか、都道府県知事がその都道府県における疾病の発生の状況等に照らして特に必要と認める医療

② 救急医療等確保事業の基準

　社会医療法人の認定を受ける場合、医療法人は、救急医療等確保事業の業務について、次に掲げる事項に関し厚生労働大臣が定める基準に適合していること（医療法42の2①五）が求められます。

---

① その業務を行う病院又は診療所の構造設備（＝物的要件）

② その業務を行うための体制（＝人的要件）

③ その業務の実績（＝実績要件）

　これら基準の概要は次ページの＜救急医療等の事業に関する要件＞に示す通りですが、詳細は、「医療法第42条の2第1項第5号に規定する厚生労働省が定める基準（平成20年3月26日　厚生労働省告示第119号）」として告示されています（www.mhlw.go.jp/file/06-Seisakujou hou-1080000 0-Iseikyoku/0000081001.pdf 参照）。

＜救急医療等の事業に関する要件＞

【主な要件】

○救急医療、災害医療、へき地医療、周産期医療又は小児救急医療の医療連携体制を担う医療機関として医療計画に記載されていること

○救急医療、災害医療、へき地医療、周産期医療又は小児救急医療について、以下の実績を有していること　等

救急医療	休日・夜間・深夜加算算定件数（初診）／初診料算定件数＝20％以上、又は、夜間休日搬送受入件数＝年間750件以上 ※精神科救急：年間時間外診療件数＝3カ年で人口1万対7.5件
災害医療	救急医療の基準の8割の実績を有しており、かつ、DMAT（災害派遣医療チーム）を保有し防災訓練に参加したこと
へき地医療	病院の場合は、週1回を超えて巡回診療・医師派遣を行っていること（直近に終了した会計年度の延べ派遣日数（派遣日数を医師数で乗じた日数）が53日以上であること）

	へき地における診療所の場合は、週４日を超えて診療をおこなっていること（直近に終了した会計年度の診療日が209日以上であること。）
周産期医療	ハイリスク分娩管理加算＝年１件以上、かつ、分娩件数＝年500件以上、かつ、母体搬送受入件数＝年10件以上
小児救急医療	乳幼児休日・夜間・深夜加算算定件数（初診）／乳幼児加算初診料算定件数＝20％以上

（厚生労働省　医療法人の事業展開等に関する検討会第６回資料４より）

（注）　へき地医療の認定要件追加

　社会医療法人の認定要件のうち、へき地診療所への医師派遣等に関する要件について、へき地医療拠点病院への医師派遣及びその拠点病院からへき地診療所への医師派遣等が純増で年間106日以上実施するときも、その要件を満たすこととする改正が平成27年４月１日施行で行われています。概要は以下のとおりとなっています。

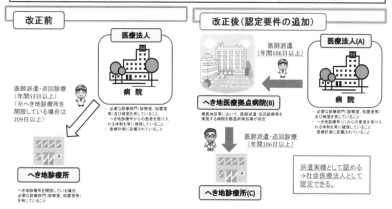

（出典：厚生労働省資料「医療法の一部を改正する法律案」提案理由説明）

　なお、これら告示に示されている基準は、社会医療法人の認定を受け

454　Ⅷ　特定医療法人・社会医療法人と相続・事業承継

た後もクリアし続けなければなりません。基準に満たないこととなった場合には、都道府県医療審議会の意見を聴いた後（医療法64の2②）、認定が取り消されることになります。

(4)　厚生労働大臣が定める公的な運営に関する要件に適合

　社会医療法人の認定要件の3つ目はその医療法人の運営が、公的な運営に関する厚生労働省令で定める要件に適合するものであること（医療法42の2①六）というものです。この場合の公的な運営に関する要件とは次に掲げるものです。

　①　社会医療法人の運営に関して次のいずれにも該当すること（医療法施行規則30の35の3①一）

　　ⓐ　理事及び監事の定数（医療法施行規則30の35の3①一イ）

　　ⓑ　理事及び監事、評議員の選任方法（同ロ、ハ）

　　ⓒ　同一団体関係者の制限（同ニ）

　　ⓓ　理事及び監事、評議員に対する報酬等の支給基準を定める（同ホ）

　　ⓔ　社会医療法人関係者に対する特別利益供与禁止（同ヘ）

　　ⓕ　営利事業を営む者等に対する特別利益供与禁止（同ト）

　　ⓖ　遊休財産の保有制限（同チ）（参考：医療法施行規則30の35の2②）

　　ⓗ　株式等の保有制限（同リ）

　　ⓘ　その他法令違反等の欠格事由（同ヌ）

　②　社会医療法人の事業に関して次のいずれにも該当すること（医療法施行規則30の35の3①二）

　　ⓐ　診療収入の制限（医療法施行規則30の35の3①二イ）

　　ⓑ　自費患者に対する請求方法の規制（同ロ）

　　ⓒ　医業利益の制限（同ハ）

　※　「公的な運営に関する要件について（法第42条の2第1項第6号関係）」の詳細は www.mhlw.go.jp/file/06-Seisakujouhou-10800000-Iseikyoku/000

0081562.pdf 参照。

⑸　解散時の残余財産の帰属先の制限

　認定要件の４つ目は、解散時の残余財産の帰属先の制限です。具体的には「その医療法人の定款又は寄附行為において、解散時の残余財産を国、地方公共団体又は他の社会医療法人に帰属させる旨を定めていること（医療法42の２①七）。」とされています。

┃ 4　認定時の持分なしへの移行と課税の可否

　上記３⑴の認定要件④は、解散時の残余財産の帰属先の制限です。具体的にはその医療法人の「定款又は寄附行為において、解散時の残余財産を国、地方公共団体又は他の社会医療法人に帰属させる旨を定めていること（医療法42の２①七）。」と規定されています。従って、持分の定めのある社団医療法人（経過措置医療法人）が社会医療法人の認定を受ける場合には、「持分あり」から「なし」への移行（出資社員全員の持分放棄）をすることが必要となります。

　「持分あり」から「なし」への移行の場合には、「負担が不当に減少した結果となると認められた場合」には、医療法人を個人とみなして贈与税の課税がされます（相法66④）（具体的な課税要件についてはⅢＱ３＜その３＞に詳述しています。）。

　社会医療法人の場合には、上記３の「同一親族等関係者の制限」や「厚生労働大臣が定める公的な運営に関する要件に適合」、「解散時の残余財産の帰属先の制限」などその認定要件において、相続税法でいう「負担が不当に減少した結果」とならないような取扱いが定められています。また都道府県知事が社会医療法人の認定をするに当たっては都道府県の医療審議会の意見を聴くこと（医療法42の２②）とされており、公益性の高さの

チェックが充分される仕組みとなっています。従って、社会医療法人の認定を受けるために「持分なし」へ移行した場合には、医療法人に対し贈与税の課税がされることはないと考えられます。

しかし、社会医療法人の認定は都道府県知事がします（医療法42の2①）。また、「不当減少要件（相令33③）」の判定は課税当局が行います。行政の立場によりそれぞれ観点が違いますので、この点においては留意が必要となります。

▌ 5 社会医療法人の認定取消し

(1) 社会医療法人の認定取消し

① 医療法による社会医療法人の認定取消し

社会医療法人が次のいずれかに該当した場合には、都道府県知事は、「社会医療法人の認定を取り消し、又は期間を定めて収益業務の全部若しくは一部の停止を命ずることができる。」とされています（医療法64の2①）。

一　社会医療法人の認定要件（医療法42の2①各号の要件）を欠くに至ったとき。

二　定款又は寄附行為で定められた業務以外の業務を行つたとき。

三　収益業務から生じた収益を当該社会医療法人が開設する病院、診療所又は介護老人保健施設の経営に充てないとき。

四　収益業務の継続が、社会医療法人が開設する病院、診療所又は介護老人保健施設（指定管理者として管理する病院等を含む。）の業務に支障があると認めるとき。

五　不正の手段により社会医療法人の認定を受けたとき。

六　医療法や医療法に基づく命令又はこれらに基づく処分に違反したとき。

実際、社会医療法人がこれらの事由に該当した場合には、必要に応じ、速やかに社会医療法人の事務所への立入検査（医療法63）が行われ、改善命令（医療法64）が発出された後、認定取消しや、期間を定めて附帯業務のうち第一種社会福祉事業（ケアハウスを除きます。）及び収益業務の全部の停止が命ぜられることになります。なお、都道府県知事が認定を取消しする際は、あらかじめ、都道府県医療審議会の意見を聴かなければならないとされています（医療法64の2②）。

② 救急医療等確保事業基準を満たせなくなった場合の認定取消し

社会医療法人は、地域医療計画に定められた救急医療等確保事業を中核となって行う病院等を運営し、地域の医療提供体制の中心を担う存在です。その社会医療法人が、救急医療等確保事業基準（医療法第42条の2第1項第5号の厚生労働大臣が定める基準）を満たせなくなることで、認定取消し手続が突然開始されると地域医療に混乱を与えてしまうことになります。そこでそのようなことにならないよう厚生労働省・医政局長通知（「社会医療法人の認定について」最終改正平成28年8月30日　医政発0830第3号）で次のような対応が示されています。なお、社会医療法人が認定取消しされた場合には、税務上、累積所得金額を益金算入することになるため、医療法とセットで税制上の措置も講じられています（(2)②参照）。

5　社会医療法人の認定の取消し

(1)　略

(2)　都道府県知事は、社会医療法人が法第42条の2第1項第5号の厚生労働大臣が定める基準（以下「救急医療等確保事業基準」という。）を満たせなくなることで、当該医療法人に係る社会医療法人の認定の取消し手続きを突然開始し、地域医療に混乱を与えてしまうことのないよう、所管の社会医療法人について救急医療等確保事業基準を満たすことができないおそれがないか適宜確認するとともに、そのようなおそれのある

社会医療法人が判明した場合には、当該社会医療法人に対して事業の改善を指示すること。

また、社会医療法人が救急医療等確保事業基準を満たすことができない場合においても、当該社会医療法人に事業の継続の意思があり、かつ都道府県知事が一定の猶予を与えれば改善が可能であると認める場合には、当該社会医療法人に対して1年間の猶予を与えることができること。都道府県知事が猶予を与えるかどうかの判断を行うに当たっては、改善計画書など必要な資料を提出させた上で行うこと。

都道府県知事が一定の猶予を与えれば改善が可能であると認める場合としては、

・救急医療等確保事業に係る医師が一時的に確保できず、同事業に係る実績が低くなったものの、別の医師の確保が可能であって、これによって、実績が回復する見込みがある場合、

・救急医療等確保事業に係る施設が破損したため、同事業に係る実績が低くなったものの、当該施設の修繕等が可能であって、これによって、実績が回復する見込みがある場合、

・へき地医療に関して、災害等によってへき地診療所が一時的に閉鎖したものの、近いうちに再開し、これによって、実績が回復する見込みがある場合

など多様なケースが考えられるが、必要に応じて、厚生労働省に相談すること。

この猶予については、必要に応じて再度与えることが可能であるが、その際には、事業の改善の実現性等について慎重に審査した上で行い、安易に繰り返し与えることのないようにすること。

なお、上記の確認又は猶予中に、法第42条の2第1項第5号ハに掲げる要件を欠くに至った場合で、その至ったことが天災、人口の著しい減少その他の当該社会医療法人の責めに帰することができないやむを得ない事情があると都道府県知事が認める事由によるものであり、かつ、猶予を与えても改善の可能性が見込めないときには、当該社会医療法人に

> 6の救急医療等確保事業に係る業務の継続的な実施に関する計画の認定申請（注）を行うよう促すこととし、社会医療法人の認定については、その取消し手続きを開始すること。

(注) 6の「救急医療等確保事業に係る業務の継続的な実施に関する計画の認定申請」の詳細は462〜466ページ参照。((注)は筆者加筆部分)

(2) 公益法人等が普通法人に移行する場合の所得の金額の計算
① 社会医療法人の認定が取り消され普通法人となった場合
　社会医療法人（特定公益法人等）の認定が取り消され、一般の医療法人（普通法人）に該当することとなった場合には、その社会医療法人の認定が取り消された日（移行日）前の収益事業以外の事業から生じた所得の金額の累積額として計算した金額（累積所得金額）は、その認定が取り消された日の属する事業年度の所得の金額の計算上、益金の額に算入されることになります。なお、認定が取り消された日前の収益事業以外の事業から生じた欠損金額の累積額（累積欠損金額）がある場合には、その累積欠損金額は、認定が取り消された日の属する事業年度の所得の金額の計算上において損金の額に算入されることになります（法法64の4①）。

(注)　累積所得金額と累積欠損金額
　累積所得金額とは、社会医療法人の認定取消し日（移行日）における資産の帳簿価額が負債帳簿価額等（負債の帳簿価額及び利益積立金額の合計額をいう。以下同じ。）を超える場合におけるその超える部分の金額をいいます。また、累積欠損金額とは、認定取消し日における負債帳簿価額等が資産の帳簿価額を超える場合におけるその超える部分の金額をいいます（法令131の4①）。

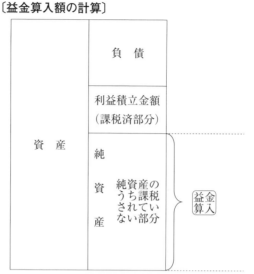

〔益金算入額の計算〕

(「平成20年度改正税法のすべて」(306頁　(財)大蔵財務協会) を参考に作成)

　累積所得金額は、認定取消し日の資産の帳簿価額から負債の帳簿価額と利益積立金額を控除して計算されますので、社会医療法人であった期間の簿価純資産価額を基礎とした留保利益金額（含み益）に対する課税と考えられます。これは、法人税計算では、含み益に対して時価ベースでの課税はされないことから簿価ベースでの課税がされることを意味します。なお、累積所得金額の計算は、非収益事業だけでなく、収益事業に係る資産と負債も合算して計算されることになります（法令131の 4 ）。

②　実施計画の認定を受けた場合の特例措置

　平成27年に成立した改正医療法では、周辺環境の変化など法人の責めに帰すことができない事由（天災、人口減少等）により、社会医療法人の認定を受けた医療法人が「救急医療等確保事業に係る業務の実績（医療法42の 2 ①五ハ）」要件を満たせなくなって認定を取り消された場合でも、「救急医療等確保事業に係る業務の継続的な実施に関する計画（実施計画）」を作成し、これを都道府県知事に提出して、その実施計画が

適当である旨の認定を受けることができることとされました（医療法42の３①、医療法施行規則30の36の２）。実施計画の認定を受けた医療法人は引き続き収益業務を行うことができます（医療法42の３②）。ところで、この医療法改正を受け、税制では、社会医療法人の認定取消しを受けた医療法人が実施計画の認定を受けている医療法人である場合には、救急医療等確保事業に係る業務の継続的な実施のために支出される金額として次のイとロの金額のうちいずれか少ない金額を累積所得金額から控除（又は累積欠損金額に加算）することができることとされました（法法64の４③、法令131の５①五）。この措置により認定取消しによる一括課税が緩和されることになります。なお、この改正は、改正医療法が施行された平成28年９月１日以降の取扱いとされました。

イ　その医療法人の移行日における認定された実施計画に記載された救急医療等確保事業に係る業務の実施に必要な施設及び設備（救急医療等確保事業用資産）の取得価額の見積額の合計額

ロ　その医療法人の移行日における資産の帳簿価額から負債帳簿価額等を控除した金額

社会医療法人の認定取消しに係る一括課税の見直し　　　（法人税、法人住民税、事業税）

1．大綱の概要

　社会医療法人の認定を取り消された医療法人が、救急医療等確保事業に係る業務の継続的な実施に関する計画が適当である旨の都道府県知事の認定を受けた場合には、課税対象となる累積所得金額からその計画に記載された救急医療等確保事業に係る業務の実施に必要な施設及び設備の取得価額の見積額の合計額を控除できる措置を講ずること等により、課税を繰り延べることとする。

2．制度の内容

○　地域における医療確保の観点から、平成27年に成立した改正医療法においては、周辺環境の変化など法人の責めに帰することができない事由（天災、人口減少等）により実績要件を満たせなくなり、社会医療法人（※）の認定を取り消された医療法人であっても、公的な法人運営などに関する要件を満たした上で、救急医療等確保事業に係る業務の継続的な実施に関する計画（実施計画）を作成し、都道府県知事の認定を受けた場合には、引き続き収益業務を実施できる制度を創設した。
（※社会医療法人とは、救急医療等確保事業（救急医療、災害医療、へき地医療、周産期医療又は小児救急医療）を行う医療法人であり、法人税・固定資産税等が非課税）

○　現状、社会医療法人の認定が取り消された場合には、それまでの所得の累積額（収益事業を除く）が次年度の益金に一括して算入されるが、上記実施計画について知事の認定を受けた医療法人については、それまでの所得の累積額から、実施計画に記載された救急医療等確保事業に係る業務の実施に必要な施設及び設備の整備（※）に係る事業費総額を控除できる措置を講ずる。（公益認定法人と同様の仕組み）（※処置室・予約室等の新設・改築、MRI・CT等機器設備、救急自動車の更新・購入　等）

■救急医療等確保事業に係る業務の継続的な実施に関する計画について（都道府県知事が認定）
　○計画期間：12年以内（特別の事情がある場合には、18年以内）
　○対象事業：実施計画に記載された救急医療等確保事業に係る業務の実施に必要な施設及び設備の整備事業
　○医療法人が備えるべき主な要件（実績要件以外は社会医療法人と同じ要件）
　　・救急医療、災害医療、へき地医療、周産期医療又は小児救急医療の医療連携体制を担う医療機関として医療計画に記載
　　・役員等についての同族性が排除されていること（1/3要件）
　　・理事等に対する報酬について、支給の基準を定め、公開していること
　　・社会保険診療に係る収入金額が全収入金額の8割を超えること
　　・法人解散時の残余財産が国、地方公共団体又は他の社会医療法人に帰属すること　　　　　　　　　等

（出典：厚生労働省　平成27年12月「平成28年度税制改正の参考資料」）

＜参考＞ 社会医療法人の認定を取り消された医療法人の救急医療等確保事業に係る業務の継続的実施に関する計画認定等の取扱いについては、厚生労働省・医政局長通知（「社会医療法人の認定について」最終改正平成28年8月30日　医政発0830第3号）で以下のように示されています。

6　社会医療法人の認定を取り消された医療法人の救急医療等確保事業に係る業務の継続的な実施に関する計画の認定等

(1)　社会医療法人の認定を取り消された医療法人のうち次に掲げる事項に該当するものは、救急医療等確保事業に係る業務の継続的な実施に関する計画（以下「実施計画」という。）を作成し、これを都道府県知事に提出して、その実施計画が適当である旨の認定を受けることができること。

①　社会医療法人の認定を取り消された事由が、法第42条の2第1項第5号ハに掲げる要件（救急医療等確保事業に係る業務の実績）を欠くに至ったことであって、当該要件を欠くに至ったことが天災、人口の著しい減少その他の当該医療法人の責めに帰することができないやむを得ない事情があると都道府県知事が認める事由によるものであること。

※　天災、人口の著しい減少その他の当該医療法人の責めに帰することができないやむを得ない事情があると都道府県知事が認める事由としては、例えば、

イ　自然災害、事件、事故により施設が著しく破損したこと

ロ　地域の人口の著しい減少により医療従事者の確保が困難となっており、かつ、当該地域において救急医療等確保事業に係る業務の実施主体が不足していること（ただし、地域医療機関との連携不足等の状況、当該医療従事者の待遇が不十分である等の状況があれば認めない。）

ハ　道路整備等交通網の変化による他の病院等への患者の著しい流

出があり、かつ、当該地域において救急医療等確保事業に係る業務の実施主体が不足していること（ただし、地域医療機関との連携不足等の状況があれば認めない。）

　　　ニ　近隣の救急病院等の開設により当該病院等への患者の著しい流出があり、かつ、当該地域において救急医療等確保事業に係る業務の実施主体が不足していること（ただし、地域医療機関との連携不足等の状況があれば認めない。）などが考えられるが、必要に応じて、厚生労働省に相談すること。

　②　法第42条の２第１項各号（第５号ハを除く。）に掲げる要件に該当するものであること。

(2)　実施計画の認定を受けようとする医療法人は、次に掲げる書類を提出すること。

　①　認定申請書　別添７

　②　実施計画　別添８（規則第30条の36の３の様式第１の３）

　　※　実施計画（変更があった場合はその変更後のもの）に記載された救急医療等確保事業に係る業務の実施期間（以下「実施期間」という。）中に整備される救急医療等確保事業に係る業務の実施に必要な施設及び設備は、別添１の基準に記載されている施設及び設備のうち、法人税法施行令第13条第１号から第８号までに掲げる資産に該当するものを記載すること。この場合において、同令第55条第１項に規定する資本的支出に該当するものは含まれるが、それ以外の修繕費、賃借料等については含まれないこと、当該救急医療等確保事業の用に供される見込みであるものであれば、その一部が当該救急医療等確保事業以外の事業の用に供される見込みであるものであっても、対象となることに留意すること。

　③　第３の１の(1)の①の「社会医療法人の認定申請等関係書類」のうち当該医療法人が法第42条の２第１項第１号から第６号まで（第５号ハを除く。）に掲げる要件に該当するものであることを証する書類

　④　当該医療法人の定款又は寄附行為の写し

(3) 都道府県知事は、実施計画が次に掲げる事項のいずれにも適合すると認めるときは、その認定をすることができること（実施計画認定書　別添9）。認定に当たっては、必要に応じて、厚生労働省に相談することとし、あらかじめ都道府県医療審議会の意見を聴かなければならないこと。なお、各事項は実地検査により確認を行うこととし、特に、救急医療等確保事業に係る業務の実施に必要な施設及び設備の整備については、その実施する救急医療等の内容に照らして適切なものであること及びその整備に係る支出の積算根拠となる資料等が適切なものであることについて確認を行うこと。

① 当該医療法人が、法第42条の2第1項各号（第5号ハを除く。）に掲げる要件に該当すること。

② 実施計画に記載された救急医療等確保事業に係る業務の実施に必要な施設及び設備の整備がその実施期間において確実に行われると見込まれるものであること。

③ 実施計画に記載された救急医療等確保事業に係る業務がその実施期間にわたり継続して行われると見込まれるものであること。

④ その実施期間が12年を超えないものであること。ただし、当該医療法人の開設する救急医療等確保事業に係る業務を実施する病院又は診療所の所在地を含む二次医療圏におけるその救急医療等確保事業の実施主体が著しく不足している場合その他特別の事情があると都道府県知事が認める場合は、18年を超えないものであること。

※1 (4)の収益業務は、社会医療法人の認定取消日と実施計画の認定日とが同日でないときは、その認定日前は行うことができないことに留意すること。

※2 社会医療法人の認定を取り消された場合に法人税の課税対象となる累積所得金額（法人税法上の収益事業以外の事業による所得の金額の累積額をいう。7(6)及び(8)において同じ。）から、救急医療等確保事業に係る業務の実施に必要な施設及び設備の取得価額の見積額の合計額を控除できる措置（7(8)において「税制上の

措置」という。）は、社会医療法人の認定取消日と実施計画の認定日とが同日でないときは、適用できないことに留意すること。

(4) 実施計画の認定を受けた医療法人は、法第42条の2第1項及び第3項の規定の例により収益業務を行うことができること。

(5) 実施計画の認定を受けた医療法人は、毎会計年度終了後3月以内に、次に掲げる書類を都道府県知事に提出しなければならないこと。

　① 実施計画の実施状況報告書　別添10（規則第30条の36の9第1項の様式第1の4）

　② 第3の1の(1)の①の「社会医療法人の認定申請等関係書類」のうち当該医療法人が法第42条の2第1項第1号から第6号まで（第5号ハを除く。）に掲げる要件に該当する旨を説明する書類

(6) (5)の規定にかかわらず、実施計画の認定を受けた医療法人は、次に掲げる会計年度においては、次に定める日後3月以内に、実施状況報告書を都道府県知事に提出しなければならないこと。

　① 実施計画の認定が取り消された日の属する会計年度　当該取り消された日

　② 実施計画に記載された実施期間が終了したこと又は社会医療法人の認定を受けたことにより、実施計画の認定の効力を失った日の属する会計年度　当該効力を失った日

(7) 都道府県知事は、実施計画の認定を受けた医療法人から(5)の①の実施計画の実施状況報告書が提出された場合には、当該実施計画に記載された救急医療等確保事業に係る業務並びに当該業務の実施に必要な施設及び設備の整備の実施状況について、毎会計年度提出された書類を審査し、併せて実地検査により確認を行うこと。当該実地検査により、当該施設及び設備の整備に係る支出を確認したときは、当該医療法人に対してその旨を証する書類（施設及び設備の整備に係る支出確認書　別添11）を交付すること。

(8) 実施計画の認定を受けた医療法人は、その認定に係る実施計画を変更しようとするときは、その変更しようとする事項及び変更の理由を記載

した申請書（実施計画変更認定申請書　別添12）にその変更後の実施計画を添えて、都道府県知事に提出し、その認定を受けなければならないこと。ただし、当初の実施期間からの1年以内の変更については、遅滞なく、その旨を都道府県知事に届け出ることで足りること。

(9)　略

(10)　実施計画の認定を受けた医療法人が、社会医療法人の認定を受けた場合には、当該実施計画の認定は、当該社会医療法人の認定を受けた日から将来に向かってその効力を失うこと。

(11)　略

(12)　実施計画の認定を受けている医療法人（当該医療法人と合併する医療法人を含む。）は、その認定が効力を有する期間内において分割することはできないこと。

別添 8

医療法施行規則 様式第1の3 (第30条の36の3関係)

救急医療等確保事業に係る業務の継続的な実施に関する計画

1. 救急医療等確保事業に係る業務

(1) 救急医療等確保事業に係る業務を継続的に実施する趣旨

(2) 救急医療等確保事業に係る業務の実施内容

(3) 実施期間中に整備される救急医療等確保事業に係る業務の実施に必要な施設及び設備の取得価額の見積
額の合計額 (※) : ＿＿＿＿＿＿＿＿＿円

(4) 実施期間中に整備される救急医療等確保事業に係る業務の実施に必要な施設及び設備の詳細

整備される施設及び設備の内容	取得価額の見積額
	円
	円
	円
	円
	円
	合計額(※) 円

(5) 救急医療等確保事業に係る業務の実施期間:平成 年 月 日から平成 年 月 日までの期間 (年)

(記載上の注意事項)

○1. (2)「救急医療等確保事業に係る業務の実施内容」には、実施する事業の別、実施する医療機関名などを記載すること。

○1. (3)の(※)は、1. (4)の(※)と一致させること。

○1. (4)「整備される施設及び設備の内容」欄には、1. (2)に記載した救急医療等確保事業に係る業務の実施に必要な施設及び設備であり、かつ、1. (5)に記載した実施期間内に確実に整備されると見込まれるものの内容を記載すること。

○1. (4)「取得価額の見積額」欄には、添付書類「整備される施設及び設備の取得価額の見積額に係る見積書等(写し)の証拠書類」で確認可能な事業費を記載すること。

○1. (5)「救急医療等確保事業に係る業務の実施期間」は、事業開始日(予定日)を起算日として、12年(救急医療等確保事業に係る業務を実施する病院又は診療所の所在地を含む区域における救急医療等確保事業の実施主体が著しく不足している場合その他特別の事情があると都道府県知事が認めるときは、18年)以内とすること。

２．収益業務

（１）収益業務の実施内容

（２）収益業務の実施期間：平成　年　月　日から平成　年　月　日までの期間（　　年)

（記載上の注意事項）

○２．（１）の収益業務の実施内容については、目的及び単年度の収益見込みを記載すること。

○２．（２）の収益業務の実施期間は、１．（５）の実施期間と同一にすること。

添付書類

１．整備される施設及び設備の取得価額の見積額に係る見積書等（写し）の証拠書類

２．平成 20 年 3 月 31 日医政発第 0331008 号厚生労働省医政局長通知「社会医療法人の認定について」第3の1（1）①の「社会医療法人の認定申請等関係書類」のうち当該医療法人が法第４２条の２第１項第１号から第６号まで（第５号ハを除く。）に掲げる要件に該当することを証する書類

３．定款又は寄附行為の写し

別添 10

医療法施行規則　様式第1の4（第30条の36の9関係）

救急医療等確保事業に係る業務の継続的な実施に関する計画の
実施状況報告書

平成　　年　　月　　日

主たる事務所の所在地
医療法人　　　　　　　会
理事長　　　　　　　　　印

1．計画

（1）救急医療等確保事業に係る業務

①救急医療等確保事業に係る業務を継続的に実施する趣旨

②救急医療等確保事業に係る業務の実施内容

③実施期間中に整備される救急医療等確保事業に係る業務の実施に必要な施設及び設備の取得価額の
　見積額の合計額（※）：＿＿＿＿＿＿＿＿＿＿＿円

④実施期間中に整備される救急医療等確保事業に係る業務の実施に必要な施設及び設備の詳細

整備される施設及び設備の内容	取得価額の見積額
	円
	円
	円
	円
	円
	合計額（※）　　　　　　　円

⑤救急医療等確保事業に係る業務の実施期間：平成　年　月　日から平成　年　月　日までの期間（　年）

（2）収益業務

①収益業務の実施内容

②収益業務の実施期間：平成　年　月　日から平成　年　月　日までの期間（　年）

（記載上の注意事項）
○都道府県知事の認定を受けた「救急医療等確保事業に係る業務の継続的な実施に関する計画」より転記すること。

2．実績

（1）救急医療等確保事業に係る業務の実施状況

事 業 の 別	病 院 等 名 称	実 績 （件 数 等）

（2）実施期間中に整備された救急医療等確保事業に係る業務の実施に必要な施設及び設備の状況

（単位：円）

項　　目		実施期間					
		平成　年度 (年 月 日) 〜 年 月 日)	平成　年度 (年 月 日) 〜 年 月 日)	平成　年度 (年 月 日) 〜 年 月 日)	平成　年度 (年 月 日) 〜 年 月 日)	平成　年度 (年 月 日) 〜 年 月 日)	平成　年度 (年 月 日) 〜 年 月 日)
各施設及び 設備の内容 ・取得価額							
取得価額の合計額 　　　　　　（A）							
取得価額の累計額							
取得価額の見積額の合計 額又は前期の（C） 　　　　　　（B）							
取得未済残額 （B−A） 　　　　　　（C）							

（記載上の注意事項）
○「各施設及び設備の内容・取得価額」欄には、1．（1）④の「整備される施設及び設備の内容」及び「その施設及び設備ごとの取得価額」を記載すること。
○毎年度、実施期間に係る全ての実績を記載すること。

（3）収益業務の実施状況
①収益業務の実施内容

②経理の状況
・収益業務事業収益 ＿＿＿＿＿＿千円
・収益業務事業費用 ＿＿＿＿＿＿千円
・収益業務事業損益 ＿＿＿＿＿＿千円

添付書類
1．平成20年3月31日医政発第0331008号厚生労働省医政局長通知「社会医療法人の認定について」第3の1 （1）
①の「社会医療法人の認定申請等関係書類」のうち当該医療法人が法第42条の2第1項第1号から第6号まで（第
5号ハを除く。）に掲げる要件に該当することを証する書類（令第5条の5の5第2項の規定による場合を除く。）
2．整備された施設及び設備の取得価額に係る契約書、請求書、領収証等の証拠書類（写し）

6 社会医療法人への移行と相続・事業承継

　社会医療法人制度は、救急医療やへき地医療、周産期医療など特に地域で必要な医療の提供を担うことが目的で制度化されてものです。従って、相続・事業承継対策で社会医療法人の認定を受けるという発想は本来的ではありません。

　しかし、社会医療法人の認定を受けることにより、個人社員は持分放棄をするため、出資持分に対する相続税課税や持分払戻請求といったことは生じません。また、社会医療法人は、法人税法上の公益法人等とされ国税・地方税ともにたいへん優遇されます。これにより医療法人の内部留保が相当手厚くなり、法人の存続がし易くなります（ただし、社会医療法人の認定取消しがされた場合には、前記5の遡及課税に匹敵する課税がされますので注意が必要です。）。

　以上の観点で考えると、社員の有する出資持分の評価が莫大な金額となり、相続税の負担などのリスクがある場合には、社員の有する持分という財産権を失うことを前提に社会医療法人の認定を受けることは相続・事業

承継を考えた場合に選択肢の一つになってきます。社会医療法人の認定を受けるという選択が、結果的に相続・事業承継を円滑にすることは、地域医療を守る観点でも効果のあることです。

　ただし、社会医療法人の認定を受けるには、その医療法人が救急医療等確保事業を社会医療法人の認定基準をクリアできる状況で営んでいることが絶対条件となります。また、この基準は将来的にもクリアし続けられるものでなくてはなりません。この点には十分留意する必要があると考えます。

IX

新規医療法人の設立と
相続・事業承継対策

Q1 持分の定めのない社団又は財団の設立

　個人医師が開設・管理している医療機関（いわゆる個人開業医）を組織変更し、「持分の定めのない社団医療法人（基金制度を採用しない）」か、又は「財団医療法人」を設立すると、出資持分が生じないため、相続税対策になり、事業承継が容易だと考えられますが、何か課税上の問題はありますか。

A

　財団医療法人や、持分の定めのない社団医療法人は、平成19年４月１日施行の改正医療法（第５次医療法改正）で、いわゆる１階部分に位置付けられました。１階部分の医療法人の新規設立は現在も可能です。これらの形態の医療法人には「出資持分」概念がないため、社員が出資持分を通して医療法人に対する財産権を有するということはありません。したがって、理事長に相続が発生しても、出資持分に対する相続税課税の心配はありません。この点においては、相続・事業承継がしやすい医療法人の形態といえます。しかし、個人開業医がこれらの医療法人を設立するために財産の拠出（贈与）をした場合には、課税上の問題に留意する必要があります。

1　金銭を拠出して法人設立をする場合

⑴　金銭を拠出した個人への課税

　個人開業医などが、財団や持分の定めのない社団（基金型以外）形式の医療法人を設立する場合、最低でも当座の運転資金の２ヶ月分を金銭で拠出することが必要となります。通常、これは院長個人が拠出しますが、拠出した金銭は医療法人に対する贈与（寄附）となります。この場合、金銭を拠出した個人に所得税が課税されることはありません。

(2) 医療法人に対する法人税課税

　法人税では、「医療法人がその設立について贈与又は遺贈を受けた金銭の額又は金銭以外の資産の価額は、その医療法人の各事業年度の所得の金額の計算上、益金の額に算入しない」と規定されており、法人設立に際し金銭等の拠出（贈与）を受けた医療法人には、法人税は課税されません（法令136の4①）。

　なお、設立時に贈与や遺贈を受けた金銭の額（金銭以外の資産の価額も同じ。）については、税務上、資本金等の額を構成しないこととし、利益積立金額とされます（法令9①一チ）。

---◇設立時の金銭拠出に関する会計処理と税務処理---

　個人開業医Aは自己が運営する個人診療所を組織変更し、持分の定めのない社団（基金型以外）医療法人を設立した。その際、運転資金の2ヶ月分の2,000万円を金銭で拠出（贈与）した。

＜税務処理＞

（借方）　預金　2,000万円　　／　（貸方）利益積立金　2,000万円

※　拠出された2,000万円は益金の額に算入しない（法令136の4①）。なお、拠出者の親族等の相続税等を不当減少させると認められるときは医療法人を個人とみなし贈与税課税がされる（相法66④）。

(3) 医療法人に対する贈与税課税

　相続税法では「持分の定めのない法人に対し財産の贈与又は遺贈があった場合において、当該贈与又は遺贈により贈与又は遺贈をした者の親族その他これらの者と特別の関係がある者の相続税又は贈与税の負担が不当に減少する結果となると認められるときは、これを個人とみなして、これに贈与税又は相続税を課する（相法66④）。」と規定されています。この取扱いは、持分なし医療法人の設立時に個人が財産を拠出（贈与）した場合も該当するため、金銭の拠出により、親族等の相続税等の負担が不当減少したと認められると、医療法人を個人とみなし、贈与税が課税されることに

なります（不当減少に該当するか否かの判定はⅢＱ３を参照）。

(4) 設立後に拠出した金銭への課税

　上記(1)～(3)の取扱いは医療法人設立時の取扱いです。医療法人を設立した後に金銭を拠出（寄附）した場合には、その受贈益は益金に算入され法人税が課税されます（法法22②）。また、設立後の金銭拠出により拠出者の親族等の相続税等を不当減少させると認められるときは、医療法人を個人とみなし、贈与税が課税される（相法66④）ことになります。この場合、従来は、贈与税計算について、法人税の益金に算入された贈与財産額は課税対象から除外されていましたが、贈与税と法人税の税率差を利用した税金対策が可能であったため、平成20年度税制改正で、法人税が課税される場合は、医療法人に課される贈与税の額から法人税等の額を控除することとされています（相法66⑤、相令33①）。

(5) 基金拠出型医療法人の設立の検討

　院長の親族のみでいわゆる一人医師医療法人（持分なし）を設立した場合には、上記(3)の「不当減少と認められる」要件に該当し、医療法人に贈与税課税がされます。この点は実務上特に注意が必要です。このような場合には、設立時の拠出金を「基金」として拠出することが効果的です。また、設立後の拠出も基金としての拠出であれば上記(4)の課税問題は発生しません。したがって、課税上、新規で同族経営の一人医師医療法人（持分なし）を設立する場合には、基金拠出型医療法人の形態が望ましいと考えられます（Ｑ２参照）。

2　金銭以外の資産を拠出して法人設立をする場合

(1) 金銭以外の資産を拠出した個人への課税

　① みなし譲渡所得課税（所法59①）

　　個人開業医が、財団や持分の定めのない社団医療法人（基金型以外）

の設立に際し、譲渡所得の基因となる資産（土地、建物、医療用機器など）を現物拠出（贈与）した場合には、拠出した個人に対し、その拠出時の時価で譲渡があったものとみなし、「みなし譲渡所得課税（所法59①）」が適用されます。

─◇みなし譲渡所得課税（所法59①）となる事由─────────

イ）法人に対する贈与

ロ）法人に対する遺贈

ハ）法人に対する低額（時価の2分の1未満）譲渡

なお、法人に対する贈与等がみなし譲渡所得課税に該当する場合でも、次の②（国等に対して財産を寄附した場合の譲渡所得の非課税規定）に該当すれば、譲渡所得に対する課税は非課税とされます（措法40）。

② 医療法人に対する非課税（措法40）の適用

(イ) 租税特別措置法第40条の概要

医療法人等に対する財産（国外にある土地等、建物等、構築物は除かれます。）の贈与や遺贈（医療法人を設立するための財産の拠出が含まれます。）で、その贈与等が教育や科学の振興、文化の向上、社会福祉への貢献その他公益の増進に著しく寄与すること、贈与等された財産が、その贈与等があった日から2年以内に、公益目的事業の用に直接供され、又は供される見込みであること、その他一定の要件を満たすものとして国税庁長官の承認を受けたものについては、その財産の贈与等はなかったものとみなされて、上記①のみなし譲渡所得課税は適用されません（措法40、措令25の17②）。

(ロ) 国税庁長官の承認を受けるための要件

上記(イ)の国税庁長官の承認を受けて譲渡所得が非課税とされるためには、次の3つの要件をすべて満たす贈与等であることが必要となります（措令25の17⑤）。

要件1	贈与等が教育又は科学の振興、文化の向上、社会福祉への貢献その他公益の増進に著しく寄与すること（措令25の17⑤一）。
要件2	贈与等された財産が、その贈与日から2年以内に贈与を受けた医療法人の公益を目的とする事業（医療事業）の用に直接供されること（措令25の17⑤二）。（見込みも可）
要件3	贈与等により、贈与した者の所得税の負担を不当に減少させ、又は贈与等した者の親族その他これらの者と特別の関係がある者の相続税や贈与税の負担を不当に減少させる結果とならないこと（措令25の17⑤三）。

◇国税庁長官の承認を受けるための要件の留意点

　国税庁長官の承認を受けるための要件の詳細は法令解釈通達「租税特別措置法第40条第1項後段の規定による譲渡所得等の非課税の取扱いについて（昭和55年4月23日付直資2-181）」（以下「40条通達」といいます。）に示されています（国税庁のホームページ参照）。その中で特に医療法人に関係する項目で留意することは次のとおりです。

＜要件1＞　「贈与等が公益の増進に著しく寄与すること」の判定

　医療法人の場合で、「贈与等が……公益の増進に著しく寄与すること」に該当するためには、具体的に①公益目的事業の規模要件と②事業の非営利性要件を満たさなければなりません。

　①　公益目的事業の規模要件

　　贈与等を受けた医療法人の公益目的事業（医療事業）が、「社会的存在として認識される程度の規模」を有することが必要とされます（40条通達12）。法令解釈通達では、「医療法第1条の2第2項に規定する医療提供施設を設置運営する事業を営む法人で出資持分の定めのないもの（通常、財団医療法人や持分の定めのない社団医療法人はこれに該当します。）」が行う事業が次の(a)及び(b)の要件又は(c)の要件を満たすものである場合には、その医療事業は社会的存在として認識される程度の規模を有しているものとして取り扱うと示しています（40条通達12）。

Q1 持分の定めのない社団又は財団の設立 ***481***

【(a)及び(b)の要件】～社会医療法人に準じた要件～

(a) 医療法施行規則（昭和23年厚生省令第50号）第30条の35の3第1項第1号ホ及び第2号（社会医療法人の認定要件）に定める要件（この場合において、同号イの判定に当たっては、介護保険法（平成9年法律第123号）の規定に基づく保険給付に係る収入金額を社会保険診療に係る収入に含めて差し支えないものとして取り扱う。）

(b) その開設する医療提供施設のうち1以上のものが、その所在地の都道府県が定める医療法第30条の4第1項に規定する医療計画において同条第2項第2号に規定する医療連携体制に係る医療提供施設として記載及び公示されていること。

【(c)の要件】～特定医療法人に準じた要件～

(c) 措令第39条の25第1項第1号《法人税率の特例の適用を受ける医療法人の要件等》に規定する厚生労働大臣が財務大臣と協議して定める基準

　(a)及び(b)の要件は、社会医療法人に、(c)の要件は特定医療法人に準じた要件となっています。ただし、いずれも社会医療法人の認定要件や特定医療法人の承認要件のすべてを満たす必要はないものとされており、社会医療法人や特定医療法人が絶対条件というわけではありません。この考え方は、相続税法第66条第4項の「不当減少があった場合に医療法人を個人とみなし贈与税を課税する」際の判定と同じ取扱いになっています（詳細はⅢQ3参照）。

　② 事業の非営利性要件

　医療法人の公益目的事業（医療事業）について、その公益の対価がその事業の遂行に直接必要な経費と比べて過大でないことその他その公益目的事業の運営が営利企業的に行われている事実がないことという要件を満たさなければなりません。この場合、当分の間、医療法人の事業運営が営利企業的に行われている事実がないという判定は、次の基準を満たしている場合とされています（40条通達12）。

○上記①の【(a)及び(b)の要件】を満たす医療法人

> 医療法施行規則第30条の35の３第１項第２号に定める要件（この場合において、同号イの判定に当たっては、介護保険法の規定に基づく保険給付に係る収入金額を社会保険診療に係る収入に含めて差し支えないものとして取り扱う。）

参考 医療法施行規則第30条の35の３第１項第２号の要件

医療法人の事業について、次のいずれにも該当すること。

イ　社会保険診療（租税特別措置法第26条第２項に規定する社会保険診療をいう。以下同じ。）に係る収入金額（労働者災害補償保険法に係る患者の診療報酬（当該診療報酬が社会保険診療報酬と同一の基準によっている場合又は当該診療報酬が少額（全収入金額のおおむね100分の10以下の場合をいう。）の場合に限る。）を含む。）、及び健康増進法第６条各号に掲げる健康増進事業実施者が行う同法第４条に規定する健康増進事業（健康診査に係るものに限る。以下同じ。）に係る収入金額（当該収入金額が社会保険診療報酬と同一の基準により計算されている場合に限る。）及び助産（社会保険診療及び健康増進事業に係るものを除く。）に係る収入金額（１の分娩に係る助産に係る収入金額が50万円を超えるときは、50万円を限度とする。）の合計額が、全収入金額の100分の80を超えること。

ロ　自費患者（社会保険診療に係る患者又は労働者災害補償保険法に係る患者以外の患者をいう。以下同じ。）に対し請求する金額が、社会保険診療報酬と同一の基準により計算されること。

ハ　医療診療（社会保険診療、労働者災害補償保険法に係る診療及び自費患者に係る診療をいう。）により収入する金額が、医師、看護師等の給与、医療の提供に要する費用（投薬費を含む。）等患者のために直接必要な経費の額に100分の150を乗じて得た額の範囲内であること。

○上記①の【(c)の要件】を満たす医療法人

措令第39条の25第1項第1号に規定する厚生労働大臣が財務大臣と協議して定める基準（平成15年厚生労働省告示第147号）第1号に規定するイからハまでの要件

参考 租税特別措置法施行令第39条の25第1項第1号に規定する厚生労働大臣が財務大臣と協議して定める基準第1号

その医療法人の事業について、次のいずれにも該当すること。

イ　社会保険診療（租税特別措置法第26条第2項に規定する社会保険診療をいう。以下同じ。）に係る収入金額（労働者災害補償保険法に係る患者の診療報酬（当該診療報酬が社会保険診療報酬と同一の基準によっている場合又は当該診療報酬が少額（全収入金額のおおむね100分の10以下の場合をいう。）の場合に限る。）を含む。）及び健康増進法第6条各号に掲げる健康増進事業実施者が行う同法第4条に規定する健康増進事業（健康診査に係るものに限る。）に係る収入金額（当該収入金額が社会保険診療報酬と同一の基準によっている場合に限る。）の合計額が、全収入金額の100分の80を超えること。

ロ　自費患者（社会保険診療に係る患者又は労働者災害補償保険法に係る患者以外の患者をいう。）に対し請求する金額が、社会保険診療報酬と同一の基準により計算されること。

ハ　医療診療（社会保険診療、労働者災害補償保険法に係る診療及び自費患者に係る診療をいう。）により収入する金額が、医師、看護師等の給与、医療の提供に要する費用（投薬費を含む。）等患者のために直接必要な経費の額に100分の150を乗じて得た額の範囲内であること。

＜要件2＞　「贈与日から2年以内に公益目的事業に直接供すること」

①　受贈医療法人が収用など一定のやむを得ない理由により、財産を譲渡する場合には、その譲渡代金の全額を建物などの減価償却資産、土地等の取得に充て、かつ、それらの資産が、贈与日から2年以内にそ

の法人の公益を目的とする事業の用に直接供されることが必要です（措法40①）。

② 受贈医療法人が贈与を受けた土地に公益を目的とする事業の用に直接供する建物を建設する場合において、その建設期間が2年を超えるなど一定のやむを得ない事情があるため、財産を、贈与日から2年以内に法人の公益を目的とする事業の用に直接供することが困難である場合には、国税庁長官が認める日までに法人の公益を目的とする事業の用に直接供されることが必要です（措令25の17④）。

＜要件3＞ 「所得税等の負担を不当に減少させる結果とならないこと」の判定

上記(ロ)要件3について、次の(i)から(v)のすべてを満たしているときは、要件3の所得税・贈与税又は相続税の負担を不当に減少させる結果とならない（要件3をクリアする）と認めるとされています（措令25の17⑥）。

(i)	受贈医療法人の運営組織が適正であること（措令25の17⑥一）。
(ii)	受贈医療法人の寄附行為、定款又は規則において、理事、監事、評議員のいずれにおいても、そのうちに親族関係がある者及びこれらの者と特殊の関係がある者の数の占める割合が、3分の1以下とする旨の定めがあること（措令25の17⑥一）。 **（注1）** 理事、監事、評議員には、名称のいかんを問わず実質的にみてこれらと同様の役職にある人が含まれます。 **（注2）** 特殊の関係がある者とは、親族関係がある者と次のAからCまでに掲げる関係がある者をいいます。 　　A　まだ婚姻の届出をしていないが事実上婚姻関係と同様の事情にある者（その親族で、生計を一にしている者を含む。） 　　B　使用人や使用人以外でその者から受ける金銭その他の財産によって生計を維持している者（その親族で、生計を一にしている者を含む。） 　　C　次の法人の役員や使用人 　　　イ　親族関係がある者が会社役員となっている他の法人 　　　ロ　親族関係者及びAとBに掲げる者並びにこれらの者と一定の関係がある法人を判定の基礎にした場合に法人税法上の同族会社に該当する他の法人
(iii)	贈与等した者、贈与を受けた医療法人の理事、監事、評議員、社員又はこれらの者と特殊の関係がある者に対し、施設の利用、金銭の貸付け、資産の譲渡、給与の支給、役員等の選任その他財産の運用及び事業の運営に関して特別の利益を与えないこと（措令25の17⑥二）。
(iv)	医療法人の寄附行為、定款又は規則において、その法人が解散した場合の残余財産が国、地方公共団体又は他の公益法人等に帰属する旨の定めがあること（措令25の17⑥三）。
(v)	贈与を受けた医療法人につき公益に反する事実がないこと（措令25の17⑥四）。

　租税特別措置法第40条の非課税規定における所得税等の負担を不当に減少させる結果とならない(i)から(v)の各要件の詳細は、相続税法第66条第4項の「不当減少があった場合に医療法人を個人とみなし贈与税を課税する」際の取扱いと同様の内容になっています（詳細はⅢQ3参照）。

　以上を総合勘案すると、医療法人（持分なし）が、相続税法第66条第4

項の贈与税課税を受けない医療法人に該当すれば、租税特別措置法第40条の非課税規定の適用も受けられる医療法人にも該当するといえます。

(ハ) 租税特別措置法第40条の承認を受けるための申請手続

　国税庁長官の承認を受けるには、贈与等により財産を取得する医療法人の事業の目的、その贈与等される財産の内容その他一定事項を記載した申請書に、その医療法人が申請書に記載された事項を確認したことを証明する書類を添付して、原則として、その贈与等のあった日から4ヶ月以内（4ヶ月経過前に贈与があった日の年分の所得税の確定申告書の提出期限が到来する場合には、その提出期限まで）に、納税地の所轄税務署長を経由して、国税庁長官に提出しなければなりません（措令25の17①）。

＜参考＞　承認、不承認、承認取消しのフローチャートと譲渡所得の課税関係

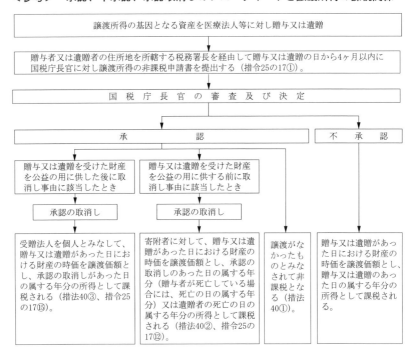

(2) 現物拠出に対する医療法人の課税関係

　財団や持分の定めのない社団（基金型以外）医療法人の設立に際し、譲渡所得の基因となる資産を現物で拠出（贈与）した場合の医療法人の課税関係は、金銭を拠出した際の上記1(2)、(3)と同様の取扱いがされます。また、設立後の拠出は上記1(4)と同様の取扱いがされます。

Q2 基金拠出型医療法人の設立

　個人医師が開設・管理している医療機関（いわゆる個人開業医）を組織変更し、法人成りして「基金拠出型医療法人」を設立すると、相続税対策になり、事業承継が容易だと考えられますが、何か問題はありますか。

A

1 設立時の課税問題と基金拠出型医療法人

　持分の定めのない社団医療法人や、財団医療法人は、その設立時に運転資金や医療用機器など法人運営に必要な資産を拠出すると、「持分の定めのない法人に対し財産の贈与があった」ものとされ、「その贈与により贈与をした者の親族その他これらの者と特別の関係がある者の相続税又は贈与税の負担が不当に減少する結果となると認められるときは、これを個人とみなして、これに贈与税又は相続税を課する（相法66④）。」という取扱いがされます（この場合の課税要件である「負担が不当に減少」したか否かの判定についてはⅢＱ３＜その３＞参照。）。

　これに対し、個人開業医が組織変更し、法人成りして「基金拠出型医療法人（持分の定めのない社団医療法人のうち、基金制度を採用した医療法人をいいます。）」を設立する場合には、その設立時に運転資金や医療用機器など法人運営に必要な資産を「基金」として拠出することができます。

　この基金とは、持分の定めのない社団医療法人が、その拠出者に対して基金の返還義務を負うものであり、また、その医療法人が破産手続開始の決定を受けた場合、基金の返還に係る債権は、拠出者において破産法第99条第２項に規定する約定劣後破産債権とされることから、債務と同様の性質を有しているものと認められます（平成19年３月30日付医政発第0330051

号「医療法人の基金について」第2「14」)。

┌─＜医療法人に基金を拠出した時の仕訳＞─────────
（借方）資　産　×× ／ （貸方）基　金　××
　　　　　　　　　　　⇓
　　　　　　　　医療法人が、その拠出者に対して基金の返還義務
　　　　　　　　を負う。基金は破産手続開始決定を受けた場合、
　　　　　　　　約定劣後破産債権とされる。
└──────────────────────────────────

　従って、法人運営に必要な金銭その他の資産を「基金」として拠出する
基金拠出型医療法人の場合には、その設立時に「負担の不当減少があっ
た」として贈与税課税（相法66④）を受けることはありません。
　課税上の観点からすると、個人開業医が組織変更して医療法人成りする
場合には、基金拠出型医療法人が望ましいといえます。

2　基金拠出型医療法人と相続税課税

　基金拠出型医療法人は、医療法人の形態としては「持分の定めのない社
団医療法人」です。拠出者が出資（持分）を持つことはありません。した
がって、これに相続税が課税されることはありません。
　基金拠出者の有する「基金の返還に係る債権」は相続財産となります。
課税価格に算入する金額は、貸付金債権の評価額（評基通204）として「元
本の価額＋利息の価額」の合計額となりますが、基金の返還に係る債権に
は利息が付されないため、元本の価額（基金として拠出した金額）が限度
となります。出資持分のように、含み益部分が生じて評価額が多額になる
というようなことはありません。
　よって個人開業医が医療法人成りして相続・事業承継を円滑に進めよう
とする場合には、基金拠出型医療法人の形態が望ましいといえます。

3 医療法人の基金制度

(1) 制度の概要

平成19年4月1日に施行された改正医療法（いわゆる第5次医療法改正）において剰余金の分配を目的としない医療法人の非営利性が徹底され、持分の定めのある社団医療法人は設立できないこととされました。

これに伴い、持分の定めのない社団医療法人に必要なその医療活動の原資となる資金の調達手段として、定款に医療法人に係る「基金」を引き受ける者の募集をすることができる旨を定めることができるものとされました（医療法施行規則30の37①）。

(2) 医療法上の基金

医療法上の持分の定めのない社団医療法人における基金とは次の①から⑥までに掲げる特性を有しています。

① 基金とは、持分の定めのない社団医療法人に拠出された金銭その他の財産であって、その医療法人が、基金の拠出者に対して、その医療法人と拠出者との間の合意の定めるところに従い返還義務（金銭以外の財産については、拠出時の当該財産の価額に相当する金銭の返還義務）を負うものと規定されています（医療法施行規則30の37①）。

② 基金制度は剰余金の分配を目的としないという医療法人の基本的性格を維持しつつ、その活動の原資となる資金を調達し、その財産的基礎の維持を図るための制度であるとされています（平成19年3月30日付医政発第0330051号「医療法人の基金について」第1(1)）。

③ 医療法人の議決権については、基金の拠出者が議決権を有する旨の規定はなく、社団医療法人の社員が各1個の議決権を有するものと規定されています（医療法48の4）。

④ 基金制度における経理処理等については、基金の総額や代替基金（基金の返還をする場合に、返還をする基金に相当する金額を計上するもの

をいう。）は、貸借対照表の純資産の部に「基金」及び「代替基金」の科目をもって計上することとされています（平成19年３月30日付医政発第0330051号「医療法人の基金について」第３）。

⑤　基金拠出型医療法人が破産手続開始の決定を受けた場合には、基金の返還に係る債権は、破産法第99条第２項に規定する約定劣後破産債権となることとされています（平成19年３月30日付医政発第0330051号「医療法人の基金について」第２「14」）。

⑥　基金の返還に係る債権には利息を付すことができないと規定されています（医療法施行規則30の37②）。

X

医療法人のM&A、合併、分割、解散

Q1 医療法人のM＆Aと税務

医療法人のM＆Aと税務上の概要について説明して下さい。

A

1 意 義

M＆Aとは、Merger and Acquisition の略で、企業の合併及び買収を総称したものです。正式な法律用語ではなく、一般的には株式会社など営利企業の合併及び買収を指します。

医療法人のM＆Aは、医療機関の経営が上手くいかず、累積赤字が生じているため医療施設を譲るという観点から行われる場合（救済型）か、地域医療計画によって病床の増床が困難であることから、入院可能な医療施設を手に入れるために行われる場合（積極展開型）が多いように思われます。

2 医療法人のM＆Aの形態

医療法人のM＆Aで医療法に規定のあるものは、合併（医療法57）と分割（医療法60、61）の２つです。それ以外の形態や手法は株式会社のM＆Aを参考にしつつ、医療法人の特徴を踏まえながら実行することになると思われます。

考えられる医療法人のM＆Aの主な形態は以下のとおりです。

形　態	概　　　要
社員の入社・退社	・売却側の社員が退社し、買取側の社員が入社する。 ・持分あり法人は、退社社員に払戻し、入社社員は出資。 　（退社社員に配当所得課税） ・売却側理事は役員退職金を受領し辞任する。 　（退任理事に退職所得課税）
持分譲渡	・売却側の社員が買取側の社員に出資持分を譲渡する。 　（売却側社員に譲渡所得課税） ・その後、売却側社員退社。 ・売却側理事は役員退職金を受領し辞任する。 　（退任理事に退職所得課税）
合併	・2以上の医療法人が相互間の契約で1の医療法人となる。消滅医療法人の全資産を包括的に存続（新設）医療法人が承継する。 ・社員は存続（新設）医療法人の社員となる効果を伴う。 ・社団医療法人と財団医療法人の合併も認められる。 ・税制適格なら課税なし、欠損金引継ぎ。
分割	・医療法人相互間の契約で事業に関する権利義務の一部が他の存続（新設）医療法人に移転する効果を持つ。 ・経過措置医療法人、社会医療法人、特定医療法人の分割はできない。 ・税制適格なら課税なし。
事業譲渡	・医療法人運営の施設の全部又は一部を売却する。 ・許可ベッドや人員の引継ぎ、補助金返還などの問題が生じる可能性あり。
その他	・病院用不動産が個人所有であれば医療法人格を譲った後、不動産賃貸業転進。 ・被相続人経営の医療法人を相続後、相続人間で分割など

　実際の医療法人のM＆Aでは、これらの形態が組み合わされて行われたり、また、MS法人を活用してプランが練られることもあるようです。

3 税務上の取扱いと留意点

M&Aの形態別に税務上の留意点は次のようになります。

(1) 社員の入社・退社

退社社員（個人）が持分を時価で払戻しを受け利益が生じた場合には所得税・個人住民税は原則、配当所得として総合課税されます。超過累進税率が適用され、配当控除（所法92①）を受けることができます。また、医療法人は、払戻しの際20.42％の税率で源泉徴収をしなければなりません（所法182二）。

(2) 持分譲渡

売却側の社員（個人）が買取側の社員に持分譲渡して利益が生じた場合には所得税・個人住民税は譲渡所得として申告分離課税されます。譲渡所得金額は次の算式で計算します。

$$\begin{array}{l}\text{譲渡による} \\ \text{総収入金額}\end{array} - (\text{取得費} + \text{譲渡費用}) = \begin{array}{l}\text{持分譲渡に係る} \\ \text{譲渡所得金額}\end{array}$$

この場合の税率は、所得税15.315％（措法37の10①）と個人住民税5％（地法附則35の2）の合計20.315％となります。

(3) 合併・分割

組織再編手法の典型である合併・分割の税務上の留意点は「適格」か「非適格」に絞られます。税制適格なら合併・分割時点での課税はされません。経過措置医療法人（持分あり）の場合は、分割対象にはならないことにも留意が必要です。

(4) 事業譲渡

医療法人が運営している施設（たとえば病院）を事業譲渡する場合、一

般的には資産価値決定のためのデューディリジェンスを行い、事業譲渡契約書が作成されます。この契約書に沿って課税関係を処理することになります。

4 具体的な方法

株式会社のM＆Aは、買収側が多数派株主になり、会社に対する支配権を得るのが一般的なスタイルとなります。ところが、医療法人の場合には、社員は1人1個の議決権（医療法46の3の3①）を有するのが法定のため、持分の過半数を有したからといって支配権を得たことにはなりません。多額の金銭を出したのに、結局理事長に就任できず支配権も得られないで無駄に終わることもあり得ます。この株式会社との違いを理解したうえでスムーズに経営権が委譲されるように医療法人のM＆Aを実行する必要があります。

医療法人のM＆Aのうち、「持分譲渡」と「社員の入社・退社」方式で具体的に社団又は財団の形態別にフローを検討すると次のようになります。

(1) 社団医療法人の場合

経営権の移行手続のおおまかな流れは次のようになると考えられます。

①経営権移行に関する覚書などの締結、対価の額や対価の支払方法も決定

②持分の譲渡契約締結又は持分払戻しの準備

③新社員の入社及び現社員の退社の承認に関する社員総会開催（持分払戻しの場合には払戻しの承認を決議する）

④持分の譲渡（現社員の退社前に譲渡すること）又は現社員の退社に伴う持分払戻し

⑤新理事及び新監事選任に関する社員総会開催
　（現理事及び現監事は辞任）

⑥新理事長選任に関する理事会開催

⑦前任の理事長などの退任及び役員退職給与の支払い

(2) 財団医療法人の場合

財団医療法人の場合には、社団医療法人と異なり、持分概念がありません。したがって、持分の譲渡手続は生じません。

財団医療法人におけるM＆Aは前任の理事長や理事等に退職金を支払い、役員が交代するという形式で行われることになると思います。

⑶　M＆Aの留意点

M＆Aにより医療法人を引き継ぎ、経営を行う際に留意しておかなければならないことがあります。それは、経営者が代わったとはいえ、医療法人そのものは従前のままであるため、例えば、その法人が脱税行為をしていたとか、診療報酬の不正請求を行っていたような場合、制裁措置は原則として医療法人とその役員、とりわけ理事長に及ぶと考えられます。このような点にも配慮してM＆Aに関する取り決めは行う必要があると考えます（不正行為を行った当時の役員も制裁を受けることになるとは思いますが。）。

Q2 医療法人の合併

　医療法人は、他の医療法人と合併をすることができるとのことですが、概要を解説してください。

A

1 合併の意義

　医療法では「医療法人は、他の医療法人と合併をすることができる。この場合においては、合併をする医療法人は、合併契約を締結しなければならない（医療法57）。」と規定されており、株式会社等の組織再編手法である合併は、医療法人にも認められています。

　合併の意義は、2以上の医療法人が法定の手続によって行われる医療法人相互間の契約によって1の医療法人となることで、消滅する医療法人の全資産が包括的に存続する医療法人又は新設の医療法人に移転すると同時に、その社員が、存続する医療法人又は新設の医療法人の社員となる効果を伴うものです。社団同士の医療法人の合併はもとより、平成26年10月1日以降は、社団と財団の医療法人合併も認められています。

2 合併の種類

　医療法人の合併には「吸収合併（医療法第八節第二目）」と「新設合併（医療法第八節第三目）」の2類型があります。吸収合併とは医療法人が他の医療法人とする合併であって、合併により消滅する医療法人の権利義務の全部を合併後存続する医療法人に承継させるものをいいます（医療法58）。新設合併は、2以上の医療法人がする合併であって、合併により消滅する医療法人の権利義務の全部を合併に伴い新設する医療法人に承継さ

せるものをいいます（医療法59）。もともと医療法人の合併事例は多くありませんが、実務上は存続法人の既存事業を特別な手続を経ることなく継続できる吸収合併が多いと思われます。

3　合併手続

(1)　吸収合併契約

　医療法人が吸収合併をする場合には、吸収合併存続医療法人と吸収合併消滅医療法人との間で、吸収合併契約を締結しなければなりません（医療法58）。吸収合併契約には次の事項を定めなければなりません（医療法58、医療法施行規則35）。

> ①　吸収合併存続医療法人及び吸収合併消滅医療法人の名称及び主たる事務所の所在地
> ②　吸収合併存続医療法人の吸収合併後2年間の事業計画又はその要旨
> ③　吸収合併がその効力を生ずる日

(2)　新設合併契約

　医療法人が新設合併をする場合には、新設合併設立医療法人と吸収合併消滅医療法人との間で、新設合併契約を締結しなければなりません（医療法59）。新設合併契約には次に掲げる事項を定めなければなりません（医療法59、医療法施行規則35の4）。

> ①　新設合併消滅医療法人の名称及び主たる事務所の所在地
> ②　新設合併設立医療法人の目的、名称及び主たる事務所の所在地
> ③　新設合併設立医療法人の定款又は寄附行為で定める事項
> ④　新設合併設立医療法人の新設合併後2年間の事業計画又はその要旨
> ⑤　新設合併がその効力を生ずる日

⑶　合併決議

　社団医療法人は、吸収合併契約又は新設合併契約について、医療法人の総社員の同意を得なければなりません（医療法58の2、59の2）。財団医療法人は、寄附行為に吸収合併又は新設合併をすることができる旨の定めがある場合に限って吸収合併や新設合併をすることができます（医療法58の2②、59の2）。この場合、寄附行為に別段の定めがある場合を除いて、吸収合併契約又は新設合併契約について、理事の3分の2以上の同意を得なければなりません（医療法58の2③、59の2）。

⑷　合併前後における法人類型

　合併後存続する医療法人及び合併により新設する医療法人については、合併をする医療法人が社団医療法人のみである場合は社団医療法人、合併をする医療法人が財団医療法人のみである場合には財団医療法人となります。なお、吸収合併前の医療法人のいずれもが持分の定めのある医療法人（経過措置医療法人）である場合には、吸収合併存続医療法人の定款に残余財産の帰属すべき者に関する規定を設ける際、国等（医療法44⑤）以外の者を残余財産の帰属すべき者として規定することができます（医療法施行規則35の2②）。このため、合併後も経過措置医療法人として社員が持分を持ち続けることが可能となります。なお、新設合併設立医療法人は、医療法人の新設を行うため新設合併前の医療法人がいずれも持分の定めのある医療法人（経過措置医療法人）であっても新設合併設立医療法人は持分の定めのない医療法人となります。合併前の医療法人のいずれかが持分の定めのない医療法人である場合も、合併後は、持分の定めのない医療法人となります。これらの場合には、みなし贈与課税（相法66④）に留意が必要となります。

Q2 医療法人の合併 **503**

＜医療法人の合併前後における法人類型について＞

合併前の法人類型		合併後の法人類型
持分なし社団	持分なし社団	持分なし社団
持分なし社団	持分あり社団	持分なし社団
持分あり社団	持分あり社団	（合併により新たに法人を設立する場合）持分なし社団
		（合併前の法人が存続する場合）持分あり社団
財団	財団	財団
持分なし社団	財団	持分なし社団又は財団
持分あり社団	財団	持分なし社団又は財団

（出典：厚生労働省「第3回　医療法人の事業展開等に関する検討会」（平成25年12月4日）資料）

⑸　認　可

　吸収合併又は新設合併は、吸収合併存続医療法人又は新設合併設立医療法人の主たる事務所の所在地の都道府県知事の認可を受けなければ効力を生じません（医療法58の2④、59の2）。また、都道府県知事は、その認可をし、又は認可をしない処分をするにあたっては、あらかじめ、都道府県医療審議会の意見を聴かなければならないとされています（医療法55⑦、58の2⑤、59の2）。

▌4　認可申請の添付書類

⑴　吸収合併の添付書類

　吸収合併の認可を受けようとする医療法人は、申請書に次の書類を添付して、都道府県知事に提出しなければなりません（医療法施行規則35の2①）。

① 理由書

② 3(3)の手続を経たことを証する書類

③ 吸収合併契約書の写し

④ 吸収合併後の吸収合併存続医療法人の定款又は寄附行為

⑤ 吸収合併前の吸収合併存続医療法人及び吸収合併消滅医療法人の定款又は寄附行為

⑥ 吸収合併前の吸収合併存続医療法人及び吸収合併消滅医療法人の財産目録及び貸借対照表

⑦ 吸収合併存続医療法人の吸収合併後2年間の事業計画及びこれに伴う予算書

⑧ 吸収合併存続医療法人の新たに就任する役員の就任承諾書及び履歴書

⑨ 吸収合併存続医療法人が開設しようとする病院、診療所又は介護老人保健施設の管理者となるべき者の氏名を記載した書面

(2) 新設合併の添付書類

　新設合併の認可を受けようとする医療法人は、申請書に次の書類を添付して、都道府県知事に提出しなければなりません（医療法施行規則35の2①、35の5）。

① 理由書

② 1(3)の手続を経たことを証する書類

③ 新設合併契約書の写し

④ 新設合併後の新設合併設立医療法人の定款又は寄附行為

⑤ 新設合併前の新設合併消滅医療法人の定款又は寄附行為

⑥ 新設合併前の新設合併消滅医療法人の財産目録及び貸借対照表

⑦ 新設合併設立医療法人の新設合併後2年間の事業計画及びこれに伴う予算書

⑧ 新設合併設立医療法人の新たに就任する役員の就任承諾書及び履歴書

⑨ 新設合併設立医療法人が開設しようとする病院、診療所又は介護老人保健施設の管理者となるべき者の氏名を記載した書面

5 債権者の保護

(1) 財産目録・貸借対照表の作成と閲覧等

医療法人は、都道府県知事の吸収合併又は新設合併の認可があったときは、その認可の通知のあった日から2週間以内に、合併がその債権者に重大な利害関係があることに鑑み、債権者保護のために、その時点における財産目録及び貸借対照表を作成しなければなりません（医療法58の3①、59の2）。また、財産目録及び貸借対照表については、吸収合併又は新設合併の登記までの間、主たる事務所に備え置き、債権者から請求があった場合には閲覧に供しなければなりません（医療法58の3②、59の2）。この義務違反には罰則規定（20万円以下の過料。医療法93十）が設けられています。閲覧については、書面や電磁的記録のファイル又は磁気ディスクに記録されている事項を紙面やその事務所に設置された入出力装置の映像面に表示する方法により行うこととされています（医療法施行規則35の3）。

(2) 債権者への異議公告等

医療法人は、吸収合併又は新設合併の認可の通知のあった日から2週間以内に、その債権者に対し、異議があれば一定の期間内に述べるべき旨を公告し、かつ、判明している債権者に対しては、各別にこれを催告しなければなりません。ただし、「一定の期間」については、2月以上とすることとされています（医療法58の4①、59の2）。この義務違反には罰則規定（20万円以下の過料。医療法93十一）が設けられています。

(3) 債権者からの異議

債権者が上記(2)の期間内に吸収合併又は新設合併に対して異議を述べなかったときは、吸収合併又は新設合併を承認したものとみなします（医療法58の4②、59の2）。

債権者が異議を述べたときは、医療法人は、これに弁済をし、若しくは相当の担保を提供し、又はその債権者に弁済を受けさせることを目的として信託会社や信託業務を営む金融機関に相当の財産を信託しなければなりません。ただし、吸収合併又は新設合併をしてもその債権者を害するおそれがないときは、この限りでないとされています（医療法58の4③、59の2）。この義務違反には罰則規定（20万円以下の過料。医療法93十一）が設けられています。

6　権利義務の承継

(1)　一切の権利義務の承継

　吸収合併存続医療法人は、吸収合併消滅医療法人の一切の権利義務（病院開設の許可、公租公課の賦課等その医療法人が行う事業に関し行政庁の認可その他の処分に基づいて有する権利義務を含みます。）を自動的かつ包括的に承継することになります（医療法58の5）。また、新設合併設立医療法人は、新設合併消滅医療法人の一切の権利義務（病院開設の許可、公租公課の賦課等その医療法人が行う事業に関し行政庁の認可その他の処分に基づいて有する権利義務を含みます。）を自動的かつ包括的に承継することになります（医療法59の3）。なお、病院開設の許可の変更届等は必要となりますので留意しなければなりません。

(2)　留意点

　特約をもって権利義務の一部の承継を留保することは許されませんが、いったん承継した後にその権利を放棄することは妨げないこととされています。また、包括的に承継されるため、個々の権利義務について特別の承継方法は必要とされませんが、不動産等の第三者に対する対抗要件を必要とする権利については、対抗要件を備えない限り、第三者に対抗し得ない

ことになります。

(3) 社員の取扱い

　社団医療法人においては、吸収合併消滅医療法人の社員は、吸収合併契約に別段の定めのない限り、吸収合併存続医療法人の社員となります。また、新設合併消滅医療法人の社員は、新設合併契約に別段の定めのない限り、新設合併設立医療法人の社員となります。

▎7　合併の効力の発生

(1) 合併効力の発生

　吸収合併及び新設合併は、吸収合併存続医療法人又は新設合併設立医療法人が、その主たる事務所の所在地において組合等登記令の定めるところにより登記をすることによりその効力が生じることになります（医療法58の6、59の4）。

(2) 吸収合併の登記

　吸収合併の登記は次の2種類で、いずれも主たる事務所の所在地においては2週間以内に、従たる事務所の所在地においては3週間以内に行うことが必要となります。（組合登記令8、11、13）

　　① 吸収合併存続医療法人については変更登記

　　② 吸収合併消滅医療法人については解散登記

(3) 新設合併の登記

　新設合併の登記は次の2種類で、いずれも主たる事務所の所在地においては2週間以内に、従たる事務所の所在地においては3週間以内に行うことが必要となります（組合登記令8、11、13）。

① 新設合併設立医療法人については設立登記

② 新設合併消滅医療法人については解散登記

(4) 登記期間の起算点

上記の登記期間の起算点は、5の債権者保護の手続が完了したときとされます。

(5) 解散登記申請手続き

吸収合併消滅医療法人又は新設合併消滅医療法人の解散登記申請は、合併後の吸収合併存続医療法人又は新設合併設立医療法人を代表すべき者が、合併後の吸収合併存続医療法人又は新設合併設立医療法人の主たる事務所を管轄する登記所を経由して、合併の登記の申請と同時に行わなければならないとされています。

(6) 都道府県知事への届出

合併の登記を行った場合は、遅滞なく、都道府県知事に登記の年月日を届け出なければなりません（医療法施行令5の12ただし書き）。

(7) 合併の効果

合併の効果は、吸収合併の場合には、従来の医療法人のうち一を除く他の医療法人の解散、存続する医療法人の変更及び解散した医療法人の権利義務の存続する医療法人への包括的移転を生じることであり、また、新設合併の場合には、従来の医療法人の全部の解散、医療法人の設立及び解散した医療法人の権利義務の新設医療法人への包括的移転を生じることであるとされます。

8 弁明の機会の付与等

　都道府県知事は、合併の不認可処分をする場合、処分の名あて人に対し、指名した職員やその他の者が弁明する機会を与えなければならないとされています。この場合、都道府県知事は、処分の名あて人に対し、あらかじめ書面をもって、弁明をするべき日時や場所、処分をするべき事由を通知しなければなりません（医療法67①）。この通知を受けた者は、代理人を出頭させ、かつ、自己に有利な証拠を提出することができます（医療法67②）。また、弁明の聴取をした者は聴取書を作って保存するとともに、報告書を作成し、処分をする必要があるかどうかについて都道府県知事に意見を述べなければならないとされています（医療法67③）。

＜参考＞会社法と医療法の規定の比較

会　社　法	医　療　法
〔法的効果関係〕〔新設合併・吸収合併〕 ○合併契約の締結 ○合併契約において定める事項 ○合併の効力の発生 〔手続関係〕 ○合併契約に関する書面等の備置き・閲覧等 ○株式総会による承認 ○反対株主の株式買取請求・株式の価格の決定 ○新株予約権買取請求・新株予約権の価格の決定 ○債権者の異議 ○新設合併の株式会社設立の特則 ○登記	〔法的効果関係〕〔新設合併・吸収合併〕 ○社団：総社員の同意 　財団：理事の２／３以上の同意 ○都道府県知事の認可 ○権利義務の承継 〔手続関係〕 ○財産目録、貸借対照表の作成 ○債権者の保護（公告・異議手続） ○合併による医療法人の設立事務 ○登記

（出典：厚生労働省　第７回　医療法人の事業展開等に関する検討会（平成26年10月10日）資料「医療法人の分割について」）

Q3　医療法人の合併の税務

医療法人が合併した場合の税務についてその概要を教えてください。

A

1　医療法人が合併した場合の税務上の取扱い（概要）

(1)　合併時の譲渡損益の認識と適格合併による譲渡損益の繰延べ

　医療法人同士が合併し、被合併法人（注1）から合併法人（注2）へ資産が移転した場合には、原則として、移転した資産の時価により譲渡損益が発生（譲渡利益は益金に算入、譲渡損失は損金に算入）します。この譲渡損益は、被合併法人の最後事業年度（被合併法人の合併前日の属する事業年度をいいます。）において認識します（法法62）。具体的には、資産・負債を時価で譲渡したものとして所得金額を計算し、法人税等を未払計上して合併法人に引き継ぎます（法法62①）。この場合、合併法人はすべての資産・負債を時価で受け入れ、差額は利益積立金額の増加又は減少となります（法令9①二）。

　ただし、例外として、税務上の一定の要件を満たす場合には、「適格合併」として、譲渡損益が繰り延べられ最後事業年度終了時の資産の帳簿価額が合併法人に引き継がれることになります（法法62の2①、法令123の3③）。この場合、資産と負債の帳簿価額の差額が合併法人の利益積立金額となります（法令9①二）。

（注1）　被合併法人……合併により所有する資産や負債の移転を行った法人をいいます（法法2二十一）。

（注2）　合併法人……合併により被合併法人から資産や負債の移転を受けた法人をいいます（法法2二十二）。

⑵　適格合併

　譲渡損益が繰り延べられる適格合併に該当するためには、まず、合併に際して被合併法人の出資者に交付するのが合併法人の出資だけであることが条件となります。合併に際し金銭等の交付がされると適格合併にはなりません（ただし、合併に反対する出資者に対し、買取請求に基づく対価として交付する金銭等は除かれます。）。次に、その合併が「企業グループ内の合併」か、又は、「共同事業を行うための合併」のいずれかに該当することが必要です（法法２十二の八）。

⑶　存続法人の純資産の部

　適格合併に該当する場合、被合併法人の利益積立金額は合併法人に引き継がれます。また資産等の移転は簿価で行われ、移転資産等の簿価純資産から引き継いだ利益積立金額を控除した金額が合併法人の資本金等の額を構成します。

　適格合併に該当しない場合（非適格合併）には、利益積立金額の引継ぎはされません。被合併法人から移転した資産等の時価純資産が合併法人の資本金等の額を構成します。

⑷　被合併法人の出資者に対するみなし配当課税

　適格合併の場合、被合併法人の出資者にみなし配当課税が生じることはありません。これに対し、非適格合併の場合には、被合併法人の出資者にみなし配当課税が発生することになります。具体的には次の算式でみなし配当課税の対象額を計算します。

$$\text{みなし配当課税の対象額} = \text{交付を受けた合併法人の出資価額} - \text{その出資に対応する被合併法人の資本金等の額}$$

2 適格合併の要件

適格合併に該当するためには、まず、合併に際して被合併法人の出資者に交付するのは「合併法人の出資だけ」であることが条件となります。すなわち、出資以外の財産（金銭等）の交付がされた場合には非適格合併となります（ただし、合併に反対する出資者に対し、買取請求に基づく対価として交付する金銭等は除かれます。）。次に、その合併が「企業グループ内の合併」か、又は、「共同事業を行うための合併」のいずれかに該当することが必要です（法法２十二の八）。

(1) 企業グループ内の合併

企業グループ内の合併とは、「医療法人における合併の適格・非適格判定フローチャート（517ページ参照）」の(2)の要件（持分関係100％）を満たす（法法２十二の八イ、法令４の３②）か、又は、(3)の要件（持分関係50％超100％未満）及び(4)の要件（従業者引継ぎ要件と事業継続要件）を満たす（法法２十二の八ロ）合併をいいます。企業グループ内の合併で適格合併に該当するパターンは２パターンとなります。

(2) 共同事業を行うための合併

共同事業を行うための合併とは、フローチャートの(5)の要件（①事業関連要件、②事業規模要件、③特定役員引継ぎ要件、④従業者引継ぎ要件、⑤事業継続要件、⑥出資継続保有要件の６つの要件）を満たす合併をいいます（法法２十二の八ハ、法令４の３④）。なお、⑥の出資継続保有要件は、持分概念のある経過措置医療法人についてのみ判定が必要になります。

◇「適格合併」となるための3パターンの要件

要　件	持　分　関　係		
	企業グループ内		共同事業
	100%	50%超 100%未満	50%以下
交付は合併法人の出資だけ（金銭等の交付なし）	○	○	○
従業者引継ぎ	－	○	○
事業継続	－	○	○
事業関連	－	－	○
事業規模	－	－	○（注）
特定役員引継ぎ	－	－	○（注）
出資継続保有	－	－	○（経過措置のみ）

(注) 「事業規模」要件と「特定役員引継ぎ」要件はいずれか1つの要件を満たせばよい。

3　医療法人の形態別合併の留意点

(1)　持分なし法人が当事者である合併の適格要件

　持分なし社団医療法人と持分なし財団医療法人が当事者となる合併では、存続（又は新設）法人は持分なし法人となります。この形態の法人には持分概念がないため、合併に際して合併法人の出資を交付することはありません。また、持分関係を判定することはできません。したがって、適格合併に該当するパターンは「共同事業を行うための合併」だけであり、具体的な判定は「出資継続保有要件」を除いた他の要件をすべて満たすか（適格）、否か（非適格）で行うことになります（法令4の3④本文かっこ書）。持分の定めがないので合併法人の資本金等の額はゼロであり、増加

する資本金等の額もゼロとなります（法令8①五）。適格要件を満たし、被合併法人が経過措置医療法人（持分あり社団医療法人）である場合には、被合併法人の資本金等の額を利益積立金額とする処理をします。

　被合併法人が経過措置医療法人（持分あり社団医療法人）で、合併に際し、持分に対する対価を交付した場合は非適格合併になります。

⑵　持分なし社団医療法人と経過措置医療法人の合併の留意点

　持分なし社団医療法人と経過措置医療法人（持分あり社団医療法人）の合併により、持分を持つ社員全員が持分放棄をした場合で、それが「相続税等の負担が不当に減少した結果となると認められた」場合には、医療法人を個人とみなして贈与税課税（相法66④）がされる場合があります。この点、留意が必要です。

⑶　経過措置医療法人同士の合併

　経過措置医療法人には持分概念があります。したがって、経過措置医療法人同士の合併で合併後においても経過措置医療法人として社員が持分を持ったまま存続（医療法施行規則35②）する際の合併に関する税務は、株式会社と同様に考えることになります。

　経過措置医療法人同士の合併が適格合併に該当するかの判定は、適格合併3パターンの要件をクリアするか否かで判定します。

　企業グループ内の合併のうち「持分関係100％」というパターンは、「完全支配関係のある法人間の合併」を意味します（法法2十二の八イ、法令4の3②）。株式会社の例ですと、親会社と100％子会社の合併や、同一の出資者による兄弟会社の合併が考えられます。医療法人の場合も、医療法人が他の医療法人の持分を持つことは可能であるため、親医療法人と100％子医療法人の合併という場合には、合併法人所有の被合併法人の持分の帳簿価額をゼロとして、その帳簿価額相当額の資本金等の額を減額すること

になります。また、同一の出資者による兄弟医療法人の合併も稀なケースではありますが、同一の出資者が個人である場合には、その個人だけでなく、その親族等個人である同族関係者を含めることとされています（法令4①）。例えば、父親の運営する医療法人（父親の持分100％）と子の運営する医療法人（子の持分100％）が合併する場合は「持分関係100％」で適格合併に該当することになります。

医療法人において、持分関係による適格・非適格の判定は、社員ではなく、出資者の間で判定します。合併・被合併法人の個人の出資者が親族等で同一の出資者に該当すれば「持分関係100％」となり適格合併となります。

「持分関係100％」という要件をクリアしない場合には、「持分関係50％超100％未満」で「従業者引継ぎ要件」と「事業継続要件」を満たせば適格合併となります。これは「支配関係のある法人間の合併」を意味します（法法2十二の八ロ、法令4の3③）。この場合、従業者引継ぎ要件では、被合併法人の合併直前の従業者総数の概ね80％以上が合併法人の業務に従事することが見込まれることが必要となります（法法2十二の八ロ(1)）。

持分関係が50％未満の場合には、共同事業を行うための合併の要件で判定することになります。具体的には、①事業関連要件、②事業規模要件、③特定役員引継ぎ要件、④従業者引継ぎ要件、⑤事業継続要件、⑥出資継続保有要件の6つを満たす合併が適格合併に該当します（法法2十二の八ハ、法令4の3④）。ただし、②事業規模要件と③特定役員引継ぎ要件はいずれかを満たしていればよいこととされています。例えば、病院や介護老人保健施設を多数運営する大規模医療法人が、中小病院（又は診療所）を単独で運営する小規模医療法人を吸収合併する場合、医業収益や従業員数などが5倍を超えることが想定されます。その場合は、小規模医療法人（被合併法人）の理事長（特定役員）が、大規模医療法人（合併法人）の特定役員（常務理事など）に就任することで要件をクリアすることができます。

516 X 医療法人のM＆A、合併、分割、解散

⑷ 経過措置医療法人同士の合併で持分放棄した場合

　経過措置医療法人同士の合併で持分を持つ社員全員が持分放棄し、持分なし社団医療法人が存続（又は新設）法人となった場合、それが「相続税等の負担が不当に減少した結果となると認められた」場合には、医療法人を個人とみなして贈与税課税（相法66④）がされる場合があります。この点、留意が必要です。

4　合併による繰越欠損金の引継ぎ等

　適格合併の場合、原則として、被合併法人の適格合併前に生じた一定期間内の未処理欠損金は合併法人に引き継がれ、合併法人において生じた欠損金とみなされます（法法57②）。ただし、適格合併であっても、「みなし共同事業要件（法令112③）」を満たしていないような場合には、被合併法人の未処理欠損金や含み損の損金算入には制限が加えられます（法法57③）。また、逆さ合併による租税回避行為を防止するため、適格合併のうち一定のものについては、合併事業年度以後の事業年度において、合併法人の欠損金がないものとされます（法法57④）。

5　合併による資産の移転に伴う消費税

　合併により被合併法人の権利義務は合併法人に包括承継されます。ところで、消費税法は、国内において事業者が行った資産の譲渡等には、消費税を課する（消法4①）と規定していますが、この「資産の譲渡等」の範囲から「包括承継は除く（消令2①四）」とされています。したがって、合併による資産の移転は消費税の課税対象とはされません。合併の場合、法人税法上の適格・非適格を問わず消費税の課税取引には該当しないことになります。

医療法人における合併の適格・非適格判定フローチャート

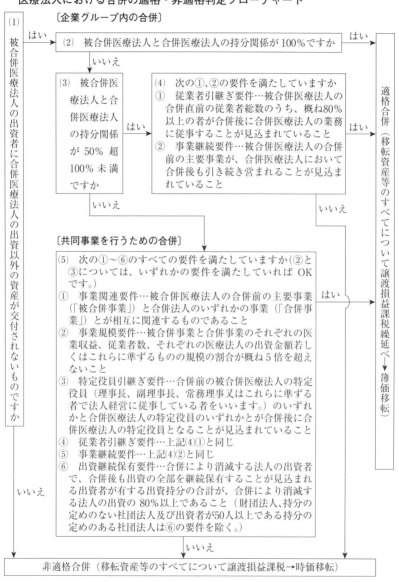

Q4 医療法人の分割

　平成27年9月28日公布の改正医療法（いわゆる第7次医療法改正）により、平成28年9月1日以後、新たに医療法人の分割制度が創設されたとのこと。概要を解説してください。

A

1 分割制度創設の背景

　従来より、医療法人の組織再編法として医療法に合併の規定が定められていましたが分割の規定はありませんでした。また、医療法人が開設する病院等の事業譲渡（売却等）は可能でしたが、事業譲渡の場合、病院等の廃止届出・新規開設許可が必要で、債権者の個別の承諾が必要となるなど手続が煩雑でした。そこで、他の法人類型に合わせ平成27年9月28日公布の改正医療法（第7次医療法改正）により、平成28年9月1日以後、医療法人の分割制度が創設されました。

＜参考＞株式会社における事業譲渡と分割の比較

	事業譲渡	分　　割
権利義務の承継	譲渡契約に基づき承継	新設分割計画・吸収分割契約の定めに従い承継
債権者保	債権者の個別の承諾が必要	債権者の個別の承諾が不要 （債権者異議手続あり）
雇用契約	労働者の個別の同意が必要	労働者の個別の同意が不要（承継） （労働者保護手続あり（労働契約承継法））
課税関係	事業譲渡は税法上課税対象	税法上の適格分割と認められれば、譲渡された資産の譲渡益に対して課税されない

（出典：厚生労働省　第7回　医療法人の事業展開等に関する検討会（平成26年10月10日）資料「医療法人の分割について」）

2 分割の意義

　分割とは、法定の手続によって行われる医療法人相互間の契約であり、当事者である医療法人が事業に関して有する権利義務の一部が他の存続する医療法人又は新設の医療法人に移転する効果を持つものをいいます。

3 分割の種類

　医療法人の分割は、「吸収分割（医療法第二款第一目）」と「新設分割（医療法第二款第一目）」が認められます。吸収分割とは、「医療法人がその事業に関して有する権利義務の全部又は一部を分割後他の医療法人に承継させること（医療法60）。」をいい、新設分割とは、「1又は2以上の医療法人がその事業に関して有する権利義務の全部又は一部を分割により設立する医療法人に承継させること（医療法61①）。」をいいます。

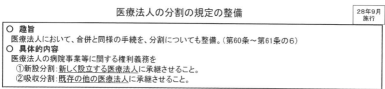

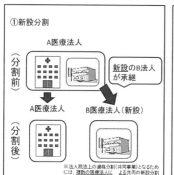
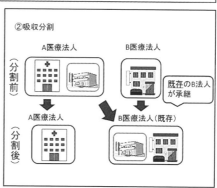

（出典：厚生労働省医政局医療経営支援課　医療法の一部を改正する法律について（平成27年改正））

(注) 分割ができない医療法人

　社会医療法人（医療法42の2①）、特定医療法人（措法67の2①）、持分の定めのある医療法人（経過措置医療法人）及び社会医療法人の認定取消しを受けた医療法人で実施計画の認定を受けた医療法人（医療法42の3①）は、分割制度の対象とすることができないとされています（医療法60、医療法施行規則35の6）。

分割の手続

▌ 4　分割決議及び認可

(1)　吸収分割契約

　医療法人が吸収分割をする場合には、吸収分割医療法人と吸収分割承継医療法人は、吸収分割契約を締結しなければなりません（医療法60）。この吸収分割契約には、以下の事項を定めなければならないとされています（医療法60の2、医療保施行規則35の7）。

　　①　吸収分割医療法人及び吸収分割承継医療法人の名称及び主たる事務所の所在地

　　②　吸収分割承継医療法人が吸収分割により吸収分割医療法人から承継する資産、債務、雇用契約その他の権利義務に関する事項

　　③　吸収分割医療法人及び吸収分割承継医療法人の吸収分割後2年間の事業計画又はその要旨

　　④　吸収分割がその効力を生ずる日

(2)　新設分割計画

　医療法人が新設分割をする場合には、新設分割計画を作成しなければなりません（医療法61①）。また、2以上の医療法人が共同して新設分割をする場合には、その2以上の医療法人が共同して新設分割計画を作成することになります（医療法61②）。この新設分割計画には以下の事項を定めなけ

ればならないとされています（医療法61の2、医療法施行規則35の10）。

① 新設分割設立医療法人の目的、名称及び主たる事務所の所在地

② 新設分割設立医療法人の定款又は寄附行為で定める事項

③ 新設分割設立医療法人が新設分割医療法人から承継する資産、債務、雇用契約その他の権利義務に関する事項

④ 新設分割医療法人及び新設分割設立医療法人の新設分割後2年間の事業計画又はその要旨

⑤ 新設分割がその効力を生ずる日

⑶ 同意等

　社団医療法人は、吸収分割契約又は新設分割計画について医療法人の総社員の同意を得なければなりません（医療法60の3①、61の3）。財団医療法人は、寄附行為に吸収分割又は新設分割をすることができる旨の定めがある場合に限り吸収分割又は新設分割をすることができますが（医療法60の3②、61の3）、寄附行為に別段の定めがある場合を除いて吸収分割契約又は新設分割計画について理事の3分の2以上の同意を得なければなりません（医療法60の3③、61の3）。

⑷ 認可等

　吸収分割又は新設分割は、吸収分割承継医療法人又は新設分割設立医療法人の主たる事務所の所在地の都道府県知事の認可を受けなければ効力を生じません（医療法60の3④、61の3）。また、都道府県知事は、その認可をし、又は認可をしない処分をするにあたっては、あらかじめ、都道府県医療審議会の意見を聴かなければならないとされています（医療法55⑦、60の3⑤、61の3）。

522 Ⅹ 医療法人のM＆A、合併、分割、解散

5 認可申請の添付書類

(1) 吸収分割の添付書類

　吸収分割の認可を受けようとする医療法人は申請書に次の書類を添付して都道府県知事に提出しなければなりません（医療法施行規則35の8①）。

① 理由書
② 上記4(3)の手続を経たことを証する書類
③ 吸収分割契約書の写し
④ 吸収分割後の吸収分割医療法人及び吸収分割承継医療法人の定款又は寄附行為
⑤ 吸収分割前の吸収分割医療法人及び吸収分割承継医療法人の定款又は寄附行為
⑥ 吸収分割前の吸収分割医療法人及び吸収分割承継医療法人のその時点での財産目録及び貸借対照表
⑦ 吸収分割医療法人及び吸収分割承継医療法人の吸収分割後2年間の事業計画及びこれに伴う予算書
⑧ 吸収分割医療法人及び吸収分割承継医療法人の新たに就任する役員の就任承諾書及び履歴書
⑨ 吸収分割医療法人及び吸収分割承継医療法人が開設しようとする病院、診療所又は介護老人保健施設の管理者となるべき者の氏名を記載した書面

(2) 新設分割の添付書類

　新設分割の認可を受けようとする医療法人は申請書に次の書類を添付して都道府県知事に提出しなければなりません（医療法施行規則35の11）。

① 理由書
② 上記4(3)の手続を経たことを証する書類
③ 新設分割計画の写し
④ 新設分割後の新設分割医療法人及び新設分割設立医療法人の定款又は寄

附行為

⑤　新設分割前の新設分割医療法人の定款又は寄附行為

⑥　新設分割前の新設分割医療法人のその時点での財産目録及び貸借対照表

⑦　新設分割医療法人及び新設分割設立医療法人の新設合併後2年間の事業計画及びこれに伴う予算書

⑧　新設分割医療法人及び新設分割設立医療法人の新たに就任する役員の就任承諾書及び履歴書

⑨　新設分割医療法人及び新設分割設立医療法人が開設しようとする病院、診療所又は介護老人保健施設の管理者となるべき者の氏名を記載した書面

6　債権者の保護

(1)　財産目録・貸借対照表の作成と閲覧等

　医療法人は、都道府県知事の吸収分割又は新設分割の認可があったときは、その認可の通知のあった日から2週間以内に、分割がその債権者に重大な利害関係があることに鑑み、債権者保護のために、その時点における財産目録及び貸借対照表を作成しなければなりません（医療法60の4①、61の3）。また、財産目録及び貸借対照表については、吸収合併又は新設合併の登記までの間、主たる事務所に備え置き、債権者から請求があった場合には閲覧に供しなければなりません（医療法60の4②、61の3）。この義務違反には罰則規定（20万円以下の過料。医療法93十）が設けられています。閲覧については、書面や電磁的記録のファイル又は磁気ディスクに記録されている事項を紙面やその事務所に設置された入出力装置の映像面に表示する方法により行うこととされています（医療法施行規則35の3）。

(2)　債権者への異議公告等

　医療法人は、吸収分割又は新設分割の認可の通知のあった日から2週間

以内に、その債権者に対し、異議があれば一定の期間内に述べるべき旨を公告し、かつ、判明している債権者に対しては、各別にこれを催告しなければなりません。ただし、「一定の期間」については、2月以上とすることとされています（医療法60の5①、61の3）。この義務違反には罰則規定（20万円以下の過料。医療法93十一）が設けられています。

(3) 債権者からの異議

　債権者が上記(2)の期間内に吸収分割又は新設分割に対して異議を述べなかったときは、吸収合併又は新設合併を承認したものとみなします（医療法60の5②、61の3）。債権者が異議を述べたときは、医療法人は、これに弁済をし、若しくは相当の担保を提供し、又はその債権者に弁済を受けさせることを目的として信託会社や信託業務を営む金融機関に相当の財産を信託しなければなりません。ただし、吸収分割又は新設分割をしてもその債権者を害するおそれがないときは、この限りでないとされています（医療法60の5③、61の3）。この義務違反には罰則規定（20万円以下の過料。医療法93十一）が設けられています。

▌7　権利義務の承継

(1) 一切の権利義務の承継

　吸収分割承継医療法人は、吸収分割契約に従い吸収分割医療法人の権利義務（病院開設の許可、公租公課の賦課等当該医療法人がその行う事業に関し行政庁の認可その他の処分に基づいて有する権利義務を含みます。）を承継することになります（医療法60の6①）。また、新設分割設立医療法人は、新設分割計画に従い新設分割医療法人の権利義務（病院開設の許可、公租公課の賦課等当該医療法人がその行う事業に関し行政庁の認可その他の処分に基づいて有する権利義務を含みます。）を承継することにな

ります（医療法61の4①）。なお、病院開設の許可の変更届等は必要となりますので留意しなければなりません。

⑵　吸収分割医療法人・新設分割医療法人への債務履行請求

　吸収分割医療法人又は新設分割医療法人の債権者で上記6⑵の催告を受けなかった者は、吸収分割契約又は新設分割計画で吸収分割後又は新設分割後に吸収分割医療法人又は新設分割医療法人に対して債務の履行を請求することができないとされている時であっても、吸収分割医療法人又は新設分割医療法人に対して吸収分割医療法人又は新設分割医療法人が分割登記のあった日に有していた財産の価額を限度として債務の履行を請求することができるとされています（医療法60の6②、61の4②）。

⑶　吸収分割承継医療法人・新設分割設立医療法人への債務履行請求

　吸収分割医療法人又は新設分割医療法人の債権者で上記6⑵の催告を受けなかった者は、吸収分割契約又は新設分割計画で吸収分割後又は新設分割後に吸収分割承継医療法人又は新設分割設立医療法人に対して債務の履行を請求することができないものとされている時であっても、吸収分割承継医療法人又は新設分割設立医療法人に対してその承継した財産の価額を限度として債務の履行を請求することができるとされています（医療法60の6③、61の4③）。

▌8　分割の効力の発生

⑴　分割効力の発生

　吸収分割及び新設分割は、吸収分割承継医療法人又は新設分割設立医療法人が、その主たる事務所の所在地において組合等登記令の定めるところにより登記をすることによってその効力が生じることになります（医療法

60の7、61の5）。

(2) 吸収分割の登記

　吸収分割の登記は、吸収分割医療法人と吸収分割承継医療法人についての変更登記であり、いずれも主たる事務所の所在地においては2週間以内に、従たる事務所の所在地においては3週間以内に行うことが必要となります（組合等登記令8の2、11、13）。

(3) 新設分割の登記

　新設分割の登記は次の2種類で、いずれも主たる事務所の所在地においては2週間以内に、従たる事務所の所在地においては3週間以内に行うことが必要となります（組合等登記令8の2、11、13）。
　　① 　新設分割医療法人については変更登記
　　② 　新設分割設立医療法人については設立登記

(4) 登記期間の起算点と都道府県知事への届出

　上記の登記期間の起算点は、**6**の債権者保護の手続が完了したときとされます。また、分割の登記を行った場合は、遅滞なく、都道府県知事に登記の年月日を届け出なければなりません（医療法施行令5の12ただし書き）。

(5) 分割の効果

　分割の効果は、吸収分割の場合は、医療法人がその事業に関して有する権利義務の全部又は一部を分割後他の医療法人に承継させる効果を生ずるものであり、また、新設分割の場合は、1又は2以上の医療法人がその事業に関して有する権利義務の全部又は一部を分割により設立する医療法人に承継させる効果を生ずるものであるとされます。なお、分割により、医療法人が有する権利義務の全部を他の医療法人又は分割により設立する医

療法人に承継させた場合でも、その医療法人が当然に消滅するわけではありませんので、医療法人を消滅させるためには別途解散手続が必要となります。

9 弁明の機会の付与等

都道府県知事は、分割の不認可処分をする場合、処分の名あて人に対し、指名した職員やその他の者が弁明する機会を与えなければならないとされています。この場合、都道府県知事は、処分の名あて人に対し、あらかじめ書面をもって、弁明をするべき日時や場所、処分をするべき事由を通知しなければなりません（医療法67①）。この通知を受けた者は、代理人を出頭させ、かつ、自己に有利な証拠を提出することができます（医療法67②）。また、弁明の聴取をした者は聴取書を作って保存するとともに、報告書を作成し、処分をする必要があるかどうかについて都道府県知事に意見を述べなければならないとされています（医療法67③）。

10 会社分割に伴う労働契約の承継等に関する法律等の準用

吸収分割契約及び新設分割計画には、雇用契約に関する事項が記載されて労働者との雇用契約も分割による承継の対象となりますが、就労実態や労働者の意思等と無関係に承継を認めることは労働者への不利益が大きいと考えられます。このため、会社分割においては、労働契約承継法や労働契約承継法施行規則、労働契約承継法指針が定められ、分割による労働契約の承継にあたって会社から労働者への通知、協議、異議申出手続等が定められています。医療法人の分割も医療法人の職員等の意思を尊重する必要がある点は会社分割の場合と異ならないため労働契約承継法の準用を医療法で定めています（医療法62）。したがって、分割に際しては、労働契

約承継法、労働契約承継法施行規則、労働契約承継法指針の規定に留意して職員等の保護を図り、職員等の意思の尊重に努める必要があります。

＜参考＞会社法と医療法の比較

会　社　法	医　療　法
〔法的効果関係〕［新設分割・吸収分割］ ○新設分割計画の締結・吸収分割契約の作成 ○分割計画・分割契約において定める事項 ○分割の効力の発生 〔手続関係〕 ○分割契約・計画等の書面等の備置き・閲覧等 ○株式総会による承認 ○反対株主の株式買取請求・株式の価格の決定 ○新株予約権買取請求・新株予約権の価格の決定 ○債権者の異議 ○新設分割の株式会社設立の特則 ○登記	〔法的効果関係〕［新設分割・吸収分割］ ○社団：総社員の同意 　財団：理事の２／３以上の同意 ○都道府県知事の認可 ○権利義務の承継 〔手続関係〕 ○財産目録、貸借対照表の作成 ○債権者の保護（公告・異議手続） ○登記

（出典：厚生労働省　第７回　医療法人の事業展開等に関する検討会（平成26年10月10日）資料「医療法人の分割について」）

Q5 医療法人の分割の税務

医療法人が分割された場合の税務についてその概要を教えてください。

A

1 医療法人の分割制度

従来、医療法人において病院等の事業譲渡は可能でしたが分割の制度はありませんでした。それが、平成27年9月28日に公布された改正医療法により、分割が法制化され、平成28年9月1日に施行されました。分割には「吸収分割（医療法60）」と「新設分割（医療法61）」の2種類があります。

分割制度が設けられたのは、事業譲渡の場合には、病院の廃止届出・新規の開設許可が必要となることや、債権者の個別の承諾が必要となる等、手続が煩雑な部分があることから、他の法人類型と合わせて、合併と同様に、医療法人においても分割の制度が新設されることになりました。

その際、分割制度の対象範囲としては、持分あり医療法人は既存の法人しか認めていないことから対象とせず、持分なし医療法人（社団・財団）についてのみ認めることとされました。また、税制上の観点から社会医療法人及び特定医療法人は分割の対象外とされました。医療法第42条の3第1項の規定による実施計画の認定を受けた医療法人（社会医療法人の認定を受けた医療法人が実績要件を満たせなくなって認定取消しをされた場合で実施計画の認定を受けたもの。460ページ、ⅧQ2 5(2)②参照）も分割することはできません。

2 分割認可とその申請に必要な添付書類

医療法人の分割（吸収・新設とも）は都道府県知事の認可を受けてその効力が生じます（医療法60の3④、61の3④）。その場合、吸収（新設）分割医療法人及び吸収分割承継医療法人の主たる事務所の所在地が2以上の都道府県の区域内に所在する場合には、その吸収（新設）分割医療法人及び吸収分割承継（新設分割設立）医療法人の主たる事務所の所在地の全ての都道府県知事の認可を受けなければなりません（医療法60の3④、61の3④）。なお、分割認可の申請に必要な主な添付書類は下表のとおりです。

分割認可の申請に必要な添付書類

吸収分割の場合	新設分割の場合
○ 理由書 ○ 法第60条の3第1項又は第3項の手続を経たことを証する書類 ・社団たる医療法人の場合：吸収分割契約についての総社員の同意 ・財団たる医療法人の場合：吸収分割契約についての理事の3分の2以上の同意（寄附行為に別段の定めがある場合は、この限りでない。） ○ 吸収分割契約書の写し ○ 吸収分割前の吸収分割医療法人及び吸収分割承継医療法人の財産目録及び貸借対照表 ○ 吸収分割後の吸収分割医療法人及び吸収分割承継医療法人について、定款又は寄附行為、医療法施行規則第31条第7号、第10号及び第11号に掲げる書類 ・吸収分割後2年間の事業計画及びこれに伴う予算書 ・新たに就任する役員の就任承諾書及び履歴書 ・開設しようとする病院、診療所又は介護老人保健施設の管理者となるべき者の氏名を記載した書面	○ 理由書 ○ 法第61条の3において読み替えて準用する法第60条の3第1項又は第3項の手続を経たことを証する書類 ・社団たる医療法人の場合：新設分割計画についての総社員の同意 ・財団たる医療法人の場合：新設分割計画についての理事の3分の2以上の同意（寄附行為に別段の定めがある場合は、この限りでない。） ○ 新設分割計画の写し ○ 新設分割前の新設分割医療法人の財産目録及び貸借対照表 ○ 新設分割後の新設分割医療法人及び新設分割設立医療法人について、定款又は寄附行為、医療法施行規則第31条第7号、第10号及び第11号に掲げる書類 ・新設分割後2年間の事業計画及びこれに伴う予算書 ・新たに就任する役員の就任承諾書及び履歴書 ・開設しようとする病院、診療所又は介護老人保健施設の管理者となるべき者の氏名を記載した書面

（厚生労働省　医療法の一部を改正する法律について（平成27年改正）資料より）

3 分割の際の税務

医療法人の分割が適格分割になるか否かを株式会社の適格分割との比較で整理すると以下の図表のようになります。

医療法人においては、分割対象とされる法人は「持分なし」に限られるため、適格要件のうち「取得株式継続保有に関する要件」は不要とされま

す(法令4の3⑧)。この取扱いは平成28年度税制改正で手当がされました。

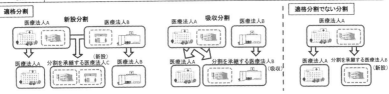

(出典:厚生労働省 第8回医療法人の事業展開等に関する検討会(H26.11.27)資料)

532　Ⅹ　医療法人のM&A、合併、分割、解散

Q6　医療法人の解散

医療法人はどのような場合に解散することになるのですか。

A

1　医療法人の解散事由

医療法第55条では、医療法人の解散事由を次のように定めています。

(1)　社団医療法人・財団医療法人共通の解散事由（医療法55①③）

社団医療法人と財団医療法人に共通する解散事由は次のとおりとなります。

①　定款又は寄附行為をもって定めた解散事由の発生

②　目的たる業務の成功の不能

　※　社会通念により決められます。病院、診療所又は介護老人保健施設が焼失したからといって必ずしもこの事由に該当するとは限りません。

③　他の医療法人との合併（合併により当該医療法人が消滅する場合に限る。）

④　破産手続開始の決定

　※　破産の要件は、債務超過であり、医療法人がその債務を完済することができない状況になったときは、理事は破産手続開始の申立ての義務を負うもので、これに違反すれば20万円以下の過料に処せられます（医療法55⑤、76七）。

⑤　設立認可の取消し

(2)　社団医療法人特有の解散事由（医療法55①三、五）

社団医療法人は、次の事由により解散します。

①　社員総会の決議

　※　定款に別段の定めのない限り、総社員の4分の3以上の承諾を要しま

す（医療法55②）。

② 社員の欠亡

　※　社員が1人もいなくなった場合です。この場合は、都道府県知事の認可を受けることなく解散手続が開始されることになります。

2　都道府県知事の認可を要する解散事由

　社団医療法人の「目的たる業務の成功の不能」及び「社員総会の決議」による解散、財団医療法人の「目的たる業務の成功の不能」による解散の効力は、いずれも都道府県知事の認可が必要とされています（医療法55⑥）。これは、恣意的な解散を防ぐ趣旨によるものです。

　目的たる業務の成功の不能の場合の解散に関する認可の基準は定められていません。また、社員総会の決議による解散の場合には、社団の最高意思決定機関の決議ということで、その決議が適法になされている限り都道府県知事は拒否ができないものと解されています。

　なお、都道府県知事はこれら認可、又は不認可の処分をするに当たっては、都道府県の医療審議会の意見を聴かなければならないことになっています（医療法55⑦）。

　また、これら認可申請に当たっては、申請書に①理由書、②医療法や定款・寄附行為に定められた解散に関する手続を経たことを証する書類、③財産目録・貸借対照表、④残余財産の処分に関する事項を記載した書類を添付して都道府県知事に提出することとされています（医療法施行規則34）。

3　都道府県知事への届出を要する解散事由

　社団医療法人の「定款をもって定めた解散事由の発生」及び「社員の欠

亡」による解散、財団医療法人の「寄附行為をもって定めた解散事由の発生」による解散の場合は、清算人は、その旨都道府県知事への届出が必要とされています（医療法55⑧）。

4　社員総会又は理事会における解散の決議

　社団医療法人の解散は、定款の定めに従って社員総会の決議で行われます。定款に別段の定めがない限り、総社員の4分の3以上の賛成が必要となります（医療法55②）。なお、社員の欠亡により解散事由に該当する場合は、社員がいないため、社員総会は開催できません。また、財団医療法人の解散は、寄附行為の定めに従ってあらかじめ評議員会の意見を聴いたうえ、理事会の決議で行われます。モデル寄附行為では、理事と評議員の総数の3分の2以上が同意しなければならないとしています。

　解散した医療法人は、清算の目的の範囲内で清算結了に至るまでは存続しているものとみなされます（医療法56の2）。

5　清算人の選任

　医療法人が解散した場合、清算人が法人を代表して清算手続をとります。清算人の職務は、①現務の結了、②債権の取立て及び債務の弁済、③残余財産の引渡しとされています（医療法56の7）。医療法では、「合併及び破産手続開始の決定による解散の場合を除き、理事がその清算人となる（医療法56の3）。」と定められており、原則、清算人には理事が就任します。ただし、定款や寄附行為に理事以外の者を定めることもできますし、社員総会で理事以外の者を選任することも可能です（医療法56の3ただし書）。

　清算中に就職した清算人は、氏名と住所を都道府県知事に届け出なけれ

ばなりません（医療法56の 6 ）。

　清算人となる者がいない場合や清算人が欠けたため損害を生ずるおそれ
があるときは、裁判所は、利害関係人や検察官の請求、又は、職権で清算
人を選任できることになっています（医療法56の 4 ）。また、裁判所は、重
要な事由があるときには、利害関係人や検察官の請求、又は、職権で清算
人を解任できます（医療法56の 5 ）。

▌6　債権の申出公告・催告

　清算人は、就任後 2 ヶ月以内に 3 回以上債権者に対し一定期間内（ 2 ヶ
月を下回ることはできません。）、債権の申出公告を官報に掲載して行わな
ければなりません（医療法56の 8 ①④）。また、判明している債権者には、
個別に債権の申出催告をしなければなりません（医療法56の 8 ③）。

▌7　残余財産の帰属

　清算人は、債権の取立てや債務の弁済、法人税等の申告納税を行った
後、解散した医療法人に残余財産があれば、合併や破産手続開始決定によ
る解散を除いて、残余財産を定款や寄附行為の定めに基づき処分しなけれ
ばなりません。持分の定めのある社団医療法人（経過措置医療法人）であ
れば、各社員に持分に応じて分配し、それ以外の医療法人であれば国等に
帰属させることになります（医療法56①、44⑤）。なお、定款等に帰属先が
示されていない場合には、残余財産は国庫に帰属することになります（医
療法56②）。

　また、清算中の医療法人が債務超過と判明した場合には、清算人は直ち
に破産手続開始の申立てをし、これを官報で公告しなければなりません。
そして、破産手続開始決定を受けたら破産管財人に事務の引継ぎを行い任

務を終了させます（医療法56の10①②④）。

8　清算結了の届出

　清算人は、清算が結了したとき、その旨を都道府県知事に届け出なければなりません（医療法56の11）。

9　解散登記

　医療法人が解散したときは、他の医療法人との合併及び破産の場合を除き、主たる事務所の所在地においては2週間以内に、解散の事由を証する書面を添付し、解散の登記をしなければなりません（医療法43①、組合等登記令7）。

　登記すべき事項は、解散の旨、その事由及び解散年月日です。なお、設立認可の取消しによる解散の登記は、知事の嘱託によって行います。

＜参考＞解散手続の流れ

（解散事由）

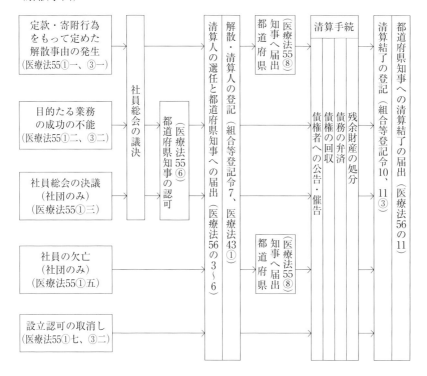

538　　X　医療法人のM&A、合併、分割、解散

Q7　解散時の残余財産の帰属先

医療法人が解散した場合の残余財産の処分はどうなるのでしょうか。

A

1　残余財産の帰属先

解散した医療法人がその債務を完済した後、なお残っている財産がある場合これを「残余財産」といいます。

医療法では第56条に医療法人の残余財産の帰属先に関する規定が設けられています。この規定は平成19年4月1日以後、次のように改正され施行されています。

> ─医療法第56条─
> （第1項）解散した医療法人の残余財産は、合併及び破産手続開始の決定による解散の場合を除くほか、定款又は寄附行為の定めるところにより、その帰属すべき者に帰属する。
> （第2項）前項の規定により処分されない財産は、国庫に帰属する。

2　医療法改正後の定款又は寄附行為の定め

医療法人を設立しようとする者は、定款又は寄附行為に、「解散に関する規定」を定めなければならないとされています（医療法44②十）。

そして、平成19年4月1日以後、定款又は寄附行為の解散に関する規定の事項中に、「残余財産の帰属すべき者に関する規定を設ける場合には、その者は、国若しくは地方公共団体又は医療法人その他の医療を提供する者であって厚生労働省令で定めるもののうちから選定されるようにしなけ

ればならない（医療法44⑤）。」とされました。この取扱いは、「定款又は寄附行為の変更により、残余財産の帰属すべき者に関する規定を設け、又は変更する場合について準用する（医療法54の9⑥）。」とされています。

▌3　平成19年4月1日以後の残余財産の帰属先

医療法人の残余財産の帰属者は、国、地方公共団体、医療を提供する者であって厚生労働省令で定めるものの3つとなります。

この場合の「医療を提供する者であって厚生労働省令で定めるもの」とは具体的には次の者とされます（医療法施行規則31の2）。

(1)　医療法第31条に定める公的医療機関の開設者又はこれに準ずる者として厚生労働大臣が認めるもの

(注)　医療法第31条に定める公的医療機関とは、都道府県、市町村その他厚生労働大臣の定める者の開設する病院又は診療所をいう（医療法31）とされており、具体的には自治体病院、厚生連、済生会、日赤などが該当します。また、これに準ずる者として厚生労働大臣が認めるものとは、具体的には、その医療法人が開設する病院等の所在地において組織される都道府県医師会又は郡市区医師会（一般社団法人又は一般財団法人に限る。）が該当します。

(2)　財団である医療法人又は社団である医療法人であって持分の定めのないもの

▌4　モデル定款の定め

厚生労働省が示すモデル定款では、医療法及び厚生労働省令をもとに、医療法人の解散時の残余財産の帰属先について次のように定められています。

＜モデル定款より抜粋＞

第44条 本社団が解散した場合の残余財産は、合併及び破産手続開始の決定による解散の場合を除き、次の者から選定して帰属させるものとする。

⑴ 国

⑵ 地方公共団体

⑶ 医療法第31条に定める公的医療機関の開設者

⑷ 都道府県医師会又は郡市区医師会（一般社団法人又は一般財団法人に限る。）

⑸ 財団たる医療法人又は社団たる医療法人であって持分の定めのないもの

（注） 財団もモデル寄附行為第43条に同様の取扱いを定めています。

5 経過措置医療法人の取扱い

医療法改正により、平成19年４月１日以後、新規の設立ができないこととされた「持分の定めのある社団医療法人」といわゆる「出資額限度法人（平成16年医政発第0813001号厚生労働省医政局長通知に規定する出資額限度法人を含む。）」は、改正医療法附則（平成18年６月21日法律第84号）第10条第２項に規定される医療法人（経過措置医療法人）に位置付けられ、当分の間、社員退社時の持分払戻請求権と解散時の残余財産の帰属先については、定款の変更は強制されず、出資者に対し、残余財産を「払込済出資額に応じて分配する」とされています。

Q 8　医療法人の解散の税務

> 医療法人が解散した場合の税務についてその概要を教えてください。

A

1　平成22年10月1日以後の解散

　医療法人が解散した場合には法人格を失いますので清算をすることになります。この場合、「解散した医療法人は、清算の目的の範囲内において、その清算の結了に至るまではなお存続するものとみなす（医療法56の2）」とされています。

　税務上の取扱いでは、従来、解散の際は、残余財産の価額から解散時の資本金等の額及び利益積立金額等を控除した額を清算所得として清算所得課税がされていました（財産法）。しかし、税制改正により、平成22年10月1日以後の解散にあっては、清算中も通常の所得課税（損益法）が行われることとされました（法法5）。

◇平成22年10月1日以後の解散の場合の課税

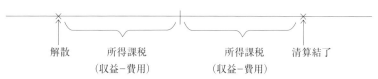

2　期限切れ欠損金の損金算入

(1)　制度の概要

　法人が解散した場合で、残余財産がないと見込まれるときは、その清算

中に終了する事業年度前の各事業年度において生じた欠損金額（期限切れ欠損金額）に相当する金額は、青色欠損金等の控除後の所得の金額を限度として、その事業年度の所得の金額の計算上、損金の額に算入されます（法法59③、法令118）。この取扱いは、医療法人が解散する場合も同様です。

(2)　期限切れ欠損金

　期限切れ欠損金額とは、次の①に掲げる金額から②に掲げる金額を控除した金額をいいます。

①	適用年度終了の時における前事業年度以前の事業年度から繰り越された欠損金額の合計額
②	法人税法第57条第1項又は第58条第1項の規定により適用年度の所得の金額の計算上損金の額に算入される欠損金額（いわゆる「青色欠損金額」又は「災害損失欠損金額」をいいます。）

　この場合、①の欠損金額の合計額とは、法人の決算書上の金額ではなく税務上の金額とされています。具体的には、その適用年度における法人税申告書別表五（一）の「期首現在利益積立金額①」の「差引合計額31」欄に記載されるべき金額がマイナス（△）である場合のその金額（マイナス符号がないものとした金額）とされています（法基通12－3－2）。

(3)　残余財産がないと見込まれる場合

　期限切れ欠損金の損金算入制度は、「残余財産がないと見込まれるとき」に限り適用されます（法法59③）。この残余財産がないと見込まれるかどうかの判定は、解散の時点ではなく、「法人の清算中に終了する各事業年度終了の時の現況（法基通12－3－7）」により行われることになります。

　また、残余財産がないと見込まれるかどうかについては、例えば、破産手続開始の決定による解散の場合には通常残余財産がないと見込まれる場

合に該当するほか、「解散した法人がその事業年度終了の時において債務超過の状態にあるときは、残余財産がないと見込まれるときに該当する（法基通12−3−8）」とされており、法的整理でない場合でも、適切に作成した実態貸借対照表（資産の価額は、その事業年度終了の時における処分価格による）において債務超過となっていれば残余財産がないと見込まれる場合に該当するものとされています（法基通12−3−9）。

(4)　適用関係

　期限切れ欠損金の損金算入制度は、確定申告書、修正申告書又は更正請求書に損金の額に算入される金額の計算明細を記載した書類と「残余財産がないと見込まれることを説明する書類」の添付があった場合に適用されます（法法59④、法規26の6）。この場合、例えば、法人の清算中に終了する各事業年度終了の時の実態貸借対照表（当該法人の有する資産及び負債の価額により作成される貸借対照表）が残余財産がないと見込まれることを説明する書類に該当するとされています（法基通12−3−9）。

3　欠損金の繰戻還付

(1)　制度の概要

　欠損金の繰戻還付制度は、青色申告書を提出する事業年度に欠損金額が生じた場合（この事業年度を「欠損事業年度」といいます。）に、その欠損金額をその事業年度開始の日前1年以内に開始した事業年度（「還付所得事業年度」といいます。）に繰り戻して法人税額の還付を請求するというものです（法法80①）。しかし、この制度は、①解散等の事実が生じた場合の欠損金額と②中小企業者等の平成21年2月1日以後に終了する各事業年度において生じた欠損金額を除いて、平成4年4月1日から平成30年3月31日までの間適用が停止されています（措法66の13）。ただし、①によ

り、解散（適格合併による解散は除かれます。）の事実が生じた場合で、解散の事実が生じた日前1年以内に終了した事業年度又は解散等の事実が生じた日の属する事業年度において生じた欠損金額は、繰戻還付の適用が認められます（措法66の13①）。なお、その場合、次の点に留意が必要となります。

① 還付請求書の提出時期は、解散等の事実が生じた日から1年以内となる。

② 還付所得事業年度から欠損事業年度までの各事業年度について連続して青色申告書を提出していなければならない。

(2) 還付請求額

還付請求額の計算は次の通りです。

（還付請求額）

$$\text{還付所得事業年度の法人税額} \times \frac{\text{欠損事業年度の欠損金額}}{\text{還付所得事業年度の所得金額}}$$

▌4 確定申告

清算中の医療法人の申告期限は、通常と同様に各事業年度終了の日の翌日から2か月以内とされています（法法74①）。なお、中間申告は要しないとされています（法法71①かっこ書）。また、清算中の医療法人につきその残余財産が確定した場合の確定申告書は、残余財産の確定日の属する事業年度終了の日の翌日から1か月以内（（その翌日から1か月以内に残余財産の最後の分配又は引渡しが行われる場合には、その行われる日の前日まで）に提出しなければならないとされています（法法74②）。

5　解散する場合の税務上の主な取扱い

医療法人が解散する場合の税務上の主な取扱いは次のようになります。

法人税の取扱い	解散事業年度	清算中の各事業年度	清算中の残余財産確定事業年度
役員給与の損金不算入（法34）	◯	◯	◯
貸倒引当金（法52）	◯	◯	×
青色欠損金の繰越控除（法57）	◯	◯	◯
期限切れ欠損金の損金算入（法59②③）	◯ (法59②のみ)	◯	◯
残余財産確定事業年度の事業税の損金算入（法62の5）	×	×	◯
残余財産の現物分配に係る譲渡時期の特例（法65）	×	×	◯
所得税額控除と還付（法68、78）	◯	◯	◯
外国税額控除（法69）	◯	◯	◯
仮装経理があった場合の法人税額の控除と還付（法70、129、135）	◯	◯	◯
欠損金の繰戻し還付（法80、措法66の13）	◯	◯	◯
中間申告（法71）	◯	×	×
申告書の提出期限（法74、75の2）	原則2か月以内	原則2か月以内	1か月又は分配日の前日のうちいずれか早い日まで
一括償却資産の償却残額の損金算入（令133の2）	×	×	◯
繰越消費税額等の償却残額の損金算入（令139の4）	×	×	◯
交際費の損金不算入（措法61の4）	◯	◯	◯
使途秘匿金の特別税率（措法62）	◯	◯	◯

XI

医療法人と小規模宅地等の評価減特例

Q 1 　特定同族会社事業用宅地等に該当する場合

　理事長所有の土地の上に医療法人が開設する病院が建っています。理事長に相続が発生した際、この土地の評価について、小規模宅地等の減額特例が使えると聞きました。具体的にはどのような取扱いになりますか。

A

1 　小規模宅地等の減額特例の概要

　理事長個人が所有する土地を医療法人に貸し付け、その土地の上に医療法人が病医院を建てて運営をしている場合や、理事長所有の土地の上に病医院用建物を建築し、その建物を医療法人に貸付けしている場合には、理事長に相続が発生したとき、その相続税の計算を行う際、一定の要件を満たすことにより、その土地が「特定同族会社事業用宅地等（措法69の4③三）」に該当するものとして、「小規模宅地等の評価減額特例（措法69の4）」の適用を受けることができます。具体的には、宅地等が特定同族会社事業用宅地等に該当すると、その宅地等の面積400㎡までについて土地の相続税評価額が80％減額されることになります（措法69の4①一、②一）。

> ＜具体例＞
>
> ○理事長所有の土地（400㎡）の上に医療法人が開設する病院が建っている。
>
> ○路線価を基に相続税評価額を計算すると2億円であった。
>
> ○特定同族会社事業用宅地等に該当すると400㎡まで80％の評価減がされる。
>
> ① 　小規模宅地等の減額：$2億円 \times \dfrac{400㎡}{400㎡} \times 80\% = 1億6,000万円$
>
> ② 　相続税の課税対象額：2億円－1億6,000万円＝4,000万円

2 特定同族会社事業用宅地等に該当するための貸付けの形態

理事長（被相続人）所有の土地が一定の要件を満たすことにより、特定同族会社事業用宅地等に該当し、小規模宅地等の減額特例（措法69の4）の適用を受けることができる具体的な貸付けの形態は次のとおりとなります（措通69の4-23）。

(1) 理事長個人が所有している土地を医療法人に貸付けし、医療法人が病医院用建物を建築している場合

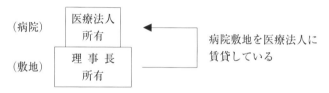

(2) 理事長個人が所有している土地の上に、理事長名義の病医院用建物を建築し、その建物を医療法人に貸付けしている場合

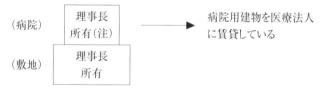

(注) 理事長（被相続人）と生計を一にする親族が所有する建物でも可（土地の貸借は無償に限る。）となる（措通69の4-23(2)）。

3 特定同族会社事業用宅地等の適用要件

特定同族会社事業用宅地等とは、被相続人等の事業用宅地等のうち、次に掲げるすべての要件に該当するものをいいます。
(1) 被相続人等が満たす要件（次の①及び②）
  ① 理事長（被相続人）が不動産を医療法人に対し「相当の対価」を

得て「継続的」に貸付けしていること

＜注１＞ 「相当の対価」とは

　不動産の貸付は、上記２⑴のように土地を貸す場合、⑵のように建物を貸す場合が考えられますが、そのいずれにおいても、理事長が医療法人から相当の対価を得て、継続的に貸し付けることが必要となります。この場合、相当の対価の判断については、地代や家賃から固定資産税・減価償却費その他の必要経費を差し引いて相当の利益がでる場合であればまったく問題はありません。また、必ずしも相当の利益がでていなくても、近隣の地代や家賃の相場どおり賃貸していれば問題ないものと考えられています。なお、地代については、「相当の地代（原則として、土地の自用地評価額の過去３年間の平均×年６％程度の地代）」や「通常の地代（その地域における通常収受される地代をいいますが、路線価等を基に計算した底地（貸宅地）の過去３年間の平均×年６％でも認められる）」であれば相当の対価という要件は満たしていると考えてかまわないでしょう。

＜注２＞ 「継続的」に貸付けしているとは

　貸付開始時点から相続開始時点までの貸付期間の長短をいうのではなく、土地・建物の賃貸借契約において、その賃貸借期間が相当期間継続して行われることが予定されているか否かにより判断をします。

＜注３＞ 対価が無償の場合の取扱い

　理事長が不動産を医療法人に対し無償（不動産の固定資産税程度までの地代・家賃の支払がされていた場合を含みます。）で使用させていた場合には、小規模宅地等の評価減特例の適用は一切ありません。

　②　理事長（被相続人）及びその被相続人の親族その他その被相続人と特別の関係がある者が医療法人の出資の10分の５超を所有してい

ること（措法69の4③三）

＜注＞ 出資割合10分の５の判定時期

　被相続人及びその被相続人の親族その他その被相続人と特別の関係が
ある者が、医療法人の出資の10分の５超を所有していることが要件とさ
れています。この出資割合10分の５超の判定時期は、相続開始後や相続
税の申告期限ではなく、「相続開始直前」で行うと解釈されています。

(2)　相続人が満たす要件（次の①及び②）

　①　医療法人の事業の用に供されている宅地等を相続又は遺贈により
　　　取得した親族のうちに、相続税の申告期限において、その医療法人
　　　の役員である者がいること

＜注＞ 留意点

　相続又は遺贈により宅地等を取得（一部取得でもかまいません。）し
た親族は、被相続人と生計が別であってもかまいません。また、その親
族が、相続又は遺贈により医療法人の出資を取得することも要件には
なっていません。

　②　その宅地等を取得した上記①に該当する役員である親族が、相続
　　　開始時から相続税の申告期限まで引き続きその宅地等を所有し、か
　　　つ、その宅地等が相続税の申告期限まで引き続き医療法人の事業の
　　　用に供されていること

(3) 適用要件の図解

理事長（被相続人）所有の宅地等が特定同族会社事業用宅地等に該当する場合の適用要件を図示すると次のようになります。

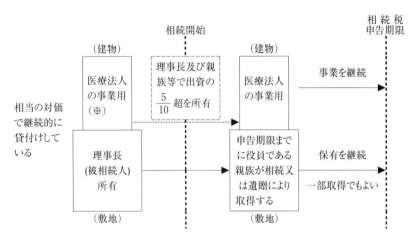

（※） 建物所有者が被相続人と生計一の親族の場合には、土地貸借は無償に限る。

　＜注＞　留意点

> 相続税の申告期限までに、医療法人の解散を社員総会等で決議した場合や、賃貸料の支払をやめて無償にした場合、また、宅地等を取得した者が売買契約を締結したような場合には、特定同族会社事業用宅地等（400㎡まで80％の評価減）に該当しないこととなりますので注意が必要です。

4　併用する場合の限度面積

小規模宅地等の減額特例の適用対象宅地等は、特定同族会社事業用宅地等の他に「特定事業用宅地等」、「特定居住用宅地等」、「貸付事業用宅地

等」があります。各々の適用対象限度面積と減額割合は次のとおりとされています（措法69の4②）。

	適用対象宅地等	適用対象限度面積	減額割合
A	特定事業用宅地等 特定同族会社事業用宅地等	400㎡	80％
B	特定居住用宅地等	330㎡	80％
C	貸付事業用宅地等	200㎡	50％

　被相続人の所有していた宅地等に減額特例の対象宅地等が複数ある場合には、納税者が選択した対象宅地等のうち一定の面積までの部分について、減額特例が適用されます（措法69の4①）。平成27年1月1日以後の相続又は遺贈に係る相続税については、特例の対象として選択する宅地等の全てが上記表のAとBである場合には限度面積は次のようになります（措法69の4②）。

適用対象宅地等	適用対象限度面積
A（事業用）	400㎡
B（居住用）	330㎡
AとBの両方で適用する場合	完全併用可（最大730㎡）

　なお、上記の表のA、B、Cがすべて混在している場合には、適用対象限度面積は次の算式で調整計算を行うことになります（措法69の4②三）。

◇貸付事業用宅地等がある場合の併用調整計算

$$\text{特定事業用等宅地等の面積} \times \frac{200㎡}{400㎡} + \text{特定居住用宅地等の面積} \times \frac{200㎡}{330㎡} + \text{貸付事業用宅地等の面積} \leqq 200㎡$$

554　XI　医療法人と小規模宅地等の評価減特例

Q2　無償返還届出書を提出する場合

> 　理事長所有の土地を医療法人が開設する病院の敷地として使用していています。医療法人は理事長に対し、権利金の支払いはしていません。また、地代は通常の地代を支払っています。この取引については、税務署長に対して、「土地の無償返還に関する届出書」を提出しています。理事長に相続が発生した際の相続税申告では、この土地の評価はどのようになりますか。

A

1　無償返還の届出

　建物の所有などを目的として個人所有の土地の賃貸借契約を締結する際、借地権利金の授受の慣行のある地域においては権利金を支払うことにより土地の利用権を取得することになります。従って、この土地を地主に返還する際には、相当の対価により借地権の返還がされることになります。このような土地について、借地権利金を支払わないで、また相当の地代も収受しないまま土地の賃貸借契約が行われた場合には権利金相当額について受贈益の認定課税が行われることになります（法令137）。しかし、地主が医療法人の理事長で、そこに医療法人が病院を建設しようとする場合には、借地権利金を支払わない代わりに、将来土地を無償で返還するという契約を取り交わす場合があります。このような場合には、賃貸借契約書に無償返還の定めを明示し、その旨を地主（理事長）と借地人（医療法人）が連名で納税地の所轄税務署長に届出することにより権利金の認定課税が行われないこととされています（法基通13－1－7）。この場合の届出書を「土地の無償返還に関する届出書」といいます。

2 賃貸借契約の場合

(1) 「賃貸借契約」+「無償返還届出書」提出

　理事長所有の土地の上に医療法人所有の建物を建て病院として使用する場合、医療法人が理事長に対し通常の地代など相当の対価を支払う場合があります。この場合の契約は「賃貸借契約」となります。また、権利金の授受慣行のある地域において、権利金の授受をしない場合には、権利金の認定課税がされないように無償返還届出書の提出を行います。

(2) 土地の相続税評価

　上記(1)のような賃貸借契約がされた土地で、無償返還届出書の提出がある場合には、その土地の評価は、「自用地評価額×80％」とされます。そして、一定の要件（Q1参照）を満たせば、小規模宅地等の評価減特例の対象となり「特定同族会社事業用宅地等」に該当するものとして400㎡まで80％の減額が可能となります。具体的な土地の評価は次のとおりとなります。

＜評価の例示＞
○宅地等の面積は400㎡で、自用地としての相続税評価額が1億円の場合

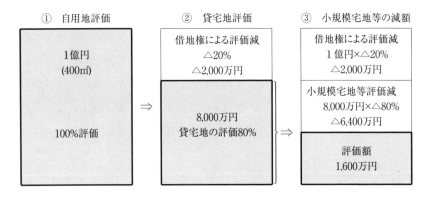

3 使用貸借契約の場合

(1) 「使用貸借契約」＋「無償返還届出書」提出

理事長所有の土地の上に医療法人所有の建物を建て病院として使用する場合、医療法人が理事長に対し概ね土地の固定資産税程度までの地代を支払うか、又は、地代を支払わない（無償）場合があります。この場合には税務上「使用貸借契約」とされます。また、権利金の授受慣行のある地域において、権利金の授受をしない場合には、権利金の認定課税がされないよう無償返還届出書の提出を行います。

(2) 土地の相続税評価

上記(1)のような使用貸借契約の対象となった土地で、無償返還届出書の提出がある場合には、その土地の評価は、被相続人の事業用宅地等には該

当せず、「自用地評価そのまま」となります（借地権等の権利に対する減額等は一切ありません。）。具体的な土地の評価は次のとおりとなります。

＜評価の例示＞

○宅地等の面積は400㎡で、自用地としての相続税評価額が1億円の場合

（自用地）

1億円
（400㎡）

100%評価

評価額は1億円のまま

558 XI　医療法人と小規模宅地等の評価減特例

Q3　持分なし医療法人と小規模宅地等の評価減特例

　基金拠出型医療法人（持分の定めのない社団医療法人）が理事長所有の土地を賃貸借してその上に病院用建物（医療法人名義）を建設しました。賃貸借契約書に基づき通常の地代の支払はしていますが権利金の授受はしなかったため所轄税務署長に「土地の無償返還に関する届出書」を提出しています。この場合で理事長に相続が発生した際、病院の敷地について、特定同族会社事業用宅地等として最大400㎡まで80%の評価減の適用を受けることはできますか。

A

　小規模宅地等の評価減特例のうち特定同族会社事業用宅地等の適用要件は549ページに記述したとおりです。

　ところで、この質問の場合で病院用敷地が特定同族会社事業用宅地等に該当するためには「理事長（被相続人）及びその被相続人の親族その他その被相続人と特別の関係がある者が医療法人の出資の10分の5超を所有していること（措法69の4③三）」が要件となります。基金拠出型医療法人は、医療法人の形態としては「持分の定めのない社団医療法人」に含まれ、出資概念のない医療法人です。したがって、「被相続人等が医療法人の出資の10分の5超を所有」する要件をクリアできません。結論として、特定同族会社事業用宅地等には該当しません。

　医療法人で特定同族会社事業用宅地等の要件をクリアできるのは「持分の定めのある社団医療法人（経過措置医療法人）」だけとなります。

青木　惠一（あおき　けいいち）

[PROFILE]

1959年生まれ。

・医療機関を専門とする税理士事務所「税理士法人青木会計（東京都台東区）」の代表社員、税理士、行政書士。（公社）日本医師会・有床診療所委員会委員、（公社）日本医業経営コンサルタント協会・税制専門分科会委員長、MMPG（メディカル・マネジメント・プランニング・グループ）副理事長、（一社）日本医療経営学会評議員、厚生労働省医政局委託の医療施設経営安定化推進事業である「出資持分のない医療法人への円滑な移行に関する調査研究（平成22年度）」・「医療法人の適正な運営に関する調査研究（平成25年度）」・「持分によるリスクと持分なし医療法人への移行事例に関する調査研究（平成26年度）」・「海外における医療法人の実態に関する調査研究（平成28年度）」のいずれも企画検討委員会委員長を務める。

主な著書

「医療法人の設立・運営・承継と税務対策」、「医療法人のための法務・労務・税務」（共著）、「医療・介護・福祉の消費税」（共著）、「新しい医療法人制度Q&A」（共著）、「社会医療法人・特定医療法人ガイドブック」（共著）、「相続税・贈与税のポイントと実務対策」（共著）（以上、税務研究会出版局）、「事業承継からみた医療法人の移行判断Q＆A」（共著、ぎょうせい）、「不動産オーナーのための会社活用と税務」（共著、大蔵財務協会）など

本書の内容に関するご質問は、ファクシミリ等、文書で編集部宛にお願いいたします。(fax　03-6777-3483)
なお、個別のご相談は受け付けておりません。

医療法人の相続・事業承継と税務対策

平成22年4月10日　　初　版　発　行　　　　　　　　　（著者承認検印省略）
平成29年11月20日　　三訂版第1刷発行

© 著　者　　青木惠一

発行所　　税務研究会出版局

代表者　山根　毅

郵便番号100-0005

東京都千代田区丸の内1-8-2
鉄鋼ビルディング

振替00160-3-76223

電話〔書　籍　編　集〕03(6777)3463
　　〔書　店　専　用〕03(6777)3466
　　〔書　籍　注　文〕
　　〈お客さまサービスセンター〉03(6777)3450

● 各事業所　電話番号一覧 ●

北海道 011(221)8348　神奈川 045(263)2822　中　国 082(243)3720
東　北 022(222)3858　中　部 052(261)0381　九　州 092(721)0644
関　信 048(647)5544　関　西 06(6943)2251

＜税研ホームページ＞　https://www.zeiken.co.jp

乱丁・落丁の場合は、お取替えします。　　　　　印刷・製本　奥村印刷

ISBN978—4—7931—2270—5